Odiseo

ODISEO

DANIEL DILLA

PLASSON & BARTLEBOOM

PRIMERA EDICIÓN: enero de 2025

Calle Aldea del Fresno 29, 6ºD
28045 Madrid

ISBN: 978-84-10483-06-4
DEPÓSITO LEGAL: M-27673-2024
CÓDIGO IBIC: FA
DISEÑO DE COLECCIÓN: Daniel Mira
IMAGEN DE CUBIERTA: Guillermo Alfaro
MAQUETACIÓN: Alejandro Schwartz
CORRECCIÓN: Daniela Forero y Estela Gómez
IMPRESIÓN: Kadmos

El papel utilizado para la impresión de este libro ha sido fabricado a partir de madera procedente de bosques y plantaciones tratados con los más altos estándares de sostenibilidad, lo que garantiza una gestión de los recursos responsable con el medio ambiente y las personas.

IMPRESO EN ESPAÑA - PRINTED IN SPAIN

A mamá y papá,
por regalarme una habitación propia.

Y a Volga, por sacarme de ella.

Creo que lo he fascinado, y sé que él me ha fascinado también. Presumo que nos perteneceremos el uno al otro hasta que la muerte ocurra.

MANUEL MUJICA LAINEZ
Cecil

Lo que decimos no siempre se parece a nosotros.

JORGE LUIS BORGES
«Ulrica» (*El libro de arena*)

Me parece muy razonable la creencia celta de que las almas de aquellos que hemos perdido están cautivas en algún ser inferior, un animal, una planta, una cosa inanimada, perdidas hasta el día, que para algunos no sucede jamás, en que pasamos cerca de un árbol y cae en nuestro poder el objeto que es su cárcel. Entonces las almas se estremecen, nos invocan y, tan pronto como las reconocemos, se quiebra el hechizo. Liberadas por nosotros, han vencido la muerte y vuelven a vivir a nuestro lado.

MARCEL PROUST
Du côté de chez Swann

UN PRÓLOGO INNECESARIO, POR MATEO LEÓN

Odio los prólogos. Odio los prólogos como los odia todo el mundo. Los odia quien los escribe pues peca de ingenuidad, aquella que le hizo pensar que acabaría cobrándolos. Pero también los odia quien los lee pues a nadie le agradan los gases en el estómago, las tareas pendientes, los lunes sobre la ciudad, una cisterna que pierde agua. Esa es la naturaleza de los prólogos: males sobrevenidos, sin solución y, por lo tanto, sin final. Elementos artificiales y molestos que dañan aquello que prologan. Hemos llegado a la primera ley de los prólogos, la gravitacional, formulada así: el daño de un prólogo tras caer sobre una obra es inversamente proporcional a la atracción que la obra siente hacia el prólogo. O formulada en otros términos: la salvación de una obra tras la caída de un prólogo es directamente proporcional a la distancia que, en el mejor de los casos y para alivio de la obra, los separa.

Los prólogos tienen algo de gran infraestructura: ensanchan el mundo, pero a fuerza de empequeñecernos. Hacen del horizonte un mapa desplegado, la colina de Hollywood frente a nosotros y nosotros boquiabiertos, sin habla. Los prólogos son los ojos de un niño cuando el circo mundial llega a su ciudad. En la mirada adulta, sin embargo, los prólogos se revelan como temibles castillos de papel. Los custodian murallas eruditas, hechas de referencias y notas que son bostezo hoy y olvido mañana. Dada su ambición, asombra pensar que los prólogos no existieran antes de la obra que los sigue, pero es que en el mundo práctico, el de los autobuses sudorosos que siempre llegan tarde, el de los papeleos y los contenedores de basura, resulta que sirven de bien poco. Son construcciones megalómanas y desmedidas: en ellas cabe todo, en el sentido de que están en medio de todo, y no ofrecen nada, en el sentido de que son nada. Llenan un espacio con la promesa de algo que no habíamos pedido; son una celebración narcisista de quien los escribe y, en su interior, sólo hay vacuidad. En el mundo tangible, el de las ojeras y las rotondas y los impresos oficiales, los prólogos revelan la superficialidad de su naturaleza. Son humo y su destino, como el de todos, es ser luz breve y luego desaparecer. Eso son los prólogos: fuegos artificiales de un barrio sin dinero. Hemos alcanzado la segunda ley de los prólogos; la termodinámica, formulada así: la evaporación de un prólogo es proporcional a su altivez.

No sólo son un mal sobrevenido. No sólo son una altivez innecesaria. En su voluntad severa y monolítica, los prólogos ciegan el placer que ofrecen los discursos inesperados o alternativos. ¿Por qué cada lectura debe ser un reflejo de la anterior? Si la repetición televisiva de una jugada sostiene la industria de un bar, si el tiempo rebobinado mantiene la duda sobre el veredicto de una acción, si incluso un primer plano —¡un primer plano!— con la realidad más grande que ella misma, no esclarece la intención de una pierna o de un cuerpo, ¿cómo consensuar un mundo, el de la creación literaria, hecho de imágenes borrosas, de persuasiones, de recuerdos parciales, de estados de ánimo? Alcanzada la tercera ley de los prólogos; la óptica, formulada como sigue: puesto que cualquier miopía es una tergiversación y los prólogos son miopías, entonces cualquier prólogo es una tergiversación.

Corolario a la tercera ley: si asumimos que la escritura de prólogos siempre es tergiversación, ¿puede ser la mano del prologuista, alguna vez, honrada en sus fines? Jamás. La mano del prologuista es la mano endeudada de un tahúr sin suerte, la mano del prologuista es la mano nerviosa que echa el tarot, la mano del prologuista es la mano hipnotizadora de un trilero, la mano del prologuista es la mano que, en las tómbolas de feria, agita promesas vagas de felicidad.

No tienen bastante con su naturaleza de mal sobrevenido, su altivez y su tergiversación. Los prólogos también reflejan una condescendencia arrogante del prologuista, como de matón ilustrado. El prologuista vincula *su* texto —nótese el énfasis en el posesivo— con los grandes: Borges, Proust, Joyce, Shakespeare. Ahí es nada. Con nada me refiero al prologuista, que siempre exhibe un portentoso canon de lecturas como prueba de su excelencia intelectual. En su ceremonia de coronación, el prologuista puede ayudarse de una fotografía en cuyo fondo exhibe su biblioteca, testimonio gráfico de la inmensidad de su conocimiento y, como consecuencia, la ineptitud sugerida o implícita del lector. Esta ineptitud exige de la docencia camuflada de un mal prólogo; es decir, de cualquier prólogo.

De lo anterior concluyo la necesidad de promulgar leyes que, dotadas de un régimen sancionador, gobiernen los prólogos, su número y alcance. Pero no existen ni leyes ni sanciones y lo que sí existen son manos, muchas manos, especializadas en su escritura. Emplean una jerga eficaz y laudatoria que incluye expresiones como «experiencia difícil», «novela iniciática» o «trayectoria caleidoscópica». ¡Puaj! Los prologuistas descubrieron el libro que halagan al borde de un abismo vital —y yo me pregunto: ¿por qué nadie los empujó?—. Su lectura, catártica, sucedió como un regalo inmerecido, por una casualidad combinatoria. ¿La lectura, una salvación? Por favor. Nos salva el trasplante de un órgano, sustituir a tiempo un neumático, masturbarnos, decir que no a la última copa, gobernar nuestra ansiedad. ¿Pero la lectura? Ja. La exageración de los prologuistas es ridícula. Dan risa, transmiten pena. Esta exageración los conduce a la mentira: escriben pensando que, una vez cobren por sus palabras, devolverán una cuota de la hipoteca. Yo los animo a que la devuelvan, que ya está el mundo lleno de morosidad, ellos los primeros, pero que luego se encierren en sus casas y desaparezcan.

En los prólogos la exageración redentora compite con la vulgaridad. Los prologuistas son esas personas que, sin venir a cuento, se arremangan y muestran la piel de gallina o, lo que es peor, una perspectiva de pelos erizados. Pregonan sus emociones con una mezcla de exhibición e inmodestia: ellos tienen el patrimonio de los sentimientos, sus más altas cotas. De un contacto con un prologuista deviene una ducha inmediata: un proceso purificador que nos recuerde que la emoción, en verdad, aguarda al final de una escalera, tras unos peldaños misteriosos que, a cada altura, eleven la curiosidad y aceleren la mirada.

Mirada. Mirada y movimiento. Mirada al horizonte. Horizonte. Horizonte y acción. Todo hombre alberga el espíritu de un colono, de alguien que aspira a ser pionero y dar los primeros pasos. En su ardor, el colono arrastra la maquinaria explosiva de una cuenta atrás, porque compite con otros. Su triunfo no concluye alcanzada la meta: debe retroceder hasta el punto de partida y, desde allí, repetir el itinerario. La hazaña se inscribirá en la historia y su épica la cantarán una y otra vez las palabras. Puesto que la literatura nace de esa ancestral actitud exploradora, debemos concluir que nuestra naturaleza íntima, universal, es la del prologuista: todos soñamos con alumbrar un hecho que después sea compartido y celebrado. En cada uno reside el latido de un explorador que, cuando despierta, cuando despierta y de nuestro cuerpo sale, cuando despierta y de nuestro cuerpo sale y se aleja sin nosotros, cuando despierta y de nuestro cuerpo sale y se aleja más y más sin nosotros y avanza y avanza y avanza y lo perdemos, nuestro yo, que fue su hogar, persigue en vano su huella y, sólo cuando se detiene el latido, se reintegra el explorador al cuerpo y otra vez somos uno, podemos festejar la unión de mirada y movimiento, de un horizonte que hoy nos pertenece y de una acción que pronto será escrita. En tal festejo flota un código de conducta y una forma de ver y de actuar. Al compartir su experiencia feliz, el héroe se transforma en prologuista y transmite al resto el malestar de una derrota: su narración silencia el destino amargo de ese otro viajero cuyas botas, al pisar tierra firme, se toparon con las huellas de un territorio sin épica, ya descubierto y narrado.

¿Vale la pena memorar esta celebración? Regresando una y otra vez al camino atento que marcan los mapas, ¿no se anula el placer de lo imprevisto, de las rutas secundarias que nos susurran otras rutas secundarias? En un mundo saturado de información, ¿dónde queda el abrigo oscuro de los callejones, de las tapias que, derruidas en medio del campo, esconden lo que aún no está escrito porque nadie fue hasta allí? Todo prólogo anula la posibilidad optimista del extravío. Celebran, por el contrario, una felicidad próxima, accesible y doméstica que puede ser repetida, pues basta con seguir sus pasos, pero que sabe a premio de consolación. El engaño de un prólogo es doble: primero, porque hablan de la felicidad como una materia, pero la felicidad no es algo tangible, sino más bien un fluido del azar, la torpeza afortunada de encontrarnos con un sueño que, a veces, ni siquiera soñamos, y, segundo, porque la felicidad es inalcanzable, pues cualquier existencia —y en este punto habrá consenso— no es sino una sucesión de fracasos de diferente magnitud. De ahí que toda celebración de la felicidad sea una mentira y, dado que los prólogos festejan un hallazgo, su cualidad alegre de cima descubierta es falsa.

En los prólogos, por lo tanto, nos espera una emboscada antes que una luz. Son un atajo más que una indagación; un sistema de balizas que nos dirigen a través de un paisaje y hacen que el paisaje, fácilmente explicado, pierda interés. Por ese paisaje transita un falso explorador. En ese falso explorador cuya voluntad es terca y que parece buscar el origen de su propia terquedad, en ese falso explorador que en su cansancio delira y ya sólo vislumbra cierta luz dilatada y deforme en sus pupilas, porque el mundo dejó de alumbrarlo bien y lo recibe siempre en eclipse; en ese falso explorador que ignora u olvida que la verdad no se aloja sólo en su cabeza, en ese falso explorador puedo apreciar su tenacidad ciega e infatigable —virtud que tal vez sobrevaloro porque no la cultivo— pero detecto una radiación terrible, igualmente ciega e infatigable, de monotonía, porque ha sido empujado por un prologuista a recorrer un camino antiguo. Si abandonamos, hace ya mucho, nuestro interés por los cochecitos eléctricos, los cuales, también de forma monótona, estaban condenados a transitar por un surco, ¿qué razón resta para creer en los prólogos, raíles que obcecan nuestra forma de mirar el paisaje y hacen de lo sigiloso, de lo inesperado, el error de una línea industrial?

Es por su previsibilidad por lo que los prólogos me recuerdan a las autopistas: espacios de tránsito diseñados para alcanzar con rapidez su propio abandono. Espacios donde las curvas cuestionan la solidez del discurso único, lineal, y se disimulan mediante larguísimos pies de página que, a la manera de carteles publicitarios, hinchan la mirada de erudición inútil. De esa forma las autopistas gestionan, en inercia paralela, movimientos y emociones homogéneos, repetitivos y encadenados. Ninguna de estas características refleja el riesgo curvo de la literatura y de ahí que podamos definir una última ley de los prólogos, la espacial, que dice así: las mejores obras circulan bajo los efectos del insomnio, son el abanico de luz de un coche diminuto, contemplado cenital desde la ventanilla de un avión, un coche que avanza por una carretera invisible, devorada de oscuridad, y cuyos faros biselan el tedio negro de la línea recta y suscitan el asombro ante nuevos ángulos y espacios. Sus prólogos, de existir —e incumpliríamos la primera de las leyes—, deben asemejarse a esos textos que iluminan y ser también un tránsito al margen, un camino separado del texto, pero a la vez unido admirativamente a él. Un prólogo que abra la obra con el simple mecanismo de una cremallera y avive un deseo o un temblor, porque el fin único de un prólogo, si su refutación no es posible, reside en bordear la realidad, confirmar su curvatura y, por fin, con la suavidad de un fuelle, soplarla, apenas soplarla mientras más allá, en la autopista, se certifica que siguen y seguirán avanzando, en un sentido y otro, sin tocarnos, la procesión de ideas repetidas, el rumor de buenas y malas obras y malos y siempre malos prólogos, prólogos huyendo con eficacia inútil de su previsibilidad.

¿La razón de este prólogo? Han tardado en preguntármelo. ¿Es porque mi cuenta bancaria sufre, como la de cualquier prologuista, el zarandeo de los consumos de agua, gas, electricidad, también el alquiler o la hipoteca y el futuro negro de las noticias? ¿Es porque sueña mi cuenta bancaria y también su titular con el alivio económico de un prólogo? El sueño de ser escritor —de vivir de la escritura, para ser preciso— es, como cualquier sueño, una mezcla de terquedad y desmemoria: los sueños se repiten, luego se olvidan y no aprenden de la experiencia. Te dices frente al espejo que algún día cobrarás tu prólogo y a continuación das media vuelta, sin permitir que el espejo se tome unos instantes, razone y te responda. Rechazamos la espera porque sabemos bien, tristemente bien, cómo acaban estos negocios. Entonces preferimos darle la espalda a la realidad, apagar la luz, sonreír al miedo y creer que sí, que algún día, que algún día nos lo pagarán y que no sólo lo cobraremos algún día, sino que el prólogo será entonces un pasillo oscuro que lleva a una puerta que abre un salón donde empieza, de verdad, nuestra escritura, aquella que nunca sucede, siempre condicionada por algo que la obstaculiza.

Y pese a que lo anterior es norma, la razón de este prólogo es de otra naturaleza y justifica su existencia. Acepté la insólita tarea de cuidar a un animal. Después llegó otra petición: escribir un texto sobre esta experiencia y desde la voz del animal. Me asomé entonces a la ventana, encendí un cigarro y simulé estudiar concentradamente qué debía hacer —como si de verdad creyera en la alternativa de no aceptar el encargo—. Lancé al aire la colilla y ella y yo debimos de tocar la acera a la vez, porque salí de casa muy rápido, lleno de entusiasmo, y caminé feliz, ignorando el destino de las cuentas bancarias, de los prologuistas y sus egos hambrientos, ignorando las tergiversaciones, la altivez, los excesos de todo signo, también cualquier aspiración egoísta —aunque legítima— de lograr un mérito personal. Mi objetivo era ser carretera al margen y darle voz a quien vino, amé y marchó.

Me refiero a Odiseo, el perro que protagoniza esta historia. En mi apartamento, sobre el sofá, durante nueve meses, me observó con ojos de profeta. No debería contar cómo llegó hasta mí, ni tampoco su marcha. De hacerlo, dañaría una historia donde el suspense, como en cualquier historia, tiene su importancia, no tanto porque los hechos se expliquen conectados entre sí, sino por privarlo, con esa anticipación, del valor aislado de los mismos, trenzados sólo por el azar de coincidir sobre una misma persona. Adelantando la llegada de estos, barajando las conjugaciones verbales, rastreando en cualquier acto su efecto en los demás, haríamos literatura donde sólo hubo, y no es poco, sorpresa.

Porque una sorpresa fue la aparición de Odiseo en mi vida. Yo, que nunca tuve un animal doméstico ni tampoco nadie a quien cuidar, descubrí, a la vez, la necesidad de tener compañía y ser compañía. Odiseo y yo subimos con nuestra felicidad, circular y absoluta, a un teleférico de aprecio. Desde allí atisbábamos el mundo y el mundo, a nuestros pies, nunca nos rozaba. Fue un amor inesperado; más que amor, rendición. Me pregunto cómo empezó nuestra entrega: cuándo prendió la llama y qué rumbo tomó. Estoy convencido de que el tiempo igualó nuestro amor y de que todo, todo habría continuado igual sin la aparición de esa persona —no debería contarlo— que surgió de la niebla, que accionó el freno, que nos pidió bajar del teleférico —¡de nuestro teleférico!— y que hizo que abandonáramos cada uno, para siempre, la existencia del otro.

Hasta esa noche, habíamos compartido nuestros sentimientos de una forma natural, como si, en nuestro teleférico imaginado, los movimientos de subida y bajada respondieran a una inercia lógica. Sobraba el motor del lenguaje: funcionábamos gracias a la proximidad y de esta forma nos protegíamos. En la calle me transmitías tu temor tensando la correa. De tus miedos hice inventario: las rejillas de ventilación, el rugido de las motocicletas, otros perros, el borde de un andén. ¿Eras consciente de la fortuna de estar vivo? ¿De los momentos en los que la muerte te llamó?

Al volver de la calle sustituías el miedo por el cansancio. Un principio débil, aunque expansivo, de calma rodeaba tu sueño igual que una aureola. Parecías otro animal y yo, de alguna manera, también, pues mis debilidades y fortalezas coincidían con las tuyas y de ahí que, tras regresar al apartamento y cerrarse la puerta, se multiplicara mi estado de quietud y amor hacia ti. Tu compañía era un soporte fiel; amarte, una actitud natural.

Y contra ese amor, el lugar común. Cuántas veces escuché que un animal doméstico imponía a su dueño una fatiga. Para aliviarla, el dueño debía mantener su rol de líder, aunque, en el ejercicio de esta férula, yo detectaba más bien maltrato. Los códigos severos de disciplina animal facilitaban la tarea y descanso del dueño, pues, reiterando su condición firme de líder, le evitaban corregir y castigar *a posteriori*, con más tiempo y desgaste, malas conductas. Este sistema penitenciario garantizaba también la felicidad del animal, como si el destino de cualquier cuadrúpedo fuera agachar la cabeza y someterse a la disciplina de su amo. Así lo argumentaba un colega de la oficina, traductor y sesentón igual que yo. Nunca supe si en verdad amaba o no a los perros. Para él, una hostia a tiempo lo arreglaba todo, y sospecho que no se refería sólo a los animales.

Condicionado por este pensamiento común, tardé en advertir lo contrario: que los animales tienen voz propia, que en ocasiones cometen errores, pero que en otras hacen, de su manera de comportarse, magisterio. Gracias a Odiseo supe que el tópico de la jerarquía del hombre sobre el animal carecía de sentido o, por lo menos, de un sentido único: ahora pienso que, más que una línea de poder, hombre y animal son los extremos de un mismo balancín cuya biela, imprevisible, gira de forma, ora adulta, ora infantil. Identificar a un hombre y a un animal en cada uno de esos extremos y de una forma fija sería una simplificación errónea.

Del magisterio de Odiseo destacaría su medición atómica del tiempo, que movía el mío hacia rutinas cuyo fin, y de manera imperceptible, te exigía. La ejecución satisfactoria de estas rutinas me producía una felicidad insospechada, no sólo por su novedad, sino también por los hechos simples que les daban origen: el encanto repetitivo de nuestras caminatas, la constancia en los horarios de sueño, sus gestos idénticos con los cuales agradecía mis caricias igualmente idénticas. A la vez que le procuraba esa felicidad, tenía la certeza triste de que Odiseo, tan endeble, tan efímero, era lo más sólido a lo que me podía agarrar. Odiseo encarnaba la dicha del instante y el miedo al porvenir, un mañana inhabitable porque arrastraría su ausencia.

También aprendí de su espíritu curioso e impaciente. Frente a su hocico las calles amanecían llenas de novedad. Todo debía ser olido y observado. En esta fiebre exploradora no había contradicción alguna con su espíritu lánguido, pues la misma parecía demandar una necesidad honda de reposo que Odiseo alcanzaba sobre el felpudo cuando, de vuelta a casa, satisfecho ese carácter indómito y yo a su lado, en cuclillas, limpiándole las pezuñas de tierra, notaba la respiración pausada, aristocrática, de un corazón que, poco antes, había examinado la ciudad con un frenesí invencible. Llegué a la conclusión de que Odiseo resumía, a la vez, un ímpetu curioso, infantil, de permanente búsqueda, pero encajado —quién sabe si por error— en un cuerpo endeble, inclinado al miedo y a la prudencia, y desde esta dualidad se enfrentaba a la vida con una fuerza nerviosa a veces, con una actitud sedentaria otras, pero, en lo profundo, aquello que lo caracterizaba, el rasgo desde el cual brotaban luego comportamientos afines o no, era su ansia de reposo y una indolencia cercana a la holgazanería.

En cuanto a mi actitud hacia él, qué decir. Puede que lo enseñara a cuidarse en la ciudad —si es que no contaba ya con tal destreza— y, por qué no, a intervenir en mi organizado mundo de costumbres. Y poco más. Le di comida, paseos y silencio: los mismos ingredientes de mi existencia. Compartimos el amor único y raro por su antiguo dueño. Subiendo en el ascensor tras dar una vuelta, comenzaba a desatarle la correa fucsia —no elegí yo el color— y Odiseo, liberado, corría deprisa por el pasillo para olisquear, tal vez con tristeza, el travesaño inferior de la puerta contigua a la mía, una vivienda que abandonó un lunes de marzo para no volver. Mientras yo me cacheaba los bolsillos, demorándome en la búsqueda de unas llaves que siempre perdía y siempre encontraba, antes de abrir por fin la puerta y llamarlo sin éxito, me fijaba en su hocico vertical, investigador, haciendo perímetro sobre la hoja de la puerta. Quizás el olor de su antiguo dueño o el suyo persistían, recordándole el pasado que allí se bloqueaba, o quizás su exploración no hacía memoria, sino que registraba una ausencia persistente, porque tenía la cualidad dolorosa de repetirse a diario. Durante ese instante entre Odiseo y yo, pero también Odiseo y yo duplicados, sobre un espejo pañoso al fondo del pasillo, pensaba en nuestros roles, en lo que aportaba uno al otro, y me gustaba aventurar qué hubiéramos sido cambiando nuestros papeles: yo un animal ágil y audaz, extremo en mi reacción ante el peligro, aunque metódicamente vago; Odiseo un hombre solitario, tranquilo, amable, a ratos feliz, aunque ensombrecido siempre por un miedo tenaz; Odiseo un hombre enamorado de un animal por razones posiblemente patológicas que sobrepasaban al mismo animal. ¿No era este amor, como cualquier otro, sino una forma inesperada, excesiva, de felicidad ajena? Pero qué iba a saber yo, Mateo León, del amor. Y qué les importará a ustedes, lectores, conocer lo que yo piense del amor.

Sí deberían conocer, por el contrario, mi intervención en la historia de este manuscrito. O, para ser más exactos, en la vida de Leonardo, su autor. Tal intervención explica que aceptara inmediatamente el encargo del prólogo y, aunque antes negaba cualquier maestría sobre el amor, juzguen ustedes si el recuerdo que les traigo ahora, antes de que Odiseo tome la palabra, no es sino una muestra de tal sentimiento. Juzguen, pero no me acusen de altivo —según la ley termodinámica de los prólogos antes expuesta— cuando sostengo que, si existe este libro que están leyendo y que tiene por título *Odiseo*, es gracias a mí.

No piensen que me apropio de su autoría —concepto por lo demás sobrevalorado, pues la historia de la literatura nos muestra que nada cambia si un autor es desconocido, falseó su nombre o guardó anonimato—, ni tampoco de su custodia material —pues aunque intervine en el transporte de la obra, sólo supe de su existencia y contenido tras morir su autor—. Si *Odiseo* existe, y lo afirmo y reafirmo con una rotundidad calificable de altiva, es porque su autor vivió y sobrevivió —no existe énfasis— gracias a mí. ¿Me estoy repitiendo, enredando en esta idea, difiriendo su desarrollo? Puede que sí, pero es por el goce breve de sentirme importante. Y, porque importante es lo que ocurrió, un punto aparte está justificado.

Fui el centinela de Leonardo Agualusa. Su ángel de la guarda. ¿Qué o quién me movió a cuidarlo? ¿Tal vez fui yo, al verme reflejado en él, quien convirtió en ajena la compasión propia y protegerlo a él era, entonces, la consecuencia de protegerme yo? No sé responder a esta pregunta. Es evidente, sin embargo, lo peculiar que fue nuestra relación, en la que uno entregó su ayuda, otro la aceptó y ambos, en la práctica, dialogamos sin lenguaje, usando en su lugar un magma de ruidos y rutinas, de puertas y horarios que seguían la severa disciplina de una orden monástica y que, gracias a su regularidad, me ayudaban a saber de él y me permitían desplegar, con la debida y deseada frecuencia, mis gestos de afán protector.

Enumerar tales gestos sería una empresa larga y pudorosa; cuidar de su perro durante ocho meses fue uno de ellos —quién sabe si porque Leonardo no tenía otra alternativa o porque esa alternativa era la mejor para el animal—, pero aquí mencionaré otro, muy notable, porque, aunque su recuerdo es obsesivo y merodea una y otra vez por mi memoria, guarda el misterio de su origen, aquellos presagios que lo desencadenaron. Puede que todo empezara en las nubes de humo que intentaban huir de su dormitorio, tanteando las paredes, el techo, la puerta, el espesor de una cortina; puede que el presagio viniera de esas nubes de humo huyendo, inteligentes, por el cajetín del enchufe que, en un mismo punto del tabique, conectaba nuestros dormitorios y enredándose con mi humo, el humo de dos fumadores, aunque yo sólo viera un único cigarro; puede que fuera el silencio nuevo de un vecino que, recién acostado, siempre tosía; o puede que fuera al revés, y el indicio surgiera de una voz imprevista, el ladrido de un perro que jamás ladraba. No lo supe entonces y tampoco hoy mientras lo recuerdo y escribo, pero lo que recuerdo bien es que una sospecha me expulsó del apartamento, me hizo correr hasta la puerta de Leonardo, golpearla, golpearla, golpearla sin éxito, confirmar el temor, volver a mi vivienda y volver a la de Leonardo para, tras llamar, otra vez sin éxito, abrir con facilidad su puerta gracias a una radiografía de mi tórax.

Me recibieron, en este orden, oscuridad, humo y el pánico de un perro que huía hacia el ascensor. Entré. No conseguí encender la luz: los interruptores jugaban al escondite. Hasta su dormitorio me guiaron un globo enorme de humo, que yo hinchaba con mi miedo, y una neblina luminosa, de noche escocesa. Avancé a gachas, tentando la pared con las manos de un niño que está aprendiendo a caminar. También fue infantil mi asombro al descubrir fuego en el dormitorio. Sobre la cama encontré su cuerpo inconsciente. No me pregunten cómo logré apartarlo de las llamas, ni por qué fortuna seguía con vida. Desconozco los detalles sobre la extinción del fuego. Más tarde, escucharía que brazos invisibles lanzaron palanganas rebosantes de agua y que fue clave la ayuda de un extintor. Sí que guardo la sensación rara de que se cruzaron los tiempos, de que el presente se enredó de futuro y de que, en mitad del pánico, reflexioné sobre quién, cuándo y dónde compraría un colchón y un juego de sábanas, y también sobre quién, cuándo y cómo sustituiría el parqué y pintaría las paredes y el techo, completamente calcinados. ¿Fue entonces cuando pensé en la compañía de seguros y su farragoso peritaje? ¿Fue entonces cuando me sentí útil y feliz ayudando a Leonardo? Qué raro lo que uno piensa en momentos de ansiedad; como si, entonces, lo importante y lo accesorio se confundieran.

Y quizás es accesoria mi imagen dentro de la ambulancia donde, sentada cerca de mí —porque todo está cerca dentro de una ambulancia—, había una enfermera joven llamada Sofía, con la nariz pecosa, el pelo cortado por su peor enemigo, la piel láctea y una larga frase cursiva, creo que en español, tatuada en el antebrazo, pero que no pude leer pues mis gafas estaban en el dormitorio, un lugar al que dirigí la mirada después de que Sofía, tras medir mi ritmo cardíaco y comprobar si tenía quemaduras, preguntarme mi nombre y apellidos, fecha y lugar de nacimiento, estado civil e incluso qué había cenado esa misma noche, y habiendo quedado satisfecha con el diagnóstico y las respuestas, decidiera administrarme oxígeno. Lo hizo mediante una ruidosa mascarilla que me ajustó al rostro con una cinta elástica. Luego me pidió que, con cuidado, echara la cabeza hacia atrás y, desde esa posición y gracias a la puerta entornada de la ambulancia, pude ver una luz azul bailando sobre los ladrillos y, en la tercera planta, la nube de humo negro huyendo de la vivienda de Leonardo. También logré distinguir mi ventana y la puerta de mi balcón abiertas, así que alguien debió acceder a mi apartamento. Visualicé las gafas solitarias que me habrían ayudado a leer el tatuaje de un antebrazo que ahora, próximo a mis ojos, desataba la cinta al tiempo que una voz, que no era la de Sofía, me invitaba a salir, porque Leonardo estaba fuera de peligro, lo cual no era un dato accesorio sino importante, pero debían subirlo a la ambulancia y trasladarlo al hospital.

Al sonido agudo de la sirena lo sustituyó un silencio colectivo, el de los servicios sanitarios, la policía y los bomberos, como si no fuera tarea de nadie indagar en por qué una persona casi muere al quedarse dormida mientras fumaba; como si los accidentes fueran un patrimonio negro de la estadística, nada pudiera hacerse salvo aguardar su ocurrencia y, tras ella, solamente ese silencio profesional, aséptico, de enfermeros y policías y bomberos partiendo a la vez por las escaleras, casi al alba, en un rumor descendente de plástico y cansancio.

Tampoco comprendí el silencio de los vecinos que, arracimados primero en la calle y después en el portal donde el desvelo y la fatiga los unía en su mudez, apenas si comentaron, una, dos voces, y entre los bostezos de los demás, la acumulación selvática de objetos en la vivienda incendiada, para volver después, con el permiso de la policía, al calor de sus dormitorios abandonados.

El silencio se mantuvo en la siguiente junta de propietarios, convocada con carácter de urgencia, y donde la instalación de una antena televisiva dejó en segundo plano la memoria del incendio. Aconsejar mediante carteles que no se fumara en las viviendas y sustituir el extintor utilizado fueron apenas las decisiones acordadas por la comunidad frente a lo ocurrido.

Y porque los días avanzan, siempre avanzan y dejan atrás su propia explicación, fue por lo que, transcurrido algún tiempo, asocié esa voz muda y colectiva a la indiferencia: a ningún vecino le importaba la vida de Leonardo Agualusa, incluso si, por culpa de ese vecino, su propia vida hubiera peligrado. Los tabiques de cada vivienda me parecieron a la vez un eficaz servicio secreto, pues ayudaban al espionaje entre vecinos, pero también un cortafuegos —en este caso de forma literal— a los problemas de los demás.

Existía tal vez, en el silencio amplio que rodeaba a Leonardo, un fondo de reproche: la certeza de que el dolor ajeno podía aliviarse, aunque nadie hiciera nada al respecto, y, por lo tanto, de que la existencia de ese dolor revelaba una insensibilidad colectiva. En mi caso, por el contrario, el hecho de que compartiera pared con un hombre mudo, frágil y amante de la soledad multiplicó mis ganas de ayudarlo. De ahí que, tras el incendio y orillando el desdén vecinal, redoblara mis tareas de vigilancia: perseguía haces de luz bajo su puerta, me aliviaba oír el ruido de la ducha, de un transistor y también de su recital de tosidos nocturnos; encontrarnos en el portal, certificar que recogía el correo o sacaba la basura eran pruebas de tránsito y, por lo tanto, de vida y de su vida, mi alivio. El cajetín que separaba nuestros dormitorios devino un sistema nocturno de alarma gracias al cual pude, próximo aunque invisible, cuidarlo.

Nunca le conté a nadie mis rutinas de vigilancia, anticipando que nadie las habría querido escuchar o, aún peor, que nadie las habría entendido; y es que buscamos siempre, y siempre sin éxito, justificar aquello que hacemos en la vida cuando, por el contrario, la mayor parte de lo que hacemos en ella carece de explicación o la explicación, de existir, es más débil o simple de lo que pensábamos y es por tal debilidad o simpleza por la que nunca acabamos de creer en nuestras motivaciones y, de hecho, nos cuesta, como naipes de una mala mano, mostrárselas a los demás. De ahí que hiciera íntima, secreta, la semilla de felicidad que era cuidar de Leonardo, protegerlo del mundo y de sí mismo. Gracias a él descubrí que en la vida se presentaban, azarosas, ciertas metas enigmáticas por las cuales valía la pena el esfuerzo, aunque esas metas uno las persiguiera clandestino, en un silencio de novela de espías, intuyendo que estaban fuera de tiempo y de lugar o de los dominios estrictos de la lógica. Así fue la ayuda que le brindé a Leonardo, pero no es menos trascendente el hecho de que esa protección, aunque callada e inexplicable, sirvió también para proteger, y su impronta sí fue algo público y natural, a Odiseo, un perro al que, la noche del incendio, encontré solo, temblando sobre el sofá raído del portal, próximo a un charco de pis; un perro que pasó esa noche y la siguiente tumbado en mi cama, del lado de la pared, durmiendo como indiferente a la trascendencia de lo ocurrido. Ninguno sabíamos entonces que esa primera noche, que aún olía a miedo y ceniza, no sería la última, pues dos, casi tres, años más tarde llegaría un intervalo gozoso, inesperado, de nueve meses juntos, rendidos a una necesidad recíproca que encerraba la feliz duda de quién necesitó del otro por primera vez.

Si por lo anterior piensan que soy un hombre bueno, están confundidos. No siempre me comporté bien con Leonardo, sobre todo cuando protegerlo suponía revelar la naturaleza secreta de mi actitud. Así fue en la historia que narraré a continuación. Yo trabajaba en la oficina de patentes y marcas, un edificio de ocho alturas situado frente a mi vivienda. Si alguna vez tuvo prestigio, como parecían indicar el mármol de la entrada o la altura de sus techos, ya lo había perdido y el edificio retrocedía ahora en el tiempo sin remedio, obsoleto y descuidado: cualquier rotura o avería eran definitivas. En la tercera planta, oculto tras un corcho lleno de anuncios sindicales, estaba mi escritorio, un espacio igual de minúsculo que mi cargo. Allí pasaba la mitad del tiempo esperando la hora de marchar y la otra mitad en tareas de traducción. Algunos trabajadores, unidos por su necesidad de nicotina, fumaban en la escalera de emergencia. Yo era uno de ellos. Acodados a veces en la barandilla, sentados otras sobre los peldaños, se hablaba, una y otra vez, sin pausa pero sin pasión, de idénticos asuntos: la habitual crónica de fútbol de los lunes, el alivio de los días festivos y los fines de semana, las vacaciones breves, la directiva cruel, los salarios congelados, el sueño de un cambio definitivo y vital que jamás tenía otro efecto que el de su repetición. Esos asuntos, como subidos a una noria, daban vueltas y vueltas mientras la ceniza de nuestros cigarros, a modo de polvo fúnebre, caía en remolinos por la rejilla del suelo. Sin embargo, no fue ese polvo, sino la brasa viva, aún firme, de uno de ellos la que señaló al otro lado de la calle. Su faro de luz anaranjada fijó nuestra atención en un hombre de perfil, sentado frente a una pantalla de ordenador: era Leonardo.

Leonardo tenía la cabellera desordenada, como de científico de cómic, barba de prisionero y una camisa que alguna vez fue blanca. Transmitía un descuido íntimo, pero también abandono social: no se movía de su asiento y nadie se acercaba a él. Un compañero comentó que aquel hombre estático, gris y desaliñado podía ser cualquiera de nosotros el día de mañana. Esta vinculación entre la vida de Leonardo y nuestros destinos laborales, lejos de provocar pena, suscitó un cónclave de risas, una carcajada única que me resultó horrible y, a la vez, graciosa. Luego, Leonardo se levantó y, apartándose de la silla, hizo un gesto con los brazos, un estiramiento que nadie supo interpretar. Tras sentarse de nuevo y pese a la distancia, fue fácil deducir que, con los pantalones bajados y el rostro próximo a la pantalla, había empezado a masturbarse. Como movía el brazo izquierdo de una forma patética, las risas crecieron, arrastrando la mía también, y mis compañeros subieron la voz, aullaron bromas zafias, patearon el suelo metálico y se dieron codazos divertidos, de inmadurez escolar. Alguien grabó un vídeo con el móvil y otro precisó que ahora se completaba la réplica entre la vida de ese hombre y la nuestra, pues que levantara la mano quien no se hubiera masturbado en la oficina. La escalera de emergencia tembló con las carcajadas.

Este episodio se uniría a otros idénticos formando un continuo y de ahí que no recuerde cuándo estallaron las risas por primera vez. Leonardo, de quien sostuve no conocer de nada, fue bautizado con el original apodo de viejo pajillero y ningún colega advertiría nunca que, al hablar de él, yo fingía sonreír. Entre risas ajenas me fijaba en su brazo izquierdo, un péndulo incapaz de parar, pero también de cumplir su objetivo, y a esta idea de esfuerzo sin premio, de meta nunca alcanzada, contribuían sus ojos, que yo veía o creía ver —quién sabe— dominados por una expresión débil, febril y remota, como mirando a un horizonte que se aparta. Aunque sentía lástima de Leonardo, me guardaba esta opinión frente a mis compañeros, quienes se reían como críos del viejo pajillero. Sus risas eran igual de estridentes cada vez que, de nuevo en la escalera, lo descubríamos en acción. Leonardo era un chiste soez que, incluso repetido, nunca perdía la gracia.

Hasta hoy me acompaña la pesadumbre por mi cobardía; el no haber empujado al vacío a ningún compañero para dejar así de escuchar tanta crueldad. Si era cierto que me inmunicé ante la indiferencia de los vecinos, abriendo sobre Leonardo mi afán protector, también lo era que me bastaban unos pasos, apenas cruzar la calle y subir a la oficina, para que este afán se difuminara. De ahí que, al tedio de mi trabajo, se uniera un doloroso sentimiento de culpa que, a las dos y media de la tarde, tras salir de la oficina, se abreviaba en rápidas zancadas hasta colmar mi ansia de protección cuando, por fin, entraba en el portal, subía al apartamento y, de vuelta a mi rol de centinela, notaba la presencia de Leonardo detrás de la pared.

Más tarde sabría que el viejo pajillero miraba hacia la oficina de forma ocasional, pero paneles curvos de espejo revestían tanto la fachada como la escalera de emergencia y nos ocultaban a la vista de Leonardo. Fue leyendo *Odiseo* cuando me construí tras esa máscara de vidrio reflectante y añadí al acto de la lectura mi conocimiento de su onanismo. La ausencia de estas masturbaciones en el texto, y por su naturaleza autobiográfica, me hizo concluir que Leonardo nunca les dio ningún valor, ni literario ni personal ni fáctico ni de ninguna otra clase. ¿O es que se negó a escribir sobre algo que le producía vergüenza o que no le retornaba ningún goce?

Me pregunté por el comportamiento de Odiseo mientras su amo se estimulaba: puede que intentara molestarlo, llamar su atención, pero es más probable que, por lo frecuente y extenso de estos rituales, lo dejara en paz hasta que Leonardo, por fin, alcanzara a correrse. Si eso ocurría, la duda, la nueva duda, era de qué forma se limpiaría Leonardo el semen: si en el baño o si haciendo uso de un rollo de papel higiénico que tuviera a mano, o, por el contrario, en el caso de que no alcanzara culminación alguna, porque el sexo —su ímpetu y su fin— fuera sólo un dominio de la juventud, qué haría entonces Leonardo. Quizá, tras perder otra vez la batalla, se levantaría con esfuerzo de la silla, se acercaría a Odiseo, acariciaría con la mano izquierda aún en forma de cucurucho la misma cabeza afilada del animal que luego yo, ay, tocaría al coincidir con Odiseo en el rellano o en la calle. Si me preocupaban estas preguntas era porque, en nuestra soledad compartida, recurrir a la masturbación me parecía un ejercicio sano e imprescindible, una forma de que la energía sexual de Leonardo, motorizando su brazo izquierdo, se liberara, aunque tal liberación no fuera sino un repetido fracaso. Inmerso en esas reflexiones, unidas a mi sentimiento simultáneo de lealtad y deslealtad hacia Leonardo, acariciaba en mi cabeza la ausente de Odiseo, un animal al que, por fin, hoy, ahora, también hay que liberar y al que debo conceder, por fin, la palabra.

¿Listos?

Listos.

Aquí está.

Aquí estoy.

Soy Odiseo. El perro que protagoniza esta historia.

Mi memoria comienza una mañana de sol. Bebo el agua de un riachuelo. En fila, junto a la ribera, los olmos me saludan erguidos. Después, el viento, las ramas que se enredan y buscan transmitirme un mensaje: enigma vegetal. Sus hojas tejen un mural continuo: es imposible distinguir dónde empieza y termina cada árbol. Forman un equipo y parecen no existir en individualidad. Yo, por el contrario, soy consciente de la mía: estoy solo.

Un, dos, tres, cuatro, un, dos, tres, cuatro. Mis extremidades siguen el curso del río. Las gobierna una voluntad que no me pertenece. Su motor es el nombre que damos a la curiosidad o el miedo. Vivo de hojas y hierbas, de frutas silvestres, de animales sin vida, de restos de basura, de arena y excrementos. Algunos peces saltan y dibujan, entre las rocas, breves arcos de plata. Entonces, mis pezuñas recuerdan su voracidad, se desperezan, se afilan, se desencajan del cuerpo, brincan furiosas hacia el pez y repiten tarde su arco, pues apenas si tocan su estela para, encorvadas, reintegrarse en mí. ¡Ay, pezuñas tenaces! Es siempre idéntica vuestra derrota: el instinto no tiene memoria ni aprende de sus errores.

Me detienen los remansos del río, cuando el agua no parece saber adónde ir. La duda es una invitación al reposo y, cerca de la orilla, en la foresta, busco sombra y silencio. Me tumbo y aguardo hasta que mis extremidades apuesten de nuevo por la verticalidad, decidan estirarse y, otra vez, un, dos, tres, cuatro, un, dos, tres, cuatro. Soy un autómata. Ya dije que mis actos eran la orden de alguien, aunque no sé quién. Al misterio de la autoridad se une el de mi reposo: duermo a ratos, porque el sueño y la vigilia siempre se interrumpen. También dije que estoy solo, pero no crean que la soledad me causa tristeza. Para ello debería haber conocido el mundo en compañía y, después, la amarga sensación del abandono. Es decir, el dolor por los afectos perdidos brotaría si, alguna vez, no hubiera estado solo. Si conocí la compañía, no lo recuerdo. Así que la soledad es una pieza tan natural como el río y los olmos, como la foresta y los peces inalcanzables; un estado autólogo que sucede simultáneo a otros fenómenos: la soledad y el agua en mis labios; la soledad y las moreras arqueando hacia mi hocico sus golosos frutos; la soledad y la tierra arenosa, blanda, que me permite hacer huecos y llenarlos con mi angustia; la soledad y el sueño; la soledad y el despertar; la soledad y la revelación lenta de un amanecer.

Las aguas me llevan por cañaverales estrechos, por paisajes de lenta melancolía, por planicies demoradas donde nada sucede salvo mi propósito de supervivencia. Allá, entre el campo y el cielo, tan lejano que dudo si se mueve o no, veo un jinete. Cruzo puentes, subo y bajo montañas, corro, camino, reposo, meo, cago, atravieso los espacios de un mundo en ruinas. Parezco seguir el surco de una guerra que ocurrió antes de mi llegada. Evito las poblaciones, los cementerios y sus gatos, las charcas y las ciénagas, donde serpientes y otra fauna ondulante me advierten, con un silencio lleno de sonoridad, de que estaban allí antes que yo. Un atardecer, en un bosque, las hojas de una bellísima azalea me intoxican y aprendo así a desconfiar de la hermosura.

A veces, una bifurcación: azarbes inesperados que me distraen del rumbo del río y anuncian que, tal vez cerca, existe la sed para su caudal domesticado.

La vida humana se descubre súbita cuando diviso, avanzo, observo, dudo, vuelvo a avanzar, corro, paro, tiemblo, suspiro, tropiezo, corro, tropiezo, corro y llego hasta un muro combado de hormigón. Con las patas delanteras sobre una barandilla verde y oxidada, aún jadeando, verifico mi emplazamiento: estoy en la corona de una presa. Donde acaban, valientes, mis pezuñas, descienden uno, dos, tres, tres vertederos. Tienen la forma de temibles toboganes acuáticos: mirar hacia el fondo es un terror convexo. Deambulo por la terraza que culmina la construcción. Sobre el perfil de una ladera surgen, de entre los robles y los pinos, algunas chozas. Parecen agarrarse con fuerza al terreno, miedosas de caer por la pendiente. En el tejado de una de ellas, una chimenea y, brotando de la chimenea, como acuarela infantil, una nube de humo. ¡Vida, vida humana! Imaginen, de golpe, la felicidad. Mi felicidad. La felicidad de lo inesperado. Piensen en el cansancio. Mi cansancio. Mi cansancio después de tantos días de errancia. Mi existencia ha sido —es— un paisaje fatigoso en sesión continua. Como si sólo me realizara al moverme de lugar. He vivido hasta hoy a lomos de mi propia huida. Piensen, piensen en esa felicidad. La felicidad próxima, que ya se observa y se escucha y se huele y casi que se toca, la felicidad de algo que pronto sucederá; la perspectiva luminosa de que mi sitio está allí, en esa ladera, bajo ese tejado de esa choza; la certeza inesperada de que allí, sólo allí, ¡sólo allí!, vendrán días alegres, rebosantes de alimento, rutina y modorra. Pero piensen también en el miedo. Mi miedo: la duda de cómo será ese otro yo, aún desconocido, en el cual me convertiré cuando consiga que el mundo, por fin, se quede en pausa. ¿Seré de verdad feliz en el interior del sueño que he imaginado? Y antes de nada o antes de todo: ¿lograré entrar en él?

Lleno de optimismo, abandono la presa y avanzo hacia el oasis de civilización. Un camino hosco de silencio y piedras adelanta lo aislado del lugar. El cielo está... ¿Cómo mirarlo si apenas tengo ojos para el sueño que me aguarda? ¿Qué importa el cielo si todo está en la tierra? Haré inventario: en la entrada del pueblo, junto a un cubo de basura, una señal de tráfico para un tráfico inexistente; colgado de un corcho, un cartel con información que —imagino— es útil para los vecinos, aunque los vecinos también son inexistentes; un buzón de correos abollado; una cabina telefónica que sufrió un tiroteo y tiene su auricular amputado; un neumático de camión; una bañera que rebosa de agua turbia; una abacería cerrada, aunque parece más bien que nunca estuvo abierta. A mi derecha, bajando el sendero hacia el nivel del agua, un hostal siniestro aguarda un crimen. Es a la izquierda, calle arriba, adonde me lleva mi curiosidad: por allí sobresale la chimenea que antes oteé.

El óxido de una puerta cede ante mi pezuña. Chirría el miedo y entro en un jardín. Hay dos hamacas tristes y una estatua que me ignora al pasar. Al fondo subo tres escalones, atravieso un porche desvalido y llego a otra puerta que se abre con idéntica facilidad. Accedo a un gran salón. La luz del atardecer tiene el color de una yema de huevo; me atraviesa la cola e ilumina un sofá pardo, una chimenea, un tramo de escalones, una mesa de pino rectangular, cuatro sillas y un... Oscuridad: alguien ha cerrado la puerta. Me giro y veo a una mujer que se agacha con lentitud, que acaricia mi cabeza y que, con las manos, telegrafía en morse sobre mi cuerpo. Gozo el regalo tímbrico de una caricia inesperada. Sus manos... ¡Sus manos! Sus manos desconocen el plano horizontal. Son un subibaja de piel, hueso y venas; vistas así de próximas, reproducen en miniatura el paisaje que dejé atrás. Una cartografía de un espacio, pero también una medida de tiempo: sus manos registran un cansancio antiguo e irremediable. Huelen a pollo y me da por pensar en comida, en comida asándose sobre un fuego, en un fuego que construye un penacho de humo, en un penacho de humo y yo mirándolo, desde lo alto y en la distancia. ¡No, no, olvida de una vez esa imagen y piensa en el aquí y el ahora! ¡Olvídate de aquel que fuiste! ¡Has nacido para vivir domesticado! Pienso entonces en el sofá que me espera, en el rincón donde encontraré agua y alimento, en la duda de cuántos paseos diarios daré por el pueblo y si podré salir en libertad al jardín. ¿Quiero ser libre? En la duda gozo con la felicidad duradera de la mujer, que sigue acariciándome, y me descubro también feliz: duplicidad de la alegría. Quiero corresponder a su tacto, darle las gracias y lo hago como puedo, a través de mis patas, de mis ojos que saltan, de mi boca que se abre y se cierra, de mi cola igual que una serpentina y finalmente de mi lengua, pegando sellos invisibles sobre su mano, que a veces va y a veces viene y siempre tiembla. ¿Dije antes que soy feliz? Soy feliz. Descubro a continuación sus labios arrugados, su paladar oscuro y seco tras una sonrisa que nunca conoció la ortodoncia y, después, una voz grave, lejana, que no parece salir de ella, como si esta anciana fuera la muñeca de un ventrílocuo. Por último, sus ojos. Son claros, de ese color impreciso que tenían las figuras de un carrusel bajo cuyas tablas, hace mucho tiempo, dormí. Su pelo debió de ser fuerte. Hoy, sin embargo... Qué más da. ¿He dicho ya que soy muy feliz? Soy muy feliz.

Cruje el techo y tiemblan unos vasos. Las escaleras anuncian unas botas, las arrugas de un pantalón negro, una chaqueta vieja y abolsada, un bigote partido en dos, una gorra de color verde con publicidad de una caja de ahorros, un cuerpo que se amplía y acerca en cada escalón, que deduzco que corresponde al marido y del cual brotó la voz que oí antes. El matrimonio, de antigüedad milenaria, arriesga la vida en cada movimiento. Avanza en marcha fúnebre el anciano, esquivando con sus pantuflas el temor de una caída. Cuando me alcanza, mi boca está seca y su respiración, al borde del síncope. Se multiplica su fatiga al agacharse, ofreciéndome una mano que sitúa frente a mí. Bizco, la observo y la comparo con la de su mujer. La del marido es una mano pensada para transmitir disciplina y miedo. Que además tiemble multiplica mi pánico, porque el temblor amplía su radio de acción. Me fijo entonces en su aliento a nicotina, el olor agrio de su ropa, sus palabras en un tono y volumen que no sé interpretar. El anciano se levanta y mi cabeza es su reposabrazos: recibo el bautismo impuesto pero feliz de una adopción. Luego, me acaricia con un gesto repetitivo, más breve que el de su mujer, aunque supongo que lo mueve el mismo afecto. Salvo que, en su caso, presiento un temor. Hay cariño, sí, pero también un elemento oculto; una fuerza agazapada en las falanges que tal vez, algún día, el anciano no quiera o no consiga dominar. Deduzco que, de un mismo espacio —la superficie de una mano—, pueden expresarse afectos matizados o incluso opuestos. Aunque soy muy feliz, debo estar alerta. Y sin poder dominar el cúmulo de tantos cambios y emociones, descargo un enorme gas que invade el salón y los obliga, tras un larguísimo esfuerzo, a abrir la puerta del porche y también las ventanas.

Después de cenar, los ancianos permanecen sentados frente a la mesa del comedor. Se acerca uno a la silla del otro y, por debajo de la mesa, entrelazan sus manos. Con las que tienen libres construyen un enorme rompecabezas que muestra la imagen —la vi irguiéndome sobre el tablero— de una cascada. Extraen las piezas de una bolsa transparente, las ordenan luego por colores, después investigan en qué zona deberán colocarse y, con lentitud egipcia, las van encajando. Algunas veces él se queda dormido y su cabeza está a punto de golpear la cascada. Los observo desde una esquina del salón, tumbado sobre una manta verde, porque del sofá ya me espantó el anciano dando brazadas. Desde mi hogar recién conquistado, bien provisto de agua y comida, aspiro a que el resto de mi existencia sea tal y como la disfruto ahora: paz, silencio y el mundo en horizontal. En algunas ocasiones me sobresalta el crepitar del fuego o el tosido largo y con forma de sierra del anciano. En otras ocasiones —aunque menos frecuentes— me asusta el ruido alto de un helicóptero o de un chucho que ladra envidioso desde algún lugar del valle. Aguardo entonces a que cese la perturbación, cambio de postura y reanudo el sueño.

Y hablando de sueño, estoy dormido cuando me despiertan unas risas: los ancianos celebran la colocación de la última pieza. Me acerco a su alegría y mi cola festeja el resultado. Ellos rebobinan lo ocurrido: retiran la pieza, la vuelven a colocar y se repiten las risas. Una celebración efímera, porque de inmediato destruyen la imagen de la cascada, guardan las piezas en la bolsa y suben la caja del puzle a lo alto de un armario. Soy muy feliz, aunque debo estar alerta: el hombre crea y destruye con una facilidad y por unas razones del todo desconocidas.

Echando hoy la vista atrás descubro que aprendí, en esos días de convivencia con los ancianos, que la felicidad consistiría en el repetir perpetuo de esa habitación. Una existencia sedentaria y silenciosa que transcurriera junto a un puzle nocturno imposible de acabar. Su cascada se aparecía en algunos sueños, brotando desde lo alto de la presa que me condujo hasta allí. El salto de agua llenaba de espuma los márgenes de la imaginación e impedía que el puzle que lo imitaba tuviera final. En esa imagen gozosa y delirante, imprecisa y amazónica, entraban y salían, igual que grandes grúas, los brazos de los ancianos y, junto a los ancianos, en el suelo, inerte y a la vez lleno de vida, yo los soñaba.

En mitad de uno de esos sueños rugió un timbre y nada volvió a ser igual: la vivienda de golpe sobresaltada, los ancianos en pie, las luces encendidas, el ruido de la cisterna del baño, más luces encendidas, alguien duchándose, un subir y bajar enérgico de los ancianos por las escaleras —o todo lo enérgico que podían ser sus movimientos, más cerca del orden mineral que del humano—. La sosegada vivienda se convirtió en una ciudad bulliciosa. Había cajones abiertos por doquier, ropa que se extendía y doblaba y se volvía a extender y a doblar, armarios a los que también interrumpieron su reposo y voces que volaban entre las habitaciones porque los ancianos, presos de una inesperada prisa, no compartían nunca el mismo lugar. Afuera, el sol indiferente trepaba hacia lo alto del pueblo. Tras una espera angustiosa, descendió por los escalones el fruto de tal frenesí: dos maletas y una mochila beis. Auguré una tragedia y me oriné sobre la manta.

Me gobiernan las emociones del recuerdo, así que intentaré ser preciso en mi crónica y no exagerar la narración de lo que siguió. Un tiroteo de balas, de balas invisibles, derriba a los ancianos que, medio muertos, se desploman sobre el sofá. De acuerdo, tal vez estoy exagerando, pero en verdad es muy pronto, las luces de la casa siguen encendidas porque aún no amaneció y los ancianos ya están llenos de fatiga y de silencio. Miran al salón con esa melancolía lúcida de los momentos finales. Los siento ancianos, repentinamente ancianos, de verdad ancianos. Por mi parte, siento miedo, un miedo repentino, un miedo de verdad. Ahora unos nudillos golpean la puerta. No doy crédito: ¡dos llamadas en una vivienda donde nunca llama nadie porque nadie falta! Los ancianos, gracias a un milagro ascético, consiguen levantarse del sofá. A ritmo de vía crucis alcanzan la puerta, la abren con lentitud artrítica y, del exterior, aparece un brazo impetuoso que invade el salón, que agarra las dos maletas y la mochila verde —era verde, no beis— y que las traslada afuera, adonde se dirige también mi curiosidad. En la calle asoma el maletero de un coche y suena un motor al ralentí. La anciana me acaricia la cabeza y presagio que será la última vez que lo haga. A su gesto respondo con una colección desesperada de torpes cabriolas. Mientras hago el ridículo, el invasor chequea que todos los grifos estén cerrados, pasa revista a las habitaciones del piso superior, cierra las contraventanas, coge de la cocina la bolsa de basura, de un puntapié me lanza al jardín y, por último, echa el candado a la puerta de la vivienda.

De camino al coche, me petrifico frente al anciano: ahora somos dos estatuas en el jardín. El anciano, de un golpe violento, me aparta. Ladro un poco por el golpe y mucho por rabia. ¡Ay, si ya sospeché yo de esa mano! El visitante se acerca al coche y ayuda a subir a los ancianos. Después guarda las maletas y la mochila, cierra el maletero y vuelve la mirada hacia la vivienda mostrando una sonrisa firme, como si fuera un propietario que, tras mucho esfuerzo, hubiera vendido un lugar decadente y pudiera liberarse, por fin, de una ruina donde yo, aunque por muy poco tiempo, fui feliz. ¿Quién era ese hombre? ¿Por qué rompía un mundo donde todo funcionaba bien? La vida se inundó de signos de interrogación. Recuerdo el golpe de una puerta. Recuerdo el sonido del coche alejándose calle abajo, levantando ausencia y polvo. Recuerdo sentir pena. Recuerdo que un mosquito trató de picarme y lo devoré. Creo recordar que, desde el interior del coche, ninguno giró la cabeza hacia mí.

Exploré el pueblo con paso funerario. No hallé un alma. El hostal seguía sin actividad, la abacería también; las cancelas de los jardines, los pocos vehículos aparcados y las puertas y las ventanas de las viviendas parecían llevar sin actividad desde la noche de los tiempos. Pasé tres días sin alimentarme, aguardando a mis dueños junto a la estatua del jardín. En la mañana del cuarto día, desfallecido, salté la cancela: necesitaba beber y comer. De cada excursión alimenticia, regresaba con rapidez a mi lugar de vigilancia, donde me hundía en la rememoración obsesiva del tiempo que fui feliz. Poco a poco amplié el radio de mis escapadas: la iglesia, su torre y un cementerio, los confines urbanos, un lodazal resbaladizo, unas casas de labor remotas, un merendero y el alto de un monte. A veces llegaba de la carretera el ruido de un motor y, tontamente, se me erizaba el pelo de felicidad. Salía del jardín al galope hasta la señal de tráfico que informaba, a un lado, del camino que unía el pueblo con la carretera y, al otro, de la pista forestal, sinuosa y sin asfaltar, que conducía al interior de un bosque. Desde esa encrucijada, el sonido se reducía con rapidez, valle abajo, y la tristeza me acompañaba de regreso junto a la estatua.

Fue al inicio de la estación de lluvias cuando, en un momento de lucidez, concluí que nunca regresaría la pareja de ancianos. Un día de otoño decidí subir a la presa. Desde su corona, con nostalgia, volví la vista atrás: golpeaba el pueblo una lluvia febril, rabiosa, como de efecto cinematográfico. Me arrimé a un marmolillo y fue cayendo la noche mientras mi cuerpo temblaba. La lluvia diluía los contornos. Al mirar a los árboles, el bosque parecía un código de barras. Comprendí, por fin, que nadie me esperaba en el pueblo y que no tenía sentido seguir en él.

El mundo volvió a ser un lugar condenado a su abandono: al tratar de vivirlo, se deshacía por los márgenes para siempre, como si avanzara sobre su desaparición. Era agotador el esfuerzo que me causaba cada uno de mis actos, no sólo porque exigían un proceso previo de análisis —actividad que me era extraña—, sino también por la certeza de saber de su remplazo, ineludible y rápido, por otros actos que obligarían a repetir el proceso. No era feliz y el tiempo transcurría en un vagabundear extenuante. En mis fases optimistas, que eran pocas, soñaba con descubrir a aquel que me dirigiera y rendirme a su presencia, pues la felicidad consistía en la sumisión tácita. Para la búsqueda de ese amo, contaba con la brújula de un recuerdo: la reproducción exacta de mi memoria en otra vivienda, otro salón, otra compañía, otro piso y, sobre el piso, otra manta, otro cuenco para la comida y otro para el agua; otro lugar, en suma, que repitiera, cual puzle idéntico, la historia breve y dichosa de mis días junto a los ancianos.

Ay. Ay, si hubiera adivinado el desenlace de mi siguiente aventura, pero qué difícil era la clarividencia en ese tránsito sombrío que formaban mis días, sintiendo cada noche el peligro próximo de animales más fieros que yo, despertando, con fatiga creciente, a un mundo hostil cuyo itinerario, imprevisto y áspero, era una yincana sin final. Por eso comprenderán mi alegría cuando una tarde, al término de una calzada romana y dejando atrás un robledo, se abrió el paisaje y la luz cambió de color. Apareció entonces, con la presteza de un espejismo, una ladera pintada de verde, de un verde tan saturado y tan brillante que parecía irreal, como la acuarela torpe de un pincel aprendiz; una ladera y en su cima una casa amplia, de base rectangular, con tejado a dos aguas y fachada beis sobre la cual, a modo de enredadera, se extendía un balcón uniendo seis contraventanas, todas de madera azul, abiertas al este y engalanadas con alegres festones blancos que ondeaban suaves, igual que anunciando una fiesta medieval. En el porche, adelantándose en la perspectiva, un brazo mínimo se agitaba de derecha a izquierda, de izquierda a derecha, de derecha a izquierda, de izquierda a derecha, como un metrónomo fiel que marcaba el ritmo del paisaje. Este movimiento me despertó de la tristeza, avivó mi curiosidad y me invitó a buscar a su destinatario. Concluí, tras espantar a una avispa, que no había nadie excepto unas vacas bucólicas, de piel blanca y gris, pastando su rutina a mi izquierda, mi asombro y yo inmóviles en el camino y, a mi derecha, más arriba, ese brazo que oscilaba. No, no había nadie; el brazo parecía enviarme una invitación y ojalá nunca hubiera escrito estas palabras.

Debí entonces sospechar de la bondad humana, por lo general impredecible y siempre mezquina, sospecha que era tan verdad como que me había conducido hasta ese paraje, primero cuando, tras abandonar la presa, crucé un bosque y seguí por un camino que me llevó hasta un criadero amplio de caballos, bajo cuya cubierta pernocté dos noches junto a la yeguada, haciendo del forraje y la alfalfa mi alimento y colchón, y del cual fui despedido a palos hasta un erial que se enderezó en otra senda que me guio a un cultivo de trufas. Allí recuperé mi felicidad mientras agujereaba el suelo hasta que, del horizonte, como si viniera el apocalipsis, surgieron otra vez un palo, un palo y un jinete, un palo y un jinete picando espuelas sobre un caballo pálido y, del jinete, una voz horrible y llena de espuma, venenosa, rugiendo que había arruinado su cosecha y que debía morir. Tras escapar de su ira y de la de dos perros —¿o eran tres?— que compartían el parecer de su amo, a la siguiente mañana, otra vez el miedo repetido con la regularidad de las obsesiones, pues estando mi cuerpo en paz, casi dormido, ovillado dentro de un coche ruinoso sin motor ni puertas ni ventanas, encaramado en la cumbre frágil de otros coches idénticos, una pezuña hidráulica me despertó, hizo de mi coche un aeroplano y me dejó suspendido en el aire. Logré volver al suelo por un dominó de pequeños y grandes brincos, de golpes contra planchas de metal, radiadores y neumáticos.

Al regresar a tierra firme, seguí por la calzada romana que conduciría hasta el prado fluorescente, me tumbé bajo un roble y, a su sombra, se congregó toda mi desesperación: la despedida sin adiós de los ancianos, mi estancia abrupta en el criadero de yeguas, la expulsión humana del cultivo de trufas y la mecánica del desguace. Concluí, encerrado en la soledad de mi existencia, que a fuerza de vagabundear ignoraba mis raíces, la enredadera de lugares, objetos y seres vivos que confieren, por su permanencia, unos rasgos propios que llamamos identidad, pero que ignoraba también todo, absolutamente todo, del mundo exterior, aquello que formaba la vida, lo que en ella era favorable y lo que no, qué podía exigirle y qué podía ella exigirme a mí. ¡Cuánto hubiera deseado saber mi papel para así cumplirlo!

Con gran fatiga, miedo y duda, avancé y surgió —cual telón que se abre— ese escenario de una pradera y un brazo agitándose en lo alto. En la extremidad lejana aventuré un indicio positivo, una llamita de esperanza, porque tal vez allí sucedía la autoridad que andaba buscando. Pese a la efervescencia de esta ilusión, tuve dudas y me giré con cautela, pues ya dije que la bondad humana era siempre breve y errática. No encontré a nadie porque estaba solo en medio de una estrecha pista forestal, solo en medio de un camino de barro y piedras que, alejándose del último pueblo, se adentraba en el interior de un valle. Allí, al pie de montañas majestuosas, contemplando la suave pradera y el saludo desde el porche, quedé atrapado en la duda de qué hacer, lleno a la vez de miedo y de oportunidad. En semejante encrucijada atendía yo a un ruido en el cielo, una avioneta de color bronce que remolcaba un ultraligero sin motor cuando, justo encima de mi hocico, la avioneta viró hacia las montañas, su sombra se hizo aspa sobre mi sospecha y mi miedo, anulándolos, y quedó entonces el ruido blanco del ultraligero. Con la duda de si el saludo era para mí o para el piloto ocurrió que brilló el sol, la avispa dejó de molestarme y asumí de una vez el rumbo de mi vida. Brinqué de la pista forestal al prado, lo atravesé a la velocidad de la raza que soy y me planté frente al porche de la casa donde una figura, ya con el brazo quieto, me sonreía con ojos llenos de curiosidad.

Su cuerpo parecía delgado y atlético, aunque podía ser lo contrario, pues vestía ropa holgada, como si no fuera suya o hubiera adelgazado recientemente. Llamaban la atención su barba de predicador amplia y greñuda, sus ojos azules, bellísimos, el cartabón que formaba su nariz y su frente marmórea, de pensador griego. Se adivinaba una melena desobediente bajo el sombrero de algodón, adornado con una cinta de cuero rodeando la copa breve, y curvo en el extremo del ala ancha, tan ancha que dejaba su rostro en penumbra, como una imagen de forastero, hasta la línea de los labios, allí donde el sol reaparecía iluminando la punta de un cigarrillo.

Algunos de sus rasgos eran de estética discutible: los dientes torcidos, las uñas rotas y sucias, los brazos kilométricos, un principio de lumbalgia. Recorría su cara un desajuste temporal: mientras que sus ojos miraban al mundo con brillo juvenil, de su barba se deducían senectud y cansancio. No obstante, e igual que las columnas clásicas acumulan imperfecciones para alcanzar así el canon, estas deficiencias se anulaban al mirarlo en conjunto. Entonces aparecía un hombre de imprevista belleza cuyos ojos, sobre todo sus ojos, aceleraban el corazón de quien los miraba, como yo en este momento, como él también a mí, y a la vez que me miraba sonrió, lanzó el cigarrillo, se acercó hasta mi lado, me acarició y sentí de golpe el comienzo poderoso de mi docilidad. A su ofrenda inmerecida respondí tumbándome con honda devoción, embobado y fiel. En el cielo ya no quedaba rastro ni de la avioneta ni del ultraligero. Nadie nos molestaba. Yo, era yo, era yo el elegido. Sentí el renacer de una obediencia, la certeza de una aceptación y, lleno de optimismo, no pude reprimir, todavía con el corazón en la boca, eructar y hacerme pis a la vez.

Me tumbé en las escaleras del porche y, desde allí, pude observarlo con calma y aventurar su perfil psicológico: tenía el aire reflexivo de un artista, un porte y una actitud que parecían no pertenecer a este mundo racional, como luego, por desgracia, comprobé. Parecía cansado y a la vez decidido, triste y optimista, solitario y social. De tan confusa observación me distrajo un niño que bordeó el porche y se montó en un burro. No pude distinguir quién de los dos emitía tal sucesión de pedos. Luego, de algún lugar, llegó la sílaba de una campana. Rendido frente a un hombre que me sometía con su presencia, asumí alegre que el pasado era un episodio concluido, que el presente ya no me pertenecía y que el destino, por segunda vez, me ofrecía la oportunidad de ser feliz.

El hombre se llamaba Jacobo y la casa se llamaba La ballena verde. Lo que pensé que eran festones blancos resultó ser una ringlera de ropa interior femenina de diversos tamaños que, a modo de friso, separaba las dos alturas de la vivienda. Y es que con Jacobo residían dieciséis mujeres que se llamaban, de manera única, tripulantes. Sé que eran dieciséis porque conté, con la ayuda de mis pezuñas, sus bragas tendidas; sé que se llamaban tripulantes porque su función era pilotar cuatro ovnis ultradimensionales que esperaban como si fueran dioses, provenientes del planeta Neófrates y que aterrizarían en una llanura herbosa que avanzaba detrás de la vivienda. El destino último de las naves me era desconocido; sí supe que, llegadas a él, las dieciséis elegidas mutarían a una vida superior, significara eso lo que significara. Nunca entendí el motivo de pilotar una nave que ya contaba con alguien encargado de que aterrizara.

¿Habría sitio para las dieciséis mujeres en los cuatro ovnis o se produciría un cambio de tripulaciones? ¿Ocuparían entonces los recién llegados los dormitorios de esta casa? Dudaba, por último, de la capacidad de las tripulantes para pilotar una nave que —imaginé— contaba con una aparatosa tecnología, pues por el efecto continuo del alcohol y los cigarrillos las tripulantes parecían zombis a las puertas de un cementerio, viviendo fuera de la realidad e incapaces de ejecutar las tareas más simples. Ay, a cuántas preguntas se enfrenta un perro. Sobre el niño y el burro, nunca supe cómo se llamaban.

La llegada de los ovnis era inminente. Las tripulantes, mientras tanto, se dedicaban a cultivar un huerto, perderse por el campo, cumplir labores caseras, realizar piruetas gimnásticas, meditar en silencio y comunicarse entre susurros, beber y fumar y reír por las noches, ser leves, felices, blandas. Cada sábado, al amanecer, bajaban al pueblo, donde, bien en la placita central, bien en alguna callejuela próxima, buscaban un rincón para vender miel, huevos, mermelada de frutos rojos y un queso de leche de vaca siempre asediado por moscas. A veces, parecía que entre las tripulantes fluía una alquimia natural, pero otras sospechaba que no las unía ningún tipo de afecto, ninguno, salvo la coincidencia en un mismo tiempo y espacio, y tal vez esta neutralidad de los afectos explicaba que, en aleatorio orden individual, pasaran las noches en la habitación de Jacobo, con la puerta cerrada con pestillo y sin que, en apariencia, surgieran roces o envidias entre las tripulantes —entonces reducidas a quince— que aguardaban su turno. Al día siguiente, mientras Jacobo bebía un café negro en el porche, a la sombra algodonada de la ropa interior tendida, me preguntaba si el líder sabría identificar a las dueñas por sus bragas y si observaría las prendas íntimas con secreta satisfacción, en calidad de trofeos alcanzados.

Es cierto que las dieciséis tripulantes estaban como unas cabras y, sin embargo —o por esa razón—, les cogí un gran cariño. Había algo en ellas que era insólito o disparatado, pero que estaba lleno de verdad: un modo de ver la vida que era a la vez infantil y adulto, como si no aceptaran del todo el tiempo que les fue concedido y anduvieran por el valle ausentes de sí mismas, bajo una nube de sueños y calendarios remotos. Tumbado en las escaleras del porche, con la mirada atenta, las veía deambular volátiles, moviéndose por la vida entre el desapego y la convicción, entre la gravedad y la esperanza, entre el hermetismo y la compañía. Las amaba —claro que las amaba— y ese amor tan grande, tan inmediato, fue además recíproco: me acariciaban con frecuencia, me servían alimentos deliciosos, me hablaban de rodillas con hilos de voz tenue, maternal. Yo, a cambio, las seguía con obediencia en sus paseos por el bosque, vigilaba su puesto en el mercadillo de los sábados, espantaba las moscas del queso y ante cualquier peligro ladraba con exageración.

Temía que el aterrizaje de los ovnis pusiera fin a este nuevo orden al que con tanta facilidad y placer me había adaptado. En mi subordinación feliz a Jacobo, al gobierno que definían su voz melosa y su belleza corporal, encontraba el correlato cómplice de esas dieciséis mujeres que, por las noches, en turnos y —como más tarde descubrí— también de forma simultánea, enloquecían —enloquecían más aún, sirva este matiz— a su lado y que, pensándolo ahora, parecían hipnotizadas por Jacobo antes que por el inminente aterrizaje de los ovnis. Y es que sobre ese aterrizaje las mujeres mostraban con frecuencia una actitud vaga y sólo algunas tardes renacía su interés, cuando Jacobo, rodeado en mitad del porche de los últimos rayos de sol, les hablaba de un futuro que aboliría su tiempo, porque ese futuro, que era próximo, cerraría las puertas al mismísimo tiempo, al dolor memorioso de los días pasados pero también a la zozobra de los días futuros; las naves transportarían a las tripulantes hasta una orilla nueva, en algún lugar ignoto y donde no habría cabida ni para la memoria ni para el anhelo, pues ese lugar sería a la vez el principio y el fin de todas las cosas.

A la doctrina de Jacobo y ayudadas por la firmeza que da el vino, las tripulantes asentían felices y hondamente convencidas. Era tan rápida su conversión nocturna a la fe que sólo encontraba como explicación que consintieran de buen gusto ser engañadas. En mi caso, aun con las limitaciones de raciocinio propias de mi especie, creía que la historia de los ovnis era un fuego de artificio, una superchería, un truco de magia, de magia verbal. Imagínense entonces mi pasmo cuando la última cena, mientras llegaba de la cocina un olor a guiso de verduras y pollo, el horizonte pareció quebrarse. Las mujeres, que estaban colocando copas, platos y fuentes para la cena, se pararon de pronto y, al unísono, dirigimos la mirada a lo lejos, adonde había aparecido una luz breve y anaranjada, como de fuegos en una noche de San Juan. El fulgor eclipsó los parpadeos remotos de las farolas y los neones del pueblo, se puso en pie y avanzó hacia la vivienda a grandes zancadas, borrando la oscuridad del cielo. Entonces, cuando ya casi se rozaba, descendió en forma de cono hasta tocar la tierra y la tocó acompañándose de un ruido rítmico, tribal, un ruido como de aspa, de viento roto a intervalos, y en un instante el porche quedó inundado de luz. En su interior, y a modo de actrices fortuitas, las tripulantes gritaron, no sé si de júbilo o de miedo, el cristal de las copas tembló y Jacobo, con el rostro áspero, se bebió de un trago la copa de vino, desapareció en el interior de la vivienda y regresó pertrechado de una escopeta, acción que no entendí, pues cuál era el sentido de sostener una escopeta sino atacar y cuál era el sentido de atacar ante un hecho —el aterrizaje de los ovnis— que él aguardaba con tanta pasión y del que tanto había hablado. ¿Podría ser que los ovnis, tras un largo y penoso viaje, hubieran confundido el final de su itinerario y que estas naves no fueran las de Neófrates? Estaba sumido en esa duda cuando las luces surgieron desde nuevos ángulos y creció la intensidad del ruido oscilatorio; un deslumbramiento en la mirada y un estruendo en los oídos mientras que de la tierra se levantaba un remolino de polvo sucio, incómodo, lleno de ramas, hojas, hierbas, huesos y tallos de maíz y que dejó en el aire, ingrávidas, finísimas partículas de arena y de fragmentos vegetales. La luz, el ruido y el polvo terminaron por derrumbar a las tripulantes contra el suelo, como si hubieran sido tiroteadas, y entonces pensé en la escopeta, pero, para mi alivio, la escopeta seguía colgada en diagonal sobre el pecho de Jacobo, que, rígido y juncal, continuaba de pie en el porche, con su pantalón vaquero azul y su enorme camisa desgastada, iluminado por un abanico de luces que, ahora a ras de suelo, lo silueteaban contra la fachada de la vivienda. Yo seguí fiel a su lado, aunque la fidelidad duró lo que tardé en advertir que la pradera frente al porche —aquella que atravesé una semana antes— había empezado a arder. Cambié de opinión y decidí que lo mejor era huir de aquel enredo, así que agarré un muslo de pollo, agarré un segundo, agarré un tercero, se me cayó el tercero, devoré el segundo, sostuve entre los dientes, con firmeza, el primero, brinqué sobre las tripulantes sabiendo que les estaba dando —literalmente— la espalda y, a la carrera, sin mirar atrás, escapé en dirección a las montañas.

Permítanme ahora, queridos lectores, una prolepsis —y no olviden que soy un perro y que la impulsividad y el nerviosismo son rasgos que, aunque propios de mi naturaleza, dificultan en ocasiones que la narración guarde una línea temporal—. Hecho este matiz, les adelantaré el sistema que seguía Jacobo para atraer miembros a su causa, sistema que yo desconocía mientras me alejaba del fuego, la luz y el ruido. Navegando por las redes sociales y gracias a su infinidad de puertas y galerías, Jacobo contactaba con mujeres, siempre mujeres, de singular belleza, siempre de singular belleza, adineradas, siempre adineradas, y atravesando un bache emocional, siempre atravesando un bache emocional. Y porque la vida suele fraguar en una misma persona lo bello, lo acaudalado y lo trágico y tales rasgos eran la Santísima Trinidad de Jacobo, este primer contacto le resultaba fácil. A continuación y gracias a su porte soberbio de leñador místico, a su cruce entre filósofo ateniense y actor de cine clásico, el contacto capturaba a las mujeres sin solución, quienes imaginaban a Jacobo de una manera entontecida, adolescente, subido en lo alto de una montaña, recibiendo instrucciones celestiales con la costumbre plácida de quien apunta la lista de la compra, pero también semidesnudo y primitivo, flexible y musculoso, saltando de liana en liana a modo de Tarzán, y en ambas situaciones perfumado de un idéntico, potente e irresistible ungüento lascivo. Era tan rotunda la trepidación provocada por Jacobo que, en algunas mujeres, el bache emocional surgía después de verlo, como quien está en su casa, llaman a la puerta y, un instante después, sin saber cómo, ha comprado una enciclopedia sobre el mundo marino.

Convencidas de la llegada de unos ovnis al planeta Tierra y de que ellas los pilotarían —quién sabe de qué forma— hasta un planeta desconocido, las futuras tripulantes debían abandonar los escombros de su pasado y partir, con urgencia, a una casa perdida entre las montañas. Esta diáspora facilitaba la supremacía de Jacobo sobre las mujeres, ya convertidas en adeptas, pero también la distancia necesaria respecto a algunos maridos —no todos— que deseaban estrangularlo. Si Jacobo conservó la vida no fue tanto por refugiarse en un escondite que, en la práctica, un marido celoso siempre acabaría por encontrar como, más bien, por el peso de las convenciones sociales que hacen del asesinato un hecho punible, execrable y, estadísticamente, poco común en el orden humano, que no en el animal.

El grupo de mujeres, evadidas de su pasado y convocadas al futuro de unos ovnis que aterrizarían por allí, quedaban sometidas al presente dictado por Jacobo, arrogadas a su dulce voluntad totalitaria, y bajo su control aceptaban transferirle dinero y adelantar así la venida de los ovnis, porque los ovnis, para mi sorpresa, dependían del dinero como un taxi más. Que ese dinero sirviera para tal fin formaba parte de la irrealidad que envolvía la vida de Jacobo. ¿Éramos conscientes las adeptas y un servidor de que Jacobo era un trapacero y aceptábamos la mentira con docilidad? ¿Buscábamos ser felices a la sombra de una farsa que, antes o después, sabíamos que se descubriría? Yo sí, yo sí que deseaba mi continuidad doméstica en La ballena verde. Como siempre dudé de que existiera algo de verdad en la historia de los ovnis, me asusté, y mucho, la noche en la que aparecieron las luces y el ruido, tembló el aire y ardió el prado, así que emprendí la fuga —¡otra más!— por caminos y experiencias que relataré a continuación. Volví a ver a Jacobo —y con él cierro la prolepsis— algunos días después, en el televisor de un escaparate de electrodomésticos del pueblo, con el mismo rictus romano y la misma camisa amplia y azul de la última vez, pero ahora en su pecho, un rifle ausente y en sus muñecas, el acero curvo de unas esposas.

Tengo una imagen difusa de los días que siguieron al incendio. Recuerdo bien que las mañanas eran una monotonía vertical de pinos, alcornoques, helechos y abedules, que por las tardes vagaba para volver al mismo lugar y que las noches eran frías, largas y desapacibles. Era verdad que escapé por miedo, en un instante de tanta confusión que nadie se percató de mí, pero ahora, escondido en el bosque, no sentía que me protegiera su entramado vegetal, sino más bien que era yo, ovillándome, quien me protegía a mí mismo, en una especie de exilio interior donde residían mi propio escudo y fortaleza. Me alimentaba de animales muertos y de hierbajos. Un amanecer, en un arroyo, pesqué por fin un pez de plata: armónica llena de espinas. Por las noches, cuando miraba a lo lejos, tras la complicada espesura del bosque, las luces vacilantes del pueblo parecían enviarme un mensaje cifrado. En las noches de tormenta, los relámpagos iluminaban el bosque durante un segundo, como algo que viene súbito a la memoria, y luego reaparecía la oscuridad. Otras noches, la luz de la luna, cargada de misterio y de clorofila, descubría el movimiento oblicuo y rapaz de los alimoches que, desde nidos aéreos, patrullaban la oscuridad. En noches como aquellas sentía miedo y soñaba con regresar a la vivienda y al pueblo y saber de las tripulantes, pero el temor a que la autoridad, tras salir de mi escondite, me relacionara con Jacobo o que incluso malinterpretara el porqué de andar prófugo me hacía tomar cautela, permanecer oculto y vivir en constante inquietud, aguardando quién sabe qué.

Que huir de la vivienda fue un despertar a otra realidad —la del bosque— donde estaba de tránsito, lo confirmó el pico duro, negro y afilado de un alimoche que, una mañana, con el sol en lo alto, descendió del cielo sigiloso y se agarró con fuerza a mi hocico. Pensé, al ver de cerca su rostro, que su acción era un juego, una mascarada de carnaval, pero el alimoche, que no opinaba de esa forma, abrió el pico y desplegó sus grandes plumas lanceoladas. Hubo un eclipse de sol, el pánico se apoderó de mí y, con la velocidad que sólo proporciona el miedo, comenzó la huida: salté charcos, esquivé troncos, me lastimé con zarzas, ladré, abandoné el bosque por un marjal, bordeé la antigua casa de Jacobo, atravesé la pradera —dominada ahora por cenizas y rastrojos de maíz—, sin mirar atrás tomé la calzada romana, crucé un huerto, un maizal, las colmenas de un apicultor, el criadero de caballos, llegué hasta la carretera, la seguí, pasé un aparcamiento, otro aparcamiento, una zona industrial, atravesé el desguace de coches y, por fin, cuando me detuve, estaba en la plaza del pueblo, donde en una esquina, a la sombra de un quitasol abombado, las tripulantes charlaban y bebían cerveza. Se alegraron al verme y, en señal de bienvenida, movieron los brazos.

Me convertí en la mascota oficial del pueblo. Sus habitantes me daban agua, sobras de comida y cariño, mucho cariño. Permitían que me tumbara en los felpudos de las viviendas o a la puerta de los comercios y me lanzaban pelotas de tenis que —con fastidio— debía perseguir, alcanzar y devolver. No me faltaron garajes ni jardines en los que dormir y, pese a ello, faltó mi alegría: operaba en mí un cambio interior iniciado en el bosque, un modo nuevo de afrontar la vida, con más independencia y seguridad y que en ocasiones me hacía ser, para mi sorpresa, reticente al afecto social; como si, por primera vez, no quisiera que fuera mi desamparo lo que motivara un gesto de los demás.

Ganduleando por el pueblo pasaba los días. En los cafés, a la sombra de los toldos, en el estanco y en la mediateca municipal, en el ambulatorio, en el tumulto del mercadillo, en la cola para comprar carne, pescado o pan; en cualquier rincón se hablaba una y otra vez de Jacobo, de su belleza y de su habilidad persuasiva: combinadas, le valieron para dejar deudas en casi todos los negocios. Lamenté no haber atendido a la audacia de su oratoria y así relatarla ahora con detalle, pero es que arriba entre las montañas, en un tiempo que ya se me antojaba lejano, yo representaba la normalidad y la normalidad pasaba desapercibida cuando el mundo era un disparate del cual me ausenté. O no del todo: regresa a mi recuerdo una mañana en la cual sí que presté atención a su oratoria, y que merece un punto y aparte.

Jacobo se había sentado en el centro del sofá, con las piernas cruzadas y, a modo de Buda, cada pie sobre el muslo opuesto. En su mano, cual antorcha, humeaba un café. Frente a Jacobo y formando un semicírculo, las tripulantes se desparramaron sobre el suelo. Construyendo posturas extrañísimas, aguardaban lo que Jacobo dijera desde su alminar de cojines y mantas. Yo, también en calidad de oyente, alcé las orejas cuando Jacobo, con una voz aflautada como de encantador de serpientes, habló. Su voz era a la vez próxima y remota: sonaba llena de azul y de sol frente a nuestras miradas, pero invadía con facilidad cualquier rincón de la casa. Con esa voz aguda, luminosa y amplia, Jacobo concatenó una, dos, tres ideas y logró que brotara en las mujeres, ahora cabizbajas, un sentimiento de culpa: cada tripulante arrastraba un fallo terrible de su vida anterior. La culpa se expandió de unas a otras, perdiendo sus límites, haciéndose única y universal. Tras la revelación dolorosa, colectiva e inesperada de un mismo fallo, la vivienda quedó vacía de cualquier intimidad: las tripulantes, que seguían tumbadas de una forma errática, parecieron descubrirse desnudas —en todo el sentido del término—, aceptaron que su porvenir residía en Jacobo y, desde entonces, no hubo entre ellas más vínculo que la homogeneidad de un mismo error; dieciséis mujeres que eran, en verdad, una: y es cierto que bastaba con escuchar o conocer a cualquiera para predecir cómo pensaban las demás. Quién sabe si el cambio que reordenó mi vida, dándole fuerza y sentido, y que se anunció durante mi estancia en el bosque no provenía también de este episodio aquí narrado; si mi resiliencia no era sino la respuesta a ese fallo único del que también yo formaba parte y frente al cual la única salvación posible, en ausencia de Jacobo, residía en uno mismo.

Había en la calle peatonal una tienda de electrodomésticos. En su escaparate, flanqueada por dos arbolitos de Navidad, una televisión sintonizaba día y noche un canal de noticias. Fue gracias a esa televisión, en uno de sus múltiples y repetitivos noticiarios, por la que supe de las habilidades persuasivas de Jacobo. Fue allí también, con mi hocico aplastado contra el cristal, donde supe que el niño del burro causó el fuego en la pradera. Se trataba de un subterfugio de Jacobo —¡otro más!— para huir de la red de adeptas que, aunque tejida por él, lo había convertido en víctima de un feroz e insaciable apetito sexual. Liberado de sus seguidoras, Jacobo tomaría un tren rápido hasta la capital y desde allí volaría a un atolón del Atlántico que no tenía el nombre de Neófrates. Supe, además, que el niño del burro, en recompensa por su actividad pirómana, recibió de Jacobo una bolsa con monedas de chocolate, media hogaza de pan, un cuarto de queso, una mermelada de arándanos y un bote de miel. Con el provecho de estas viandas, a lomos de su burro y siguiendo las instrucciones de Jacobo, el niño descendería la montaña, bordeando la gasolinera tomaría la vía verde durante un kilómetro, en el calvario es probable que se santiguara y, a continuación, torcería a la derecha, hacia el sur, atravesaría unos establos dormidos y un maizal, ladraría tal vez un perro y una farola lo iluminaría sobre el puente romano, donde su figura sería la silueta de un bufón triste, como expulsado de la corte, y dejando atrás el río, ya en la carretera regional, continuaría su curso durante dos, puede que tres, noches hasta alcanzar un pueblo encajado en el fondo de los valles y cuyo topónimo, de difícil memorización, lo recordaba el niño al mirarse la mano derecha, pues era allí donde Jacobo lo había garabateado. Al final del pueblo, junto al batán, en una vivienda con la fachada recubierta de buganvilla, lo estarían esperando y así sería por siempre: nunca encontraría el niño un pueblo que sólo existía en los labios de Jacobo y fue, por el contrario, la policía quien sí los encontró, a su burro y a él, la misma noche del incendio, él apoyado en una fuente, comiendo queso y pan, y el burro con sus ollares en el interior de una cacerola, bebiendo agua.

Ausente Jacobo, las dieciséis mujeres orientaron su interés hacia el poder curativo de las piedras, campo que les era igual de ignoto que el pilotaje de ovnis. No ayudaba en su aprendizaje que algunas piedras de aspecto parecido mostraran, sin embargo, propiedades contrarias: mientras que el jade aliviaba el corazón, el cuarzo verde, muy similar a la vista, lo revolucionaba; las estrías de la turmalina negra limpiaban los campos magnéticos de cualquier espacio, pero esas mismas estrías, si la turmalina era azul, aliviaban el dolor de garganta. Aunque admitiendo su tendencia a confundir piedras y propiedades, las mujeres apostaron por extender su delirio en este negocio: decidieron constituir una sociedad, a la que llamaron Las piedras mágicas de Neófrates, y continuar viviendo juntas en la misma región, quién sabe si porque, en verdad, no tenían alternativa o ganas de volver. Como buscaban un lugar donde nadie quisiera vivir y a la vez nadie quería vivir cerca de ellas, encontraron techo al instante: se trataba de un palacio antiguo —más lo segundo que lo primero— en la cumbre de una colina cercana al pueblo, a cuyas calles descendían en las noches de luna llena, recitando ensalmos, haciendo acrobacias y riendo sin motivo mientras sus piedras, extendidas sobre alfombras en la plaza del mercado, se energizaban gracias al poder lunar. Cultivaban un huerto que, aunque abundante en mimos, era escaso en frutos, criaban gallinas, seguían elaborando queso y mermelada y, ocasionalmente, miel. Afirmaban ser más felices sin Jacobo. Junto a su reciente idolatría por las piedras, las mujeres decían haber descubierto los beneficios del sexo grupal —¡como si antes no!— y, en su ánimo por compartirlos y agradecer a la vez la hospitalidad que les había brindado el pueblo, impartían talleres sobre este asunto en su morada ruinosa.

Fue en las mañanas de mercado, atendiendo a las oscilaciones optimistas de la báscula, a la descripción ficticia y pomposa de los ingredientes y propiedades de sus productos y también a las imprecisiones en el cambio de billetes y monedas —siempre en perjuicio del cliente—, cuando descubrí que las antiguas tripulantes no sólo estaban habituadas a sufrir engaños, sino también a engañar. Cualquiera de ellas habría suspendido el test de la verdad de un polígrafo y por eso dudaba si realmente eran más felices en ausencia de Jacobo, si no lo echaban de menos, aunque sólo fuera por un instante y para hacerle el amor o para estrangularlo, si nunca quisieron volver a verlo o si tal vez lo vieron y yo no lo sabía. En mi caso, fue en la televisión de la tienda de electrodomésticos donde lo vi por última vez. Me había despertado fatigoso y con un plan de fuga dándome vueltas en la cabeza. Tenía la convicción de que mi vida debía avanzar y de que ello pasaba por alejarme de la pantomima de Neófrates y de las tripulantes, convertidas al culto de las piedras. Recuerdo que tomé la dirección de la panadería, que crucé el puente, que meé en la base de una farola, que seguí por la calle peatonal y que fue al pasar por el escaparate cuando oí su voz. La cámara enfocaba su rostro. Con cara de rey derrocado y en un tono lleno de pesadumbre, Jacobo se preguntaba cuál era su delito, el delito de consolar al triste, el delito de restituir la autoestima del débil, el delito de ver en el futuro una esperanza. Tras un silencio, con los ojos como en trance y con una voz que parecía salir de un sueño, Jacobo bajó la vista, me miró, apretó los labios y lanzó una pregunta: ¿no persiguen acaso todas las religiones esos objetivos? Asentí moviendo la cola y mi pezuña arañó el cristal. La cámara se acercó aún más hacia su rostro y comprendí que era a mí a quien se dirigía Jacobo cuando concluyó: todo lo que toca el suelo y se rompe hay que dejarlo atrás. Levanté las orejas, repetí su mensaje, lo memoricé y sentí una afinidad profunda. Su caída era también la mía: permanecer en el pueblo era no sólo la certificación de un desengaño, sino también una deslealtad hacia él. Su mensaje anunciaba un camino e impelía a recorrerlo, así que me alejé del escaparate, hice caca en un parterre, estiré las extremidades y, bajo un cielo sin nubes, abandoné el pueblo.

Cambié la naturaleza por el asfalto. El ruido de la velocidad sustituyó al rumor del agua. Por la carretera corría, sobre la carretera cagaba, junto a la carretera buscaba alimento y descanso. La carretera impuso una rutina, fijó un destino y alivió la incertidumbre de la errancia. Mis pulmones se llenaban con un oxígeno de felicidad, la de quien sabe que algo va a suceder; puede que esta certeza feliz no fuera sino una restitución de la memoria, el recuerdo de un tránsito, y es que al galopar parecía como si avanzara y retrocediera en el tiempo, progresando hacia un destino, pero a la vez siendo consciente de que regresaba al lugar de partida. Al traerme el paisaje su memoria, la de sus volúmenes, texturas y colores, parecía confirmarse que el destino ya ocurrió, que estuve en lugares que había olvidado, y la vuelta de ese recuerdo impulsaba mi avance hacia la casilla inicial. La carretera se convirtió en una pista de relevos donde yo era el único participante, un agotador trayecto hasta ese punto en el cual el cubilete de la fortuna, haciendo rodar su dado, haría que todo volviera a empezar. Concluí que no sólo era posible retroceder en el espacio —así lo demostraba mi galopar sobre recuerdos materializados en paisajes—, sino que también el tiempo, dotado de una cualidad dúctil, elástica, podía desandarse. De ahí que al tiempo apático de La ballena verde lo sustituyera ahora uno ágil, nervioso, propio de una cuenta atrás, un tiempo que, como queriendo adelantarse a sí mismo, escapaba del presente para, a zancadas, unir futuro y pasado.

Aunque alegre por la idea de volver al lugar de partida, también tuve días malos. Cuando la carretera se empapaba de noche, el mundo parecía no tener sentido. Bajo un cielo de estrellas, mudo igual que una roca, me tumbaba lleno de inquietud y pesar. Rodeado de una población oscura de animales solitarios, era mi consuelo repetir las enseñanzas de Jacobo y así, mientras esperaba la irrupción del amanecer, me convencía de que la felicidad siempre era posible, pues, aunque la vida fuera —recuerdo bien sus palabras— un repecho desapacible de sinsabores y fracasos, siempre cabía la posibilidad de separarse del camino, alejándonos de quien uno quiso ser y no fue, y, entonces, apartados de nuestro testimonio de tropiezos, poder observarnos llenos de distancia y de verdad y descubrir que, dentro de cada uno, reside una habitación y en la habitación una ventana y desde la ventana la potencia para divisar, en la perpetua oscuridad del mundo, algo de luz.

Aguardaba, pues, con el espíritu en desequilibrio, animado a veces por mi adhesión a una esperanza, dubitativo otras por la sospecha de que esa esperanza fuera en vano, y oscilé en tal vaivén hasta que un mediodía, en mitad de una planicie, apareció un camión. El camión se detuvo junto a mí, se abrió una puerta, asomaron unas botas y luego unas manos rústicas que, actuando con la rapidez de quien obedece un plan, me subieron a la cabina. Seguía perplejo cuando esas manos, al caer la tarde, me apearon en la plaza de un pueblo espantoso. Tras hacer sonar el claxon, el camión se alejó. Mientras, en el interior de una vivienda, una mujer apagaba la radio, cogía un manojo de llaves, un teléfono móvil, una correa y un arnés, descendía las escaleras, alcanzaba el jardín, atendía a la nube de polvo producida por el camión, se santiguaba, abría la puerta de la calle y salía a recibirme. Después de una caricia y de ponerme el arnés, de examinarme los dientes y las patas, la mujer me condujo por calles arenosas bajo el gobierno de la correa. Llegamos hasta un edificio siniestro de una planta con aspecto de búnker antiaéreo, hecho de hormigón y situado en las afueras del pueblo y de la vida. Si en su interior estaba la casilla inicial, que el cubilete de la fortuna volviera a lanzar los dados: quería huir sin haber entrado aún. Los últimos rayos de sol quemaban el suelo pero el paisaje ya estaba calcinado y llamaba a su abandono. Del interior del edificio llegaba un estruendo discordante de ladridos. A mi rechazo inicial lo sustituyó una sensación rápida de pertenencia, como si experimentara el alivio próximo de otros animales que —supuse— habían sufrido un idéntico abandono y errancia y verbalizaban, con su espanto de lloros y ladridos, el temor que yo albergaba en soledad. Unirme a ellos no ayudaría a eliminar ese temor, pero sí a exteriorizarlo y compartirlo. O eso pensaba.

En una sala rectangular, de techo alto, con el suelo rugoso y la sola luz de un fluorescente, la mujer me pesó, me midió, me pinchó en el lomo, me hizo tragar una, dos, tres pastillas, me limpió orejas y dientes y, tras una nueva inyección —esta vez detrás del cuello—, me introdujo un chip bajo la piel. Sentada en una banqueta, con visible cansancio, la mujer tecleó largamente delante de la pantalla de un ordenador. Tras darme una bolita de pienso y otra caricia, enfilamos un pasillo, abrió un portón y accedí a un patio colmado de perros luchando por la supervivencia. Bordeaba su perímetro, bajo un alero de uralita, una hilera doble de jaulas ocupadas por más perros, algunos llenos de dolor, otros de voracidad. Quise huir y di media vuelta, pero la mujer había desaparecido y el portón estaba cerrado.

Aunque mi vida era testigo de que la felicidad junto al hombre, de ocurrir, era siempre fugaz —por no hablar de su trágico desenlace—, anhelaba tal compañía creyendo que el silencio y la tranquilidad —precisamente las bases de mi anhelo— eran patrimonio sólo del hombre. Anhelaba silencio, anhelaba tranquilidad, anhelaba ayer, hoy y siempre silencio y tranquilidad y ese patio carcelario era un pandemónium remoto a mi anhelo. De ahí que no calificara de felices mis días en el refugio. Hubo momentos favorables, sí, pero fueron breves, escasos y les ocurrieron siempre a los demás, sobre todo cuando la mujer, siguiendo un patrón de visitas desconocido, abría el portón, alcanzaba el centro del patio y desde allí, armada de unos guantes gruesos de piel de vaca y rodeada por el delirio colectivo, repartía porciones de pizza. El fracaso en mi intento por siquiera oler alguna porción ponía en evidencia que no estaba hecho para ese lugar, y como si el lugar compartiera mi juicio tuve la fortuna de abandonarlo después de tres semanas. Al igual que otros muchos sucesos de mi vida, ignoro las razones que me hicieron ser yo el elegido. El suceso y lo que siguió merecen, de nuevo, un punto y aparte.

Resultó que una mañana sonó el portón, la mujer se abrió camino entre las bestias, me cogió en brazos y huimos de allí. De vuelta a la sala rectangular, aguardé en una habitación contigua llena de escobas antes de enfilar un pasillo que nos condujo a otra habitación muy limpia, espaciosa y bien equipada: era un quirófano. Tras subirme a una báscula, la mujer se puso una bata de color verde y se lavó las manos. Con la ayuda de un hombre vestido de forma idéntica, me subieron ahora a una mesa metálica y alargada, donde permanecí erguido y tenso, igual que el caballo de Troya en la colina frente a la ciudad, aunque esta plataforma, rodeada de instrumental médico, parecía más bien un potro de tortura. Iluminaba mi pánico un gran foco cenital hecho de pequeñas bombillas que construían una corona y cuyas luces blancas, intensas, que no producían sombra, me hicieron imaginar las luces de las naves que jamás llegaron a La ballena verde. Cuidadosamente, me acostaron sobre la mesa, a continuación sentí un picor metálico, el caballo de Troya se fue a dormir y no recuerdo más.

Desperté en el interior de una jaula metálica. Un traje de algodón me cubría el tronco. Tenía la boca seca, el cuerpo cansado y un molesto collar isabelino que me hacía parecer un gramófono. El hombre de bata verde me condujo hasta la vivienda de la mujer y su marido que, gracias a su trabajo de camionero, recogía todos los perros abandonados con los que se encontraba. En la vivienda me dieron libertad o, más bien, ampliaron el radio de mi prisión, pues entre sus paredes estuve ocho días en reposo, sin apenas salir a la calle, y en la calle sólo daba paseos breves, controlados por la correa y sufriendo la incomodidad del collar. El marido solía aparecer por la noche, oliendo a desazón y sudor. Los miraba cenar en silencio, intercambiándose apenas las palabras «calmante», «pan», «antibiótico» y «televisión». La mañana del octavo día salí a la plaza del pueblo y tomamos una calle que llamaban de los galgos porque los perros de los cazadores, liberados por sus dueños, salían de las viviendas para reunirse allí, sobre el suelo arenoso y bajo el sol. Por esta calle dejamos atrás el pueblo y regresé al quirófano del refugio, donde la mujer y el hombre de la bata me hurgaron —sobre todo el segundo— y me causaron molestias; la mujer me sonrió durante el proceso, satisfecha y sádica. Después me introdujeron en una nueva jaula, algo más amplia, robusta y cómoda que la inicial, y al salir del edificio me encontré el portón abierto de un vehículo y su motor en marcha. Recordé entonces mi despedida de los ancianos, pero esta vez subí al coche y desde su interior, ya en movimiento, vi desaparecer el pueblo.

El pueblo dio paso a la estepa y la estepa a las fábricas, las fábricas a las naves industriales, las naves industriales a vías de tren, las vías de tren a edificaciones aisladas, las edificaciones aisladas a edificaciones próximas, las edificaciones próximas a edificaciones idénticas y próximas, las edificaciones idénticas y próximas a confusos cableados de líneas de alta tensión, los confusos cableados de líneas de alta tensión a moles de edificios saturados de antenas parabólicas y ropa colgada, las moles de edificios saturados de antenas parabólicas y ropa colgada a aparcamientos, rotondas, puentes, circunvalaciones, túneles, semáforos, vehículos acercando sus morros amenazadores, semáforos, más semáforos, más semáforos. En uno de ellos nos detuvimos definitivamente. Se apagó el motor, escuché una puerta, se abrió el maletero y fui descargado al suelo por los brazos grandes y tatuados de una mujer también grande y tatuada, vestida con una bata de color azul, que respondió al nombre de Begoña y que cargó con mi jaula hasta una puerta en cuyo dintel parpadeaba la silueta de un perro de mentira, epiléptico y de pelaje verde. El interior resultó ser una clínica veterinaria. Me franquearon la puerta de la jaula y fui examinado de nuevo y de nuevo de manera exhaustiva, lo cual me hizo sospechar no sólo del porqué de tantas atenciones, sino también de mi estado de salud. Aunque el diagnóstico pareció favorable —como así deduje por el número de asentimientos de Begoña—, ello no me liberó de la esclavitud, ya que Begoña, tras guardar unos papeles en un archivador, me acomodó con manos de cisne en el interior de otra jaula.

¡Qué vida la mía! Era un animal enjaulado que espera su función. ¿Pero cuál era mi función? ¿En qué consistía esa tarea para cuyo cumplimiento todos se afanaban por cuidar de mi salud? En mitad de esa duda, se apagaron las luces de la clínica, chirrió una reja y quedé en oscuridad. Sentí miedo y tristeza. Tras un instante, concluí lo contrario: no debía sentir miedo o tristeza, porque esa infinidad de chequeos médicos —que se me antojaban propios de un mundo elevado— significaba que, de estar rumbo hacia la muerte, ya tenía que haber llegado a tal destino. Mi vida debía avanzar entonces en sentido opuesto y, aunque ignoraba el fin de tales chequeos, los mismos me conducirían a un buen lugar, fuera o no ese punto de partida que soñaba en mis días de carretera. Hecho un ovillo miraba al ayer y el ayer se desvanecía como si nunca hubiera sucedido, quién sabe si porque sospechaba que esta jaula era la última y que, al abrirse, la vida me invadiría de tiempo presente y yo lo viviría. El relato de ese tiempo formaría un texto a continuación de estas palabras, pero de lo que entonces ocurrió me rogaron silencio y así será.

Para concluir hablaré —será un segundo— de mi carácter. Lo primero, debo defenderme: no se trata únicamente de que necesite y me guste dormir, no. Es que dormir forma parte de mi existencia; dormir es una ontología canina, una cualidad necesaria, pero, además, existencial. Lo necesario y lo existencial son conceptos distintos, porque el primero no siempre conduce al segundo. Valga un ejemplo: a nadie le agrada trabajar, pero la ciudad está llena de lunes y de oficinas, de gente que tiene un trabajo o lo persigue. La relación entre el trabajo y el yo no es volitiva, sino que se apoya en una relación de necesidad o dependencia. En el acto de dormir —y sin que nadie cuestione su carácter necesario—, sucede una cualidad existencial, de tal manera que no cabe la posibilidad de que no exista, porque en su ausencia el sujeto deja, justamente, de existir. Dormir no se elige, no es un concepto con el que se pueda comerciar, no hay seres que lo tengan y seres que no. Dormir es requisito para mi existencia, porque la define. ¿Y el trabajo? ¿De verdad define el trabajo a una persona? ¡Más bien lo contrario!: el trabajo limita y altera. ¡No, el trabajo es sólo circunstancia y sobre el trabajo no puede apoyarse una existencia! Disculpen si no he sido claro; recuerden que apenas soy un animal.

Otros dirán lo opuesto: que el trabajo es un atributo de su existencia, porque, si ocurre, les fatiga —y anula la existencia a la cual el trabajo sirve de sustento— y, si no ocurre, su falta refleja también una cualidad existencial: no es necesario —y libera la existencia— o, siendo necesario, se busca sin éxito —oprimiendo, entonces, la existencia—. Afirmarán también que descansar, a diferencia del trabajo, origina un efecto beneficioso, porque hace de la vida un motor, y dado que aquello que agranda una existencia, que la hace más luminosa —y el descanso tiene ese efecto—, contiene siempre una voluntariedad —pues detrás de cada momento favorable hay siempre una elección—, entonces no se puede concluir que el descanso sea, en su origen, una cualidad existencial; el descanso fortalece nuestro yo y de ahí que lo elijamos, pues el efecto que genera nos construye, nos otorga existencia y supera su propia necesidad. Los que defienden la voluntariedad del descanso cuentan con una ventaja lingüística. Se puede decir: tengo trabajo. O lo contrario: no tengo trabajo. Trabajar es una materialidad. ¿Y descansar? ¿No se conjuga este verbo invocándolo como un sortilegio y por eso decimos: quiero descansar, necesito descansar, sueño con descansar? Descansar es el reflejo de un acto volitivo. Uno incluso podría negarse al descanso y así se evidenciaría de nuevo su naturaleza voluntaria.

De este embrollo no sé en ocasiones qué opinar, porque, según la forma como me tumbe, razono en un sentido u otro. Reduciendo el debate a términos prosaicos, de tertulia radiofónica, percibo que hay envidia en quienes me censuran porque mi existencia transcurra tumbada. Los escucho mientras me acarician y, aunque finjo dormir, en verdad no lo estoy y les deseo que en la próxima vida, para curar su infortunio, se reencarnen en perro. Eso sí, que se preparen para comer tierra, basura y caca, sufrir soledad y aguantar palos. No comparto la celebración de una suerte que no siempre es tal, así que cambiemos de asunto y sigamos con mi carácter.

Soy un perro convencional. Detesto las heterodoxias, los radicalismos y las vanguardias. Sueño con que el mundo tenga la ondulación tranquila de un paisaje, el silencio concentrado de una biblioteca, mullidos sofás y calles sin tráfico. Mientras espero ese día, disfruto cuando me acarician el lomo, las ancas, el vientre, la nuca, el pecho. No sé reír, pero me produce cosquillas que me toquen por detrás de las orejas. Ya conté que la verticalidad es una virtud agotadora y que el eje horizontal se inventó para mí. Amo el sueño, pero lo despierta cualquier ruido; es una combinación desafortunada que hace de mi existencia una permanente duermevela, una quietud que se rompe mil veces y que mil veces vuelve para de nuevo hacer crac. Me gusta combar sillones, roer huesos, a veces gruñir. Adoro mirar a mi amo cuando se acerca. Un comedero rebosante siempre es una alegría. La nevera es un limbo refrigerado y dividido en baldas.

Hablar sobre mi vida es un reto para la capacidad lingüística de un animal, pero también para el alcance de sus recuerdos. Creo haber sido feliz hasta donde alcanza mi memoria, más sólida de lo que algunos piensan, aunque no tan amplia como sugieren los optimistas. Mi memoria se asemeja a la del hombre, pues comparte sus lagunas, voluntarias o no —esos familiares cuyos nombres jamás se invocan—, sus regiones fronterizas, tocadas por un sol que es a veces tibio y a veces cálido, y sus puntos de fuga, lejanías adonde emigran los proyectos siempre postergados. ¿Que si los animales tenemos proyectos? ¡Por supuesto que sí! Los perros soñamos con un hogar permanente, con la continuidad de las rutinas, con la certidumbre feliz que dan —en este orden— la comida y el afecto. La felicidad es una habitación silenciosa donde lo que ocurre responde a una repetición. Sueña mi cuerpo una enorme sala victoriana con chimenea aristocrática, alfombras gruesas, un reloj de péndulo, retratos que me observan y el silencio nocturno de un jardín detrás de las ventanas. ¿Nunca nos han visto tumbados en el fondo de los lienzos, detrás de las familias reales? Y aunque jamás hallé un lugar con tales características, proclamé antes y proclamo ahora que fui feliz. ¿Podría haberlo sido más? Es posible. A ese respecto mis testículos tendrían algo que opinar, alguna objeción que hacer; eso suponiendo que mis testículos tuvieran —igual que yo— capacidad lingüística y, además, supiera dónde están, porque los canjearon —ya lo saben— por un incómodo collar isabelino que me colocaron tras la castración. Al escarnio del collar se unió el de una camiseta ridícula con forma de redecilla que me cubría el tórax como si fuera una fruta envasada. Guardo desde mi castración un fondo —es verdad que no muy profundo— de venganza y, por ello, que no se quejen mis amos si, alguna vez, me alejo en los paseos, si desobedezco al itinerario que marca la correa, si apenas pongo interés en gobernar o reducir mi historial de fobias y que tampoco protesten de mis incontinencias domésticas —esporádicas y siempre, o casi siempre, involuntarias—. El derecho debería proteger el ejercicio moderado de la maldad y, además, lo malo, por sorpresivo, refuerza el asombro de lo abundante, que es mi bondad.

La ciudad está llena de obstáculos: rejillas de ventilación, escaleras mecánicas, podadoras, coches teledirigidos o surtidores de agua inesperados. Los obstáculos también adoptan la forma de ruidos: sirenas de ambulancias, truenos, petardos, celebraciones deportivas. Para mí, que amo el silencio, cualquier partido acaba en derrota. Pese a lo anterior, amo la ciudad y no puedo ser más feliz que cuando me sacan al parque, aunque el parque sea un remedo débil de naturaleza y libertad. ¡Ay, la libertad! Piensen qué libertad la de correr con un arnés que te ciñe, piensen qué libertad la de una plaquita metálica que, a cada zancada, va y vuelve y te recuerda, con su sonido agudo de platillo de orquestina, tu nombre y un teléfono; piensen por último qué libertad cuando, a cada respiración, sientes el roce de un dispositivo colgado del arnés, con una luz verde que a veces parpadea y a veces no. Y aunque amo la ciudad, siempre quiero volver al apartamento, aunque también allí me aguardan algunas amenazas: la vacilación de las puertas, los pisotones inesperados, el rugido de un aspirador, los tentáculos de las fregonas, el viento y la lluvia golpeando los toldos y ventanas.

Este, en resumen, soy yo. Un animal miedoso y de naturaleza servil, que nació y fue entrenado para la aceptación. Mi mérito es la obediencia, oficio que abarca tanto recibir caricias como aceptar escarnios. El bien y el mal no responden a actitudes opuestas, sino al distinto entendimiento de las normas que me dirigen. Sé por experiencia que el bien descansa en la repetición de una rutina. Sé también por experiencia que el mal conduce a un castigo, que cuando sufro un castigo dudo de cómo actuar, que cuando dudo de cómo actuar brota un temor y que cuando brota un temor hundir la cabeza, bajar la mirada y hacer distancia son salvoconductos hacia el perdón y la normalidad.

Me pidieron prologar esta historia: lo he cumplido. Me pidieron silenciar la relación entre mi amo —autor del texto que ahora sigue— y el prologuista que me cedió la palabra: eso no lo cumpliré. Que los humanos corrijan o eliminen luego. Diré entonces que mi dueño, amo y señor, de nombre Leonardo Agualusa, y el prologuista, de nombre Mateo León, eran vecinos. Es decir, que compartían una misma pared medianera, una misma altitud, unas mismas coordenadas geográficas, un idéntico portal y ascensor. Diré que una bomba sobre el apartamento de uno habría acabado con el del otro. Diré que recibían la misma publicidad de comida china a domicilio, que escuchaban las mismas ambulancias, que les afectaban la misma lluvia y el mismo calor del sol. Hasta aquí la similitud, porque la realidad es que no podían ser más distintos. Si mi vida basculó uniendo a uno y a otro, fue porque… Si en el interior de una taberna supe que mi destino cambiaría de manos, fue porque… Lo siento, querido lector: es verdad que me pidieron mantener en silencio este asunto y cumpliré mi palabra, pero… Pero si no puedo hablar sobre este asunto, cómo terminar. Tal vez —ahora que lo pienso— con un rasgo que los hermanaba: su incapacidad para justificar las motivaciones de sus actos; aquello que los movía a la sociabilidad en ciertos momentos, a la huida en otros o a entablar una guerra si la guerra era necesaria. Conocer la trastienda de sus actos me habría ayudado a ser más feliz. Ese nexo nubloso los unió y a mí con ellos.

Un abanico de luz se cierra en el salón. Hay una pantalla que se tumba, un cuerpo que se dobla, unas manos que atan los cordones de unas zapatillas. Debe ser medianoche. Un armario anuncia una oscuridad de mangas derechas. Del bullicio textil brota un abrigo. Muevo la cabeza hacia el exterior: la noche está apoyada en el cristal y nos mira, a mi cuerpo en el borde del sofá, al ordenador que resopla, al tintineo de unas llaves. Mateo parece estar exhausto. Pasó la tarde mirando hacia mí y después escribiendo, mirando hacia mí y después escribiendo. Puede que aún crea en la palabra de su editor, quien le prometió pagarle este prólogo. Ja, como diría él. Ja, repito yo. Me pregunto por qué aceptó este encargo. ¿Será por mí? Quién sabe. La vanidad me hace mover la cola y acercarme a él. Piso el suelo y unas copas tiemblan en la estantería.

Regreso al sofá, me tumbo y dejo escapar un bostezo que refleja el final de un domingo y también el de estas líneas. Tal vez este prólogo no sirva sino para darle un final. Si un prólogo es inútil o superfluo, como dice Mateo, entonces su fin es necesario. Un fin que abra paso a la historia. Una historia escrita a mi alrededor mientras ocupo el extremo del sofá: chalupa al borde de la cascada. Mi cuerpo, a medio camino entre la angustia y el descanso. Mi cuerpo, una vida entre un objetivo y su renuncia. Sus metas rozan el extremo de mis pezuñas, a punto de alcanzarlas y a la vez a punto de perderlas para siempre. Pienso que es una buena definición de mi vida, pero también de aquellas otras que habitan esta historia. No voy a hablar más. Bajaré del sofá para beber algo de agua, o no, o sí, o no. Sí, sí, bajaré, bajaré del sofá y ustedes, por favor, suban a él y lean esta historia.

ODISEO

NOCTURNO A LA PUERTA DE UN SUPERMERCADO

Todos tenemos una noche que cambia nuestras vidas. La mía ocurrió a la puerta de un supermercado, junto a un perro que no era mío y una mujer que tampoco era mía, que necesitaba un paquete de macarrones, a la que le daba miedo dejar a su perro solo en la acera y que me rogó que lo cuidara unos minutos. Acepté su ruego y la mujer entró con paso veloz al supermercado. La puerta automática, a su espalda, pareció percutir contra su abrigo. Era septiembre. La vi avanzar por un pasillo lleno de promociones, torcer al fondo hacia la izquierda y esfumarse de mi vista. La puerta automática eran dos hojas de cristal sucio y tembloroso donde los céntimos iban y volvían para formar y romper, formar y romper, el precio en oferta de los melocotones. ¿Hacía cuánto que no probaba la fruta? Permanecí inmóvil en la acera igual que una farola, con un animal extraño a mis pies y, en los edificios, la luz de las primeras lámparas.

¿Por qué hacemos preguntas?

No necesitaba saber que un tal Fabián se había olvidado de comprar, esa mañana, un paquete de macarrones; tampoco necesitaba saber que esa noche —y de ahí la urgencia de la mujer— tenían invitados para cenar, un matrimonio que también eran vecinos y que venían para despedirse, ni sentí la curiosidad de preguntar si ese «también» se refería a que Fabián y la mujer eran —también— un matrimonio o si, por el contrario, se refería a que ese otro matrimonio —también— eran vecinos. En cualquier caso, quedaba —también— la duda de qué relación existía entre Fabián y la mujer. Tampoco tuve la curiosidad de preguntar quién se despedía de quién, si eran Fabián y la mujer los que se despedían de los vecinos o lo contrario y, si llegué a albergarla —y ahora que lo recuerdo y escribo, así fue—, me ahorré formular tales preguntas.

¿Por qué hacemos preguntas si no queremos saber las respuestas?

No, no, no quería saber el nombre del perro, pero fui débil y lo pregunté y, a continuación, debí precisar que no, que me refería al nombre del animal, pero ya era tarde y supe, sin remedio, que quien se había olvidado del paquete de macarrones se llamaba hoy y ayer y también mañana Fabián, siempre Fabián, y a continuación reformulé mi pregunta y supe que el perro se llamaba Odiseo y Odiseo levantó el hocico como afirmando que sí, que él era Odiseo y, no, no quería saber la razón de su nombre, pero de nuevo fui débil —mi voluntad y mi voz, sistemas paralelos y el supermercado, a punto de cerrar— y lo pregunté y resultó que el perro se llamaba Odiseo porque siempre volvía. Su nombre indicaba su carácter, eso dijo su dueña, orgullosa de que lo hubieran llamado así, y es que, cuando lo sacaban —ese plural— a pasear, Odiseo solía alejarse y había quienes pensaban que el animal estaba perdido; entonces, buscaban a sus dueños —ese plural otra vez— y los dueños —ese plural otra maldita vez— aparecían, sí, claro que aparecían, porque los dueños vigilaban al animal en la distancia, ella y ese tal Fabián cuyo nombre, no, no necesitaba saber, hasta que por fin Odiseo estaba de vuelta, esfumándose el miedo a que se hubiera extraviado, y entonces no ocurría nada, no ocurría nada porque ocurría lo previsto.

No, no quería saber nada más, pero a veces el mundo es una radio encendida donde se habla, se habla y se habla, se habla demasiado, y la mujer dijo algo sobre los afectos que no entendí porque mi atención estaba en mi reloj —el supermercado cerraría en cinco minutos y la dueña no cesaba de hablar, hablar, hablar, hablar—. Repitió, entonces, que los afectos siempre vuelven adonde se originaron, que los afectos eran una película rebobinada, un feto que trepa por el cordón umbilical, y yo miré la entrada del supermercado —me pareció oír el ruido de una verja que desciende— y afirmé con impaciencia que sí, que claro que sí, que por supuesto que sí, los afectos eran una película y un feto. Sospeché que la mujer estaba loca y a la vez vi que los melocotones habían perdido su valor en céntimos, lo habían recuperado, lo habían vuelto a perder y, con ganas de recuperar el tiempo perdido, le rogué que se apresurara a entrar al supermercado, pero que no tardara en volver y es que no quería escuchar nada más ni de ella ni de su perro ni de Fabián ni de sus vecinos ni de la cena ni del paquete de macarrones. Enfaticé que regresara pronto porque su regreso significaría que se iría de una vez, dejaría de hablar de una vez y compraría ese paquete de macarrones olvidado de una vez, de una vez por todas. Así me quedé yo, aguardando junto a un perro que no era mío, mientras su dueña —sin darme las gracias— corría al interior para comprar un paquete de macarrones.

No, no quería saber nada más, pero lo que sí debía saber, o al menos sí debí haber sospechado, es que me habían tendido una trampa.

La felicidad es un camino solitario

La felicidad es huir de lo superfluo y lo superfluo son los demás, sus vidas secundarias que se cruzan con la de uno de manera fortuita, igual que un semáforo en rojo; vidas que no aportan nada, que contienen su propio temporizador para un día estallar y morir. De ahí que sus nombres, el de la mujer, el de su pareja, saberlos, recordarlos, pronunciarlos no fuera necesario. ¿Mi debilidad? Preguntar el nombre del perro: un nombre que daba igual saber o no, recordar o no, pronunciar o no. Nombres, nombres a pie de página que pronto volverán a la oscuridad de libros que nadie lee; nombres, nombres sobre la pantalla borrados por el rodillo veloz de los títulos de crédito, las luces encendidas, el público en otra historia, su historia, siempre su historia, cada uno en su historia, y así debe ser. Nombres, nombres, nombres, nombres de personas que están de prestado en la vida y que supongo —supongo— que sólo importan en otros contextos y en otras voces, en otras historias, en sus historias, siempre en sus historias, historias mínimas como la de una mujer que, esa misma mañana, se debió de enfadar cuando su pareja —una vez más, Fabián, una vez más, lo acusaría entonces y lo acusaría nombrándolo— volvió a casa sin el recado.

No, no son necesarios.

La desmemoria es un embudo: filtra la realidad y nos conduce a lo pequeño, a lo solitario, a la ausencia de distracciones y de nombres de personas —que con frecuencia son lo mismo—. En el trasvase hacia la desmemoria, el tiempo es nuestro aliado. Gracias a la aritmética del tiempo, la desmemoria nos priva de onomásticas y cumpleaños y aniversarios, del nombre de los amigos de la escuela, del nombre de los vecinos, del nombre de los compañeros de trabajo y también del nombre de quienes amplían nuestras familias mientras nosotros, en ese árbol que se agranda, empequeñecemos; el tiempo hurta el nombre del último país que se visitó, el de la escritora de un libro policiaco que nos mantuvo en vilo y ahora no somos capaces de recordar, el del general que da nombre a esa avenida que cruza con aquella otra, con la principal, sí, sí, también, también la variedad de uva de un vino que bebimos al mediodía y el asunto que, más tarde, tumbado el corcho, se debatió. Todo fue importante pero todo desaparece; el tiempo es una devastación natural que hace que el mundo se termine nombrando por demostrativos: esto, eso, aquello. Los nombres de objetos y personas están en diáspora respecto a lo que debían nombrar y al mundo apenas podemos señalarlo con un dedo índice, un dedo que tiembla de asombro, como si fuéramos niños, porque nada se recuerda y todo es nuevo, pero que tiembla también de terror, porque en verdad no somos niños; somos adultos y el recuerdo nunca se acaba de ir, sino que es más bien un periscopio que, en ocasiones, sube a la superficie y allí el pasado se refleja en sus espejos, y en esa intermitencia entre el olvido y la memoria, entre las corrientes submarinas y el brillo del sol, se revela lo profundo de nuestro olvido. El mundo es un museo de vitrinas vacías, pues no tenemos palabras para describir lo expuesto. El mundo es una ferretería, pues sólo conseguimos señalarlo.

Por supuesto que no, que no son necesarios.

Cuando se despuebla la memoria, la única certeza viene de lo simple: en un folio, el garabato de una suma; sobre un calendario y redondeado a lápiz, el día de una cita con la doctora; al final de un folleto, escrito también a lápiz, la contraseña del correo electrónico y, en su esquina superior y manchada de aceite, una tarea precisa: comprar detergente para la lavadora. El dominio de la certeza es limitado y lo rodea un misterio tan grande que incluso se cuela en su interior, y es que se ha olvidado el porqué de esa suma, la naturaleza de sus componentes y lo que representa el total; no se recuerda tampoco el propósito de esa cita médica o es que carece de tal —pues la enfermedad demostró hace tiempo que no tenía cura y ha superado citas y tratamientos definidos en el calendario—, y esa contraseña de correo es otra fisura de la certeza, porque abre la mirada a un paisaje remoto, poblado de actividades y acción que aturden, pero esos números, ese día marcado, esa lista breve de la compra y esa contraseña giran pequeñísimas cerraduras del mundo y nos descubren campos ciertos, que tienen límites, que se pueden transitar y de los que se puede volver porque han dejado un rastro, un rastro escrito. El resto es una torrentera que avanza llena de inercia y sin control.

Hay quienes se agarran, en el naufragio de la memoria, al marco de viejas fotos; son salvavidas cuadrados o rectangulares, hechos de plástico o de plata, madera o cristal, y que en su interior custodian fotos extrañas, porque parecen de otras familias o porque ya venían dentro del marco. Sobre esas fotos desagua la desmemoria: en su contorno, allá donde acaba la catedral o el paisaje, detrás de las sonrisas y los trajes de domingo, vuelve la tragedia familiar que los fotografiados conocen y que algunos aún sufren, pero de la que nadie habla, o habla poco, o habla mal. Entonces, la memoria oscura de un suceso se va desintegrando en memorias parciales, débiles, contradictorias, memorias cada vez más aéreas y menos exactas hasta que, un día, la vaguedad de las palabras deja sin sentido la imagen y, si alguien abre un álbum y mira las fotos y las comenta, por su relato nunca sabremos si lo que narra ocurrió o no, porque los recuerdos ciertos y falsos no se distinguen y ninguna memoria es verdadera.

No los culpo de su desmemoria. Por experiencia sé que negociar con el pasado, combatir por su permanencia, es una tarea fatigante; dudo, además, de su utilidad. Cuando aprendes esta lección, por delante asoma la vida. Que esté convencido de esto no significa que me haya aplicado tal lección. O que, al aplicarla, sea extensa la vida que me queda por delante.

Hablando de fotos, la foto de mi hijo.

Aunque el olvido de las palabras cancela lo que una vez nombraron, la contracción de la memoria —y, por lo tanto, de los afectos— es, sin embargo, un impulso hacia la felicidad: lo perdido abrevia el mundo, pero ese mundo, estrujado igual que un acordeón, se libera del ruido innecesario. Queda lo puro, lo mínimo, lo estrecho; queda uno mismo. Frente a estas páginas, abierto este cuaderno, leo mis notas, atiendo a mi caligrafía, veo que acabo de escribir que atiendo a mi caligrafía y mi caligrafía se parece, de cerca, a las ramitas delgadas de un árbol japonés. Podría unir las palabras, escoger unas líneas, dibujar un tronco y unas raíces. Eso sería y es ahora todo mi mundo, un mundo de papel y tinta, un mundo protegido y feliz que cabe en un cofre de memoria dentro de un cajón.

La foto de mi hijo. Tanto tiempo sin saber de él. ¿Dónde está? ¿Dónde está mi hijo? ¿Dónde está la foto?

No hacen falta, los nombres no hacen falta.

No son necesarios.

De ahí que no, que no hiciera falta conocer su nombre, el de ese señor amnésico insinuado en sus plurales cuando escucho, aunque no quiero escuchar, que fue un acierto que al chucho lo hubieran llamado así y, fíjate, fíjate que cuando lo sacamos de paseo y no sólo eso, no, no, no sólo eso, sino que esta noche, esta noche tenemos visita. -Os, -os. -Os, morfema de plural. Fabián y tú. Uno más uno, dos. Dos. -Os. -Os. -Os, maldito plural: del número dos en adelante nunca reside la felicidad. La felicidad es un alivio que sólo dan algunos episodios y sólo cuando se disfrutan de forma solitaria: la promesa de una lectura, el peso blando de una manta, la memoria de una música, un vaso de vino, la luz de un quinqué, el tacto de una pluma, los bolsillos amplios de una bata, el ala ingrávida de un avión, la calma de la noche, el anuncio de un atardecer. Estos episodios —su realidad, su recorrido, sus exigencias— no son nuevos para mí: desde pequeño supe que la felicidad era un fenómeno que consistía en avanzar solo, mirando al suelo, atendiendo a lo que se pegaba a las baldosas, a lo que veía sobre ellas y a través de ellas, como si fueran las paredes de un acuario. Sabía, sabía y sigo sabiendo que, cuanto más me despreocupara de los otros, cuanto más fijara mi atención en lo que el suelo tenía que enseñarme, en su pantalla y en su trasluz, con más libertad podría, entonces, mirarlo. Mirarlo a la cara y mirarlo sin ser visto, mirándolo en soledad. Sabía también que, cuanto menos dependieran mis días de los días de los demás —por eso me aterra la vejez—, más robusta sería mi fortaleza, más alta, interior y, sobre todo, inexpugnable, porque nadie podría destruir aquello que no se ve.

Un hombre solitario, pero también raro y hermético: así me definen las personas más cercanas, si es que alguna lo es. Afirman que tengo manías de viejo —lo cual es una profecía alcanzada, porque las arrastro desde joven, como si me hubiera convertido muy pronto en quien quise ser—. Les respondo encogiéndome de hombros, admitiendo que tienen razón, sí, pero que no es mi voluntad la que actúa, sino una inercia mucho más poderosa y trascendental, porque siempre intenté recorrer el mundo contra el ruido de todos y sin ayuda de nadie. Y aunque la experiencia haya sido, muchas veces, una sucesión de dudas y fracasos, pienso que, en algunos momentos, alcancé algo parecido a la alegría. A ratos, sólo a ratos, el mundo me entregó ciertas compensaciones.

Por eso, me noto extraño ante este nuevo malestar, ante este ruido interno, como de máquina que no funciona muy bien dentro de mí. Cerré un acuerdo con la vida, un buen acuerdo, donde yo sería prudente para no molestarla, pero parece que ella, en su aburrimiento cíclico, milenario, aceptó las reglas para, de golpe, hacer trampas, y es que la vida —lo sé ahora— disfruta profiriendo embustes, llevándonos al margen y, sin escapatoria, obligando a que nos enfrentemos a las excepciones. Excepciones como Odiseo, que tiene nombre y existe y me afecta y es, sin embargo, aquí, ahora, a los pies de la noche, del todo innecesario; un animal que —supongo— me sigue hasta casa empujado antes por la sorpresa que por el amor, por la inevitabilidad más que por el convencimiento; un animal al que somete la tiranía de una correa que, además de corta, es fucsia; un animal que también se mofaría de esa bobada de los afectos como hijos pródigos y su retorno al lugar donde nacieron. No: los afectos no viajan. Los afectos son el aire que uno se guarda. Los afectos son una arquitectura invisible y propia, igual que un estómago o una glándula, donde cada cual construye o rompe sus pasiones, decide qué o a quién cobijar. Odiseo está fuera del cuerpo y no debería afectarme, pero me afecta. Hay un ruido. El ruido de algo que no funciona muy bien dentro de mí. Nombres, nombres que no deberían importarme.

¿Qué hice con la foto de mi hijo?

Desplazado al margen, me enfrento a mis excepciones. ¿Cómo justifico este nuevo malestar? ¿Deberé conceder aire a lo superfluo, lo impreciso, lo amplio, lo contrario de aquello en lo que creí y por lo que aposté? ¿Será que, dentro de cada uno, residen varias formas de felicidad, pero que, cuando las descubrimos y comprendemos el error de nuestra obcecación, es tarde para atraparlas? Quizás los destinos se extravían muy pronto y sin que nos demos cuenta, mientras creíamos caminar con viento a favor. Es verdad que, desde joven, me advirtieron que la obstinación de los sueños puede ser peligrosa, porque en los sueños se difuminan los contornos, desaparecen los caminos y se olvida la existencia de otras vidas, vidas que te rozan y que te afectan, y el hecho de que esto ocurra, de que uno piense en ellas, de que a uno le rocen o afecten, ya trasluce que esas vidas —maldición— importan.

Esas vidas.

Esas vidas.

Esas vidas.

Odiseo está fuera del plan, Odiseo está al margen y no debería afectarme, pero me afecta. Hay dentro de mí el ruido de algo que no funciona muy bien. Nombres, nombres, nombres que no deberían importarme.

Debo buscar la foto de mi hijo.

Debo buscarla.

Debo buscarla.

Me pregunto por qué, al salir uno de su entorno y encerrarse en sus proyectos más elevados, resulta que la felicidad, si se alcanza, dura igual que un fósforo. ¿Será que, como todo es desmemoria, incluso en la línea de meta uno ignora su éxito y piensa que continúa perdido? ¿O será que lo buscado es siempre una construcción mental, no existe fuera de nosotros, y nuestro afán nos conducirá a un lugar real pero diferente del soñado? ¿O puede que el objetivo sea alcanzable, pero que no seamos nosotros quienes vayamos hacia él, sino que sean los sueños, las metas, el porvenir quienes acaben por sentir lástima de uno y, admitiendo nuestra debilidad, vengan a buscarnos a un lugar donde nosotros, ay, con los brazos caídos, ya no los esperábamos?

Cuando busco respuestas se multiplican las preguntas. Y ahora se añaden a mi malestar los nombres y los ruidos. La mujer. Fabián. Odiseo. No, no me hacen falta. Mi camino lo anuncian una ventana abierta y un horizonte. No hay nada que recordar. No hay nada más que decir, ni siquiera en este cuaderno. Nada. No hay nombres y los que existen debo olvidarlos igual que aquel hombre olvidó comprar un paquete de pasta. Su desmemoria, la de todos, nos sirve para dejar atrás la desolación, ir a lo preciso, ser felices, avanzar.

Y hablando de memoria o de su ausencia: ¿qué hice con la fotografía de mi hijo?

Los afectos nunca vuelven porque nunca se marchan. Los afectos pueden ser fuego o estepa, llama o aire, pero su escondite es un cofre como los de los cuentos, un cofre mínimo y dorado que uno custodia debajo de la cama. Fuera de nosotros, no existen los afectos porque los afectos no se expresan, no brotan, no se derraman; los afectos no son más que la luz esférica de una lámpara de noche en la litera de un tren, una luz íntima que, vista desde el paisaje, parece la de una luciérnaga, porque es una luz que surge y flota y al instante se marcha, e idéntica es la luz de los afectos, esa luz tenue que uno enciende o apaga para sí, sólo para sí, esa luz que ilumina, por un instante, esa luz que, desde fuera, es apenas el destello que produce la luz tras apagarse.

Los afectos, los nombres, nunca hacen falta para ser feliz. La felicidad es uno y uno es un número impar. Y si yo soy uno y uno es impar, a qué viene este ruido interno, el ruido de algo que no es mío pero que suena en mi interior.

Debo buscar la foto de mi hijo. Lo apunto, una vez más, para no olvidarlo.

Nombres, nombres, nombres, no hacen falta, nunca hacen falta.

Sobre la alimentación de un perro llamado Odiseo tras lo ocurrido aquella noche a la puerta de un supermercado

Había dos accesos: aquel donde yo aguardaba con Odiseo a mis pies, ambos en creciente noche y perplejidad; otro, idéntico, abierto a la calle trasera. El supermercado pertenecía a una cadena de establecimientos de dimensión media y horario amplio. Ofrecían un poco de todo, pero todo a precios desorbitados. El negocio parecía funcionar gracias a la mala memoria de sus clientes; clientes como la pareja propietaria de Odiseo y su doble despiste: el matutino, el de la pasta; el nocturno, el del perro. Porque Odiseo no volvió nunca más —las epopeyas siempre son mentira— a Ítaca.

Le pedí a un transeúnte que cuidara un instante de Odiseo, pues debía comprar algo de pasta para cenar: la mentira la tenía reciente, era útil y no se me ocurrió otra mejor. Porque todo —lo supe ya— debía responder a una mentira, a una mentira bienintencionada.

Por qué duelen los nombres, incluso si son de personas que no nos importan nada. Por qué este ruido de algo que no funciona bien. Nombres, afectos: no, no nos hacen falta. Por qué, entonces, este malestar.

La megafonía me informó de que era un estimado cliente y, a continuación, de que el establecimiento estaba a punto de cerrar. Zigzagueé deprisa por los pasillos, pero no hallé ni rastro de la mujer. Alcancé la caja registradora a la carrera y pregunté si habían visto un paquete de pasta comprando a una mujer. Luego me corregí. Me negó una boca mascando chicle en una cara con acné.

Volví a la calle y allí estaban Odiseo y el transeúnte. Levanté dos dedos de la mano para indicarle que me diera dos minutos, regresé al interior y oí a mi espalda: «Caballero, es la hora de cierre y no cobro por hacer horas extras». Tuve tiempo de comprar una tarrina de albóndigas de buey y verduras en la sección de comida para animales.

Misteriosas órbitas caninas

Cae la noche. Hay una bruma blanda, como de río próximo. Deambulo por un barrio de calles vacías pero hoy, por primera vez, Odiseo participa de mi ausencia de itinerario. Odiseo por detrás, Odiseo por delante, Odiseo alrededor: nuestro trayecto dibuja un garabato sobre la acera. Soy yo quien me muevo sin rumbo y es él quien define el ritmo a base de tirones y pausas, es él quien anuncia su hocico brevemente —ya dije que la correa, además de fucsia, es corta— en el interior de los portales, en bolsas de basura amontonadas en la acera, en los tesoros que esconde la noche bajo los arbustos. Ese hocico, desde el cual se proyectan bigotes firmes, ha bostezado, ha abierto sus fauces para respirar —exhibiendo una lengua extensa y flácida, como de vaca—, ha olisqueado las piernas pobres de un mendigo y también el trasero de un caniche —curiosa su manera de saludarse, como una digestión que empieza por el final—; ese hocico ha agarrado las sobras de un sándwich infantil y ha hecho —pero sin hacer nada— erizarse a un gato.

Odiseo parece llevar toda su vida frente a mí, olfateando, desde el final de su correa, un mundo bizco de pavimento y baldosas. Compartimos miopía: en lo breve vemos la inmensidad de la existencia; todas sus posibilidades y, anulándolas, todos sus contrarios. Para su desgracia, advierto que me ha cogido esa ternura que surge junto a la tristeza. Podría decir él, desgraciado, lo mismo de mí. Debo admitir que Odiseo ha despertado una emoción. Y qué irreconciliable esta certeza con su contraria: Odiseo es superfluo. Él y la correa fucsia. Su correa fucsia. *La* o *su*: ¿es suya o mía? ¿En qué nudo de la tela cambia la propiedad? ¿Tiene sentido formularse esta pregunta? Ninguno, ningún sentido. Odiseo es innecesario y mañana no estará aquí. Ni él, ni su correa, ni su nombre.

Quién sabe si, vaticinando su llegada a un lugar donde nunca ha estado, Odiseo decide orinar en una farola próxima a mi casa. Sobre la acera se dibuja un río ámbar, desagüe último del dueño anterior. Odiseo por delante, Odiseo por detrás, Odiseo alrededor, Odiseo creando misteriosas órbitas caninas mientras me enfado, suspiro, busco y encuentro las llaves. Parece conocer su destino porque, tirando de mí, me acerca y doy con mi casa, con un portal de hierro, con una cerradura donde encaja una llave, con cuatro pasos precisos que me conducen, en coreografía nocturna, hasta el extremo de una barandilla, con una escalera que tiene dos balaustres redondos en su lado izquierdo y que cruje en los peldaños uno, seis y nueve, una escalera que, todavía a medianoche, flota en un olor a puré de verduras y a sitio sin ventilar y donde compiten el volumen de las televisiones y los altercados de los vecinos. Llegamos a la tercera planta y respiro con esfuerzo: ¿cuándo arreglarán la avería del ascensor? El silencio ahora es absoluto. Mis manos leen en braille la pared, me alegra el hallazgo mágico de un interruptor, se ilumina un pasillo humilde y una puerta se abre: esta es mi casa.

Preso de mis hábitos, me descalzo, enciendo la televisión y el ordenador, abro la puerta del armario y cuelgo el traje. Creo que he perdido peso. Me pongo una copa de vino blanco y termino así la felicidad vicaria de mis rutinas. Odiseo inaugura las suyas: inspecciona el dormitorio, la cocina, el baño, valora el caos del salón. Allí elige una butaca, pero al poco la estima dura y se decide por el sofá. ¿Hace cuánto tiempo que lo compramos? -Os, no, -os, no, -os, no. ¿Por qué los objetos guardan memoria? ¿O somos los dueños, por el contrario, los incapaces de olvidar? Preguntas, más preguntas, siempre más preguntas y, entre tanto, Odiseo se pone de pie en el sofá, agita las orejas y la cola, rastrilla un cojín con las pezuñas y se acuesta, por fin, con el hocico colgando hacia fuera. Regreso de la cocina con un bol de cerámica donde, en letras blancas y mayúsculas, se lee GAZPACHO. Le limpio el polvo y vuelco la tarrina de carne en su interior, que aunque anunciaba albóndigas resulta tener una textura compacta y gelatinosa. La etiqueta me informa de que el alimento es para gatos. No importa: mañana Odiseo estará lejos de aquí. Apago la luz del salón y, desde la cama, escucho a Odiseo relamer el bol: alegría cóncava.

Primera noche de Odiseo fuera de su Ítaca (si es que sólo hay una Ítaca —su Ítaca— y no tantas como dueños)

Apagué la radio para escuchar inútilmente a Odiseo. ¿Y si la comida de gato…? Qué estupidez. Volví a tumbar la cabeza sobre la almohada, de nuevo encendí la radio y de nuevo escuché a un espeleólogo que, ahora, debatía sobre cómo medir el tiempo. Invitó a sus oyentes a calcular la edad de una gruta abandonada a la cual volvía un asentamiento humano. ¿La llegada de cazadores o gente de vida itinerante hacía que la gruta recuperara el tiempo anterior o, por el contrario, ese tiempo de abandono había hecho de la gruta un espacio nuevo? El espeleólogo carraspeó, como si la tos materializara sus dudas, y lanzó una nueva cuestión: ¿tenía sentido detener el tiempo si lo atravesaba el olvido? Yo formulé al revés su pregunta: ¿se podía construir, a modo de abalorio, una continuidad entre lo fáctico y lo ausente? ¿O, por el contrario, sólo contaba el tiempo si era real, porque algo sucedió en su interior y podía ser, entonces, recordado? Aquella idea, la del recuerdo, me hizo recordar que esa noche no estaba solo en casa y, a continuación, recordé también la tarrina de albóndigas gelatinosas para gatos: ¿y si tal vez no?, ¿y si tal vez no era una tontería?, ¿y si tal vez sí?, ¿y si tal vez sí estaba solo?

Salí de la cama, corrí al salón, encendí la luz: Odiseo me miró con ojos fluorescentes, radiactivos, de noche verde. Erguía el cuello con un aire solemne de columna. Regresé a la cama, pero mi cabeza seguía en el salón, observando a Odiseo al borde del sofá. Incapaz de concentrarme en las palabras del espeleólogo, opté por unir el cuerpo con la cabeza, así que volví al sofá para estar junto a Odiseo y encendí el televisor. Hubo un gol por la escuadra, luego un anticiclón acercándose al litoral cantábrico, luego un debate, luego jóvenes vestidos con ropas de color azafrán cruzando un puente tibetano, luego una mujer vendiendo un corrector de postura, luego otro debate, luego subí el volumen: un hombre de pelo blanco afirmaba que provocar miedo era el camino hacia la obediencia, con todas sus connotaciones políticas; si el miedo no tuviera esa cualidad, no leeríamos, entonces, cuentos aterradores a nuestros hijos. La memoria era la única forma de enfrentarse al miedo y evitar su normalización. La memoria, la memoria —repitió la palabra— era crucial para que el miedo no se normalizara, porque sin memoria una sociedad no tendría miedo a nada y se convertiría en una sociedad azarosa, a la deriva. La Historia —y él era historiador, como precisó—, debía recordar a los hombres de qué son capaces, porque la memoria es una forma de enfrentarse al miedo y pararlo.

Y hablando de memoria: ¿qué hice con la foto de mi hijo? Debía apuntarlo una vez más, porque las palabras traerían certeza y recuperarían el recuerdo.

Y hablando del miedo y pensando en mi hijo: ¿qué cuento lo atemorizó? ¿Era yo su protagonista? ¿Fue eso lo que hizo que se escapase?

Apagué el televisor, la pantalla se redujo a un hilo horizontal y, a continuación, la imitaron mis párpados. Luego, apagué la luz y seguí un rato inmóvil, en silencio, en oscuridad, con aspecto de haberlo perdido todo, de no tener memoria y de estar muerto de miedo. ¿Cuánto llevaba mi gruta abandonada? Volví al dormitorio y me acosté. Entonces Odiseo subió de un salto a la cama. Encendí la luz de la mesilla y me fijé en su hocico. Parecía rematarlo una gran trufa húmeda. Era temporada de setas. ¿Hacía cuánto que no iba al campo? Hacía tanto tiempo de todo. Nos observamos sin entendernos. Conocía muy bien mis miedos. ¿Cuáles serían los suyos? Antes de echarlo de la cama, ovillados el uno y el otro, nos atrapó el sopor.

Cómo eliminar ruidos innecesarios en la vida (se incluyen bajo este epígrafe animales domésticos no deseados)

Trabajar hace innecesario todo lo demás. Lo mejor de mi existencia ocurre frente al escritorio, con el abrazo metálico de una hilera de botes —son cinco— rebosantes de lapiceros, portaminas, plumas, rotuladores y bolígrafos y con la compañía silenciosa de folios, cuadernos y diccionarios. Este abanico es una muralla que sirve de horizonte y de frontera. De horizonte porque delimita un deseo que tiene que ser alcanzado y tiene que ser alcanzado con esos utensilios; de frontera porque los lapiceros, con sus puntas a modo de alabardas, defienden el orden vertical de otro mundo abrigado por la fantasía, hecho de grafito y que da sombra a la indolencia, a lo mustio, al tedio, incluso a la rutina, aunque mi existencia sólo funcione por giros de rutina y aunque la rutina sea con frecuencia lo que yo más deteste. Se menosprecia —quién sabe si porque se ignora— el lujo que guardan una mesa, unas cuartillas y unos lapiceros. Lo menosprecia gente que cree que las euforias de la amistad y de la noche, las sacudidas del afecto o del amor y todo lo imprevisto son razón suficiente para seguir adelante, y que ven la vida como una montaña rusa sin saber que, tarde o temprano, deberán bajarse de la vagoneta y pisar el suelo. Entonces, sentirán el vértigo de una existencia hecha de viñetas que se suceden y borran sin reflexión y sin calma.

Quiero observar la realidad con los ojos de un vigía, de una forma pausada, bajo la lente de una lupa y a través de un catalejo, buscando el detalle pero, a la vez, la distancia que complete y agrande mi observación. Quiero aumentar lo que nadie ve y quiero subir a ese mirador que se abre a bosques, montañas, lagos, ciudades, pueblos y aldeas, quiero acercarlo todo hasta mi mesa con un zoom y ese paisaje que, desde mi ventana, es una confusión de antenas y tejados quiero comprenderlo, reproducirlo, soñarlo. No, no hay que esperar ninguna llamada del exterior salvo un estímulo inicial. Ese exterior que nos aguarda para que lo observemos es azar, ruleta, tragedia o deleite. Porque el azar es ensueño, porque el deleite es humo, porque las ruletas frenan demasiado pronto o demasiado tarde, la tragedia es real, sí que es real y se activa si desenfocamos nuestra mirada; nos equivocamos al pensar que la existencia es tiovivo y suerte, porque hay días, muchos días, hay días y semanas y meses y años que nadie, nadie, nadie gane nada. Y es que hay pocas personas que ganen algo cualquier día de sus existencias, pero la observación cuidadosa, casi ensimismada, del horizonte y de su reflejo próximo dotan de un discurso a lo que, de no existir, haría del tiempo un pasillo de días largo y monótono.

Saber que hay un orden. Saber que la vida lo exige. Saber que los sueños también. Y ahora, desbaratando vida y sueños, un ruido. El ruido de un malestar. Un ruido con nombre: Odiseo. Un problema sobrevenido. Un sofoco, una entropía accidental. Mi mundo como un sótano sin ventanas. Buscar una solución, volver al equilibrio, interrumpir este zumbido de algo que suena dentro de mí y que no funciona bien.

Lo más probable sería encontrarse con los dueños de Odiseo cerca del supermercado. La mujer fue a ese establecimiento por una cuestión de eficacia: era tarde, le quedaba próximo y su cena con invitados carecía del ingrediente principal. Las razones de que se olvidara de Odiseo y del paquete de pasta eran un misterio. ¿O quizás no? ¿Qué buscaba la mujer en realidad? ¿Qué despiste o urgencia le hicieron olvidarse de la pasta, de Odiseo y, por extensión, de mí? Alcé los hombros —porque no entendía las razones de lo ocurrido antes que por lo ocurrido en sí— y me puse el anorak. Ya era viernes y taché en el calendario el día ocho de septiembre de 2016. Llegando a la escalera —el ascensor seguía sin funcionar—, oí un arañazo a mi espalda. Recordé, volví, le puse la correa a Odiseo, juntamos nuestras inquietudes y salimos a la calle.

Las gafas del portero levitaron, místicas, hasta lo alto del portal. Los flecos embrollados de su fregona, también atónitos, se extendieron sobre las baldosas como un girasol pisoteado. En la calle, saliendo hacia la derecha, alargó la calada de su cigarrillo Guillermo, el farmacéutico, y en la esquina, junto al estanco de prensa, me reflejé sobre el vaso metálico, siempre vacío, que agitaba el mendigo Ioan. Al estupor de uno mismo, incapaz de reconocerse tirando de la correa de un animal, se añadía la de un barrio que tampoco me identificaba, gente a la que Odiseo expulsó, igual que a mí, de las convenciones que yo les había transmitido: en primer lugar, el portero, que me saludó con desconfianza, quién sabe si adivinando los pelos futuros de Odiseo en la escalera; después, Guillermo, el farmacéutico, que suspendió su cigarrillo en la punta de los labios, como si hubiera visto una aparición y decidido, por fin, dejar el tabaco; luego, Ioan, el mendigo, que ni tintineó su pobreza resumida en un vaso de hojalata; y, por último, la sorpresa del mismo cajero del supermercado, que se acordaba de mí, que se acordaba, además, de que compré comida para gatos —y lo recordaba porque él tenía una gatita y me vio en la acera junto a Odiseo e intuyó mi error, pero quiso creer que, tal vez, yo también tenía un gato y, de cualquier manera, ya era tarde y había cerrado la caja—, pero que no, que no sólo no recordaba a ninguna mujer que hubiera comprado un paquete de macarrones, sino que añadió que la cajera del otro extremo del establecimiento le había confirmado, ayer mismo por la noche, que tampoco había visto a ninguna mujer justo antes del cierre ni escaneado ningún paquete de pasta.

No, no existía un andamio de palabras que sostuviera lo ocurrido, pero a la vez la explicación era una larva pequeñísima que iba madurando y provocaba un ruido interno, como de engranajes girando —de forma liviana y en vaivén— tejidos, músculos, ideas, nódulos entre partes, y que obedecía, en su origen, a unas motivaciones remotas y confusas. No obstante, tal revelación fue lenta y de ahí que en ese primer día junto a Odiseo, tan cercano a lo sucedido —cercano a unos acontecimientos que eran impetuosos porque arreciaban sobre una vida insustancial—, resultara imposible dotar de coherencia a lo que había pasado.

Que mi aparición en las calles junto a Odiseo fuera acompañada con gestos de asombro —como si fuera un extraterrestre— me causaba estupor; es cierto que sentía el privilegio de ser parte de un grupo, de notar que un diálogo podía surgir en cualquier momento y que, gracias a Odiseo, ese diálogo dependía de mí, pero me entristecía comprobar que esta satisfacción, aunque débil, era lo opuesto a lo que siempre deseé, que era pasar desapercibido. Desde muy pronto, Odiseo me descubrió que había diseñado un proyecto personal cuya felicidad carecía de puerta de emergencia, de un lugar por donde huir de su derrota. Vivía encerrado en una habitación y la habitación se estaba hundiendo. Nadie veía el drama; mi nuevo comportamiento cívico y comunicativo era, a ojos de los demás, algo insólito, pero celebraban el cambio. Escuchar, hacer preguntas, compartir anécdotas eran actos que no encajaban en el mural de mi existencia, pero los demás suponían, erróneamente, que me había encauzado de una vez y desconocían que el agua me empezaba a tocar las rodillas. No les faltaba razón cuando aplaudían el cambio —aunque secretamente lo hubieran querido ver mucho antes— y a mí sí, sí que me faltaba razón, y me sentía confuso frente a lo que me estaba ocurriendo, a ese desplome de lo que uno había construido hasta ese instante y que un perro, con una fuerza inesperada, como de relato mitológico, había hecho trizas en apenas veinticuatro horas, pero nadie, nadie, nadie parecía darse cuenta de que me estaba ahogando.

Perdí la tarde sin encontrar información alguna sobre los dueños de Odiseo. ¿La busqué realmente? No lo sé. Volviendo a casa, nos detuvimos en un semáforo. Como peatón, los semáforos son un lugar idóneo para ver y reflexionar; como animal, descubrí que son un bostezo o una impaciencia. El sol nos ponía su mano en la espalda, dibujando dos rectángulos que negaban la igualdad del paso de cebra. Al otro lado de la calle, junto a la boca del metro, se amontonaban el ruido y las prisas. Una mujer me observaba desde allí. ¿Qué era yo para los demás? Sentí el asombro de estar junto a un animal ajeno que, a cada paso, parecía hacerse propio. El semáforo se puso en verde, pisé el paso de cebra y vi mi existencia como dos enunciados que no coinciden.

Rodeado de dudas, me centré en lo concreto e hice inventario canino: un labrador de pelaje marrón chocolate en los jardines del Descubrimiento; un sabueso de nariz romana junto a la churrería de la avenida de las Naciones; un pastor alemán cojo en la entrada del mercado municipal, que gruñía a un dálmata tristón asomado por la ventanilla de una furgoneta; dos chihuahuas juguetones, soñando con tobillos presos de sus mandíbulas; un galgo italiano extendido sobre una lengua de sol; un bichón maltés adorable, como un juguete a pilas, con la correa enredada entre un arbusto y yo. Ninguno de los ocho animales mostró cierta familiaridad con Odiseo ni Odiseo con ellos. Ninguno de los siete dueños advirtió que yo no era el de Odiseo —es decir, ninguno de los dueños había visto jamás a Odiseo o, si lo habían visto, se habían olvidado no sólo de él, sino también de sus ausentes y amnésicos amos—. Siete propietarios —un jubilado con lumbalgia; un ama de casa llevando una bolsa de la que sobresalían las hojas lanceoladas de dos puerros; un estudiante mascando un chicle de melón con la boca abierta; un administrador de fincas que comía un kebab; otro hombre con perilla que había sufrido un infarto, estaba de baja y venía de hacer meditación trascendental; un oficinista ferroviario con turno de tarde; una mujer gruesa embutida en un chándal que iba a echar la quiniela de su marido— para quienes Odiseo era tan insólito como yo era insólito en la vida de Odiseo. Concluí que Odiseo y yo éramos invisibles. Él parecía haber descendido ayer mismo de un ovni y yo era su anfitrión en la Tierra. Ambos escribíamos una historia ficticia y contra nuestra voluntad: Odiseo porque, pese a su rápida adaptación a un nuevo entorno, seguramente quería volver con sus antiguos dueños y yo porque necesitaba librarme de Odiseo y regresar a mí mismo, sin la compañía de nadie más.

Al anochecer decidí volver a casa. En la calle, Odiseo caminaba junto a los muretes, las fachadas, orillando el mundo, como si del mundo no pudiera esperarse nada bueno. Yo, mientras, aguardaba en vano que el perro hiciera patente alguna reacción singular. Muy pronto advertí que memorizaba los itinerarios y que pretendía repetirlos. Por mi parte, buscaba lo contrario; quería evitar cualquier esbozo de continuidad entre Odiseo y yo, el asentamiento de una rutina, la repetición de un comportamiento, y es que ahora lo conocido de él era yo y yo tenía que desaparecer. Lo que debíamos encontrar —lo que él, él, él, él debía encontrar— era cualquier atisbo de su vida anterior. Que agitara la cola a modo de sismómetro al acercarse a una vivienda, que olisqueara una puerta como señal de reconocimiento, que manifestara una excitación familiar, o al menos curiosa, en algún parque público, en alguna avenida, en cualquier sitio, que tirara fuerte de la correa después de reconocer a otro perro con el que ya se hubiera cruzado; indicios de que existió antes en esas calles, la revelación de un pasado, una señal, aunque débil —qué importaba eso— de que en su vida existía la memoria. Pero la única reverberación del tiempo en Odiseo era, precisamente, al pie de las escaleras de mi vivienda. Sólo entonces parecía gobernarse con una mezcla de reconocimiento y determinación. Sólo entonces parecía que su vida cobraba sentido. Si Odiseo volvía siempre a Ítaca —así lo afirmó su dueña desaparecida—, había dos en el barrio. Al menos, dos. Y de una de ellas Odiseo no guardaba ningún recuerdo, porque su memoria empezaba en mí. Este hecho confirmaba mis sospechas y alivió la necesidad de que Odiseo volviera a su antigua Ítaca pero, a la vez —y sin que resultara contradictorio—, multiplicó la necesidad de que abandonara la mía.

En el salón un viento nocturno y frío parecía anunciar el otoño. Cerré la ventana y me senté en el sofá. La pantalla oscura del ordenador me recordó que hoy no había escrito una sola palabra. Sentí que había tirado mi día a la basura. Me sentí cansado, como ausente de mi fatiga. Me levanté para de nuevo sentarme. Luego fui frente al escritorio, puse los dedos sobre el teclado, los retiré, me acerqué a la nevera y cené tres gajos ácidos de mandarina. Bebí un vaso de agua, acaricié la cabeza de Odiseo, me arrepentí de algo que no supe recordar y a continuación fui al dormitorio y me tumbé. Sobre la almohada vi la aparición de un ejército. Sonaba un ruido de tambores y, en su línea frontal, unos soldados enarbolaban banderas vistosas. Si abría por completo los ojos, podía leer la ondulación de unos nombres. Estos nombres, esta tamborrada, este despertar inesperado de una emoción, esta sorpresa y, a la vez, este presentimiento, ¿qué significaban? Con dificultad alcancé el baño, me cepillé los dientes y al tumbarme de nuevo acaricié la almohada como buscando que, de su interior, brotara un sueño. Así fue.

Un sueño

Ya estuve aquí. Me refiero a que es una playa que he soñado antes. Mis pies conocen su mosaico de guijarros. Mis pulmones, la memoria de un aire azul. Guardan mis ojos la imagen de una sirena de doble cola. Han escuchado mis oídos su voz aguda. Es un sueño: no tardará en suceder algo.

En la espera y por hacer tiempo, destacaría el sol. Un sol desproporcionado, igual que una moneda gigante precolombina.

Al horizonte, tal vez inhibido, le falta voluntad. Si el sol es esa gran moneda, el horizonte cada atardecer es la ranura de una máquina de juegos de azar.

Con la mano construyo sombra en la mirada. No, aún no, no tengamos prisa. ¿Por qué el plural si soy yo el único que sueña? Aún no. No tengamos prisa. Aún no. Sí. No. Aún no. Sí. Sí. Sí. Allí. Allí se oye el sonido de la sirena. Después, por fin, su figura.

Me aproximo hasta la orilla o es tal vez la orilla la que se acerca adonde estoy: desde mi último sueño no he aprendido a nadar y en el interior de los sueños uno nunca mejora, como sí sucede en la vida. Lo que daría por saber nadar. Lo que daría por acercarme hasta su voz. Lo que daría. Lo que daría también por ser ciego y no verla. Se mezclan en mí placer e imposibilidad. Deseo y dominio. Aceleración y freno. Hoy lucho sin éxito por no verla. Ciego, ciego, querría ser ciego. Sin embargo, tengo vista y en los sueños uno nunca empeora, como sí sucede en la vida. Qué rabia no perder la mirada. Qué rabia que en los sueños nunca se mejore y nunca se empeore, como sí sucede en la vida.

Hay una gasa flotando sobre el agua. Una neblina de atrezo, igual que si Poseidón, fuera de escena, estuviera fumando. Desciende el sol y la máquina del horizonte está a punto de dar un premio. La sirena parece menos nítida, como la imagen realizada por una tecnología obsoleta. Lejos de apaciguarme, lo defectuoso multiplica el estímulo: a la imagen incompleta de hoy, a la silueta pixelada, le añado los mejores detalles de sueños previos. Construyo así una transgresión imposible de cometer.

Me abandono. La muerte no es un mal lugar. Al fin y al cabo, la muerte es un concepto que apenas preocupa si estás vivo. Y yo llevo mucho sin estarlo. Quiero tocar y quiero ver. Quiero tocar y, desde la orilla, con los ojos cerrados, extiendo el brazo. Pese a la distancia, consigo tocar su cuerpo. Es un misterio maravilloso:

¿no estaba la sirena entre las olas y yo sobre un mosaico de guijarros? Con los dedos hago una radiografía bajo sus costillas de escama. La taquigrafía de un placer. Qué misterio extraordinario: extender el brazo, rozar su cuerpo. Qué ganas de repetir este instante con la mirada. Quiero ver y decido abrir los ojos, abro los ojos, quiero despertar, ya estoy despierto, mirar hacia la playa, miro hacia la playa, no hay playa. Sobre la colcha, me descubro tocando el cuerpo de Odiseo, que ronca suave desde su hocico largo de flauta.

No es necesario que encienda la luz. Uno aprende a conocer su insomnio y sé que es pronto para levantarse. Visualizo el salón donde duermen los lápices: ellos lo hacen de pie, como las jirafas, y por muy poco rato, como yo.

Despierto, con la mirada atenta sobre el techo oscuro, imagino un universo de cantos de sirena y de palabras que ningún agua borrará. Pero nadie me escucha, nadie me lee y el amanecer merodea detrás de la persiana.

De la visita al veterinario

Papeleras con dispensador de bolsas para excrementos animales; el vallado perimetral de zonas caninas con puertas dobles de acceso y, en su interior, juegos que Odiseo ignora; fuentes públicas de agua potable; escondites bajo los arbustos donde Odiseo se alarga, investiga, huele excrementos y pis, hace excavaciones, persigue gatos con una combinación de heroicidad y pánico; rejillas de ventilación anunciando un mundo subterráneo y que sus pezuñas bordean; arenales de la zona infantil, como playas fuera de lugar, prohibidos para perros, pero en los cuales a Odiseo le gusta hacer cabriolas y rotar de felicidad, enloquecido de infancia. Todo ello constituye la cartografía de una ciudad nueva en la cual yo —un dueño improvisado— parezco no haber vivido antes, lo cual es tal vez verdad.

Odiseo asentó sus hábitos sobre este urbanismo. Con su hocico rastrillaba el surco de nuestro primer itinerario, como si la ciudad no existiera sino recordada en un camino de ida y vuelta, estrecho y único, igual que el de una tirolina. Su convicción obstinada de seguir un recorrido idéntico que, en uno de sus extremos, terminaba en mi hogar, me abismó en una reflexión triste, porque esa voluntad decidida de mantener un trayecto, enfrentada a mi deambular caprichoso, me revelaba lo torcido, errático e inútil de mi existencia, hecha de suspiros y vaguedades. Atado —por segundo día— a la vehemencia de su correa, Odiseo me revelaba mi vacío interior. Pensando en ese vacío, me venían a la memoria las palabras del espeleólogo en la radio y veía mi cuerpo como una cueva primitiva, amplia y oscura que nunca nadie parecía haber habitado. No, no hay que irse lejos: los motivos de su abandono comenzaban por mí, su morador. Una cavidad saturada de ambiciones que nadie veía porque nadie estaba allí para verlas, porque me expulsé del mundo para alcanzarlas, pero que tampoco nadie habría podido ver porque, pese a su apariencia próxima, nunca, nunca se alcanzaban y, aunque sucedían en mí raptos de inspiración y sacrificio, lo cierto es que, la mayoría de los días, acababa sintiendo que mis esfuerzos por escribir —debí decirlo antes— no conducían a ningún lugar; necesitaba entonces salir fuera, fuera de mí, fuera de la cueva, volver a un mundo exterior que, sin éxito, había intentado bloquear con palabras y, entonces, mis pasos —caóticos y sin contenido, ausentes de sí mismos, trazando la circunvalación infinita y obsesiva de una duda hecha ciudad— eran el correlato de un vacío existencial, borrones de una escritura al margen, paréntesis que aliviaban los momentos —cada vez más frecuentes— en los que, sentado en mi escritorio, las palabras, queriendo que aparecieran por un conjuro de inteligencia, de esfuerzo, de algo de azar, no llegaban a surgir; palabras que siempre habían permanecido cerca de uno, siempre abundantes, y lo que había costado no era buscarlas, sino más bien lo contrario, más bien suprimirlas, pero ahora jugaban al escondite y no aparecían ni tras una copa de vino ni cuando después las perseguía con la mirada, a lo lejos, donde habían estado siempre. Parecía como si me las hubieran robado aquellos a quienes traducía —también debí haberlo dicho ya— con una mezcla de envidia y necesidad, según mi estado de ánimo y el de mi cuenta bancaria. Con abatimiento e insatisfacción se iban mis días y sólo quedaba, entonces, ponerse de pie, que las extremidades irradiaran su desazón, ventilar el apartamento, porque apestaba a fracaso de anciano, llenarse los pulmones de aire, mirar la noche, salir a la calle, desbandarse de uno mismo y de los demás, oír en sordina retazos de conversaciones, de risas, sufrir los brillos fugaces de los faros, el roce incómodo de abrigos y anoraks, ver y oír, en definitiva, pero nunca tocar, nunca, nunca tocar la vida de los otros y volver, volver a casa con idénticas dudas y multiplicado cansancio.

Al tercer día, y con esfuerzo bíblico, logré vencer esa fe de Odiseo en la monotonía y tirar de él hacia una dirección nueva para los dos: la clínica veterinaria. Se llamaba El Bosque y estaba al final de mi calle, aunque nunca había reparado en su existencia. Allí me informarían de cómo abandonar a Odiseo, de quién podría hacerse cargo de él: ellos mismos, otro dueño, una protectora. No me incumbía la solución, bastaba con lograrla. En la clínica se solucionaría la simbiosis imposible entre Odiseo y mi vida. Sabía que Odiseo, recién llegado, era la constatación de un problema anterior sin resolver. Eso lo supe pronto. Las consecuencias de esta certeza vinieron poco más tarde y no en el sentido que yo había supuesto, no en la línea de firmeza por abandonarlo que me condujo hasta la puerta de la clínica.

Nos recibió el sonido alegre de unas esquilas colgadas del dintel. Tras el mostrador había una mujer pelirroja y de mofletes hinchados. Me señaló una silla de plástico azul y me pidió que esperara allí. Una plaquita la identificaba como Begoña, que al rato salió del mostrador, se agachó junto a Odiseo y le acarició la cabeza. Fue entonces cuando me miró por primera vez a los ojos y dijo: «El veterinario terminará pronto un sacrificio; no tardará en salir». Un sacrificio, repetí por lo bajo; pensé en el Antiguo Testamento, casi me dio la risa, pero, al instante y después de mirar a Odiseo, dejé de reír.

Un perro ladró detrás de la pared.

Me sentí incómodo, inútil y fuera de lugar, recorrido por un dolor y una desorientación amplios que podría reproducir en cualquier esquina de la ciudad, pero que sucedían aquí y ahora, en la clínica El Bosque, una mañana de martes, yo con las piernas muy juntas, como un niño a punto de ser castigado, con Odiseo junto a mí y Begoña la veterinaria aún cerca, acariciando a Odiseo, aunque Odiseo parecía tener la atención en otro lugar. Buscando un momento de calma, me giré hacia la calle, hacia la ciudad siempre ocupada en sus tareas, y de la ciudad otra vez al interior, igual que un bumerán, como si alguien me hubiera llamado o como si afuera no hubiera nada atractivo. Fue en el interior donde la mirada hizo lupa en la mujer, puso retinas de relojero y las retinas descubrieron un pliegue gozoso de la bata sobre la blusa y, a continuación, de la blusa sobre el cuerpo; apenas una rendija de piel, una promesa ondulada que hizo restallar mi fantasía, que me quemó la mirada, que me obligó a conducirla hasta otro lugar y, aliviándola de avidez, centrarla en

Odiseo, porque ya bastante ruido innecesario tenía en la vida, porque ya bastante tiempo y felicidad había perdido como para desconcentrarme aún más. Volqué, entonces, la mirada en Odiseo, como si un astrolabio me dijera que allí, sobre un animal, estaba la posición exacta de la cordura.

Con la respiración jadeante, igual que un motor al ralentí, Odiseo se tumbó. Observé entonces la clínica: una sala de espera luminosa, con forma rectangular, seis sillas de plástico azules en dos filas enfrentadas y, entre ellas, una mesita baja de metacrilato de dos alturas. La superior rebosaba de revistas con la apariencia de ser viejas o estar muy manoseadas, y en ocasiones incluso con páginas mordidas, quién sabe si por el estrés de algún animal; en sus portadas, el desgaste del color sobre mascotas que, un día, debieron ser adorables me hizo pensar que, dado el tiempo transcurrido, muchas debían estar muertas. En la esquina, junto a un paragüero, respiraba haciendo burbujas el tanque de un dispensador de agua. A su lado había una estantería alta llena de productos alimenticios para animales y en el suelo, con forma rectangular, una báscula electrónica —Odiseo pesaba diecinueve kilos—. Junto a la puerta de entrada, frente a una mesa de oficina de color gris, muy limpia y muy espaciosa, había vuelto Begoña. Con la espalda erguida y el ceño fruncido, Begoña tecleaba, tosía, me informaba de la apertura del historial clínico de Odiseo, tecleaba, me advertía de que Olisqueo —es Odiseo, corregí—, me advertía de que Odiseo debería volver en unos días para recoger su pasaporte, tecleaba, me explicaba que Odiseo ya disponía de un chip electrónico identificativo y, por último, de que debería regresar al día siguiente y recoger unas pastillas para Odiseo —siguió tecleando— destinadas a un tratamiento antiparasitario de administración trimestral y que hoy no tenía. Como respuesta a sus palabras asentí con palpable decepción, porque deseaba deshacerme de Odiseo lo antes posible. Luego sentí en la espalda el peso repentino de la culpa y pensé en pasaportes, en chips para animales, en mercados desabastecidos de pastillas antiparasitarias y me pregunté cuántas realidades existían y cuántas ignoraba. Por exclusión de las otras, quise saber en cuál de ellas habitaba yo, en cuál Odiseo y en cuál sus dueños.

A mi pregunta sobre si Begoña conocía a los propietarios de Odiseo, y antes incluso de que pudiera explicar, con detalle, la manera fortuita como lo había encontrado, me respondieron unos labios prietos, la boca áspera y confidencial: Begoña desconocía del todo el pasado de Odiseo, y yo he conocido actores de teatro universitario que mienten mejor. Tras su respuesta concluí —¿por qué no cesaba de teclear?— que la mejor postura era mantener también la boca cerrada y los labios prietos y que tecleara, que también yo tecleara —pero eso de vuelta al apartamento—. Ahora debía aguardar la llegada del veterinario.

Mientras hacía tiempo hasta que finalizara el sacrificio, me puse en pie. A la derecha de la entrada, delante de una pared pintada de verde, se abría el perfil de seis jaulas de hospitalización. Frente a ellas sonaban las pulsaciones enloquecidas de Begoña: debía de estar haciendo un pedido de pastillas antiparasitarias para el arca de Noé. Por curiosidad, me acerqué hasta las jaulas. Descubrí entonces que Begoña utilizaba el ordenador para escribirse con un tal Víctor_81. Descubrí también que las seis jaulas resultaron ser ocho. Más tarde quise creer que, al aproximarme, me movió el atisbo de una inminencia. No es verdad: ocurre que cuando uno mira hacia sucesos relevantes del pasado, cuando los recuerda y puesto que los recuerdos nunca son precisos, porque van cargados de tergiversación, resulta que, en verdad, cuando ese pasado de la memoria es presente, es decir, ocurre, ese presente que más tarde será recordado nunca se anuncia con un cuarteto de violines, nunca llueve ni el horizonte es un atardecer de postal; sucede más bien que lo inesperado, lo necesario, lo que se convertirá después en recuerdo, aparece de golpe, sin avisar, en el sopor de filas interminables de días y ese recuerdo, ese pasado que hoy vuelve en palabras y que era presente entonces, en la clínica veterinaria, con Odiseo a mis pies, Begoña tecleando, ese pasado que ahora escribo, nació apenas al levantarme mecánicamente de la silla azul, cruzar la sala de espera y acercarme hasta las jaulas, con Odiseo junto a mí, enfrentados él y yo, aunque en alturas diferentes, a dos hileras de cuatro jaulas cada una.

Olía a pis y a desinfectante y a miedo animal. En la fila superior, dos perros dormitaban dentro de sus jaulas. Un tercero rascaba con la pezuña el inoxidable de la puerta. Sus ojos hablaban de aislamiento, pedían libertad. La cuarta estaba vacía, con la puertita entreabierta: un fugado. En la hilera inferior una perra enorme gemía de dolor. La desproporción entre su tamaño y su gemido multiplicaba la tristeza. Nos miraba lastimosamente; más bien me miraba a mí, sólo a mí: Odiseo contemplaba la calle con las orejas levantadas. «Se llama Trufa, está saliendo de la anestesia, se pondrá bien», dijo Begoña y siguió tecleando. La mirada de Trufa era la más pesarosa que había visto nunca. Su porte tenía algo de prestigio triste, como de fortuna dilapidada. En su jaula, desde un arco superior, descendía un cable transparente que le suministraba algún medicamento. Trufa, repetí.

De ninguno de esos cuatro animales hubiera podido aventurar su raza, pero sí, naturalmente que sí, de los moradores de las dos jaulas restantes: eran idénticos a Odiseo. En cuclillas observé en detalle y lleno de asombro su enorme parecido. Latió de nuevo en mí la certeza de una mentira, de una mentira intencionada, y tan absorto estaba en esa convicción que no oí que Begoña había empezado a hablar de una camada fantástica, de una pareja que se marchaba del barrio para irse a vivir a otro país, del peligro de meter un perro en un avión y del frío que hacía en las bodegas, por no hablar del ruido durante el viaje y del miedo del animal, por no hablar tampoco de lo irreflexivas que eran las compañías aéreas cuando al animal le acontecía cualquier problema y por no hablar de las condiciones climáticas del nuevo destino —tal vez distintas— y la difícil adaptación del animal. Por todo lo anterior —y Begoña ya volvía a teclear—, su estancia en esas jaulas, transitoria, era un mal menor antes de encontrarles un nuevo amo y hogar. Guardé silencio y pensé que había ido a desembarazarme de Odiseo, pero que, por arte de magia, Odiseo se había multiplicado por dos. O por tres si contaba a Odiseo.

Debí preguntar cuántos animales componían la camada y cuál era la fisonomía de sus antiguos dueños. Es posible que Begoña no los recordara —parecía menos inclinada al reino humano que al animal y, de hecho, siempre hablaba en escorzo, casi sin mirar a su interlocutor, con las manos en las teclas y la atención en la pantalla— o que considerara estas preguntas, de haberlas formulado, insólitas, cualidad que se añadiría al asombro de mi llegada, la de un hombre entrado en años, chepudo, con ojeras, completamente calvo, vestido de manera descuidada y con tendencia al silencio, a ver más que a hablar, un hombre que había aparecido con un perro que no era suyo, un perro que se encontró en la puerta de un supermercado y del que deseaba desembarazarse —un ruido innecesario, sí, un ruido innecesario—. Begoña debió preguntarle por dos veces qué significaba eso del ruido y debió de pensar para sus adentros, y también por duplicado, que ese hombre tenía que acudir a un otorrino, a un psiquiatra o a ambos, y por dos veces escuchó la misma respuesta —un ruido innecesario, Begoña, un ruido innecesario— y por dos veces no entendió nada acerca de un perro del que su amo decía que era innecesario, aunque por la manera fuerte de agarrar la correa, parecía denotar un interés protector, una mezcla de control y de ternura, como si el animal fuera un niño tan querido como vulnerable, rodeado de un mundo que era un juego, aunque un juego que podía acabar con él en cualquier esquina, un mundo que nos obligaba a vivir en un estado de vigilancia permanente, pero, sobre todo —y puede que esa fuera la razón que me llevó a guardar silencio y permitir que Begoña volviera a teclear sin entender nada—, porque eran, en el fondo, preguntas inútiles, cuyas respuestas ya conocía pues tenía indicios suficientes como para concluir que toda esta historia era una mentira, iniciada tal vez por una buena intención, sí, pero una mentira.

En cualquier caso ya era tarde para hacer preguntas porque se oyó el movimiento metálico de una puerta, luego un tosido forzado y después los pasos de un hombre que se acercó para saludarme —soy Andrés Garfias, el veterinario, un placer— y cuya mano, tras apoyarse en mi hombro, señalaba ahora a su espalda, a nuestra espalda, hacia lo que parecía una consulta y, al tiempo, un espacio quirúrgico, aunque yo lo vi más bien como un templo de sacrificios.

Sin hablar y evitando su mirada —yo ahora sólo tenía ojos para esas dos réplicas de Odiseo—, me levanté —seguía en cuclillas—, tiré de Odiseo, abrí la puerta de la clínica, no miré atrás y no dije ni gracias ni adiós ni volveré. Creí oír a Begoña hablando del pasaporte y el microchip y la raza y el tratamiento antiparasitario, aunque tal vez todo eso es falso, lo imaginé luego y nadie me habló y sólo Trufa emitió un lamento de dolor largo y débil. Creo que me justifiqué diciendo que había cambiado de parecer. La realidad, en el fondo, no difería en gran cosa de mi disculpa.

En la calle el reloj marcaba las diez y veinticinco. Apenas habían pasado diez minutos desde que entré en la clínica, pero sentía que habían sucedido muchas cosas y de gran trascendencia. Comprendí que mi vida anterior se achicaba, lo cual decía poco sobre el valor de mi pasado. A partir de ahora recordaría con frecuencia la visita a la clínica veterinaria y la constatación de una mentira que afectaría a mi porvenir.

En el interior, Begoña y Andrés seguían petrificados. Un museo de cera que incluso abarcaba a Victor_81, quien había dejado de escribir, sorprendido de que Begoña no hubiera respondido a su última ráfaga de mensajes. Sólo vibraban las campanas del carillón y lo seguían haciendo cuando Andrés, por fin, se decidió a descolgar el teléfono. Mirando a través del escaparate, con la mano derecha en el bolsillo de la bata, el veterinario aguardó tres tonos. Le respondió una voz conocida y comenzó a hablar.

Afuera, Odiseo tiraba de mí buscando las ranuras que, como rieles de un tranvía invisible, sólo él distinguía por la ciudad.

Una separación

Igual que hay volcanes que entran en erupción tras años de aparente tranquilidad, hay episodios del pasado que, tiempo después, el presente alumbra y convierte en magma, y si eso ocurre es porque entre lo que sucedió en el pasado y lo que ocurre en el presente hay un vínculo profundo, una misma raíz y un mismo temblor. Habían transcurrido dieciséis años desde la víspera de Año Nuevo de 1990, pero esta fecha, extraída de mi hemeroteca emocional, explicaba la irrupción de Odiseo hoy, un mes de septiembre de 2016. De ahí que, tras abandonar la clínica veterinaria, y mientras caminaba junto a Odiseo sin saber dónde ir, la memoria sí lo supiera y recordara las doce uvas que inauguraban el año 1990, momento en el que mi mujer y yo decidimos separarnos. Anunciárselo a nuestro hijo fue fácil: llevaba seis meses estudiando fuera de casa, nosotros parecíamos darle igual y sólo nos llamaba para pedirnos dinero. Acababa de cumplir dieciocho años, así que imaginé que la noticia de nuestra separación tuvo en él la importancia fugaz propia de la juventud. O al menos tal fue mi consuelo. Alguna vez debería habérselo preguntado. Sólo que, cada año que pasaba —y ya han transcurrido más de treinta—, la pregunta iba perdiendo su sentido, se hacía más difícil de formular, como un actor que olvidó su texto, que enmudeció y lo recuerda ya tarde, cuando el teatro se quedó vacío porque la gente nunca aguarda, siempre se aleja, todo pierde la razón de ser que sólo da la proximidad y cuesta, cuesta acercarse otra vez, retomar un contacto que siempre fue difícil y siempre estuvo al borde del derrumbe, cuesta sea quien sea esa persona, pero más si cabe cuando esa persona es tu hijo y te domina una culpabilidad familiar.

¿Qué he hecho con su última foto?

Al poco de tomar la decisión de separarnos, y más por miedo que por convicción, mi mujer y yo nos dimos una nueva oportunidad que sólo sirvió para ratificar, aunque con seis meses de retraso, la decisión tomada en Año Nuevo. De ahí que fuera hacia finales de junio cuando, en un edificio del casco antiguo, llamamos al timbre de una notaría elegida por ella. Allí un abogado matrimonialista nos recibió, hablamos del calor sofocante en la ciudad y nos mostró su fastidio porque, teniendo doce meses, la gente elegía las vacaciones para lanzarse los trastos, pero añadió que debíamos mantener la calma porque él ya se había resignado a trabajar bajo este calor, parecíamos además personas serias, responsables, que no daríamos problemas, y conocía de sobra el trámite que íbamos a iniciar, un trámite que —a su juicio— era más frecuente que el propio del matrimonio, como si se divorciara más gente de la que se casaba. A continuación lo seguimos hasta su despacho y nos pidió que tomáramos asiento. Después de encender su ordenador portátil, abrir una libreta y desenroscar el capuchón de su pluma, el abogado tragó aire, nos miró y, con visible malhumor, lanzó preguntas, realizó cálculos y exigió documentos de propiedad, extractos bancarios, recibos de nóminas, el libro de familia, certificados de nacimiento, de matrimonio, de empadronamiento. Faltó poco para que pidiera también de defunción. Mi mujer los extraía de una resma de papel guardada en una funda de plástico que yo jamás había visto. Su diligencia parecía mostrar que llevaba toda la vida esperando este instante. Yo asistía asombrado al proceso, lejos de él, como si quien se estuviera divorciando fuera otro. Miraba la situación con pereza y desafecto: no tenía ningún interés por entrar en los pormenores, conocer los protocolos y fases. Sólo quería salir pronto de ese laberinto, alcanzar un nuevo orden de rutinas, un espacio de tiempo propio y productivo y, con ello, por fin, el alivio.

Seguía con la cabeza en otro lugar mientras el abogado continuaba pidiendo información: ¿habría cruzado la frontera de los requisitos legales e invadido los dominios de la curiosidad? ¿Era necesario este babel de datos? Cuando la carpeta de plástico quedó vacía, me pareció oír una caja registradora. Así fue: el abogado cuantificó nuestra vida en común y luego la hizo cáscaras. No me enteré del momento en que nos levantamos, tampoco de cuando nos informó de que deberíamos volver en dos semanas para cerrar el divorcio en notaría. Entre mi mujer y el abogado se extendía una sonrisa única, amplia, que parecía buscar su continuación en mí, como si acabáramos de llegar a un gran acuerdo donde sólo había beneficios. No abrí la boca.

En idéntico estado de ausencia seguía cuando, de nuevo en la calle, mi mujer —porque aún lo era— me dijo: «En quince días nos volvemos a ver aquí, a la una de la tarde». Asentí y ella volvió a hablar: «Te llamaré para recordártelo, que te conozco demasiado bien». Tal vez por el empuje de las inercias, sentí la necesidad de seguir a su lado y volver juntos hasta casa. Claro que mi casa estaba a punto de dejar de serlo y, además, allí ya no había nada mío, ningún rastro material de mi existencia. La miré a los ojos y luego me fijé en el letrero dorado de la notaría donde acabábamos de estar. Traté de asumir la situación y, tras aborrecer ella y yo el calor que hacía, nos alejamos en sentidos contrarios.

Por casualidad o porque hay hilos que cuesta mucho romper, media hora más tarde nos tropezamos en el mercado municipal, ella comprando un ramillete de ajetes tiernos, yo un aguacate maduro: toda una metáfora hortícola. Tratamos de disimular, pero se cruzaron nuestras astucias y, anuladas, no tuvimos más opción que saludarnos. Reímos por un segundo, luego nos pusimos serios y nos dijimos buenas tardes.

Caminé intentando pensar en cualquier cosa hasta que entré con seguridad, como si me hubiera citado con alguien, en un bar frente a la estación de tren. Pedí un vino tinto y logré dejar la mente en blanco. Después me abatieron el miedo y la tristeza. En la televisión ponían un wéstern. Tras terminar la segunda copa, mientras pedía la tercera, el ánimo volvió a mí, aquel que había perdido frente al abogado y durante un tiempo en el bar, porque todo sucedía por algo y el futuro sería un tiempo mejor. De vuelta a casa comprobé que en esa recuperación hubo una pérdida: el aguacate.

El viernes convenido, en la sala de firmas de la notaría, dos patinadores sobre hielo nos contemplaban desde una acuarela.

La torpeza del dibujo anunciaba la caída próxima de ambos. En los extremos de una mesa ovalada aguardábamos la llegada del notario, mi mujer a punto de ser mi exmujer y yo a punto de convertirme en su exmarido. Manteníamos silencio, tal vez por la premonición de un problema inesperado antes de la firma —la falta de un documento, la revelación tardía de un error, una certificación incompleta o caducada, cualquier aspecto de un proceso que, al menos a mí, me resultaba un arcano incomprensible—, tal vez porque, llegado este momento, no había que engañarse más y podíamos exhibir una falta de interés absoluta hacia el otro —el silencio de quienes no tienen nada que decirse, nada que compartir, que se sorprenden incluso de que esta revelación no haya ocurrido con anterioridad— o tal vez porque estar allí representaba el cierre de una vida tirada por la borda. Era un silencio interno pero que hacía refracción, porque se depositaba en el otro y volvía hacia uno mismo. Un silencio duplicado y los patinadores a punto de caer.

En el horizonte, más allá del balcón y los geranios, parecía abrirse la rendija de una nueva etapa que era antes una consecuencia que un estallido, antes un resultado natural que un hallazgo. Creo que los dos estábamos seguros de esta decisión: el desgaste nos había conducido hasta aquí. Pero ello no mitigaba el miedo mutuo a lo que sucedería después. El matrimonio, con todas sus convenciones y tedios, era, al menos, un espacio conocido. Ahora el mundo se anunciaba lleno de incógnitas: que la decisión fuera adulta y de mutuo acuerdo no aportaba claves para resolverlas.

Con esas dudas y mientras esperaba la aparición del notario por la puerta entornada, miré la luz del sol en la calle y después a mi reloj de pulsera, y recordé que fue un regalo de su padre cuando nos casamos hacía dieciocho años: el matrimonio no había superado la mayoría de edad. Dieciocho años. Dieciocho años contados día a día, sabiendo a cada instante el uno del otro. Un rosario kilométrico. Un espionaje agotador que terminaba allí, en la sala de firmas, escenario donde se iba a estrenar una obra con los mismos intérpretes pero en distintos papeles: ella, en el de exmujer; yo, en el de exmarido. Me pregunté si en esos papeles también habría convenciones que cumplir, dadas por la tradición. El de ella bien podía ser el de ebanista, porque solamente miraba a la marquetería de la puerta, como si todo el tiempo perdido se hubiera revelado de golpe y deseara salir de allí cuanto antes. O tal vez su papel fuera otro distinto y esa aparente fijación por la madera, a juicio de un espectador hábil, quisiera ocultar la existencia de unos ojos vacíos de cualquier vida, de muñeca pobre en un rastro municipal, y que mostraban, en su ausencia de luz, el espejo terrible de mi culpabilidad; unos ojos sin nada que decir ni que hacer ni que mirar, posados con desinterés sobre la puerta blanca del pasillo, aguardando a que el notario llegara y la abriera. Mientras, mi mirada en paralelo a la suya, dando vueltas por ese largo velódromo de silencio que íbamos a empezar a recorrer, pero en mi caso proyectada hacia el balcón, como miran los gatos domésticos, hacia el ruido en vaivén de unos columpios en la calle, la mirada ascendiendo con la lentitud de un montacargas en busca de un alivio, el futuro asomado en balcones con macetas sin plantar, con unas alegrías guineanas asomando de una lata de pintura, antenas parabólicas, un maniquí sin el brazo derecho, bicicletas guardadas en vertical, la mirada subiendo, subiendo, subiendo hasta tocar un cielo azul, limpio, sin nubes, una cuartilla de papelería sobre la cual realizar cálculos imprecisos para concluir, no sin dificultad, que, tras el divorcio, podría vivir de una manera modesta, pero sin sobresaltos. Renunciar a caprichos y tentaciones no sería un problema: ya vivía en la austeridad. Lo que sí me inquietó fue pensar en la cualidad tan rara de los afectos cuando se hacen trizas y se desmaterializan en cuentas bancarias y pensiones compensatorias: el vertedero de una relación. Como si, muy cerca del amor, hubiera algo opuesto y terrible que, en cierta manera, lo sostiene hasta que se derrumba y, entonces, brota.

Pestañeé, borré el cielo, recalculé las cifras y llegué al mismo resultado: tras el divorcio podría vivir de una manera modesta, sin sustos, pero renunciando a la posibilidad de caprichos y tentaciones. La revisión no significaba acierto, porque los errores suelen venir por duplicado. Entonces pensé en mi padre viéndome ahora junto al balcón, hecho un gatito de miedo, con lo que se esforzó para que tuviera agilidad numérica mental, porque sostenía que en los números estaba el futuro. Toda su enseñanza casera se resumía en las reglas de multiplicar, la memorización del cuadrado y el cubo de los números reales hasta llegar a veinte, el listado de los números primos, de los divisores más comunes y los secretos para realizar con facilidad —con facilidad para él— la división de números frecuentes. Aquel saber se había esfumado. Al darle prioridad a las letras, terminé por ser torpe, lento e impreciso con los números. Bajé la mirada en señal de abatimiento, de disculpa, igual que un ascensor en caída libre —la bicicleta y las alegrías guineanas y las antenas y el columpio—, y la devolví al despacho: alguien entró como una ráfaga de aire.

Era el oficial de la notaría. Un hombre que parecía llegar siempre tarde a todos los sitios, que movía las hojas de nuestro divorcio de una manera frenética, lamiéndose la yema del dedo índice, que leía párrafos enormes a una velocidad imposible y, de golpe, se quedaba detenido en uno, lo sostenía en alto un tiempo larguísimo, como si estuviera escrito en otro idioma, nos miraba, no sé buscando el qué, si nuestra solidaridad ante la gravedad del problema o solamente una aceptación, y por pura ignorancia mi mujer y yo asentíamos —sin entender ninguno nada, pero conscientes de que, detrás de lo que sucedía, se adivinaba un peligro—. Se trataba —nos aclaró para nuestra tranquilidad— de tener lista la documentación para que, cuando llegara el notario, en el momento mismo en que entrara el notario, todo fuera rápido. Rápido. Muy rápido. Lo más rápido posible. No había que hacerle perder el tiempo al notario: tal era su mensaje. La urgencia con que se pretendía hacer papilla nuestro matrimonio reflejaba lo pequeño y sin valor de lo que íbamos a destruir. Nuestro fracaso familiar era una china en el zapato, una molestia en la agenda de un notario con apellido compuesto y nombre antiguo, como de diplomático.

El oficial de la notaría se puso en pie. Pienso que mi mujer y yo nos encogimos. Remarcó que la llegada del notario era inminente y nos pidió que tuviéramos paciencia y que guardáramos silencio. Como si hasta ahora hubiéramos hecho otra cosa. Observé a mi mujer: siempre fue obediente, así que permanecía rígida igual que una estatua. Yo me estremecía por dentro, pero fingí estar a la altura de las circunstancias y también permanecí quieto y mudo, dando a entender que no valía de nada hablar: los papeles y las circunstancias ya lo decían todo. Pero las circunstancias inundaban mi vida conmigo dentro. Se avecinaba un misterio. Puede que el oficial advirtiera mi ansiedad, la vibración del labio, el temblor en el ojo, la pierna brincando sobre el mármol. Tal vez para ayudarme, pero enmascarando a la vez la exclusividad de su consejo, nos recomendó acudir a una psicóloga que nos ayudaría a rehacer nuestras vidas: se trataba de una profesional brillante, su gabinete quedaba cerca de allí y, además, era especialista en separaciones. La respuesta a su proposición fue un acorde: mi mujer y yo respondimos a la vez que no, que gracias pero que no, que no necesitábamos de nadie para reconstruir nuestras vidas, porque pensábamos que nuestras vidas volverían a nacer, ellas solas, tras perdernos de vista el uno al otro. Yo repetía este deseo como un conjuro, pero en el estómago borboritaba un temor. Mi cabeza pensaba algo, pero por su altavoz sonaban otras ideas, mentiras que hablaban de nacer otra vez, de segundas oportunidades, de que la vida son dos días. Lugares comunes en la lengua y en la mente y, mientras, en mi tripa un rugido de voracidad. El presagio de una nueva época que no iba a ser como yo suponía o esperaba y que —acababa de llegar el notario— iba a comenzar.

Tras la coincidencia de nuestras respuestas, mi mujer y yo sonreímos. Un «no» a dueto. Una ejecución perfecta. Fue la última vez que descubrimos ese gesto en el otro. De vuelta a la seriedad, ya no éramos marido y mujer. Nos habíamos levantado y el oficial de la notaría guardaba los papeles. Hubo una confusión de manos. Desde algún balcón, un vecino hubiera pensado que acabábamos de cerrar un gran acuerdo y que, enseguida, saldríamos a la calle para celebrarlo. El oficial me entregó la tarjeta de la psicóloga. Supongo que hizo el mismo gesto con mi mujer. Mi exmujer.

La firma no frenó la inercia de rutinas imposibles de parar. Por seguir llevándonos la contraria, tomamos la decisión de hacer lo opuesto a lo dicho, aunque sería mucho más tarde cuando supe que mi exmujer también acudía a la psicóloga, pues habitábamos en planos paralelos, igual que por un puente de dos alturas. El silencio o la indiferencia eran absolutos, sin zonas ambiguas. En ese escenario sin voz se me asignó el papel de culpable: una persona atravesada, intolerante, impaciente, dominada por la frustración, las manías y la insolidaridad, solitaria y con cambios de humor. Una acusación nunca dicha y, por su naturaleza indeterminada, imposible de rebatir. Un papel que había asumido con docilidad y resignación: en lo que callamos, en lo nunca dicho, lo nunca escrito, hay tanta mentira como en lo que uno dice o redacta. Sabía de la mentira, o de la tergiversación, sabía que me podía afectar en mis relaciones con los demás, en lo que los demás pensaran o dijeran de mí, pero me daba igual, lo cual atribuía a todos una misma indiferencia que era, cómo no, el principio de una vida solitaria.

Me puse en pie y me alejé hasta el balcón, mientras que mi exmujer seguía sentada. Pensé que el divorcio, que en nuestro caso tenía el sentido literal de divergencia, había revelado, desde su misma firma, que nuestra vida anterior, nuestra vida en común, había sido un conjunto vacío, una sucesión aritmética de aniversarios y veranos y pequeñas crisis domésticas siempre superadas, una oruga de rutinas monótonas, un tedio de lunes en la oficina que podía romperse cualquier día —como así ocurrió—, sin que mediara ninguna explosión, ningún hecho trágico y —como los patinadores de esas acuarelas tristes, indiferentes a nuestro final— sin ninguna trascendencia, incluso para nosotros mismos: nadie se preocuparía por saber si llegaron a caer al suelo o no.

Sólo quedaba un puntito. Una mancha que hacía fijar la atención y, a la vez, reforzaba el vacío. El vacío éramos nosotros; la mancha, nuestro hijo. Tan lejano y ausente. La fotocopia en blanco y negro de su carné de identidad seguía sobre la mesa y parecía la imagen de alguien muerto. Pero estaba vivo en otro continente, donde muy pronto sería mayor de edad y donde iba escribiendo, supongo, su vida. Supongo.

Entonces no pudimos verlo. Habíamos guardado los bolígrafos y recogido los carnés de identidad, aunque yo buscaba la mía más allá del balcón, de las bicicletas, las alegrías guineanas, el maniquí manco, las antenas parabólicas. Entonces no. No pudimos verlo. Aunque lo hubiéramos intentado, no: no hubiéramos podido verlo. Había otro punto. Una mota nueva en el ojo. Un borrón que unía otra vez nuestros nombres recién separados. Pero entonces no sabíamos que alguien nos volvería a unir sin nosotros quererlo. Una bisagra de una puerta que nunca debió abrirse, pero que los dos abrimos: era la de la psicóloga. Se llamaba Chabe. Una psicóloga llamada Chabe.

Una psicóloga llamada Chabe

La psicóloga se llamaba Chabe. Era esquelética, sobria en adornos y de mirada astuta. Usaba mucho el término «rebusque». Al hablar voseaba con una entonación suave, como de brisa: con su voz daba comienzo la terapia. Una voz que era una unción de sabiduría y de paz. Una voz maternal, el arrullo antiguo de alguien que ya me habló así, en un volumen quedo, amable, de confidencia; una voz que era información y silencio, acción y calma, y que cada miércoles regresaba hasta mí para chocar con mi armadura de prejuicios y escepticismo: ¿qué coño hacía yendo a un psicólogo?

Chabe tenía su gabinete en un edificio moderno de viviendas, a mitad de camino entre mi nueva casa —un apartamento de una habitación cerca de la estación de tren— y mi antigua vivienda familiar —un piso amplio de tres dormitorios donde mi exmujer y yo podíamos vivir sin vernos, como así sucedía—. Engarzadas mis dos residencias a modo de perlas a los extremos de un collar, como materializadas desde su posición en un mapa, y doblado el collar por la mitad, dejaban el gabinete de Chabe en su meridiano. De ahí que cada tarde de miércoles, sentado en una butaca amplia, me sintiera equidistante entre dos espacios: la antigua vivienda familiar, abandonada con felicidad y alivio, y mi actual apartamento, un espacio minúsculo que me veía marchar cada miércoles algo después de las seis, arrastrando la duda perpetua de por qué tenía que acudir a estas sesiones, a un gabinete ubicado entre mi fracaso conyugal —un periodo cerrado en un protocolo ante notario— y mi presente —un ambicioso proyecto creativo que exigía vivir incomunicado—. Un edificio moderno y un gabinete y una psicóloga y una silla que me ubicaban en un vértice entre el pasado y el presente; el primero se lo narraba con abundancia a Chabe, porque el pasado parecía ser su único interés, y lo hacía con una desgana que iba en aumento porque yo estaba más interesado por vivir el hoy y el mañana, por recuperar los días perdidos, por ganarme la vida mediante mis propias obras y no sólo malvivir por la traducción de ajenas, actividad que, aunque con un recelo inicial, había acabado por reconfortarme, no ya porque resultaba ser mi única fuente de ingresos, sino porque la impostura del traductor también tenía algo creativo, como de artesanía, y es que traducir significaba engañar y el ejercicio de una ficción sobre una ficción me aliviaba en parte, sólo en parte, del tormento perfeccionista sobre lo creado por uno, motivo de permanente insatisfacción. Cuando lo traducido no resultaba como deseado o como uno lo hubiera dicho, al menos era fácil disentir con el texto original, beber algo de alcohol y, sabiendo que el texto no era el de uno, pulsar la barra espaciadora o la tecla intro, seguir adelante y olvidar.

Olvidar.

Olvidar no era fácil porque Chabe estaba clavada en el pasado. Era un reloj antiguo, sin cuerda, un retrovisor que sólo atendía al inicio de mi conducta, como si en la vida uno pudiera perderse muy pronto y no volver jamás al camino; un gateo infantil que no se supervisa y, de súbito, descubrirse adulto y desorientado, con un hijo en la otra punta del planeta —perpendicular al eje de mis residencias pasada y presente—, a quien no veía ni llamaba nunca, y sin que hubiera motivo para ello, como si todo ocurriera en mi vida sin razón alguna, o como si la razón fuera que tenía que ser así. Desorientado también por el derrumbamiento de un matrimonio que cayó al suelo sin que nadie oyera su rotura; una caída que descubrió a todo el mundo haciendo otra cosa: a mis escasos amigos en sus vidas, a los patinadores dando vueltas dentro de una acuarela lánguida y a un hijo que apenas me llamó un minuto y me preguntó qué tal estaba. La culpa de todo, según Chabe, era no haber depositado en el proyecto, desde su inicio, ninguna energía o intención favorables —aunque en verdad eso lo afirmaba yo y eso repetía Chabe y después ella, con habilidad, lo unía con mi largo sintagma de disculpas y en su repetición me hacía escucharme a mí mismo y, a la vez, por la ondulación suave de su voz, parecía ironizar sobre la validez de mis argumentos—. Me encontraba aturdido porque ni siquiera yo lograba comprender la razón que explicaba lo que había pasado, el final de un matrimonio y del contacto con un hijo como resultado de una llamada, de un afán por consagrar la vida a la escritura, porque la realidad era que apenas publicaba obras, algún relato en antologías de medio pelo, columnas periodísticas aisladas, como de templo en ruinas, algún poemario, algún prólogo a obras que contagiaba de la misma mala suerte que la mía, y es que todos mis textos padecían una repercusión escasísima. Chabe repetía los detalles de mi fracaso y, en su réplica, parecía profundizarse la zanja en donde había caído y desde donde me lamentaba por dos veces, por mí y por los demás; por mí porque era débil y me agotaba lo más cotidiano y por los demás porque hacían que el éxito no dependiera de uno solo. A todo ello Chabe asentía con la cabeza y pienso que, en el fondo, sabía que no me faltaba razón, pero que repitiera mi discurso derrumbaba mi escasa autoestima; era un eco no deseado de mí mismo, como bajar la bolsa de basura, subir a casa y volver a encontrársela. Al pagar la consulta y salir del gabinete, me daba cuenta de que no había servido de nada discutir sobre el pasado porque la calle vivía en el presente y el presente estaba lleno de obstáculos.

En nuestras primeras sesiones, Chabe tomaba frecuentes notas. Utilizaba una pluma estilográfica Parker del año 1925, modelo Duofold, que me contó que había heredado de un familiar remoto. Escribía evitando la línea recta y con el cuerpo doblado sobre unas cartulinas rectangulares, sacaba la punta de la lengua y oprimía con fuerza el plumín, que sonaba sobre la cartulina como la aguja de un tocadiscos; del pelo se le desenrollaba un mechón en espiral a modo de clave de sol. Cuando se abría la puerta del gabinete y la secretaria se despedía asomando la cabeza, nos quedábamos Chabe y yo solos en esa extremidad del pasillo. Entonces advertía que Chabe era la única persona con la que había hablado durante esa semana y, a su vez, que no quería reducir nuestra relación a turnos civilizados de silencio y palabras. Digamos que luchaban en mí la prudencia del paciente —en todo el sentido del término— y el anuncio de un sentimiento que —maldito ruido— contradecía toda mi vocación de soledad. Parecía como si, por unos instantes, mis labios hablaran de una cosa y mi deseo de otra. Para bien o para mal, toda esa combustión quedaba dentro y fuera me gobernaba la cortesía, el asentimiento, la buena educación, un compendio previsible de rutinas exteriores y vacías de verdad. Chabe terminaba de tomar sus notas, enroscaba el capuchón de la pluma estilográfica, la guardaba en el bolsillo de la blusa y luego las cartulinas en un plástico transparente, con mi nombre escrito en letras rojas y minúsculas en la esquina superior derecha, y colocaba por último mi dosier en la carpeta colgante de una cajonera. Fingía un bostezo de manera teatral, como dando a entender que la sesión la había agotado. Nos decíamos adiós, cruzábamos el pasillo que parecía el de un tren nocturno y en el recibidor, a media luz, nos citábamos para la siguiente semana.

Esa premonición de que entre ella y yo podía suceder quién sabe qué se esfumó rápidamente y al poco comencé a impacientarme. Su carrusel sobre mi pasado me mareaba, me aburría, me exasperaba, me mareaba, me aburría, me exasperaba, me mareaba, me aburría, me exasperaba. Puesto que sólo importaba el pasado, muy pronto me quedé sin nada nuevo de lo que hablar, porque el pasado tenía un límite y ese límite ya se había excedido. Sin embargo, en el sillón, cada miércoles a las siete de la tarde, arrancaba otra vez la atracción de feria; vueltas y más vueltas alrededor de una vida que, al girar sobre sí misma, lejos de hacerse clara, se iba embrollando. Salía de la consulta convencido de que no volvería jamás, pero a la semana siguiente estaba sentado de nuevo frente a ella, listo para la memoria tediosa de los almanaques. Tal vez volvía porque pensaba que las sesiones, en algún momento, revelarían una explicación retrospectiva, darían luz hacia todo tiempo y lugar y harían brotar un entendimiento súbito, como esas imágenes ocultas en tres dimensiones y que sólo con paciencia y perspectiva uno acaba viendo. O puede que fuera Chabe, la dueña del carrusel, quien motivara mi inercia por subirme de nuevo a la atracción: su rizo con forma musical; su voz de arrullo, que parecía de nana infantil; sus dedos caligrafiando mi historia; su letra aérea aunque tumbada sobre las cartulinas, como una promesa de algo que iba a llegar. Y es que cada miércoles, en apenas sesenta minutos, se abrían más posibilidades que durante el resto de la semana. Todo estaba dispuesto para que ocurriera algo, pero la realidad es que nunca ocurría nada. Los elementos parecían a punto de revelar un hecho inesperado que, al final de cada sesión y como en una historia por entregas, se postergaba. Salía del gabinete enfurecido y en la calle, apretando la mandíbula, la ciudad me sacaba del encantamiento: ese algo sólo existía en mi cabeza, sólo allí ocurrían esas posibilidades que, a ojos de los demás, eran sueños remotos. La vida en el gabinete, en verdad, sucedía de una manera previsible y nunca pasaba lo que, en mi cabeza, resultaba inminente y natural, a saber, que tras anunciar la secretaria su despedida Chabe y yo nos quitáramos las máscaras y descubriéramos, de una vez, nuestras intenciones.

Volviendo a casa, el sentido común iba expulsando a zancadas mi irritación inicial. Chabe pretendía librarme de un peso que, de haberlo intentado yo, hubiera podido soltar sin la ayuda de nadie. El lastre, por el contrario, había terminado por ser ella. Después de convencerme sobre la importancia de mirar al pasado, para así hacer las paces con él, resultó que Chabe, como un sistema de vasos comunicantes, cargada de tantas y tantas tarjetitas, se fue hinchando de pasado y era de ella de quien me tenía que alejar. Decidí dar este paso a las puertas del invierno, tras seis meses de terapia, mientras hablábamos de la situación actual de mi exmujer —cómo no sospeché entonces nada— y pedía yo disculpas por un hecho del cual no sentía ningún descargo, pero que, en el fondo, me daba lo mismo, porque lo que deseaba era tomar un atajo y acabar con todo cuanto antes. Por eso dije que sí, que lo hice mal, Chabe, muy mal, y me obligué a afectar un dolor antiguo del cual, realmente, carecía —y pensaba a la vez que los dolores no tienen recuerdo, los dolores son siempre presente, sólo presente, suceden o no, ya está, se clavan en el tiempo y duran hasta que se superan y son además breves, porque, si no, los vence la muerte, pero las culpas son otro asunto, se llevan adentro, se arrastran, no pueden explicarse y tampoco pueden reproducirse o entenderse porque alguien trate de invocarlas, porque alguien pregunte por ellas, porque alguien espere callado una respuesta frente a unas cartulinas tumbadas, la pluma en la mano y la clave de sol tocando el rostro, no, no pueden explicarse y ese silencio del que escucha no lo dota de sabiduría, no, no lo convierte en Sócrates y sólo uno mismo debe sanar sus culpas, si es que existe voluntad de arrepentimiento, y de ahí que descrea de todo dogma, porque el sacrificio de la expiación es un proceso individual, interno y, por lo tanto, invisible a los demás, y tampoco creo, por supuesto que no, en el poder sanador de las palabras ajenas, porque el arrepentimiento, si de verdad se quiere alcanzar, debe escribirlo uno sin la ayuda de nadie, sin la ayuda de nadie, sin la ayuda de nadie, sin las tarjetitas ni el archivador de plástico— y en ese momento, después de asentir por tres veces —repitiéndome a cada vez: sin la ayuda de nadie, sin la ayuda de nadie, sin la ayuda de nadie— y como iluminado por una luz que, de súbito, todo alumbra y aclara, comprendí que había llegado al límite del aguante y que me llenaría de valor para, a la siguiente semana, sin demorarlo un miércoles más —como precisamente estaba haciendo ahora—, acabar las sesiones con Chabe. No había sucedido nada para que acudiera a sus sesiones y acudí. No había sucedido nada para decidir abandonarlas y —por la misma lógica— decidí abandonarlas.

El siguiente miércoles llegué a la consulta y, para mi sorpresa, se mantenía idéntica mi voluntad: nunca volvería a pisar ese edificio. Con la cuenta atrás de un temporizador dentro del cuerpo, subí las escaleras, toqué el timbre, aguardé, sonó un chasquido, abrí la puerta, saludé a la secretaria, atravesé el pasillo con la fortaleza de Heracles y entré lleno de agitación al gabinete de Chabe, pero, también para mi sorpresa, no encontré su rostro. Ni su rostro, ni su pluma, ni sus tarjetitas rectangulares. Lo asombroso es que ella estaba allí. Si no pude verla fue porque, entrometiéndose entre nuestras miradas, rompiendo lo que hasta entonces había sido de una manera e invasora de un espacio que iba a deshabitar pronto, me encontré con la joroba enorme de una pantalla de ordenador.

De inmediato, sin disimular su orgullo, Chabe celebró las bondades de la tecnología que yo estaba observando. Hablaba en un tono agudo y molesto: no parecía su voz. Tampoco advirtió que yo estaba atónito antes por ella que por el aparato. Por su reacción frente al objeto antes que por el objeto en sí. Por lo que había de rutina deformada. De ahí que, sin saber muy bien qué decir, sólo acerté a preguntarle por el precio del computador, un precio que, convertido en cajas de vino —era mi índice de referencia para el coste de la vida—, me dejó todavía más estupefacto. Chabe reparó tardíamente en mi aturdimiento y, buscando justificarse, opinó que era el signo de los tiempos, el preludio del porvenir que nos aguardaba y que debía fundarse, sí o sí, en la excelencia a la hora de recoger y gestionar los datos. Así hablaba Chabe, de una manera grandilocuente y opuesta a ese mundo anterior de voz maternal, de cartulinas escolares y, sobre ellas, la cuidada caligrafía de una pluma. Entre sus palabras, caídas desde un alto lucernario y llenas de aire y fulgor, flotaba, sin rumbo, mi cara de pasmo. Mabel —durante toda mi terapia no tuve curiosidad por saber el nombre de la secretaria— había comenzado a mecanografiar, gracias a un procesador de textos, las cartulinas que componían los dosieres de cada paciente. Porque las cartulinas —me miró a los ojos— eran ya una antigualla. Una antigualla: qué ironía descubrir a Chabe como adalid de la modernidad cuando ella, semana tras semana, había estirado mi memoria hasta llegar casi a los fenicios. Las tarjetas, a partir de ahora, se almacenarían en carpetas electrónicas que seguían un orden alfabético. El proceso, en resumen, facilitaba el seguimiento de cada paciente y ahorraba tiempo y papel. Fingí un asombro del que carecía porque todo me daba lo mismo. Chabe, por su lado y para mostrar con detalle el inicio de una nueva era, giró el monitor hacia mí. Me pidió que me acercara y, con el dedo índice, me señaló mi carpeta. La había nombrado con mi primer apellido, un guion bajo y luego mi nombre. Todo ello en letras mayúsculas. Asentí con la vista en la pantalla, sin parpadear.

Por esa inminencia humana hacia lo imprevisto, no había terminado de leer mi nombre cuando me crucé con el de mi exmujer, que, por las reglas del orden alfabético, estaba apoyado sobre el mío. Su nombre —pude comprobar— seguía la misma estructura de apellido, guion bajo y nombre. Chabe leyó mis labios, vio mi sorpresa en la mirada y, sin saber qué decir o hacer, tosió con una de esas toses nerviosas que hacen más notoria la culpa, porque así fue: de inmediato se lamentó por haber cometido una imprudencia y aseguró avergonzada que no volvería a pasar.

Me puse en pie. Por supuesto que no, que no volvería a pasar, que no volvería a pasar ni eso ni cualquier otra cosa, porque me marchaba de allí para siempre. Antes de dirigirme hacia el pasillo, caminé de un lado al otro del gabinete como una hiena enjaulada. La habitación era minúscula para contener mi ira. El entendimiento llegaría después, porque las revelaciones, cuando aparecen y golpean y producen dolor, aturden y nublan el juicio, pero en ese instante, de pie, a bocajarro, le pregunté a Chabe cuánto tiempo llevaba con ella. Escupí las palabras con rapidez, como si fueran un café ardiendo. Tras retroceder en la butaca, Chabe me preguntó quién era ella. Le bastó mi rostro de odio para abrir los brazos de forma imprecisa, en un gesto sacerdotal, dando a entender que no podía responderme. Interpreté que ese arco cubría el mismo tiempo que yo llevaba allí, un tiempo que iba a terminar de inmediato.

Iracundo, continué de un extremo al otro del gabinete, balanceándome como un péndulo. Alguien empujaba las paredes, se reducía el espacio, faltaba el aire. El gabinete era el estómago de un acordeón. Mabel abrió la puerta con miedo, asomó la cabecita y preguntó si todo iba bien. Yo dije que no, Chabe que sí y prevaleció su respuesta, porque Mabel, asintiendo con docilidad, volvió sobre sus pasos. Imaginé, en el cajón, todas mis tarjetas. Imaginé, en el mismo cajón, todas las de mi exmujer. Uno más uno, dos. Un puzle infantil de dos, dos piezas. Dos piezas que nunca, nunca, nunca encajaban bien. Forzadas sus aristas, como por impotencia o por falta de claridad —atributos del matrimonio—, se obtenía la imagen deforme de una vida en común que, aún hoy, se prolongaba.

El registro de mi vida conyugal estaba contenido en dos bolsas colgantes, transparentes, que se observaban en silencio, igual que las fachadas de dos edificios enfrentados. Cuando el gabinete entró en la modernidad, las bolsas salieron de su cajón y, con el celo de quien traslada pruebas periciales, aterrizaron en el escritorio de Mabel, cuyos dedos veloces comenzaron a mecanografiar mi pasado y el de mi exmujer, tarea que inició con el mismo desafecto con que se desenvolvía en cualquier otra, a la vez que mascaba chicle de fresa sin azúcar e indiferente a lo que escribían sus dedos autómatas. Me la imaginé en el vestíbulo, sentada detrás del mostrador, mirando su reloj de pulsera y contando los minutos que le quedaban para despedirse de Chabe, correr hasta la parada del autobús y allí, sentada como cada día con las piernas juntas, abrir una novela —siempre tenía alguna, y de un grosor imponente, en su mesita del trabajo—. Ya subida en el autobús, con la noche haciendo arco sobre ella, Mabel movería sus dedos a través del curso de otra historia, dedos amnésicos de lo que habían escrito esa misma tarde, aquella en que yo llegué al gabinete convencido de mi partida, aquella en que vi la pantalla del ordenador y supe otra vez de mi exmujer.

Con la llegada de la computadora, se produjo un sentimiento doble de traición. Por un lado, era inevitable que Chabe confrontara las dos versiones de un mismo hecho, y que supiera de mí cosas que yo no había querido revelar, manejándolas a su antojo. Cómo habría unido las dos capas de un mismo hecho, el conocimiento y la mentira, el deseo y la realidad, el «me dedico a la traducción» contra «es un escritor fracasado», el «prefiero la vida en soledad» contra un «no va a encontrar a nadie que le aguante, nadie, porque es un tipo raro, muy raro», el «quiero que mi hijo sea feliz, y que sea feliz lejos, que no se ensucie de un matrimonio roto», contra el «lleva años, años sin preocuparse de él, igual que lleva toda la vida sin preocuparse por mí, porque él es así, sólo él y solo él, y él es nadie», en resumen lo narrado por uno y lo desmentido por otro. Pero la traición no terminaba ahí pues Chabe, gracias a la computadora, podía gestionar más datos que yo, ventaja que le habría permitido descifrar con rapidez la intención de mis movimientos. Los sueños episódicos con ella no sólo contradecían mi anhelo de soledad, sino que ahora revelaban una traición a nuestra confianza porque, con su silencio o falta de correspondencia, me había empujado a iniciar un tímido tanteo de seducción.

Las consecuencias de lo ocurrido dibujaban una estrella apuntando en todas las direcciones. Me sorprendió descubrir cuál fue la primera que me vino a la mente: que mi exmujer y yo, seis meses después de nuestro divorcio, seguíamos el uno pegado al otro, tocándonos en el roce de carpetas voladoras, como si el olvido nunca fuera posible. Habitábamos un mismo espacio, igual que el de aquellos patinadores tristes de la acuarela colgada en la notaría, que estaban siempre próximos pero en silencio. Nunca habría sabido que ella iba a la consulta porque nunca nos hablábamos. ¿Y ella? ¿Sabía que yo también era paciente de Chabe? La miré y preferí no formular la pregunta.

A continuación, atendí a un segundo efecto focalizado en los puños y la mandíbula, que, cargados de tensión, como a punto de dar un golpe, certificaban mi convencimiento de que no volvería jamás a la consulta. Chabe, sin conocer lo que pasaba por mi cabeza, o tal vez al contrario, tal vez conociéndolo muy bien, volvió a pedirme perdón: había sido un fallo, repitió contrariada para luego regresar la vista a ese monitor odioso que yo quería arrojar a la calle.

Por último, miré alrededor como si estuviera allí por primera vez. Sensible al espacio a mi alrededor, advertí que los fuelles del acordeón se hincharon de aire, el gabinete recuperó su tamaño y pude finalmente respirar. Aunque incómodo por seguir allí, notaba la alegría próxima de una liberación, porque, si había necesitado de un motivo final para alejarme de Chabe, acababa de recibirlo. Mi tiempo me aguardaba afuera, donde en ese instante se encendían unas luces de Navidad.

Tomé aire, respiré hondo e iba a hablar cuando Chabe se me adelantó para decirme que la informática era, al parecer, el signo de los tiempos —y yo le respondí, ya que hablaba de tiempos, que no volvería ningún miércoles más por su gabinete—, que digitalizar las cartulinas facilitaría el seguimiento de cada historial clínico y el cruce de datos —y yo le respondí que me parecía genial, que podía conservar mi documentación clínica en el soporte que ella eligiera, en carpetas informáticas o en tablas de arcilla, pero que no aspirara a añadir nada más, a añadir nada más desde hoy, porque mi historial había llegado a su término, y que sobre el cruce de datos, en fin, prefería ni pensar en ese punto—, que este avance era una gran ventaja, sí, pero también un reto para la relación con el paciente —le pregunté a Chabe que a qué relación se refería— y entonces Chabe se levantó, se acercó hasta mí, se quitó las gafas, me contó que el soporte de cualquier comunicación, la forma en que se transmite, se guarda o se olvida la información, influye de manera decisiva en los sentimientos —yo le pregunté de nuevo que a qué se refería— y, sin responder a mi pregunta, Chabe apagó la luz del escritorio, enfiló el pasillo, yo la seguí con mansedumbre, adaptándome al ritmo de sus pasos, cerró la puerta principal del gabinete, alcanzamos el rellano, el rellano se quedó a oscuras y lo iluminó la llegada del ascensor, entramos en su cabina, pensé que bajaríamos pero Chabe pulsó el botón del último piso, porque vivía en el mismo edificio —y mientras subíamos pensé que ese miércoles parecía convocar una cadena de novedades que no iba a terminar aún—, y resultó que el nuevo soporte de comunicación fue su dormitorio, un paréntesis inesperado en mis dominios de incredulidad, de rabia, de pasmo, de traición, de no saber siquiera qué sentir; un paréntesis al que nos entregamos de una manera tan impulsiva y tan torpe que sólo podía explicarse como una decisión extemporánea, demorada por error. En algún momento Chabe dijo: «El ordenador nos ha impulsado hacia el futuro, tú y yo teníamos que hacer lo mismo y, aquí y ahora, este es nuestro nuevo soporte». Pensé que estaba loca, pero me abstuve de responder. Chabe podría haber dicho cualquier otra frase —que el equipo local había perdido, que los garbanzos se deben poner en remojo la noche antes, que los precios están disparados— y tampoco hubiera atendido a sus palabras, porque todas las palabras —las de las cartulinas, las digitalizadas por Mabel, las que aún volaban por el dormitorio; pero también las nunca escritas o nunca dichas o nunca conocidas— me parecieron estorbos en esta incertidumbre positiva donde, ahora, desnudo junto a Chabe, me encontraba. Y cualquier incertidumbre, en ese mundo nuevo y raro y feliz, duraba lo mismo que el parpadeo de las luces navideñas que parecían festejar, con sus cambios de color, nuestro bautismo sexual.

Durante las semanas siguientes, hicimos de la sorpresa del primer día una ceremonia. El ordenador era ya un elemento familiar —es decir, un estorbo aceptado—, al cual seguían la despedida de Mabel, el cierre del gabinete, la oscuridad del rellano, la subida al último piso. Pensé con qué facilidad cavaba mis rutinas para lanzarme inmediatamente a ellas, con qué naturalidad las detestaba a continuación, pero con qué rabia respondía cuando alguien intentaba modificarlas. Una noche, de vuelta a mi apartamento después de estar en el de Chabe, y mirándome las ojeras en el espejo de su ascensor, recordé mi decisión de abandonarla tras descubrir la presencia de una computadora y, tras esa presencia, la de mi exmujer, y pensé en cómo había bastado un vaivén de sábanas para acceder a un orden nuevo, el cual, por su recurrencia, me hacía sentir cómodo. Si la vida tenía sentido, era por su repetición. Podía alimentarme de algo que no deseara que, si la ración era idéntica y servida a la misma hora, la aceptaba con deleite. Lo imprevisible era mi pesadilla. Creo que, antes de que se cerrara la puerta del ascensor, lo que se vio en el espejo fue mi sonrisa.

Volví a equivocarme. Por esa tendencia de la vida hacia el desorden, hacia el cambio de lo recién instaurado y que funciona bien, en cuestión de semanas, todo se alteró. La idea de terminar las sesiones se me había olvidado, era feliz en los afectos semanales de Chabe y mi trabajo, aunque de forma lenta, comenzaba a ser productivo: traducía a buena velocidad y tomaba apuntes para una novela. Como es habitual en mí, no supe comprender nada de lo que ocurría. Visto ahora —junto a Odiseo, una noche que no es de miércoles, tantos años más tarde—, la habitación de Chabe se parecía a la oxigenoterapia última dada a un paciente terminal; un epílogo favorable, dotado de alivio y calidez, pero, con la perspectiva del tiempo, innecesario, un epílogo que no había aportado nada a lo anterior —aunque, en este caso, ni siquiera lo anterior, las cartulinas y la computadora y la frustración semanal, había tenido interés—, un epílogo que me había alejado de mi función de centinela —porque era yo quien debía ver todo con detalle, pero en la distancia, y nadie debía mirarme, nadie debía saber de mí sino por mis manos—, un epílogo que demostraba que la vida, cualquier vida, observada hacia atrás, era siempre una sucesión continua de pequeñas y grandes derrotas. La mía, tan dramática, tan ridículamente dramática, si hubiera inspirado a un aedo griego, habría concluido con una catarsis de burlas y carcajadas.

Puedo ser injusto en lo que ahora voy a contarles, pero es que soy incapaz de no serlo. Imagino, además, que de esta historia apenas sabrán por mí. Asuman la parcialidad, asuman mis disculpas y sepan que Chabe apostó por seguir adelante. Sepan que jugó sus cartas. Sepan que las jugó mal. Muy mal. Las barajó —cómo suavizarlo— con los trucos pobres de un tahúr de provincias. Las cartas se le cayeron al suelo, tal vez porque le sudaban las manos, y al recuperarlas —y saltemos del mundo metafórico al real—, brotó el desorden y Chabe, llena de confusión, mezcló su rol de terapeuta con el de una mujer sexualmente activa. A veces pienso si las cartulinas actuaron por venganza, molestas ante la irrupción del ordenador. Quién sabe. Lo que sé, lo que sé bien, es que en su duplicidad de roles se me reveló por dos veces un cartel publicitario, colosal, iluminado por una ringlera doble de luces para que siempre fuera visible, de día y también de noche, junto a la autopista de entrada y salida de la ciudad, observando el tráfico que transitaba a sus pies o, más bien, al contrario, el tráfico contemplando lo que el cartel decía, apenas dos palabras y, cada una, compuesta por dos grandes letras mayúsculas hinchadas de luz: una «ene» mayúscula seguida de una «o» también mayúscula, formando juntas un «NO», un «no» doble, «NO», «NO», un «no» duplicado. Dos veces no: no, porque no quería que me siguiera tratando, porque no padecía nada y, por lo tanto, no había curación posible —y ella me respondía, con un tono de cautela suave, pero también de condescendencia, y por dos veces también, que claro, claro— y no, no, no, no porque tampoco quería su amor o pasión o lo que significaran aquellos encuentros que sucedían después de las sesiones, un miércoles sí y otro también, y que habían pasado a ser un tiempo tan consuetudinario como la terapia. ¿Era tan difícil de entender mi deseo de ser libre, de saltar de una rutina a otra? Rechazaba lo que estaba pasando como rechazaría ver la misma película dos veces, sobre todo si recordase bien la primera vez. Y sólo se puede amar una vez y, a la vista de sus consecuencias, no quería repetir. Defender lo contrario sería igual que aguardar a los Reyes Magos aun sabiendo que son los padres. No quería más rutinas del exterior. Sólo son aceptables las que uno se impone sobre sí mismo, desde uno mismo. El amor significa sentirse observado. Asumí y rechacé tiempo atrás ese rol; entonces aspiraba a ser centinela y, por lo tanto, debía escapar.

Las sesiones extendidas con Chabe —en el sentido literal de la palabra— habían servido, al menos, para confirmar lo errado de continuarlas. El razonamiento de Chabe, si es que lo había comprendido, era que el soporte siempre determina la comunicación y, por lo tanto, el afecto que en él se moldea. Los nuevos soportes, es verdad, cambiaron la naturaleza de nuestros afectos, pero sin mejorarlos. Si hablo en plural y digo soportes es porque a su dormitorio le seguía la barra trapezoidal del bar Alonso, situado en la calle trasera del gabinete, un negocio gestionado por un búho, porque no cerraba nunca, y adonde solíamos acudir después de hacer el amor, Chabe a tomar algo sólido, yo a beber vino de jerez; fue el bar sobre cuyas baldosas continuó nuestra relación, cayeron las cartulinas y Chabe comenzó a confundir roles y afectos.

Con la estabilidad que da un codo en la barra y el alcohol en el estómago, adoptando el papel de Judas y sin pensar en las consecuencias de mis palabras, negué tres veces antes de marcharme: la primera, para decirle que no necesitaba de apoyo psicológico y que, por lo tanto, había tomado la decisión firme de abandonar la consulta —Chabe me respondió con un temblor en los labios—; la segunda, para decirle que no quería volver a verla nunca más —Chabe movió nerviosa el tirador de la cremallera de su bolso, como un niño con ortodoncia que cierra la boca—; la tercera, para rechazar, moviendo la mano, un trozo de sándwich de jamón y queso que Chabe me ofreció, sus ojos camino de las lágrimas, sus labios balbuciendo que yo debía comer algo, al menos un trocito, que después podíamos pagar y subir a casa.

Tras escuchar su propuesta deduje —no sin dificultad, porque ya llevaba dos copas de jerez—, que Chabe me hablaba como si no me hubiera escuchado o entendido, pudiendo ser ciertas las dos opciones, porque llenó mi silencio rogándome, por primera vez, que durmiéramos juntos y así habría tiempo de discutir y hablarlo todo. Dormir y hablar me resultaron verbos incompatibles. No cambiaría mi manera de pensar y sentí un goce extraño ante la fortaleza de mi posición. Observé entonces que el sándwich tenía una textura muy blanda, la de un pan que ha sufrido demasiado calor. A Chabe le gustaba el queso muy fundido. Sufría de disfagia: le costaba respirar, hablar y deglutir a la vez. En broma me decía que la culpa de su enfermedad era de sus pacientes —englobé en ellos a mi exmujer—, por todo lo que tenía que tragar a diario de nosotros. Por eso se alimentaba como un pajarito, con bocados blandos de productos fácilmente digeribles. También en broma, Chabe solía decir que, por culpa de la disfagia, su vida se articulaba en tres fases, algo así como la de un monje —en su caso, atender primero, en la consulta, hablar después, en su apartamento, y comer, finalmente, en el bar de abajo—, pero esa broma sólo la contaba cuando estaba feliz, porque en los días tristes, por el contrario, y por culpa de esa deglución defectuosa, Chabe se sentía indefensa y débil, se alimentaba mal y su voluntad cedía a un alcoholismo imperceptible, ya que el vino y la cerveza no le producían daño alguno al tragar: todo lo contrario, su cuerpo parecía exigirlos y, además, dotaban de unos instantes de lucidez a sus pensamientos.

En mi recuerdo, no sé el motivo, abundan los días tristes junto a Chabe. Cuando evoco su imagen final, el rostro de Chabe me llega sombrío, lastimero, de pintura negra. Yo soy el último y tal vez único espectador de esa imagen, el último y tal vez único visitante de su museo de la memoria, que aguarda a que el tiempo avance, a que algún bedel se levante de su silla, se acerque con sigilo, y me avise de que es el momento de marchar, orientando mi camino hacia la puerta. Esa señal y ese rumbo era lo que deseaba en el bar Alonso: alejarme de un sándwich desvencijado, de un reloj que, situado junto a la televisión, parecía no avanzar —pensé en una estación ferroviaria asolada por un desastre atómico—, desalojarme del soporte de Chabe bajo las sábanas, de las uñas mugrientas de Alonso, del sempiterno parroquiano —un hombre que ahogaba el espacio de la banqueta con un cuerpo dominado por los tatuajes y las pulseras de oro, un hombre que en otro país podría haber sido rapero y haber recibido un disparo a la salida de una discoteca, pero que, a mi lado, era un hombre gordo y viejo que se pasaba la vida apurando su copa de cerveza—. Quería alejarme de un lugar que no era mío y hacerlo rápido, con esa urgencia de quien se sube a un teleférico perseguido por un alud y lo hace con alivio, pero sólo cuando está en la cabina, creyéndose a salvo, advierte que su vida cuelga de un cable que ruge, que se agrieta y que está a punto de romperse y, aunque hay una persona en la cumbre que observa lo que está pasando, la persona no hace nada. Tratando de olvidar esa imagen, bajé la mirada al suelo de la cabina y me encontré pisando el serrín del bar. Después sucedió un roce metálico en mi brazo, un brazo que movía un tenedor, un tenedor que desplazaba un trozo flácido de sándwich que, sin entender su destino, volvía al plato para derrumbarse con las fauces abiertas sobre una fila de patatas. Esas patatas, como un panel solar de tubérculos, recogieron el calor incómodo de nuestras miradas y, posiblemente, fue el último lugar que miramos juntos porque, a continuación, Chabe, me dio la espalda, salió para siempre del bar.

Luego me pregunté si Chabe ensayó un portazo, aunque no sucedió de esa forma o, desde luego, no recuerdo que sonara. Lo que sí sonó fue el estrépito de un premio de la tragaperras, acontecimiento que detuvo el vocerío del bar. Acto seguido el rapero, sin dar muestras de alegría, dobló con dificultad la espalda, mostrándome el inicio de algo que hubiera preferido no ver, se acercó a mí y, tras darme un abrazo, me dijo que la vida era así de extraña, que a veces te daba premios y a veces no. Definitivamente, no era yo el único visitante del museo de Chabe: todos en el bar eran cómplices de nuestra ruptura.

Le di las gracias por su valiosa reflexión, deseando que se alejara lo antes posible de mí, y pensé entonces que lo más fácil era fingir normalidad y actuar como si no hubiera ocurrido nada. De ahí que siguiera en el bar —la cuenta, Alonso, por favor, sí, sí, la pedí hace un rato—, como en el centro de un cuadro de Hopper, rodeado de ausencia. Me subí al taburete y, tamborileando con los dedos sobre la barra, recordé cómo me había dejado llamar egoísta, egocéntrico, fracasado y, por último y a modo de despedida, gilipollas.

El sándwich seguía junto a las patatas cuando llegó la cuenta. Alonso, con cara de catón, reprobando quizás la rudeza de Chabe, pero acusándome con la mirada —posiblemente prefería perderme de vista y que Chabe volviera—, señaló el sándwich con su uña de hechicero y me preguntó si quería llevármelo a casa. En una especie de letargo, como si brotara lentamente del lienzo a la vida, le pregunté qué debía llevarme a casa, a lo que Alonso respondió mirando el sándwich. Ah, el sándwich, ah, volver a casa, claro que sí, volver a casa, volver a casa era mi deseo, mirar la ciudad desde su interior, tumbado en su vientre, eso es lo que deseaba entonces y también en ese instante, con Odiseo a mis pies, que me observaba con algo de intriga y mucho de cansancio, aunque sobre todo con molestia, con mucha molestia, porque lo había alejado de sus rutinas, conduciéndolo por calles desconocidas hasta la entrada de un portal sin basura, y frente al que permaneció mucho tiempo hasta que, por fin, entró alguien y me atreví a preguntar por Chabe, y allí, tras encenderse una luz e iluminarse nuestros rostros, ese alguien me devolvió mis dos signos de interrogación —¿se refiere usted al gabinete o a su casa?— y yo, por decir algo, le respondí que al gabinete, que preguntaba por el gabinete, y ese alguien resultó ser un vecino que, tras observarme detenidamente y preguntar quién era yo, y después de admitir yo la verdad —que era un antiguo paciente, si es que alguna vez uno deja de serlo—, me confirmó lo que supuse al notar la ausencia de la plaquita dorada junto al interfono —Chabe no tenía su gabinete allí y tampoco residía ya en el edificio; se fue y dejó además una deuda considerable a la comunidad de propietarios, la muy sinvergüenza, los vecinos estaban ahora en proceso monitorio.

Monitorio fue la última palabra que dijo el vecino antes de acariciar a Odiseo, lo que me trajo a la mente el monitor de la computadora. Le di las gracias, nos despedimos y me reí imaginando el monitor en un punto limpio mientras Odiseo volvía a exhibir su cansancio, sin comprender por qué nos deteníamos ahora delante de un bar, él olisqueando el cerco de una puerta que nunca llegué a abrir, aunque sí apoyé la mano en su pomo verde, aunque sí pude haber hecho un ademán y saludar a Alonso, pero no lo hice, no, no lo hice, primero, porque había una pegatina con un perro tachado, pero también porque no se me había perdido nada en su interior, y si había acudido hasta ese lugar era porque las historias, todas las historias, necesitaban de un principio pero también de un término, y de la misma manera que cerramos la llave del gas y, ya en el rellano, nos asalta la duda, volvemos a casa inseguros y comprobamos que sí, que habíamos cerrado la llave del gas, lo mismo ocurre con las historias: es necesario volver a ellas y confirmar que las cerramos bien. Por esa convicción estuve en su portal y confirmé una ausencia. Por esa convicción estuve frente al bar, toqué el pomo verde, sentí la posibilidad de abrir la puerta y decidí dejarla en la misma posición.

De regreso a casa, con Odiseo transitando zonas conocidas, me escuché decir que si en verdad dolió saber de la carpeta de mi exmujer fue porque confirmaba —y además por duplicado— que las palabras, la materia prima de mi trabajo y también del trabajo de Chabe, en su caso cuidadosamente escritas en tarjetas de cartón y luego digitalizadas por Mabel, no habían servido para nada. Nada para mí —que bebía el mundo de un vino envasado también en cartón, en lucha contra un recuerdo persistente, como un tatuaje, aspirando a recuperar una musa lejana, aunque fuera por el peso de rutinas que cada vez me costaba más cumplir—, pero nada tampoco para Chabe —tan perdida como yo y posiblemente como cualquier otro, atontada frente a un avance de la tecnología que le hizo confundir sus papeles, perder la autoridad y la distancia y el valor de lo confidencial, extremos que yo daba por sentados pese a que Chabe los negara una y otra vez— y, posiblemente, tampoco nada para mi exmujer —quién sabe cuánto tiempo llevaría yendo a la consulta, si es que seguía acudiendo a Chabe allá donde Chabe estuviera, con sus pensamientos ganando peso y más peso digital hasta un punto donde las palabras, saturadas de significados, formarían un soliloquio frente al cual no cabría solución o respuesta—. ¿Tenía entonces algún sentido el valor de la escritura que yo preconizaba? ¿Su ausencia real no demostraba mi error de base?

Me detuve indeciso en la acera, como asombrado de estar allí. Un grupo de chicos, de pie, en un parque, bebían a gritos su juventud. Comprendí que estábamos a viernes. Me lo confirmó mi reloj y también que era medianoche. De súbito, me sentí feliz: había encontrado una explicación que hacía las paces con el pasado. Me quedé inmóvil y Odiseo alzó la cabeza para mirarme, como preguntando si de nuevo íbamos a hacer una pausa. Debía anotar esta idea —sobre todo porque olvidaba cada vez más, y cada vez con más frecuencia, porque las ideas venían hacia mí pero, antes de poder atraparlas, ya habían doblado la esquina—. Saqué el bolígrafo del bolsillo de la camisa y palpé mi cuerpo hasta encontrar la libreta. Fue un acto automático e inútil: la camisa carecía de bolsillo y no tenía ni bolígrafo ni libreta. En los bolsillos encontré, por el contrario, dos bolsas para excrementos, un móvil a punto de quedarse sin batería, algunas monedas y un paquete de cigarrillos. Aceleré el paso: debía llegar rápidamente a casa, subir la escalera infinita —tal vez ya había ascensor—, alcanzar la mesa y escribir. Esta noche me había conducido a un lapso feliz de racionalidad. Al nacimiento aún tímido de una voz. No debía perder este éxito de la memoria. Pero qué frágil era. Qué frágil. Tal vez, si repetía lo pensado, lograría no olvidar: fue, fue, fue, fue descubrir la inefectividad de las palabras, fue descubrir que sólo era útil la violencia contra uno mismo, contra uno mismo, contra uno mismo, la violencia contra uno mismo por no haber acabado antes con Chabe, acabar con Chabe, fue el hecho de creer en la violencia, la propia, la propia, la propia, que es la más dura, fue el hecho de creer antes en la violencia propia que en la palabra, fue eso lo que me determinó —lo veo ahora mientras Odiseo acelera— a huir de la primera e ir en busca de la segunda, siendo la primera la violencia y la segunda, la palabra, o al revés, no, primero la violencia, huir de la violencia, segundo la palabra, buscar la palabra, pero ¿no era la inefectividad de las palabras lo que me había llevado a decepcionarme con Chabe? Un momento: lo que me hizo negar a Chabe por tres veces y otras tantas después —y admito que fui débil, porque al despedirme de Alonso regresé al portal y subí hasta el rellano del piso de Chabe, donde di media vuelta—, lo que me hizo negar su voz, no responderla, sólo hablar, ya tarde, a la uña larga y sucia de Alonso, pedirle que por favor me pusiera el sándwich en papel de aluminio, y volver a casa, fue descubrir que las palabras, las de Chabe, las sospechadas de mi exmujer, las telegráficas de mi hijo, todas ellas, no me valían de nada, tampoco las de aquellos a quienes traducía como premio de consolación. Lo que dotaría de sentido a mi existencia estaba en la yema de mis dedos y debía aletearlos y buscar, de una vez, la afinación de una voz propia. Gracias a mis pasos la mente me había enviado un mensaje, como si hubiera un cordón umbilical entre los actos de caminar y pensar. Necesitaba escribir. No debía perder el tiempo, pues todo debía quedar reflejado en palabras y mis afectos hablarían a través de ellas.

Muy cerca de casa, entonces con un sándwich envuelto en papel de aluminio y ahora con Odiseo a mi lado, comprendí que la memoria no era el recuerdo más o menos fidedigno del ayer, sino el molde con el que lo reconstruíamos hoy. Yo hoy cerraba los ojos y veía el pasado igual que una piscina en el mes de diciembre, con las hamacas y las sillas y las mesas en silencio, apiladas. Yo hoy abría los ojos y en el horizonte distinguía una rendija que era misterio y luz: la refracción de un malestar íntimo que no dependía del tiempo para eliminarse, porque iba pegado a él y así sería siempre, pero también la certeza de que existía el alivio, el placer logrado por las tareas cumplidas y sobre las que, quizás mañana, podría hacer brillar todas las potencias de mi imaginación.

La vida me puso frente a un revólver y una salida de emergencia. Cruzaba esta disyuntiva el presente, un arco que exigía de acciones precisas y donde habitaba la realidad de Odiseo. Si el tiempo pudiera hacerse chicle, estirarse, doblarse, me hubiera gustado unir los dos instantes. Es decir, haber alcanzado tras la ruptura con Chabe la certeza adquirida después. Haber sabido entonces que las palabras eran la única solución, no porque reflejaran un hecho previo, sino porque servían como forma de romper el molde y pasar página. Algunos podrían decir que, rechazando la parte vergonzosa de mi pasado, estaba engañándome, evitando ser adulto y perdiendo mi identidad. Pero ese era justamente mi objetivo: cambiar la cerradura e impedir que el pasado entrara. Si algo hubiera traído de vuelta hoy es aquel trozo de sándwich envuelto en papel de aluminio, que acabé tirando en una papelera y que Odiseo, posiblemente, hubiera devorado.

Entre la noche que abandoné a Chabe y la de hoy habían transcurrido casi tres décadas. La diferencia entre la una y la otra era Odiseo. Fue él uno de los primeros en subir en el ascensor de mi casa. Dudó en entrar, como si también sospechara de la tecnología o de los cambios. En la cabina, con forma de ataúd, un espejo ocupaba toda la altura. Me miré, me vi viejo, me vi delgado: la ausencia de palabras me consumía.

Nocturno en un apartamento céntrico

Odiseo, a ti que has temido frente a la puerta del ascensor, te diré que hay puertas que no se deben abrir y hay nombres que no se deben pronunciar, hay cuestiones que deben permanecer siempre sin solución y hay sucesos que deben dejarse inmóviles, como embalses desde una ventanilla de un tren, ya se explicarán solos, ya habrá un instante lúcido que los dote de sentido, si es que lo tienen, pero lo que sí hay que tener es la mente vacía, sin convicciones, así que no hay que creer, no hay que creer en nada, no hay que creer en nadie, no hay que buscar respuestas, no, no hay que buscar respuestas y sólo hay que hacer preguntas en el caso de que nos pregunten, como si no hubiéramos entendido nada, así que a las preguntas hay que responder con más preguntas porque, aunque sepamos las respuestas, hay que saber guardarlas, hay que esconder siempre las respuestas y hay que esconder también nuestras intenciones, nuestras intenciones, sí, pues nos juzgarán por ellas igualmente, así que en resumen hay que fingir la verdad, Odiseo, hay que fingir la verdad la sepamos o la ignoremos, y es que no deben saber nada de nosotros, nada, nada, nada, y de ahí que no debemos hablar con extraños, no debemos caer en las provocaciones, nada ni nadie nos debe alterar porque el pasado es una roca que no podemos mover y, para llegar a ese estado de tranquilidad, recuérdalo, recuérdalo, recuérdalo bien, hay puertas que no se deben abrir y hay nombres que no se deben pronunciar, hay cuestiones que deben permanecer siempre sin solución y hay que mirar la vida en silencio y con distancia, igual que desde la ventanilla de un tren.

Puertas que se abren y se cierran

Quiero ser mi opuesto y que el cambio suceda en un instante, como en las viñetas de cómic. Quiero que mi opuesto se levante del sofá, alcance la nevera, la abra, que la nevera diga sí, bébeme, pero que mi opuesto responda que no y que le pida a la nevera, con voz firme, que se aleje de él. Pero la nevera no puede moverse, así que será mi opuesto quien se mueva y regrese junto a mí, al sofá.

Quiero que mi movimiento active un cambio más profundo. Quiero levantarme del sofá, quiero que funcione la bombilla del vestíbulo que siempre está fundida y quiero llegar al dormitorio, frente al armario. Porque mudar de piel no es posible, quiero cambiar de ropa. Busco, entre las perchas, un disfraz. Tanteo oscuridad y posibilidades. Pienso en un disfraz que funcione para mi nuevo papel. Con ese disfraz, entre perplejo y aliviado, subiré a una cápsula galáctica. Abandonaré para siempre el sofá. No diré adiós a nadie, no quedará rastro de mí.

Las perchas vibran desconcertadas. Desaparece de golpe mi ánimo, como un desagüe. Elijo una ropa que no vestiré y la ropa se tumba sin mí en la cama. El dormitorio parece un museo del traje. Me quedaré en casa. Beberé.

Cuelgo las perchas, cierro el armario, vuelvo al salón. Mi voluntad huele a naftalina.

En el sofá, acaricio la copa. Extiendo los brazos con un gesto de liturgia y la copa gira en órbita. Flota en su fondo media luna de garnacha. Detrás del cristal es lunes. La copa me devuelve un sonido agudo. Agradece mi tacto. La froto a modo de lámpara mágica. Quiero que su cristal anuncie una rendija allí donde se dobla la realidad y comienza la línea de fuga. Si conozco esa rendija, evitaré el lugar desde donde me he lanzado al abismo, he caído, he conocido su profundidad; un sótano donde sé que no existe la infancia ni el recuerdo ni el color y del que he regresado sin saber muy bien cómo. Froto otra vez la copa: quiero que me diga la ubicación de esa rendija que conduce hacia mi pozo interior. Quiero saberlo para detenerme antes.

Tengo tantas ganas de no ser yo que el ansia se arracima en la boca, la ahoga. Me emborracho de futuro. Sin moverme, ya estoy mareado. Me toco el pecho: el corazón va a la carrera. Mi mano sigue allí durante un tiempo, atónita. Luego desciende hacia el abdomen. Parezco Napoleón. Napoleón capitulando.

Gira el suelo. La realidad se centrifuga. Sin moverme, avanzo. Aún sigo en el sofá, aún no he alcanzado la cocina, aún no he abierto la botella. Las consecuencias del alcohol se han anticipado. También el tiempo: de golpe, hay oscuridad. Como si mi hijo no sólo hubiera traído una crítica y un mensaje, sino su propio huso horario. Mi cuerpo, igualmente, anticipa las consecuencias de esta visita. Funciona como un reloj sabio, o un reloj con la hora adelantada. Sé, por ejemplo, que voy a llorar. Sé que voy a beber. También sé que escribiré apenas diez, quince líneas. Todo lo intuyo antes de que ocurra. Soy un vidente de mí mismo. Me siento, más que nunca, el huésped de otra vida, pero tengo el beneficio de adivinar el futuro y debo aprovecharlo. Si es verdad que los moldes dan forma a las ideas y, por lo tanto, a la conducta, construiré para el futuro una nueva forma y, moldeada, me adaptaré a ella. Tiraré, entonces, la copa y las botellas a la basura, secaré mi cara antes de que broten las lágrimas y, sentado en mi escritorio, trabajaré. Mi mano presionará la pluma, la pluma presionará la tinta, la tinta romperá la presa y el papel será su aliviadero. Los gavilanes de la pluma secarán ese zumbido de algo que no funciona muy bien en mí.

Voy a empezar de nuevo.

Mi hijo ya se ha marchado. Una visita rápida, como de puerta giratoria. Una visita llena de violencia, como de puerta en las narices. Si transcurren los mismos años que desde la última vez, puede que no lo vuelva a ver jamás. Debo arreglar esta soledad quebrantada. Que regresen la lentitud del trabajo y el sentido de la distancia. Debo ser centinela. Mirar la realidad desde lejos, sin sombras, y ponerla por escrito. Que todo vuelva a la normalidad, aunque la normalidad —lo admito— nunca haya entrado en esta casa. Debo despertar.

¿Cuántos años llevaba sin pensar en mi exmujer? ¿Por qué pienso ahora en ella? Mi hijo. Nuestro hijo. Ya no busco su foto porque lo he visto en persona.

No sé si es el tiempo, su transcurso natural, lo que ayuda a aclarar aquello que una vez fue un galimatías o es, más bien, que el tiempo, al deteriorar la memoria, simplifica lo que en verdad fue complejo y facilita nuestro análisis. Sea por una razón o la otra, hoy creo que nunca llegué a estar enamorado de mi mujer o, al menos, no como lo estaba de mis fantasías literarias. Ojalá que a esas fantasías las hubiera acompañado la firmeza necesaria para alcanzarlas. Era una especie de Leonardo da Vinci: empezaba muchos proyectos, desatendía al poco algunos, sustituidos por la irrupción de otros nuevos, no acababa ninguno. Es cierto que anidaba en mí una cierta forma de talento o de propensión hacia la escritura. Sentía que mis ideales literarios estaban próximos. Que llamaban a la puerta. Tac, tac. Un ruido iterativo, con la precisión de un metrónomo. Tac, tac, mis ideales llamando a la puerta. Tac, tac, tac, tac, tac, tac. Un pentagrama sin fin, porque su compositor se olvidó de cerrarlo. Tac, tac, tac, tac sobre una puerta como la que mi hijo, lleno de furia, pensó tumbar de un portazo, aunque luego dudó, se dio la vuelta y me preguntó, como en un juicio sumario, algo que yo, empequeñecido y culpable, no supe responder. Una puerta junto a la que sacó un papel, lo dobló por la mitad y garabateó una nota y un teléfono con el ceño fruncido, como de examinador. Una puerta que se cerró con los goznes asustados y antes de que yo, también asustado, tuviera tiempo de responder a mi hijo, lo que me recordó que siempre fui un alumno pésimo, pésimo y lento.

Ese papel garabateado quedó sobre la balda del vestíbulo, donde solía dejar las llaves. Un día, al pasar hacia el baño, el papel cayó al suelo y se quedó encajado entre la pared y el rodapié, detrás del paragüero de latón, a medio camino entre la entrada de la casa y su salida. Una premonición de la cualidad fronteriza de mi hijo. Un estar a punto de ser algo o un regreso a no ser nada. Podría estar hablando de él sin saber que, más bien, estaba hablando de mí.

El papel se fue llenando de tiempo, olvido y polvo. Al cabo de unos años, y en posición semejante, lo acompañó un tríptico publicitario que decía «Jardín Imperial, comida china a domicilio». Y digo al cabo de unos años porque el tiempo es impreciso cuando lo domina la angustia. Cuando por él transitan el dolor, las medias verdades, el sentimiento de culpabilidad; el no saber, el no saber nunca del todo y, por lo tanto, la vida como un abismo, un limbo perpetuo entre lo soñado y lo real, entre la posibilidad y el deber.

Sigo pensando en la pregunta de mi hijo. A mi mente llega la imagen desterrada de mi exmujer.

En el vestíbulo, algunos días, Odiseo olisqueaba el papel garabateado por mi hijo, como si de él emanara el olor de una herida abierta. Aunque, tal vez, lo que lo atraía era la promesa tipográfica de un arroz tres delicias. Allí solíamos aguardar un instante largo. Odiseo por mí. También al revés: yo por él. Si no fuera por Odiseo, no saldría a la calle ni tampoco existiría este relato. Los dos nos quedábamos mirando al suelo y, después, Odiseo dibujaba un cartabón con la pata delantera, mostrando sus ganas de salir. Yo, mientras, me unía a él con la correa e inventariaba llaves, bolsillos y objetos. En el suelo, del rodapié, igual que una grieta antes de un derrumbe, asomaba el papel con una frase y un número de teléfono.

Ya debí haber entregado el examen, pero todavía hoy no he respondido a la pregunta. Pienso en la publicidad del restaurante Jardín Imperial: puede que sus precios o el teléfono hayan cambiado. Los números de teléfono. Un pánico que se construye número a número. Si finalmente un día tuviera el valor suficiente para llamar. Miedo y del miedo, una disculpa: un menú del día, por favor, de plato principal la ternera con bambú y setas... Ah, discúlpeme, creí que estaba llamando al restaurante chino. Los números de teléfono. Claro que podría suceder al revés: que fuera a encargar comida a domicilio y una voz antigua, tal vez atónita y familiar, respondiera. O que mi teléfono sonara. Aunque, en verdad, ya lo está haciendo en forma de ruido.

Me pregunto dónde se guardan todos los exámenes de nuestra existencia. También me intriga saber las dimensiones del espacio que ocupan: ese es nuestro pasado. No sé si me asusta más haber olvidado las puntuaciones que, una vez, fueron importantes, o si aún persiste alguna huella de aquello que respondí mal, de manera incompleta o que dejé del todo sin responder. El mundo, tan utilitario y fugaz, siempre olvida nuestras respuestas. Si hay alguna evidencia de mi rastro mediocre, alguna prueba tangible, está en mí: yo soy el resultado de mis fallos.

El mundo se escribe y se borra a cada instante. Un proyecto diario, en su sentido literal, que se perpetúa con nosotros y a costa de nosotros, porque nos ignora. Para avanzar en él, para cumplir su proyecto, debemos buscar una respuesta que es siempre mentira, subirnos a su espalda y sobrevivir sobre el engaño. Así todos los días. Una carrera donde partimos hacia la derrota, como si los tacos de las suelas estuvieran desajustados antes de empezar. Es así y no hay alternativa. El juez ha disparado su pistola. Ruge el público. Corremos encadenados a una pista circular, igual que los patinadores de la acuarela. Giramos perpetuamente buscando la victoria. Nadie gana. En ese estadio, observados a cada instante, hay que edificar nuestros proyectos. Su esfuerzo es asendereado. El mundo se escribe y se borra a diario, sus promesas son humo y no hay memoria de quien lo habita.

Lamento no haber respondido a mi hijo. Lamento también no haber escapado de ese estadio.

Me daré una ducha. Tras salir del baño, romperé esta copa. Nadie podrá conocer lo que viví, porque de ello no quedará molde alguno. Me agacharé en el suelo de la entrada, junto al rodapié, a esa especie de ranura de buzón que ahora observo. Tiraré la publicidad de comida china a domicilio y, a continuación, leeré la pregunta formulada: «¿llamarás a mamá?». Marcaré el número, porque nunca hay que devolver el examen vacío. Si alguna vez dije que las preguntas debían responderse con otras tantas, fue por miedo a las respuestas. Ahora busco una que silencie este zumbido interno, como de enfermedad de la niñez, que persiste porque nunca se olvida. Los ruidos son una arquitectura interior sostenida de memoria. Sólo el olvido conduce al silencio, sólo en el silencio se hallan las respuestas.

Odiseo bosteza. Los laterales de su hocico parecen enharinados. Ignoro su edad. ¿Y él? ¿Es consciente de la suya? Bastante me atormenta mi tiempo como para preocuparme del otro. Aunque hoy nuestros tiempos son uno. Odiseo me observa sin moverse del sofá. Mientras, yo me levanto y desaparezco en la cocina para encender la caldera. Al volver al salón, me detengo frente a la estantería con la misma rigidez y determinación que una estatua. Odiseo me sigue observando, aunque con ojos de duda: no cree en la fortaleza de mis intenciones. No entiende siquiera el significado del verbo «intentar». Nunca pudo escucharlo de mí. Yo ahora lo pronuncio varias veces, a modo de conjuro. Queda poco para que pase a la acción y resuelva esa duda que anida en su mirada. En la suya y en la de quienes me miran a través de él. El mundo está hecho de puertas que se abren y se cierran. Muy pronto, al salir del baño, abriré una y demostraré que existo.

Reflexión en la ducha – I

Me hubiera gustado ser sociable, cariñoso, comunicativo. No supe lograrlo. Inspiraba en los demás el olvido de mí mismo.

Reflexión en la ducha – II

Estaba convencido de que, anulando algunas partes de mí, otras se activarían. La depuración de elementos exigía silencio y distancia; una distancia curva, con forma de ruleta. Aposté a un todo o nada. Adivinen el resultado. Me equivoqué, y no es la primera vez que me sucede. Analicemos la partida, que es a la vez interacción y ausencia, y desde sus tres participantes: la vivienda familiar, mi exmujer y mi hijo.

La vivienda familiar rodó sobre los números de una mesa de juego que no era de juego, y frente a un señor de camisa blanca y chaqueta oscura que no era crupier sino notario. El lugar desde el que escribo, que sí es vivienda pero no familiar, certifica la derrota.

Mi exmujer se defendió con mis propias armas, es decir, con silencio. Era silencio, porque de ella lo desconocía todo, pero a la vez, desde un lugar subterráneo, invisible, me hablaba —ese ruido de algo que no funciona muy bien dentro de mí— y me decía Leonardo, sé que tienes un problema, sé que no escribes, sé que no sales a la calle, sé que estás bebiendo demasiado, de ahí que te mandara a Odiseo o, mejor dicho, que te mandáramos a Odiseo, porque nuestro hijo, sí, recuérdalo, nuestro hijo pensaba igual que yo, y esto no te lo digo ni como reproche ni con placer, ni con aprensión ni alegría.

Pasemos a la tercera reflexión.

Ah. Mi hijo. El personaje detrás de la cortina. Se me había olvidado. Se me había olvidado hablar de él. Mi hijo se adelantó a la apuesta. Huyó antes de la demolición. Me observaba en otro huso horario y a través de una mirilla, como desde un catalejo. Lo imaginaba habitando un planeta igual que los de *El principito*: un lugar desconocido y minúsculo. Mi hijo vivía alegre aunque lejos de mí. Disculpen la redundancia.

Reflexión en la ducha – III

Mi hijo escribió un garabato y dejó el papel en un estante junto a la puerta de entrada. El papel se deslizó hasta una ranura del rodapié y quedó mucho tiempo allí; al papel lo cubrió después un tríptico con publicidad de comida china. En su frase de adiós, mi hijo utilizó una metonimia: a mamá el mundo no la trató bien. El mundo, qué sorpresa, era yo. Mi hijo se marchó sin pronunciar mi nombre, como si al hacerlo activara una maldición; se marchó sin pronunciar «papá», como si los parentescos fueran un fastidio.

Reflexión en la ducha – IV

En la ducha me sitúo de espaldas al agua. Mis manos se abrazan detrás de la nuca. Fabrico un recipiente con diez dedos. El recipiente se rebosa de agua templada. Entonces me golpeo la sien con las manos. Una presa que se derrumba. El agua estalla, se hace libre, cae.

Paso mucho tiempo en la ducha. El ruido del agua silencia el de mi cabeza. El efecto es maravilloso. Mi arrendador sabe de esta afición mía y desde el mes pasado debo pagarle el consumo. Qué injusto he sido no hablando antes de la ducha. Supongo que, al final, todo es literatura: se ocupa de la verdad, pero, como la literatura es vida, está hecha de sus mismos materiales. Es decir, de tergiversación y falsedad. También de ocultaciones, así que lo repetiré: amo la ducha.

Las cruzadas

Aún tengo el pelo húmedo cuando enciendo la televisión. Los documentales de madrugada, supongo, están pensados para alumbrar el insomnio. Un boxeador que terminó sus días en la cárcel, el desembarco de Normandía, los últimos días de Cervantes, la construcción de una presa en el río Colorado. Me detengo por fin en uno sobre las cruzadas. Tres hombres con peluca, barba postiza y grandes túnicas blancas se arrodillan sobre un suelo de piedra. El lugar donde se conjuran parece una cripta. Una frase de luz entra oblicua por un ventanal, como en cursiva. Es una luz moderna: por descuido o falta de recursos, la imagen muestra el extremo de una antena de radio. Los hombres fingen vivir en el año 1100.

Se abre una Biblia y un dibujo recrea la construcción de la torre de Babel. Los tres hombres observan el dibujo con cara de éxtasis y pasmo. Transmiten una mezcla de analfabetismo y rabia. En sus ojos hay fe; en sus frentes, surcos de ambición.

La siguiente imagen es la caravana de tres animales sobre el perfil de un monte, como magos de Oriente. Hay luz del atardecer. Los animales resultan ser caballos que avanzan en un movimiento didáctico, de izquierda a derecha, para indicar al espectador que Jerusalén y el enemigo habitan en el este.

Subo el volumen: una voz en off se pregunta qué empujaría a esos hombres hacia una muerte previsible, que a veces llegaba por cansancio o enfermedad, antes incluso de que sucediera la batalla —como si la batalla hubiera comenzado en el momento de partir—. Odiseo, para confirmar que él es distinto y que su vida es un viaje perpetuo de vuelta al sofá, roza mis piernas con sus extremidades patialbas.

Cuando apago la televisión y como si la pantalla fuera un daguerrotipo, me observo reflejado en ella y en ella, a caballo, sobre el filo de una loma, regreso a la ondulación de las sábanas. Las sábanas me reciben retorcidas y llenas de tantos abismos como interrogantes. Me pregunto si hay un momento preciso, una jornada concreta del itinerario, una frontera donde los recuerdos pierden su importancia y, entonces, la cruzada empieza a carecer de sentido alguno y ese juramento remoto en un suelo de piedra y esa imagen de la Biblia se desdibujan, se convierten en cansancio y malestar. Puede que, en ese instante, el objetivo del viaje pase a ser otro o, si se mantiene, lo sea sin la justificación inicial. Tal vez lo que empuja a los viajes es una sucesión de motivaciones diversas, que se arraciman confusas y que se van sucediendo unas después de las otras, y esa multiplicación y encadenamiento de objetivos no es sino la vida misma, los caminos cruzados de Jerusalén y yo insomne, entre las sábanas.

Una llamada

Al salir de la ducha, el apartamento sigue igual de minúsculo, sombrío y pobre. Es un lugar concebido para recluirse; un piso franco. Aparece ahora, junto a su cualidad de escondite, una nueva: el escenario futuro de una transformación. Puedo oír las poleas de un puente levadizo que, con parsimonia, comienza a bajar. Sus tablones largos de madera se apoyan en la calle. Desnudo y de pie, junto a la puerta, aguardo a que suban las palabras. Eso no sucede, porque soy yo quien debo ir a su encuentro. Así que me agacho, cojo dos papeles atrapados entre el rodapié y la pared, me incorporo y voy al salón.

Consigo desenrollar el cable del teléfono, que, al igual que Odiseo, está hecho un ovillo. Me siento en el sofá. Espiro. Inspiro. El salón se queda sin aire. Acerco el teléfono hasta mí. Lo observo con asombro, como si fuera su inventor. A mi derecha, sobre el sofá, dejo la nota de mi hijo y la publicidad de comida asiática. Descuelgo el auricular. Al hacerlo, una corriente invade el brazo, sube hasta la garganta y me ahoga. Introduzco el dedo índice en el dial. El disco gira, el disco retrocede. Cada movimiento se asemeja al de las agujas de un reloj que, al principio, quieren avanzar en el tiempo e investigarlo, pero que después, temerosas, regresan a su posición natural. Cada giro y su retroceso aumentan mi nerviosismo. Los números van codificando un dolor que se multiplica en mi estómago. Cuando marco el último, siento la expectación de una güija. Me concentro en el oído. Mi cuerpo es un embudo orientado hacia el auricular. La línea queda en suspenso. Imagino mi señal avanzando por la ciudad, entre sus edificios. Suena un tono, un segundo, un tercero, un cuarto.

Cuelgo. El movimiento de mi brazo primero refleja alivio, luego decepción. Enciendo la luz. La bombilla eléctrica me atrapa. Soy un mosquito que choca con el ámbar curvo de sus filamentos. Al separarme de la luz, mis ojos ven el salón cruzado de líneas anaranjadas. Está atardeciendo.

Vuelvo a marcar, ahora con más agilidad, casi a cámara rápida. Mi ritmo cardíaco es un tambor. El resultado es idéntico. Una tercera vez. Nada cambia. Leo cuidadosamente los dígitos antes de marcarlos, aunque el número debería resultarme familiar. Debería. ¿Habrá algún problema en la línea? Y de haber un problema, ¿cómo puedo comprobarlo? Llamo al restaurante chino. Al segundo tono me responde una voz blanca, aguda, irritante, de niño de escolanía. No, no quiero nada, me he confundido, respondo y cuelgo.

La televisión es una pizarra de grafito que me recuerda que siempre hay que contestar en los exámenes. Que no podemos eludir las cuestiones. Las preguntas exigen una respuesta. Da igual si es errónea: es imposible equivocarse del todo y, además, nadie recordará nunca una mala puntuación porque todo se olvida. Pero para que algo se olvide primero debe existir. Tardé en comprenderlo. Mi mente es una larva perezosa, pero por fin ha despertado. Miro el número que mi hijo garabateó, un número que una vez fue el mío; un número al que yo, alguna vez, respondí. ¿Será esa la razón de que me resulte familiar? Y ahora, transcurridos tantos años, ¿qué significan esos dígitos? Me pregunto cuántos números telefónicos dejan de ser útiles con el tiempo; pienso en la persistencia aritmética, trágica, de las agendas telefónicas; en los números que sólo existen en nuestra memoria y que, al marcarlos, nos conducen a voces ausentes.

Levanto la vista. En el vestíbulo regresa tu pregunta: ¿te pondrás en contacto con mamá? Sí, hijo, sí. Lo he intentado sin éxito y ahora no sé lo que hacer. De vuelta al salón, coloco el teléfono en su lugar. Soy yo quien invoca tu pregunta. Soy yo quien busca una respuesta. Al hacerlo, se activa el recuerdo de un hecho que sucede cada sábado a las siete y media. Tengo un plan.

Radiogramola

Cada viernes, antes de acostarme, escucho un programa llamado *Radiogramola*. Los oyentes entran en antena, piden canciones y las dedican. Su hora de inicio y de fin es siempre un misterio. Una emisión flotando en libertad, como un fluido, antesala de un sueño o un insomnio que borran los límites.

A través de las dedicatorias, la música adquiere una finalidad: ofrecer una disculpa, aliviar o redimir una pena, acortar una distancia. Escuchando estos ruegos, el oyente concluye que, aunque de variadas formas, todos arrastramos un error antiguo que no se olvida, que tal vez no tiene solución, pero que intentamos expurgar.

Hoy he escuchado a Sandra, de cuarenta y dos años. Vivía en un barrio del extrarradio que desconozco por completo, igual que tantas otras cosas. Afirmaba amar con locura a Gerardo, su marido, que trabajaba como vigilante en el aparcamiento del aeropuerto, de la terminal internacional, precisó Sandra con cierto orgullo. Era posible que Gerardo los estuviera escuchando, porque la radio los ayudaba a no quedarse dormidos. Me sorprendió el uso del plural, como si también Sandra supiera que había un hombre tumbado junto a un perro y atendiendo a su voz. Scott McKenzie era el autor de la canción seleccionada por Sandra, titulada *San Francisco* (*Be sure to wear flowers in your hair*). Ni Sandra ni Gerardo tenían conocimientos de inglés. Desconocer la letra no restaba importancia a la canción, porque fue la que sonó el día que se conocieron. O, más bien, la última que recuerda Sandra antes de besarlo. Para Sandra, la canción era Gerardo. Su nacimiento. Sandra se despidió mandando un beso a Gerardo; le dijo que algún día tendrían dinero, que todo se arreglaría, que podrían ir al aeropuerto pero no por su trabajo; irían al aeropuerto como todos los demás, para viajar hasta San Francisco. Tal vez. Algún día.

La canción pareció gustarle a Odiseo, que, de un brinco, subió de su colchoneta a la cama y, con la pezuña izquierda, rascó la rejilla del altavoz. Acabó la música y hubo una cortinilla publicitaria. Estaba cansado y la música me había sumido en una nostalgia por algo impreciso. A punto de apagar la radio, el locutor regresó y, antes de dar paso a la siguiente llamada, quiso indagar sobre la función de los recuerdos. Con un tono de susurro, como si hablara a escondidas, se preguntó por qué las canciones que los oyentes seleccionaban eran, en su mayor parte, antiguas. O, por ser más preciso, canciones escuchadas hace mucho tiempo. Él mismo pareció responderse: eran melodías asociadas a un descubrimiento inicial. El nacimiento de una persona en la vida de otra, como el caso de Sandra y Gerardo; una aparición en la vida de uno que cambiaría la del otro. Cambios que —para bien o para mal, puntualizó— no sucedían a diario.

Hubo un silencio. Parecía como si el locutor hubiera quedado insatisfecho con su respuesta. Cambió el tono y sonó firme cuando se preguntó si el motivo de elegir canciones pasadas no sería la confirmación de que, en algún momento de nuestras vidas, se había apagado la capacidad de emocionarnos.

Kolokola (las campanas)

La feligresía bajó la cabeza al unísono, como si se le hubiera caído algo al suelo. Sonó un teléfono móvil, luego un murmullo, después se hizo un silencio y el silencio se volvió incómodo. De pie, oscurecido en la nave del Evangelio, quedé atrapado en la masa homogénea de culpabilidad. Por imitación, agaché la mirada y sentí un dolor en la nuca. A ras de suelo, avanzando por la nave central, la luz de la tarde se afilaba. Detrás de mí, el cielo parpadeó y la puerta de bronce volvió a cerrarse.

Luego, oí bisbiseos. Después, un chis. Imaginé un dedo índice sobre unos labios. De nuevo, el silencio. Aguardé con ansiedad, preguntándome qué o quién lo quebraría. El fogonazo de una cámara fotográfica hizo brillar el pan de oro en el retablo de san Bartolomé. Un turista cruzó a mi izquierda. Estaba grabando un vídeo. Me pregunté si la imagen no debería incorporar, a modo de subtítulos, los restos léxicos de una homilía que, aunque debía festejar la semana de la familia y el amor cristiano, había repetido palabras como adulterio, pornografía, ocaso, materialismo, promiscuidad y aberración.

El cardenal, desde su tarima, no le quitaba ojo a la nave mayor. Su mirada era un radar de movimiento. Giraba el cuello de un lado a otro, barriendo el espacio. Parecía inventariar un abalorio de cabezas culpables y ancianas. Tal vez le sorprendió que una figura se desgajara de las demás. Tal vez, desde sus ojos inquisitivos, fulminó a quien trataba de circunvalar la culpa que él había advertido. Esa figura era yo, que, de puntillas, abandonaba la protección de una columna. Por un lateral, evitando su mirada, alcancé la girola. Respiré con alivio. La nuca me había dejado de doler, me pregunto si gracias al movimiento o por haber huido del rapapolvo.

En la girola mi pensamiento hizo forma de arco. Un arco con red. Una red que continuaba atrapando las palabras del cardenal. Me convertí en ventrílocuo: por la megafonía, con algo de eco, me llegaban las fórmulas del final de la liturgia, pero yo las sustituía por el recuerdo de su homilía. Entonces, con una voz duplicada, de labios que hablaban de otras cosas, escuchaba de nuevo la importancia central de la familia en la sociedad actual, la necesidad de contar con la familia para salvarnos de la soledad, la familia como imagen del amor de Dios hacia el hombre, la familia como la familia como la familia como la familia. De todo lo anterior deduje que la falta de una familia unida y amplia detrás de uno provocaba, como un castigo, otras tantas y bien merecidas ausencias.

Se oyó un ruido de suelas de goma que se arrastran: la misa había terminado. Regresé con rapidez por la nave del Evangelio hasta la puerta de bronce. Subí a un estrado rectangular forrado de fieltro rojo. Desde allí se divisaban las dos posibles puertas de salida. Los asistentes, mirando al suelo, se saludaban unos a otros y avanzaban hacia la calle a paso lentísimo, como arrastrando un exilio. Su parsimonia me permitió analizar sus rostros, irlos descartando y proseguir mi búsqueda con los restantes. Cuando apagaron las luces y fui invitado a salir, acepté que no iba a encontrarla, ni tampoco a esa pareja que tanto se había insinuado en los plurales. Es cierto que había pasado mucho tiempo desde que mi hijo me informó de que ella acudía cada sábado a misa de siete y media. Puede que la información ya no fuera correcta. También es cierto que podía haberla buscado en su casa, en el antiguo domicilio conyugal; hubiera sido lo más fácil, pero ello hubiera aumentado las posibilidades de encontrarla, de eso estoy seguro, y ahí estaba precisamente el problema: que yo no estaba aún del todo seguro, seguro del todo o seguro de nada.

Salí del templo con pasos urgentes. En la confusión de abrigos de la entrada, ralenticé la ansiedad. Al cruzar bajo el arco del pórtico, miré hacia arriba y me sentí protegido por un orden superior, una arquitectura hecha de simetrías. ¿Me haría creyente a estas alturas de la existencia? Bajé la vista. No quedaba ya ningún feligrés. Aunque había fracasado, sonreía por la satisfacción de un deber cumplido. El no haber encontrado a quien buscaba no restaba mérito a mi acción. ¿Te pondrás en contacto con mamá? Esa fue la pregunta y la pregunta había sido respondida. La respuesta era que sí, sí, que sí que lo había intentado. Puede que, en otros momentos de mi vida, me hubiera hundido o agotado después de un esfuerzo sin recompensa. Ahora ocurrió lo opuesto. Tenía clara la necesidad de recordar, pero sobre todo de solucionar los problemas por un prurito con uno mismo, sólo conmigo, porque ya nadie esperaba nada de mí. No debíamos cerrar las heridas en falso. No debíamos dejar huecos vacíos tras los signos de interrogación. Seguiría adelante y con firmeza aunque la noche, por llevar la contraria, me invitaba a perder el tiempo. La soledad de Odiseo en mi sofá —¿o era ya suyo?— me producía un sentimiento de culpabilidad que frenaba las insinuaciones de la ciudad a oscuras. Y no sólo Odiseo: también la presencia de un ordenador siempre encendido y aguardando a que escribiera. Mis noches se componían de un perro, una copa de vino y un ordenador. En esta, alejado de los tres, me sentía culpable de su triple abandono.

Bajé sin rumbo por la calle Mayor. En la plaza de la Ópera los espectadores se arrebujaban a la salida del teatro, como si no quisieran volver a casa. Un gran cartel, rodeado de bombillas, anunciaba el título en función: *Aida*. Aida: su nombre significa la que vuelve. Pensé en Aida y pensé en regresar al apartamento, pero mis pies adoptaban sus propias decisiones, lejos de mi voluntad. Me dirigí hacia la antigua ciudad árabe. Allí las calles se adelgazaban y torcían. Los edificios bajaban de altura y nobleza. Caminaba sin otro rumbo que dejar atrás mi propia errancia. El ruido de los coches iba cediendo su lugar al de las televisiones encendidas, las risotadas ruidosas, las conversaciones mantenidas desde ventanas abiertas. Las voces se movían entre la fiesta y el enfado.

Mi errancia me fue fatigando. El cansancio, lejos de anular mi determinación, la fortalecía, como si se alimentara de zancadas. Cada bar era una promesa para tomar un trago. Por un misterio de la voluntad, conseguía dominar el deseo y seguir adelante. El ámbar del atardecer cedió ante una luz eléctrica, casi violeta, como si todo el barrio estuviera de Pascua. Toqué el aroma de una glicinia y la glicinia llevó mi atención hasta dos balcones de hierro que, sobre mi cabeza, la calle estrechaba hasta abrazarlos. Más arriba se asomaban dos cornisas con lumbalgia, que parecían mondas de fachada y, por último, una luna eclipsada por el ruido y la espuma de un avión. El avión dibujó en el cielo una flecha rápida que señalaba la dirección de mi casa. Di entonces media vuelta y tomé el camino de los bulevares.

De regreso, sentí en mí todas las capacidades de este mundo. Me hubiera gustado saber del origen y de la duración de esta fuerza inesperada, para así poder explicarla. Pero no fue posible, tal vez porque el lenguaje es un código y lo inesperado, lo no previsto, escapa a sus dominios.

En la calle, a lo lejos, oí unas campanas.

Síntesis

Para responder al presente debía analizar el pasado. Para analizar el pasado debía elegir por qué fecha emprender mi análisis. Decidí que fuera la de mi divorcio, cuando me derrumbé hacia afuera y hacia dentro. Cuerpo y alma se hermanaron en un mismo dolor. Su epicentro quedaba en mi abdomen. Desde allí, irradiaba hacia todos los lados. El dolor desbordaba mi cuerpo y lo rodeaba de sombra. La sombra fue diagnosticada como cuadro agudo de ansiedad. La ansiedad se parecía al reloj de pulsera: me acompañaba a todas partes. Mi existencia parecía guiada por un tramoyista cruel que me esquivaba con su foco de luz y se reía de mis tropiezos.

Suele uno ser el último en darse cuenta de lo que le sucede. Por eso ingresamos en los hospitales cuando ya no hay remedio. Y tal vez por eso existe la sociedad, como una obligación colectiva de avisarnos. Pero yo vivía solo, inconsciente de que me desdibujaba, de que desaparecía paulatinamente de la agenda de los demás. En ese limbo alegre me instalé en el apartamento, empujado por una alegría universitaria, la de un joven optimista, lleno de futuro, independiente por primera vez. Habitaba en mí una sensación de alivio y paz. El problema era que me faltaron los adjetivos: el alivio fue breve y la paz un espejismo, porque, al poco de instalarme, alguien llamó a la puerta. El sonido y su ritmo me resultaron conocidos: ta, ta, ta, ta, ta, ¡ta, ta! Un código morse que supe descifrar antes de abrir la puerta. Abrí. No había nadie. Bajé la mirada. En el felpudo estaba el ayer. Es decir, las aspiraciones inalcanzadas, los proyectos que nunca fraguaron, las ideas que siempre fueron promesa.

La soledad no se reveló por sorpresa. Ya se alimentaba de mí: era un órgano enfermo, un diente con caries, un lunar maligno.

Había estado con la cabeza en mil sitios durante las últimas semanas: las discusiones finales con mi exmujer, los papeles del divorcio, la mudanza, la gestoría, el notario. Venía de antiguo, pero no había reparado en su ausencia hasta instalarme en mi nuevo hogar. Supongo que ella, por su parte, se levantó una mañana, no me encontró donde habitualmente, preguntó por mí, tomó un taxi, con desenvoltura cruzó la ciudad, insistió con sus nudillos en la puerta, ta, ta, ta, ta, ta, ¡ta, ta!, la puerta se abrió y, en un tono de advertencia, me dijo: no olvides que te pertenezco.

De camino a la ventana, crucé todos los tiempos verbales: en la oscuridad del vestíbulo, la soledad me recordó el pasado, memoria triste de un matrimonio roto; el salón certificó el presente, un espacio nuevo y por construir donde se intuía la tensión próxima entre la duda y la épica; el futuro, por exclusión, se abría tras la ventana. Con ella junto a mí contemplamos la calle: el perfil cenital de una farmacia, su cruz verde de neón parpadeando en señal de aviso, una panadería, un gabinete dental, el estanco de Marisa, la lotera, una tienda de empanadas, un taller de arreglo de ropa en cuyo escaparate, contra la montaña de ropa de los pedidos pendientes, se incrustaba el reflejo de los coches que salían de un garaje frontal, transeúntes en la esquina, un paso de cebra, ya en nuestro lado de la fachada un buzón de correos, una cabina telefónica, un contenedor de reciclaje de vidrio, el garaje mencionado, la rejilla de un respiradero, un banquito sobre el cual solía dormir Ioan, el mendigo rumano, el puzle metálico de las mesas de una cafetería, la tienda de ultramarinos y la cara de su dueño con forma de bote de conserva y, ya muy próximas a nuestro alféizar, las ramas grandes y callosas de un plátano de Indias; ascendiendo hacia nosotros por la fachada, el escudo cóncavo de una antena parabólica, una vecina anciana en un balcón minúsculo, siempre en camisón, que pasaba las tardes saludando la indiferencia de los transeúntes, sobre ella un joven sin camiseta, con el pelo corto, que sólo se asomaba para hablar por teléfono y fumar, su humo ascendiendo hasta el toldo de mi vecino, una lona de tela combada, de color aceituna, descolorida por el sol y raída por el viento, y es que el toldo nunca estaba recogido, como si su función primera fuera la de anemómetro, y la lona producía un sonido vibrátil y recurrente, de cachetes cariñosos, que a mí me sacaba de quicio, sin contar con el golpeteo metálico del brazo y del eje para enrollarlo, también enloquecedor, y junto a ese desquiciamiento sonoro, yo también desquiciado.

Sufriendo el asedio de una arquitectura tan vulgar, repetida en barrios concéntricos, la misma lotera multiplicada y el mismo joven que fuma y la misma anciana en serie, las mismas conversaciones de bar e idénticos garajes, sentí que era una quimera escapar de la ciudad, de cada uno de sus barrios y concretamente del mío, de este barrio, de esta calle, de este edificio, de mi apartamento, de mí mismo, de mis inquietudes y de mi aislamiento. Entre lo mezquino de la muerte y lo solitario de la existencia, rodeado de tanta mediocridad, me era imposible interesarme por la vida, pero también quitarme de en medio. Escribir se me antojaba la única vía de escape. Un remedio contra la tristeza mediante la construcción de un mundo paralelo al real. Era un deseo que me repetía más por rutina que por convicción, porque el esfuerzo de esta tarea, antes incluso de haberla iniciado, me superaba. Si creía en las palabras como alivio de mis problemas era porque el lenguaje, con todas sus limitaciones, había sido mi único compañero. Un aliado débil, pero compañero al fin y al cabo.

En el dormitorio, después de apagar la lámpara de la mesita de noche, la ansiedad adoptaba formas sutiles, sensoriales. Su presencia era un rectángulo de luz que invadía el dormitorio por el vano de la puerta y que parecía sugerir que había alguien allí. En la oscuridad, con los ojos cerrados, seguía viendo esa línea de luz innecesaria, como una mota de suciedad en la retina, y que simbolizaba, en mi delirio, el recuerdo doloroso de todas las mañanas perdidas. También me ponía de los nervios un viento agudo que, colándose por la holgura de las ventanas, invadía la habitación con un sonido espectral y confirmaba mi estado de alerta, de angustia reñida con el descanso, pero también la pobreza resignada en la que vivía.

Donde pensé que sentiría calma, encontré desasosiego. No conseguía dormir. Enloquecía. Las noches se componían de insomnio y gotelé, de un neón de luz tumbado a mi izquierda, en la puerta de entrada al dormitorio, y de un ruido agudo e histérico, como de afilador de cuchillos, a mi derecha. Intentaba leer, pero sin éxito. Tenía la cabeza en otro lado. Es decir, en ningún lado. Fumar no mejoraba mi situación.

Ante la certeza de una nueva noche de insomnio y tras levantarme con dificultad, alcanzaba el baño, meaba y, de vuelta al dormitorio, subía la persiana. La noche continuaba afuera, en manos de los demás. Me sentía su guardián: el único que, despierto y sin saber muy bien su propósito, la vigilaba. Algún gato corría por la acera con una urgencia que sólo él podía comprender. Me resultaba doloroso alzar la vista, como si mi cabeza fuera la de una estatua. Y es que estaba cargada de pasado y su peso impedía habitar el presente y mirar con lucidez el mañana. Sentía rabia al saber que el pasado siempre estaría ahí, corrompiendo todo lo demás. El tiempo, con su medida y su transformación, sus turnos de actividad y descanso, sólo existiría fuera de mí, en los demás, en esos dígitos rojos dentro de la cruz de neón de la farmacia.

Mi insomnio era un problema impenetrable, psicológico e irracional. Concluí que su respuesta debía tener esas mismas cualidades. Una madrugada, frente al televisor, convencido por la publicidad, decidí acudir a un vidente. Confié la solución de mi insomnio a doctrinas esotéricas, que tenía tanto de ilógico y oscuro como aquello que me sucedía. Apunté un número de teléfono y un nombre: Madagascar. Madagascar era un señor calvo e inmenso, vestido con un birrete minúsculo tachonado de estrellas y una capa de color púrpura que, por su tamaño, tal vez había sido cortina o alfombra. Me miraba fijamente al tiempo que, con lentitud, barajaba unos naipes de gran tamaño. Utilizaba la cartomancia como medio de adivinación de los problemas, pero en mi caso no había nada que averiguar, porque sabía bien lo que me sucedía. Lo que debía revelar la baraja era una solución a esos problemas. Pensé en llamar esa madrugada y, de hecho, Madagascar insistía en que fuera así, pero no me pareció oportuno; debía pensar bien cómo exponer mi caso y reunir la lucidez suficiente para comprender su mensaje, así que aguardé hasta la mañana siguiente recostado en el sofá. En algún instante de mi desvelo me observé desde afuera, a través de los ojos paternos, y aventuré lo que se habría arrepentido de mi estado, con su defensa acerada de la ciencia, de la potencia de la razón, de las matemáticas como motor del progreso. Cerré los ojos para evitar mirarlo un instante más, pero aun así lo seguí viendo, igual que si fuera la mente un proyector que enviara, sin cesar, su imagen. Seguí con los ojos cerrados porque no necesitaba añadir a mi malestar la culpabilidad que emanaba de él.

A la mañana siguiente y antes de pedir ayuda a Madagascar, el fantasma de mi padre volvió a observarme. Lo hacía en un silencio que multiplicaba la fuerza de su acusación. Puede que fuera el agotamiento de tantas noches sin dormir, que me hacía cambiar de opinión a menudo, incluso a mitad de una frase, o puede que fuera esa reprobación paterna, porque de súbito decidí ser práctico, me incorporé, descolgué el teléfono y llamé a un persianista que acudió ese mismo día. Para evitar la luz nocturna, hizo instalar un cojín burlete en la puerta del dormitorio. Para evitar la tremolina que impedía el silencio, la solución más económica —es decir, la menos feliz— consistió en cubrir las ranuras del cajón de la persiana con lana de roca. Pagué una cantidad que bien podía quitarle a cualquiera el sueño y aguardé con impaciencia a que llegara la noche.

Como era previsible, seguí sin pegar ojo. Llamé de nuevo al persianista, que me escuchó con atención y luego señaló al suelo, a su caja metálica de herramientas, y levantando los hombros me dio a entender que no estaba ni en sus manos ni en sus capacidades la solución a mi drama. Entonces, se llevó un dedo a la sien: tenía una idea. Al día siguiente regresó junto a un doble: era su hermano gemelo. Antes de informarlos de que el propietario debía autorizar cualquier reforma porque yo vivía de alquiler, uno de ellos empuñó una pistola temible, de mango rojo, alargado, y pintó el dormitorio con un aislamiento líquido. Era de nueva generación, pero esa noche seguí igual de insomne que la víspera. Por no hablar de su olor tóxico. Me avisaron de que volverían a la siguiente semana para dar una segunda capa. Predije que nada cambiaría y acerté. Tras este proceso inútil y agotador, concluí que era de mí mismo de quien me tenía que insonorizar: de un ruido y de una luz que no cejaban de invadirme. La cuestión era cómo lograrlo. Tras pagar la factura, sólo me quedó el alivio de no volver a verlos y la certeza de que con Madagascar no me hubiera ido peor.

Recuerdo que esa noche tuve noticia, escuchando la radio, de un hombre hallado muerto en su sofá. Vivía en las afueras, tenía una hija e iban a desahuciarlo cuando descubrieron que llevaba tres meses momificado en su salón. El televisor estaba apagado porque le habían cortado la luz y también el agua dos meses antes. Me pregunté si la vida acarició alguna vez a ese hombre para, de súbito, transformar su mundo en un lugar inhabitable, un camino de reproches y fracasos, un asfalto de tragedia griega del que nadie salía vivo y donde todos, antes o después, perdíamos el rumbo; una desorientación y una soledad siempre próximas que obligaban a vigilar la vida con sospecha, con los ojos entornados, como a contraluz, o a renunciar a cualquier alegría duradera. Escuché la historia, escuché el sonido de la calle, escuché el ruido en mi interior y miré el burlete imperfecto bajo la puerta: a diferencia de aquel hombre, yo mantenía al menos algo de luz.

La siguiente noche se pareció a las anteriores y a las que vendrían después. Primero, un intento optimista por atrapar el sueño variando la posición de la cabeza sobre la almohada, encendiendo una vela aromática que me regaló el vecino, sintonizando música clásica en la radio. Poco a poco, la ansiedad. Por último, la luz bajo la puerta y el ruido en mi interior. Volvió a mi cabeza la imagen de Madagascar, pero, tras un instante de muchísimo esfuerzo, rechacé la idea del vidente. En su lugar, como alternativa, se me ocurrió acudir a la consulta de Chabe, la psicóloga que me habían recomendado en el notario. Madagascar y Chabe me parecieron opciones parecidas porque, en verdad, no creía en ellas.

Cuando llamé a Chabe, el agotamiento se había apoderado de mí. Saltaba a la vista; a la vista de cualquiera, salvo a la mía, y de ahí que solicitara consulta en un tono jovial, como negando la necesidad de recibir ayuda a la vez que la pedía. Pensaba que mi divorcio era la consecuencia natural de un desajuste y su efecto sólo podía ser favorable. Era incapaz de valorar la extensión de mi hundimiento, que ni terminaba con la separación ni comenzaba con mi vida conyugal. A ojos de Chabe, toda mi vida era una continua loma descendente. ¡Cuánto optimismo! Las raíces de cualquier obstáculo venían de lugares lejanos e ignotos; llegar a ellos debía ser mi aspiración y obligaba a estudiar mi vida con lupa y con catalejo, con la precisión de un científico y con la amplitud de un sociólogo. Chabe lo llamaba aproximación bifocal y servía para que un mismo suceso, observado desde distancias opuestas, arrojara un entendimiento del cual carecería visto solamente de cerca o de lejos. En algunas sesiones, esforzándome por seguir su teoría, rastrillaba el pasado en busca de algo desconocido, un trauma remoto y antiguo que residía en algún lugar de la memoria y desde donde se precipitaban, en tromba, todos los males adultos. No logré ningún resultado, mi escepticismo fue creciendo y lo disfracé de cortesía, así que, poco a poco, Chabe se incorporó a las rutinas infructuosas de mi existencia. Ella era también un ruido innecesario. Asentía con la cabeza a sus disparates y también en la cabeza negaba a continuación lo afirmado. Cuando ella hablaba, la piel junto a sus labios formaba dos curvas, a modo de paréntesis, que parecían poner sus consejos en una suerte de suspensión, favoreciendo que los ignorara. En la puerta, despidiéndonos, me insistía en la importancia de las raíces. Yo le decía que sí, aunque sin ver utilidad alguna en descubrir las raíces de un árbol caído. Lo que de verdad importaba era plantar un nuevo árbol y hacerlo crecer.

Mi falta de fe en Chabe explica que nunca acabara de creerla del todo y que, por lo tanto, parezca como si nunca hubiera existido. Pienso en Chabe y me imagino una pizarra de escuela y, en la pizarra, el contorno de un conjunto vacío. El engaño de una relación que, tal vez, sólo existió tras su ruptura, como si hubiera sido todo el tiempo una ficción. Una ficción lingüística.

Y es que, enredados con las palabras, Chabe y yo aspirábamos a construir una coherencia narrativa de la que nuestras vidas carecían. Un hilo conductor. Una trama, un alumbrado. Es evidente que no lo conseguimos. Chabe acabó contagiada de mí, de la misma pesadez que me aplastaba, de mi debilidad crónica, de la existencia entendida como una noria que te devolvía siempre al mismo lugar. Le transmití mi aburrimiento, mis rutinas estériles, mis castillos de naipes. Ella lo escribió todo, lo digitalizó todo y, pese a tal empeño, acabó por mezclar los papeles y confundir los roles. En mi caso, el esfuerzo de la memoria me agotó y me dejó vacío; como si la amnesia no fuera el resultado de olvidar, sino más bien el efecto de recordar demasiado. Cuando advertí mi aburrimiento replicado en Chabe, escapé. Me sentía como el creador de Frankenstein: no deseaba dar pena ni ser compadecido, pero tampoco que nadie cargara con mi tragedia. Por eso hui y negué su existencia. Por eso recordarla ahora tiene algo de ficticio, de historia monstruosa, irreal.

Podría escribir que, tras dejar a Chabe, se abrió ante mí una nueva etapa. Hubiera sido la frase más fácil de escribir. También la más incorrecta. Las existencias no suceden como en los libros de texto o en los manuales de historia, donde el tiempo es pedagógico y se organiza y divide en periodos y todo tiene un principio y un final precisos, con la rotundidad de los puntos y aparte que informan de los cambios de tema, gustos o edad. La vida tiene más de fluido que de vuelco, de magma y caos que de orden y gráfico. Es una simplificación de la memoria que miremos al pasado como a los peldaños obedientes de una escalera. Pero es una simplificación con algo de verdad porque, tras el final con Chabe, noté el comienzo de una transición. Los pistones de un motor que puede que ya estuviera girando antes, pero que entonces lo hacía con más potencia, o de manera más perceptible. No piensen en la Revolución Industrial. Mi mundo apenas cambió: seguían en mí el insomnio y la ansiedad, pensaba mucho, escribía poco, apenas publicaba. Tenía un magisterio en borradores e historias incompletas. Mi existencia era esa loma solitaria y cuesta abajo que Chabe me había descrito. Sólo que yo la miraba desde el suelo, del revés, y entonces la caída estaba invertida y el hundimiento era un camino ascendente, una flecha entre los árboles, como si fuera Robin Hood mirando un cielo de aviones. Algo iba a ocurrir, aunque ignoraba el qué y cuándo.

Aposté por el trabajo y me comprometí a cumplir con sus rutinas. El rendimiento mejoró, pero se intensificaron los desequilibrios: mi afición al alcohol, vivir como un ermitaño, el insomnio. El ánimo era un columpio entre el ensueño de algo que nunca toqué y la desesperación real. Tanteé quitarme de en medio. Si no lo hice fue porque ni siquiera la muerte me pareció un lugar interesante.

Antes de apagar la luz del salón, evaluaba los proyectos en curso midiendo las energías necesarias para conseguirlos. Organizaba después el escritorio y me iba a dormir. Cada día, tras subir la persiana, ventilar el apartamento y beber café, lleno de fuerza y de responsabilidad, el mundo me abofeteaba. Caía derrumbado en el sillón. Ciertos días conseguía devolver el golpe; otros no. Desconozco qué desequilibraba el resultado. En unos y otros, mi estómago era una caja fuerte llena de ácido y de recuerdo. Mi pasado daba vueltas dentro de mí. Me preguntaba entonces qué restaría de mí en los demás. En el estómago de mi exmujer. En el de mi hijo. También en el de Chabe. Qué dirían de mí, qué pensarían de mí, si dirían algo de mí, si pensarían en mí. Quería saberlo y quería no saberlo. Quería ser fuerte, pero era débil. Quería tener la seguridad de un hermano mayor, pero estaba hecho de las debilidades del menor, al amparo perpetuo de los otros. Con la singularidad de que, en mi caso, fui yo quien se alejó. Y los demás, tal vez con alivio, vieron con buenos ojos esta situación.

Con la certeza —sólida aunque irracional— que uno mismo se construye y de la que se alimenta, sabía de mi obligación con el lenguaje. El recuerdo debía construirlo el presente y a través de la escritura. No era fácil separarse de lo vivido porque la ventana del apartamento parecía un álbum de antiguas fotos, y sus imágenes invadían mi escritorio con una geometría de imágenes multiplicadas, como los espejos enfrentados de un probador. Un álbum que se componía de un hijo mudo, de una exmujer muda, de un proyecto literario mudo. Los demás podían decir lo mismo de mí: un hombre mudo, solitario y dominado por las circunstancias.

De nuevo estaba en un error. Si existe Odiseo y, entonces, existo yo, si desde su llegada nos hemos alimentado de un tiempo en común, es gracias a los otros. Ese tiempo no borra la memoria culpable del primer día, cuando quise desembarazarme de él. Tampoco olvido la identidad de quien me lo entregó. Si no lo he dicho antes es porque era incapaz de racionalizar un hecho que me desbordaba, ese cariño que solicitaba su presencia frágil. Y tampoco puedo olvidar que, al principio, me exasperaban la trilogía de paseos diarios, sus maleducados bostezos, sus gases, su respiración ansiosa confundiéndose con la mía, sus manchas de orín en el sofá. El cepo de sus rutinas aprisionó las mías. ¿Fue positiva su llegada? Lo fue. Contribuyó de verdad a que se acelerara un cambio en curso. Saber de quién venía y con qué finalidad lo asumí como un desafío. La llegada de Odiseo fue un reto ante el cual me iba a emplear a fondo. Iba a demostrar que no necesitaba de aquello que Odiseo pretendía añadir a mi existencia: afectos, sobriedad, compañía, concentración. Todo ello lo conseguiría sin su ayuda, sin ayuda de nadie, sólo por medio de las palabras, pero lo conseguiría a su lado. Odiseo era un espía al que iba a desenmascarar enviando a través de él la información que ahí fuera estaban esperando.

No fue fácil. La ciudad me ignoraba, indiferente al desafío por cumplir mis proyectos de escritura siempre postergados. Ya no veía el divorcio como un proceso natural, sino más bien como un estigma; porque, durante su transcurso, algo se había secado para siempre. En la devastación del silencio latía, sin embargo, un ruido. Era lo suficientemente débil como para no saber qué me quería contar, pero lo suficientemente sonoro como para impedirme el descanso, para dejar que hablara el presente, sólo el presente.

Cuando el ruido me impedía concentrarme en qué hacer o qué escribir, solía mirar al exterior. En la acera opuesta a mi vivienda se levantaba una oficina de patentes y marcas dependiente del ministerio. Se trataba de un edificio moderno y espantoso con un estilo diferente al de los de su alrededor, pero una diferenciación por el camino de la fealdad. Su fachada era un único cristal reflectante sobre el cual, cada atardecer, me veía en pequeño, duplicado. Así que por la ventana no sólo recibía el pasado, sino también mi presente. Suponía la mirada inversa: la fachada observando a una figura de perfil, combada sobre su escritorio, muy atenta a la pantalla de un ordenador —aunque la pantalla estuviera en blanco—. Después, un levantamiento súbito de esa figura, que se alejaba de aquello que le había interesado un momento antes: ahora, su espalda erguida, los omóplatos firmes, las manos suspendidas en el aire, toda ella como si contemplara de lejos el resultado de una digitación —aunque la pantalla siguiera en blanco—. La figura tendría el pelo fosco, la frente enfadada en dos arrugas paralelas, un tic débil en el labio superior y, bajo su mirada, el veredicto de un insomnio. Su vivienda, vista desde esa fachada de cristal, parecería un espacio pobre, diminuto y feo. Si la ciudad curiosa pudiera acercarse hasta la ventana, observaría, a la derecha, una estantería abarrotada de libros, ordenados por géneros e idiomas y, dentro de cada género y de cada idioma, una clasificación por alturas y por colores, luego una impresora de margarita apoyada sobre una papelera del revés, a su lado una montaña de folios y revistas a punto de venirse abajo y, junto a esa montaña, una máquina de café de filtro, dos tazas, un azucarero y un teléfono, un globo terráqueo escolar, una aspidistra con las hojas llenas de polvo, una alfombra persa muy desgastada y, en la pared izquierda, un largo sofá azul donde debió de sentarse Isabel la Católica, cubierto en su totalidad con una manta también de color azul y, sobre la manta, algún día, un animal ovillado. Advertiría la ciudad que, al final de la tarde, esa figura, tras respirar hondamente, comenzaría paseos rápidos y concéntricos por el salón, como radiaciones de una duda central, y también que, cuando la luz del sol empezara a tumbarse sobre el cansancio de los tejados, a separarse, barrio a barrio, de la ciudad, cuando las fachadas ya sólo se pudieran dibujar en carboncillo, desaparecería de la ventana para, unos minutos después, reaparecer en el portal, porque la figura necesitaba descender de su mundo a la calle, rozar la vida o asegurarse de que, al menos, la vida existía en los demás. Por esa razón, se habría vestido —como habitualmente— con torpeza y rapidez, cogiendo lo primero que hubiera encontrado —con cierta probabilidad, la ropa del día anterior—, y, por esa necesidad unida a la compañía nueva de un animal, la figura reaparecería agarrando la correa de un perro que se llamaría Odiseo y, en resumen, la misma espalda curva y el mismo desaliño reaparecerían junto a Odiseo en la puerta principal de la vivienda. Si la ciudad se acercara hasta la figura juntando todos sus rasgos en uno único, resultaría que aquel al que observaba era —quién sino— yo; yo miraría a lo alto, tras oír el sonido metálico del portal a mi espalda, y vería a una mujer en camisón saludando a la indiferencia de los transeúntes, que nos hacía sentir siempre observados, como en una película de Hitchcock, y que, en el sinsentido general de mi vida, me hacía cuestionarme por qué esa mujer, pero también la fachada y el edificio y la calle y el barrio y la ciudad observaban con cierta curiosidad mi vida, carente de todo interés. No me consolaba pensar que la de los demás —tal vez por contagio de la mía o tal vez porque no podía ser de otra manera— era también impotencia y tedio. Con esos pensamientos sombríos cruzaría la calle, observaría el escaparate a oscuras de la tienda de arreglos de ropa, la autoescuela ya cerrada, el puesto de la lotera y, más tarde, me enredaría con Odiseo en la puerta de acceso al edificio que me había vigilado, porque en su entrada se arracimarían trabajadores sudorosos que, en una nube de carcajadas nocturnas y ruidosas, saldrían a la calle a fumar y a quejarse de sus jefes, a acariciar la cabeza de Odiseo sin mirarme mientras los estratos de humo de sus cigarros subirían junto a la fachada, obedientes, y en la fachada se reflejarían, por un instante, para luego desaparecer.

Era Odiseo quien me sacaba de mis ensoñaciones. Odiseo existía hoy y debía atender hoy a lo que sucedía frente a mí. En sus ojos honestos hallé un alivio y una forma compartida de vivir. Rechazaba dejarlo solo. Y dado que Odiseo debía aguardar fuera de los establecimientos, y yo no quería que ningún cristal nos separara, abandoné el hielo amargo de los bares. Terminaron los movimientos nocturnos de serpentina y las noches sin ancla: ahora volvía al apartamento con pasos firmes llenos de razón. Junto a Odiseo, la realidad me parecía un lugar dotado de coherencia; un escenario que esperaba algo sencillo y concreto de mí. Tenía un papel —cuidar de Odiseo—, pero tenía también un papel en su sentido literal que aguardaba mi escritura. No debía perder más el tiempo, no debía desdibujarme en balcones de otros, no debía contagiarme de la apatía general; lo que debía es ignorar el pasado que me invadía por la ventana, pero también mi reflejo sobre las fachadas de cristal, porque el reflejo arrastraba un instante que hacía que no fuera inmediato, que tampoco fuera presente, y el presente, por mucho que estuviera cruzado de historias, por mucho que nunca pudiera ser hoy, justamente hoy, nada más que hoy, era lo único que se podía vivir y, por lo tanto, lo único valioso a lo que dirigir mis esfuerzos.

Con lentitud vegetal fue ocurriendo un cambio. La llegada de Odiseo y la de mi hijo después definieron un plan. No sabría explicarlo mejor. Si la vida se explicara por razones, el mundo sería una enciclopedia. Digamos que mi despertar fue un misterio. El desplazamiento pausado e invisible de placas tectónicas. El abrir un día la ventana y sentir que el tiempo se actualiza, que no suenan las frases odiosas de un cardenal, las plegarias sin respuesta de Chabe, el zumbido de un matrimonio roto, ese ruido que viene de dentro y que no quiere salir. Todo debió sumar para llevarme hacia un resultado.

Los días se volvieron cada vez más productivos y, a la vez, más largos. Como si el tiempo se midiera con lo que hacemos dentro de él. Sentí que pertenecía al mundo. Me llegaban encargos: algún prólogo, artículos esporádicos, colaboraciones en antologías y en revistas, la traducción de trabajos extranjeros, de escritores desconocidos mirándome desde distancias remotas. En cada encargo me afanaba con la voluntad firme de un paciente dócil, pero paciente al fin, porque aguardaba la aparición de un remedio. Y es que, aunque sentía un alivio débil, continuaban latiendo en mí ambiciones desmedidas y ese dolor persistente de los proyectos sin cerrar. Puede que fuera porque el dolor se había vuelto costumbre o porque empezaba a comprender —quizás demasiado tarde— que la vida se manejaba en unos términos y que sufrir era parte de ellos. Puede que Odiseo me animara a asumir esta realidad, a no luchar contra ella, a no desgastarme en una batalla perdida de antemano. Puede que su vida resumiera su carácter y que su carácter me recordara lo favorable que, en verdad, era la mía, por mucho que yo jamás la hubiera calificado de esa forma. Tal vez fue una tregua la que permitió que las palabras volvieran o, más bien, que brotaran por primera vez y con la fuerza de un torrente. Traducía y escribía de una manera automática, casi obsesiva. Corregía o borraba con fervor, convencido de que, al día siguiente, superaría mis logros. Una creación y una destrucción exponenciales. Mi brazo izquierdo —soy zurdo— parecía una palanca revolucionaria. La ciudad, sus ventanas iluminadas, sus ruidos y sus fiestas, sus beatos y sus auditores, sus hinchas deportivos y sus pensionistas, sus restaurantes y sus librerías, Marisa, la lotera, la anciana y el joven del chándal e Ioan, el mendigo, mi exmujer y Chabe y mi hijo, todos, todos esperaban saber de mí, saber que existía y, si existía, lo demostraría mediante la escritura.

Como tantas cosas que tenían que ver conmigo, pensaba una cosa y sucedía la contraria. Porque, en verdad, nadie aguardaba mis textos y los encargos escaseaban. Si alguna vez fui conocido, todos se habían olvidado de mí. El silencio de mi trayectoria anterior continuaba haciendo sombra en la actual, como si en el tejado de mi casa, sobre mi escritorio, sucediera un eclipse perpetuo.

También continuaba, casi sin cambios, mi aversión social. Reconocer la necesidad de los otros me revelaba un doble fracaso:

el de mi entorno familiar y el de mi soledad. Las razones que me habían llevado al divorcio no se materializaban en nada o, mejor dicho, reproducían los mismos errores. Escribía para mí mismo. Escribía sobre mí mismo. Es decir, sobre nada.

Es cierto que las crisis, tal y como venían, se marchaban, pero sólo durante unos días, para coger aire y regresar. Entonces, entraban sin aviso, igual que un ruido de la calle. Si las superaba era trabajando. Escribía artículos periodísticos, reseñas literarias, notas biográficas, prólogos; corregía tesis doctorales, borradores de novelas, de libros universitarios. Traducía de todo: desde el manual de un microondas hasta un protocolo clínico. Al principio, el fuego de la escritura lo avivaba una sed de venganza. Una venganza de tragedia clásica —teatral, violenta, incluso caprichosa— cuya razón de existir era el silencio de los demás. Pero, en verdad, una venganza contra uno mismo. Una venganza contra uno mismo por el silencio impuesto a los demás.

Existían treguas. Llegaban después de ducharme, escuchando la radio. En el baño el mundo parecía hecho de vapor. Algo indefinido y que podía dejar de suceder con rapidez. Una vida de apariencia modesta, aunque sometida a presiones enormes. Mi estómago libraba una guerra sin fin entre logros y fracasos. Sobre los primeros, lo mejor que alcancé fue un premio de consolación. De los fracasos fui obteniendo, año tras año, mejores plusmarcas. Todavía recuerdo la revelación de una ausencia en la vivienda familiar. Mi hijo se marchó sin hacer ruido, como si fuera a pasar la tarde en el patio, con los amigos, a dar patadas al balón o a liarse los primeros cigarros, pero en verdad iba camino de la otra punta del planeta. En las Navidades de ese mismo año superé mi marca de soledad: una figura entró en mi escritorio, se aproximó, abrió en silencio una carpeta. No supe qué decir, cómo actuar. La figura me señaló un rectángulo y dijo: son los papeles para iniciar el proceso, firma aquí. Y junto a esa misma carpeta nos encontramos seis meses más tarde, frente a los patinadores siempre a punto de caer, en un despacho notarial. ¿Fue esa mi mejor marca?

Hoy puedo ver lo sucedido con claridad. Y lo sucedido fue que me recluí de todos, contra todos, y entonces todos, en un primer instante, parecieron entenderlo o toleraron mi rareza, haciendo balanza con el cariño o con la lástima, y es que se puede querer un tiempo de esa forma, por inercia, incluso aunque no haya motivos para ello. De ahí que todos aguardaran fuera, expectantes, pero pasó el tiempo y no sucedió nada. Nada a la altura de sus renuncias. Nada que justificara su espera. Si opinaron sobre mí o si me dirigieron la palabra no los escuché. Yo estaba recluido y ellos marcharon. Me quedé solo, que era lo que buscaba. Me quedé triste, como una consecuencia imprevista del plan. Puede que inflara demasiado el globo de los ideales. Puede que me faltara afán o talento. Puede que la soledad no fuera un buen lugar.

Todo comenzó a derrumbarse y lo hizo a cámara lenta. No fui consciente de nada y, en mitad de calles sin destino, del alcohol y las páginas nunca escritas, de Chabe y su huida, apareció, como desde una rendija del exterior, Odiseo. Un profeta. Un aviso último del mundo que acarreaba un deber. Era un perro cargado de tiempo, pero nacido por la acción del pasado.

Escribir la historia de Odiseo debía de estar a mi alcance. Bucearía en el pasado para encontrar las respuestas a las dudas de hoy. Pero primero había que recordar las preguntas que se formularon, esas que se quedaron para siempre sin responder. El pasado era la forma tumbada y curva de un signo de interrogación. En mi tarea detectivesca, llamé a teléfonos, los teléfonos no me devolvieron las voces deseadas, acudí a una homilía sobre la familia y el amor aunque más bien pareció otro su tema, busqué por las calles y por los barrios: no quedaba recuerdo alguno de todo aquello que frecuenté. La ciudad parecía una invención. Nada ni nadie guardaban memoria de lo que —mucho o poco— yo había sido, es decir, de lo que yo recordaba. La ciudad y yo formábamos la imagen de ese conjunto vacío en una pizarra de colegio que ningún paño logra borrar. En cierta manera, como por refracción, sentir que todo podía no haber existido fragilizaba mi propio recuerdo. Lo hacía sospechoso. Necesitaba dotarlo de un testimonio con mis herramientas, que eran las palabras.

La lucha por dar con ellas estaba perdida ya en el prólogo, porque venían cargadas del mismo silencio que cuando ocurrió lo narrado. Si llegaron finalmente un día —con los ojos de Odiseo al borde del sofá—fue más bien porque certificaban otro tiempo, el de una realidad presente, que existía hoy, que se levantaba cada amanecer y que avanzaba con el calendario. Aunque remitieran a un ayer que era laguna y niebla, lo hacían con la realidad rotunda del presente, igual que palimpsestos mostrando con la firmeza de hoy, como si en verdad hubiera sucedido en ese instante; una vida pasada que fue grieta y que ni siquiera fui capaz, hasta precisamente hoy, de ver, escribir y curar.

No exageraría el poder sanador de la escritura. Hubiera logrado el mismo efecto cultivando alcachofas o mediante la cría de caballos. Las palabras —nunca lo olvidaré— me habían expulsado de mi hogar, ya que allí no las encontraba, y en mi nuevo apartamento, alejado de aquel que fui, nada cambió o si sucedió alguna modificación no fue a la velocidad que hubiera querido. En momentos de lucidez creía que la solución vendría del recuerdo. Una solución heroica porque, si todo mi alrededor se derrumbaba y caía en el olvido, por qué no iba a suceder esa misma desaparición con el propio recuerdo. Veía el acto de hacer memoria como un diagnóstico, el presente como un lugar de análisis y el futuro como un campo abierto. Fracasé en esta aproximación porque el pasado, invadiendo el presente, repetía ese diagnóstico atemporal de errores y fracasos. Un dolor que se adelantaba en el tiempo y que lo devoraba, como si el presente y también el futuro fueran siempre históricos. El ejercicio de hacer memoria, en resumen, me conducía al mismo naufragio de un papel en blanco, al féretro de un dormitorio vacío. Si tuvo alguna utilidad el pasado no fue por lo que vino con él —un olvido idéntico— ni tampoco como remedio o expiación, hoy, de una culpa antigua —porque hay un límite tras el cual los exámenes no pueden ser entregados, hay un momento donde las preguntas pierden su razón de ser y el misterio de sus respuestas se asienta, para siempre, en el fondo del estómago—. Si tuvo entonces alguna utilidad el pasado fue por lo que sirvió de espejo. Lo que me reconocí de joven en el hombre gris de hoy. La perpetuación dolorosa de un modelo con los mismos fallos y ciertas virtudes. La cabezonería ineficaz de la voluntad juvenil y sus destellos brillantes, rápidos, como de juego de espadas. La mentira perpetua de uno mismo y los avances débiles del tesón adulto. Verlo así me sirvió para frenar un motor desquiciado de inquietudes y derrotas. Rebajado el ruido, de vuelta a la realidad —el puente levadizo apoyado sobre la acera—, pude advertir la proximidad gozosa de este relato. Sentía que podía llenarlo de aire y dotarlo de existencia aunque tuviera que ser, forzosamente, un relato difícil, tal vez irracional e inexplicable. Debía escribir el camino que me había llevado hasta aquí. Sentía la insistencia por relatar esta historia. Una historia modesta, tal y como había sido mi vida —muy a mi pesar—. Dando un paso atrás, me veía capaz de lograrlo, como si sólo en la distancia pudiera mantener el interés por mí y por los otros. ¿Tendría al final razón Chabe con su teoría de la aproximación bifocal para ver la vida correctamente? Quién sabe.

Llamaría a la historia *Odiseo: un perro cargado de recuerdos*. Luego pensé que Odiseo, más bien, nació de uno. Lo que trajo, aunque mediante un engaño, fue tiempo. Entonces, llamaría a la historia *Odiseo: una mentira*, porque todo empezó con una pareja inexistente y una cena que jamás sucedería, porque yo me dejé engañar y porque yo engañé con mis palabras, presas de la misma confusión que me azoraba. Releí el título y concluí que la palabra mentira era también inexacta, porque en la llegada de Odiseo latía una buena intención. Fue esa voluntad subterránea y positiva la que me motivó a corregir el título como *Odiseo: una mentira bienintencionada*, pero ese título podía ser equívoco y yo estaba cansado de vivir entre fronteras, así que concluí que el relato se llamaría *Odiseo*, rotundamente *Odiseo*, porque ese título aludía a su carácter de ida y vuelta, tan real como el viajero mitológico, que con sus hazañas anulaba una ausencia, y me veo satisfecho por tener un título, me oigo suspirar profundamente, me observo trabajando ya en los detalles de un plan y advirtiendo que, por primera vez en muchos años, es posible que esta noche pueda dormir bien.

La historia de Aurora

Era una de mis últimas noches en el apartamento cuando en la radio hablaban de acoso escolar. El locutor daba paso a testimonios consecutivos, porque el tema había levantado un gran interés y en la emisora estaban recibiendo un sinfín de llamadas. En todas ellas los recuerdos venían de antiguo, pero se materializaban en voces adultas: la estela sonora de heridas que nunca cerraron. Imaginé norias que no paran de girar con niños en su interior que, convertidos ya en adultos, no encuentran a nadie que los espere afuera porque el parque de atracciones cerró.

Las conductas de acoso eran diversas, tanto que parecía que se hablara de distintos fenómenos. Sus efectos, sin embargo, se revelaban similares: déficits de atención, bajo rendimiento, baja autoestima, dejadez. Para quien sufría el acoso, eran habituales los cambios encadenados de centro escolar, como si el mundo fuera un patio continuo donde ocurriera siempre la persecución.

En la pausa publicitaria, pensé en esas vidas infantiles, a punto de empezar y ya del revés, afectadas por un daño y un dolor que no tienen fin. Creo que Chabe hubiera compartido esta opinión. Y frente a las formas tan distintas que adoptaba la maldad, pensé que, por el contrario, la bondad tenía algo de monotonía, como si todas las acciones buenas se parecieran y provocaran una suerte de aburrimiento y, quién sabe, el inicio de una conducta contraria en su portador.

Seguí escuchando: en el dormitorio entró la historia de Aurora. Tenía cuarenta años, una niña de tres y en su voz, la nostalgia de un exilio. Aurora emigró tras terminar la educación secundaria: el padre era ingeniero de minas y su empresa lo destinó a un país próximo a Rusia o que algún día fue parte de la URSS; no lo recuerdo bien y el dato tampoco importaba salvo porque esa distancia fue grande y la separó de Laura, su mejor amiga de la infancia. Por ese mundo sin fachadas llamado redes sociales, Aurora recibió una invitación para reunirse con sus antiguos compañeros de la escuela. Habían transcurrido ya veinticinco años desde el final de sus estudios. «¡Veinticinco años!», remarcó Aurora, y pienso que todos sus oyentes, desde nuestras habitaciones, repetimos esa cifra: «¡veinticinco!». Estimulada antes por la curiosidad que por recuperar antiguos afectos, Aurora tomó un avión, cruzó Europa y aterrizó el día de la fiesta. Con una mano posada en el bolso y la otra sosteniendo un refresco, hizo inventario de ojeras, arrugas, barrigas, calvicies, deterioros que ocupaban el lugar donde antes hubo juventud. Entre lo inesperado y lo previsible, fue descubriendo la existencia de matrimonios con niños, chalets de extrarradio, vacaciones en la costa, suegras terribles, existencias sedentarias. A nadie le había ido del todo mal, pero tampoco a nadie parecían marcharle demasiado bien las cosas. En el salón donde se celebraba el reencuentro, pese a los globos de colores, la música bullanguera, los camareros siempre solícitos y las risas, parecía gestionarse un mismo desencanto; una necesidad colectiva de escapar del presente y, a la vez, el desahogo débil de compañeros antiguos. Frente a cada uno de ellos, Aurora construía un rostro de preocupación o de sorpresa, según el contenido de lo conversado. Mientras, en su interior, Aurora sentía el alivio de saber que mañana mismo regresaría a casa.

Suprimido el efecto breve de la novedad, la celebración resultó un tedio. Aurora preguntó entonces por Laura, su gran amiga de la infancia, y resultó que no había podido acudir: dos niñas pequeñas, el marido no sé qué, la cuidadora no sé cuánto, un posoperatorio de alguno de los abuelos durante esos días. Una cadena de infortunios ante la cual Aurora puso cara de fastidio. Le molestaban, además, los tacones; el aperitivo era terrible y cada persona, tras retomar el contacto, le resultaba monótona e innecesaria. Todo la hacía sentirse distante; de hecho, necesitaba recuperar esa distancia con rapidez. Introdujo la mano izquierda en el bolso y rozó una cartulina rectangular. Fue un alivio sentir la tarjeta de embarque con los dedos.

Entonces llegó lo interesante de la historia. Aurora estaba junto a la puerta de acceso, mirando hacia un jardín de trepadoras, cuando una de sus compañeras la abordó. La había oído preguntar por Laura y se sorprendió de aquel interés. «¿Laura, Laura de la Fuente?, ¿de verdad que quieres saber de ella?, ¿de verdad?», a lo que Aurora respondió: «Sí, claro, Laura, Laura de la Fuente», y añadió: «Éramos grandes amigas». La compañera se sorprendió: «¿Cómo? ¿Es que no sabes lo que Laura decía de ti, siempre por la espalda?». Los hielos en la copa de Aurora temblaron, como dentro de un cubilete. Aurora acertó a repetir: «Éramos grandes amigas». «¿Sabes que fue ella quien hizo todo lo posible para que no salieras con Pedro?», continuó la compañera y la siguieron otras por detrás, que se habían unido a ella y reafirmaban, igual que un coro griego, lo dicho por la primera. Aurora susurró: «Éramos grandes...». «¿Sabes que decía de ti que tenías un montón de pelos en las piernas y que te olían el aliento y los sobacos?», prosiguió la compañera. Eso fue lo que le pareció escuchar a Aurora, que estaba aturdida y sólo pudo repetir su frase original, pero podada: «Éramos...». Aurora contó que sorbió de un trago la copa, como si necesitara de un alcohol inexistente, que miró al jardín y que, si hubiera podido, habría escapado agarrada a una enredadera.

El locutor guardó silencio.

Al día siguiente, de regreso a su país, Aurora se asomó por la ventanilla del avión. Tumbó la mirada sobre las cumbres sin nieve, luego la descendió por los valles, entró en una cabaña, imaginó un dormitorio y un colchón, se tumbó en él, cerró los ojos e intentó dormir. Seguía sumida en un asombro triste, asustada de su ignorancia, de no haber sabido hasta ayer quién era de verdad su amiga. En el avión de vuelta, Aurora ocupaba un asiento, pero habitaba dos: viajaba escindida entre su adolescencia feliz, al lado de Laura, y el terror inverosímil de la información última. Su vida le pareció una película mal montada. Por más que pesara lo reciente, por más que sólo pudiera escuchar esa voz que, en mitad de la fiesta, le había revelado quién era su amiga, resultaba que era incapaz de admitir que lo escuchado fuera cierto, y apenas le quedaba dudar. Admitir que Laura la había hecho sufrir era tan doloroso como no haberlo advertido y, por lo tanto, no tener registro de ello.

Tumbado en mi dormitorio, imaginé un avión surcando el aire; en su interior, el enigma de Aurora; entre las nubes, un azul de perplejidad. Imaginé la cabeza de Aurora asomada por la ventanilla, como dibujan los niños a sus padres dentro de un avión, e imaginé también la sombra del avión sobre la tierra, esa sensación de distancia y de no estar en ningún lado, de que el cielo y la tierra efectivamente no se tocan, y cómo en ese alejamiento la mente se llena de aire, se estira y piensa, pero el avión desciende pronto, su sombra se proyecta sobre campos yermos creando algo parecido a las cajitas de un diálogo de cómic y, en cada cajita, las dudas o aspiraciones de cada pasajero, pero es un diálogo breve donde la tierra nunca llega a responder pues, al tumbarse sobre ella, la sombra desaparece y vuelve el mundo a existir y, a veces, es mejor que sea de esa forma porque, en el edificio de llegadas, nos dice Aurora por último, abraza a su marido y a su hija y llora, llora, llora y la hija, tan pequeña, señala al pasar por un escaparate una camiseta de baloncesto del equipo local, y entonces Aurora, sin dudarlo, entra en la tienda y compra la camiseta para su hija pero también para ella y para su esposo, porque siente que son un equipo y necesita, sobre todo esta noche, saber que visten de un mismo color.

Tras colgar Aurora se produjo la pausa que sigue a una revelación. El locutor, por fin, anunció que el programa había terminado. Venían los informativos: como si lo anterior no lo hubiera sido. Antes de cerrar el programa, se preguntó si las mentiras no decían tanto o más que las verdades. Hasta ayer mismo, la mentira de Laura no había sido obstáculo para la felicidad de Aurora, que le había llenado la adolescencia como tal vez no lo hubiera hecho ninguna verdad. Sin embargo, ¿cómo estaba Aurora después de conocer lo ocurrido? ¿Sabía hoy más de su pasado o, por el contrario, la verdad había hecho que el mismo no tuviera ningún valor? ¿Dónde quedaba la verdad? ¿Estaba en la voz de los otros o en la negación de aquello que no encajaba con nuestra visión de los hechos? El locutor dio por terminado el programa y me pregunté si no era mejor vivir sin recuerdos y, por lo tanto, librarse de toda sospecha sobre su autenticidad. Ser la Aurora ignorante y no la consciente de que la adolescencia no fue como ella la recordaba.

Bajé el volumen de la radio. Odiseo puso las orejas en punta como si, para él, estar en silencio fuera escuchar. Odiseo era el resultado de una mentira. Nunca hubo una pareja, ni un paquete de pasta olvidado, tampoco unos vecinos que iban a cenar para despedirse. Todo fue una mentira. Una mentira, supongo, bienintencionada. Una mentira como un truco de naipes que, en el aplauso, te descubre aturdido y confuso.

Es posible que nadie recordara al día siguiente esta historia. Puede que ese fuera también el objetivo de su protagonista al contarla: un relato que, a modo de conjuro, se transmite para expulsarlo del cuerpo. Apagué la radio y en su interior escuché el alivio mecánico de un motor que se desacelera. Aurora había conseguido verbalizar un conflicto. Al motor de mi historia, sin embargo, le restaba un impulso último para alcanzar la tranquilidad, aquella que se había ausentado en la vida de Aurora y que, en su caso, era además imposible de restituir, porque el periodo de la juventud estaba cerrado. Me prometí, con más fuerza aún, escribir esta historia. Lo hice animado por esa energía irracional con la que sólo se alcanzan las metas. Me demostraría que era capaz de escribir hasta un punto final, de cerrar una herida y así poder tocar y vivir y ver lo que sucedería a continuación. Aquello que me había estado perdiendo hasta entonces. La cicatriz tendría un título. Un título con ánimo de verdad, limpio de sospechas como las que habitaban el pasado de Aurora y Laura. Y, comparando mi caso con el de ellas, me pregunté si lo sucedido podría enmendarse de alguna manera; si existía de verdad el perdón o, más bien, vivíamos abriendo puertas y ventanas a un olvido que nunca se acababa de ir. ¿Perdonar era hacer una *tabula rasa* o un acto de resignación?

Alrededor de mi certeza se multiplicaban las dudas. La tranquilidad era un espejismo que sólo funcionaba a ratos, pero esa noche, después de escuchar la historia de Aurora, tuve la impresión de que, en lo venidero, la tranquilidad era un lugar posible, habitable. Iba a hacer las paces conmigo mismo. Entregaría mi examen, aunque ningún profesor lo esperara. Terminaría el acoso con el cual yo mismo, sin ayuda de nadie, me había torturado. Tenía dudas de cuál sería el efecto de mi nueva estrategia, pero estaba decidido a vestirme, como la familia de Aurora, bajo un mismo color.

Me soñé en un viaje transoceánico. Iba en ventanilla, igual que Aurora. Sobrevolábamos el mar y el ruido de los motores rozaba las olas. La sombra del avión parecía una pipeta cargada de agua. Era un sueño duplicado, porque desde mi asiento soñaba. La espuma de la marea funcionaba como cuadrícula sobre la que escribir. La sombra del avión, como cuaderno. De golpe hubo un temblor, sonó el chasquido metálico de los cinturones, alguien dio la instrucción de plegar respaldos y mesas, el avión quedó a oscuras y la civilización se asomó por la ventanilla cuando, bajo mis pies, sentí el asfalto. En la cinta de la terminal no apareció mi maleta. Me dirigieron a un mostrador y, frente al mismo, pregunté dónde estaban los exámenes que dejamos sin responder. La voz de un empleado me respondió que estaba hablando con objetos perdidos. Aclaré que era allí, precisamente allí, donde debía recuperar las maletas de mis proyectos en tránsito.

El empleado me pidió entonces que aguardara un minuto, se dio la vuelta, llamó por teléfono a su responsable y le oí decir: «Un puto loco». Porque en los sueños no hay descanso, al instante llegó el responsable: era yo, yo mismo, pero vistiendo una chapa azul y una corbata morada. Nos saludamos. Mi yo con chapa azul y corbata morada le dijo al yo en camiseta que los sueños tenían un plazo para conseguirlos, y que no se podía pasar uno toda la vida detrás de ellos. Mi yo con chapa azul y corbata morada me miró a los ojos con dureza, como acusándome, y luego continuó diciendo que, de ese periodo adicional que yo ahora reclamaba, la compañía no se podía hacer responsable, ni esa compañía ni cualquier otra, porque ello no estaba dentro de sus servicios y, además, aunque quisiera, que no era el caso, no tenía tiempo para ello, porque, hablando de tiempo, mi yo con la chapa azul y corbata morada me recordó que tenía mucho trabajo por hacer.

Frente al mostrador me quedé tieso, con cara de pasmo. Mi yo con chapa azul y corbata morada, que apenas se había alejado para atender a otro cliente, se volvió hacia mí y me espetó entonces que qué demonios pretendía, que si no me había quedado satisfecho con sus palabras y, antes de que yo le pudiera responder, mi yo con chapa azul y corbata morada, muy alterado, revolvió los papeles de mi vuelo sobre el mostrador, los separó de él con disgusto, acercándolos a mí, y me tachó por ser un desagradecido, porque había viajado en ventanilla, con la mirada abierta al mundo, porque muchos pasajeros darían aquello que no tienen por volar sentados allí, y yo, sin embargo, no bien había bajado del avión, venía a reclamar una prórroga, un beneficio adicional, una oportunidad última de la que muchos carecían.

Se señaló con dedo acusador la chapa azul y la corbata morada, yo miré al suelo, avergonzado, y en su última respuesta mi yo de chapa azul y corbata morada me gritó que no tenía derecho a quejarme, que había gente menos privilegiada, gente que no había tenido siquiera la oportunidad de alcanzar un sueño, pero no por una cuestión temporal, sino porque nunca se lo habían planteado. «¿Qué reclamación pueden hacer esos viajeros?», me preguntó mi yo de chapa azul y corbata morada y entonces oí un ruido.

Al despertar me toqué con nerviosismo el pecho: no había rastro ni de la chapa morada ni de la corbata azul. ¿Eran esos los colores? No recordaba bien. Daba igual: yo era yo. ¿De dónde regresaba? Miré el reloj aturdido pero con sorpresa: eran las diez de la mañana. Odiseo se unió al asombro de las manecillas: agitó la cola como haciendo constar lo tarde que era y rogando bajar a la calle. En el dormitorio la luz entraba por todos lados.

Al ponerme en pie sentí algo que podría llamarse felicidad. Si es que supiera cómo definirla o saber qué se siente en tal estado. Tal vez lo que se anunciaba era el anticipo de un periodo último, único, de paz.

Génesis

Al salir del portal me tropecé con un vecino. Con él y con su alegría: iba a ser abuelo. Su hijo se llamaba Jorge, tenía treinta y seis años, había emigrado durante la crisis y acababa de comunicarle la noticia. Me mostró su móvil a modo de prueba.

Regresamos juntos a casa. Mi vecino era mayor que yo, vivía en mi planta, creo que solo, y creo también que estaba jubilado: una de esas personas que eran todo conjeturas, posiblemente porque nunca nadie se había parado a hablar con ellas aunque fuera un instante. Una persona cuyo nombre se retenía tantas veces como se olvidaba. Al volver de mis paseos, cuando comenzaba a irse el sol, lo veía sentado con las piernas cruzadas junto a la puerta de un bar, con un cigarrillo en la mano izquierda y en la otra un lapicero del que se valía para resolver sudokus. Porque solía darle chucherías, Odiseo, al verlo, tiraba de mí hasta el bar, apoyaba el hocico sobre la mesa a modo de servilletero y, en agradecimiento adelantado, aguardaba con paciencia a que resolviera el sudoku. Cuando llegábamos, mi vecino miraba al cielo y el cielo le devolvía siempre la misma orden, que consistía en recoger el libro de sudokus, pagar y marcharse. Volvíamos de esta manera a casa como dos árboles de tristeza milenaria y, a su sombra, un perro joven cargado de energía, los tres en un silencio cómodo que era abrazo y tranquilidad. Su presencia me gustaba por lo que transmitía de frágil, de ánimo débil, indefinido, por esa nostalgia natural, casi inevitable, de caminar rodeado de una tristeza que lo abarcaba todo.

La tarde que aquí narro me sorprendió verlo sonreír. Pensé en esos entusiasmos tardíos o que llegan por primera vez demasiado tarde, que se cuelan en una edad en la que ya nadie espera nada, o cuando uno, sentado en la comodidad blanda de sus hábitos y fobias, duda que las noticias, siempre inesperadas, puedan ser positivas. Apoyé la mano en su omóplato a modo de enhorabuena y su reflejo y el mío sobre un escaparate, como hermanos siameses, me sirvieron para concluir que ese vecino alegre podía ser yo, también maduro, también solo, de golpe también feliz, o al menos convencido —*felizmente* convencido— de cumplir una tarea. Si nos diferenciaba algo era el hijo, una figura enigmática en mi caso, de quien no sabía nada desde hace mucho; un hijo que tenía la naturaleza material de las cosas, de ese mismo pomo que había tocado para abrir la puerta de la vivienda y, por lo tanto, de alguien a quien se quiere con una cierta perplejidad, porque las cosas ignoran que uno existe.

El silencio entre mi vecino y yo era nuestro aliado natural, pero, en el instante posterior a la noticia de que él iba a ser abuelo, lo corriente resultó extraño. Pensé que era un silencio embarazoso y reí por la tontería apenas un segundo pues, de golpe, el espejo del portal me devolvió mi rostro serio e hidalgo. Sin saber muy bien qué decir, lo primero que se me ocurrió fue preguntar por el sexo: sería niño. Lo segundo, la fecha: faltaban cinco meses para el parto. Lo tercero, el nombre, pero yo mismo me respondí, carraspeé y, cogiendo el brazo de mi vecino, le aclaré que Jaime —Jorge, Jorge, me recordó el nombre—, su hijo Jorge y su mujer tenían tiempo más que de sobra para encontrarlo. Mi vecino dejó de sonreír —el portal pareció ahora un lugar más oscuro— y respondió que, cuanto antes se le diera un nombre, mejor, pues de esa manera existiría antes. Sonreí a modo de afirmación. Al llegar a mi planta me ayudó a salir del ascensor, abriéndome del todo la puerta. Me miré en el espejo del final del pasillo mientras nos despedíamos. Odiseo, por su parte, estaba impaciente por volver al sofá y le daba la espalda a su reflejo.

Ya en casa, me serví una copa de vino: hoy debía terminar la botella. Eran las ocho de la tarde, decidí entonces lo contrario, llevé la copa y la botella a la cocina y volví al escritorio. Evitando la disciplina y el vigor que exige la escritura, pensé en otra tarea e hice mía la búsqueda de un nombre para el nieto de mi vecino, tal vez porque yo acababa de salir con éxito de otra búsqueda: *Odiseo*. Un título para un manuscrito que no me importaba que nadie leyera, porque su finalidad era otra: darme vida y alumbrar así otros relatos. Un título que dotaba de existencia a esta historia. Un título que permitía nombrarla. Un título que sintetizaba el carácter de un animal que siempre volvía y que evitaba que su existencia cayera en el olvido como el de esas cuevas de las que habló el espeleólogo, y que aguardaban solitarias la aparición de una antorcha, de una mirada, de un explorador, de unas botas que las recorrieran para, después, sus moradores convertirlas en memoria y épica. Odiseo no era una cueva sin habitar, porque sólo existía acompañado.

Alcancé un título que diera vida a esta historia y, por ello, también muerte, su punto final. Un título que debería comprenderse al término de la lectura y que testimoniara un movimiento: el columpio entre lo que pretendí y adonde llegué. Entre medias, un arco sobre un vacío. Los lugares a los que me dirigí, pero siempre en la distancia, sin creérmelos del todo, como un coche teledirigido por un crío lleno de pánico. Un título alcanzado al final del camino, a punto de que nada hubiera llegado nunca a ocurrir. Un título para una historia que me había costado escribir tanto o más que sus propias palabras, tal vez porque, a través de ellas, había nacido la historia y de la historia, su título. Su historia, el título, todo se había hecho desde el presente de la escritura. Cómo me hubiera gustado que las palabras hubiesen venido a mí sin el arduo proceso de salir a buscarlas. Cómo me hubiera gustado también que hubieran explicado esta historia de una forma precisa. Creo que no lo he conseguido porque, en el proceso de la escritura, la historia, lejos de alumbrarse con claridad, ha reforzado más bien su cualidad ambigua y equívoca. Quizás todo hubiera sido más fácil si, en el mundo real, al margen de la escritura, me hubiera puesto en contacto con mi exmujer o con mi hijo. Algo tan sencillo como una llamada hubiera anulado esta historia o creado otra. Una génesis alternativa. Todo podría haber sucedido de una manera pero acabó ocurriendo de otra, aquella que traté de contar.

La mala memoria

A veces me levanto con un deseo de venganza. Siento que el mundo me debe una disculpa. Le interrogo por qué nadie me ayudó, nadie, y el mundo, en su silencio horizontal, espeso, de bosque amazónico, me responde con un desdén de ramas diciendo: en qué, en qué te debíamos ayudar si nunca pediste ayuda y, por si no fuera suficiente, nunca prestaste atención a los demás.

A veces el deseo se diluye después de unos minutos, como una lenta pastilla efervescente. Me enjuago la boca y desaparece su sabor matutino. Tal vez estoy equivocado. Puede que me advirtieran del error. Que intentaran ayudarme. Es cierto que nunca se me dio bien escuchar. Ja. Bastante tenía con escuchar la radio encendida dentro de la cabeza. Si alguien de verdad se interesó, si alguien de verdad quiso saber qué me pasaba, mis respuestas llegaron tarde, cuando las calificaciones ya se habían entregado, los roles repartidos y no quedaba ninguno para mí. Acertadas o no mis respuestas, no servían de nada porque el examen para ingresar en la vida adulta ya había terminado.

Es imposible entender a una persona. No aspiro a que lo consigan conmigo. Tampoco a la compasión ni a expiar una culpa. ¡Expiar! La conjugación de este verbo invita a no usarlo. Y si lo usara, estaría asumiendo que, de volver a la casilla inicial, mi existencia se podría haber conducido de otra manera. Sin embargo, los defectos son muy cabezotas. Incluso rebobinada, sé que mi vida hubiera sucedido de manera idéntica. Y de manera idéntica la hubiera contado. Todo se repite, y si hay algún suceso que nos hace pensar que no, y creemos que en verdad es nuevo, único, es por nuestra mala memoria.

La ausencia de uno mismo

Una puerta que alguien empuja. Un hocico, unos ojos. Odiseo se asoma al baño: sabe bien dónde encontrarme. Bosteza, me examina de arriba abajo: una radiografía de afecto. Luego me olisquea con la sospecha de un inspector. ¿Lo intuye? Yo lo miro dándole cariño y, a la vez, le pido perdón.

Tiro de la cisterna, tiembla la casa, se me caen al suelo dos cuestiones: ¿cuál fue el pasado de Odiseo antes de que yo apareciera? Imagino que estuvo muchas veces perdido o muerto. En los animales son estados próximos. Si sólo fuera en los animales... Miro hacia la maleta y aparece la segunda: ¿hasta dónde alcanzará su memoria? ¿Habrá algún día que dejará de recordarme?

Me subo los pantalones, me refresco el rostro, me lavo las manos.

Desde el principio presentí en Odiseo su ausencia. Luego, sucedió una revelación y cambié de parecer. Se mantuvo, sin embargo, la sensación cierta de provisionalidad: la intermitencia alegre de un hecho inesperado. Odiseo fue una carambola, las carambolas son estrellas fugaces y las estrellas fugaces apenas se avistan algunas noches de agosto.

Era cierto lo que escuché frente a la puerta del supermercado: Odiseo siempre volvía a su Ítaca particular. A una regularidad doméstica. A un sofá mullido. Odiseo pertenecía a cualquier espacio donde se lo quisiera. No supe ver que el presentimiento de esa ausencia, por exclusión, se refería a mí, porque Odiseo viviría en cualquier lugar donde fuera amado, lo buscaría con intensidad hasta conseguirlo y lo conseguiría.

Odiseo me abrió un camino. Ahora debía avanzar por ese camino sin él. Debía ser quien nunca fui, como me había advertido mi yo con chapa de un color y corbata de otro. A esta decisión me condujo un camino lleno de baches y dudas. Durante semanas se libró en mi estómago una guerra entre el cambio y la precaución, entre mantener un orden que se derrumbaba o acelerar su caída. Nunca supe quién ganó la batalla. O si mereció la pena sufrir. Lo que sé es que, dentro de mi cuerpo, se alumbró una energía. Un ánimo de sinceridad que me hizo poner palabras a las relaciones que giraban en torno a mí. Conocía a la mujer del supermercado. Teníamos un hijo en común del cual sabía tan poco como de ella. De mi hijo tenía además una información escasa y antigua, igual de inútil que las tarjetitas de Chabe o las carpetas electrónicas de Mabel. En mi camino de regreso, tardé años en ponerme en acción y lo hice por vías difíciles. En vez de en la catedral, podía haberla buscado en nuestro antiguo domicilio. La ansiedad, sin embargo, me hacía huir de todo lo que era posible, aunque en verdad nunca ocurriera, de todo lo que era susceptible de mudar, aunque nunca nada cambiara. Era un dubitativo con ganas de que algo sucediera y que, a la vez, tenía pánico al cambio. Hubiera sido efectivo todo lo que no hice y tal vez por eso tomé otros caminos. Al hacerlo, me creía valiente, pero no era verdad, porque es fácil ser valiente cuando se toman caminos que te distancian de la línea de meta.

Subí la persiana. En una ranura de cielo, entre antenas, observé un avión que descendía. Lo imaginé aterrizando unos instantes más tarde. Mi viaje terminaba y no había tiempo que perder. Estaba en tránsito rumbo a un misterio. Debía irme antes de que apareciera el hombre pesimista de la chapa y la corbata. Me pregunté qué se vería en el horizonte cuando se alcanzan los sueños.

Terminé de preparar la maleta.

Una promesa

No te faltará agua ni comida ni tus tres paseos diarios, a veces cuatro. Ya sé que en el de la mañana eres como un niño sin ganas de ir a la escuela, pero… Te llevarán al veterinario, aunque no sé si esa noticia te ilusiona. Tendrás silencio, un sofá, algunos huesos de pollo las tardes de domingo. He avisado de que te dan miedo las rejillas de ventilación, los aspersores, las bicicletas. Me han dicho que los fines de semana, cuando haga sol, te sacarán al campo. Que correrás. Vuelve, por favor, vuelve, que no eres el único: todos estamos perdidos. Te dejo en buenas manos. En otra Ítaca que me reemplaza. Yo marcho a mi encuentro.

¿Te has dado cuenta de mi transformación? Ahora soy más cortés y me esfuerzo por mostrar buenos modales. De ahí que devuelva los saludos y camine con la espalda erguida. Los paseos por el barrio, junto a ti, han revelado una finalidad. He dejado de beber. O casi. Escribo más. En resumen, soy un hombre cordial. En resumen, estoy aterrado. Necesito ayuda. El tiempo se acaba. Experimento una actualización informática. ¿Acepto los cambios?

El mundo me parece ahora un espacio comprensible y, a la vez, carente de cualquier sentido. Aún más curioso: quiero vivir en ese mundo nuevo, vacío y plano, que gira sobre la resolución práctica y fácil de los problemas corrientes. Un mundo doméstico y previsible. Algunos lo llamarán rendición. Pues sí, me rindo: ahí dejo la losa de las grandes preguntas. Que otros las resuelvan. Necesito una nueva realidad, porque la que conozco es áspera. No me preocupa ignorar cuánto resta de película. Lo malo, lo malo es advertir que lleva ya mucho tiempo y que, ahora, me exige cambiar de rol, perseguir un remedio en los otros y esperar que dure un poco más. Que dure antes del fallo último del sistema. Mi sistema. ¿Por qué acepté los cambios?

Me gustaría pensar que me echarás de menos. Aunque espero que no lo hagas mucho, porque imagino entonces tu tristeza, que es la mía hoy al pensarlo. Yo intentaré lo mismo, Odiseo: trataré de no pensarte. Me pregunto si eso es posible. De antemano asumo la derrota.

Anticipo tu ausencia, Odiseo. Las lágrimas se adelantan. Ya me lo advirtió Raimundo, el portero. Raimundo es portavoz del sentido común. Habla por los codos y con los codos sobre el extremo de una escoba famélica. Raimundo y su escoba suelen mirarse: a veces parece que es ella quien habla en su lugar. Al contarle mi partida, Raimundo se despidió y dijo: «Es lo malo de los perros, que les acabas cogiendo cariño». Ja, pensé. Como si uno eligiera sus afectos. «Tienes razón», respondí.

Te prometo que construiré esa historia. Tú serás su protagonista. Me consuela pensar que, si te escribo, seguirás existiendo. Te festejaré con letras; con letras mayúsculas. Será nuestro proyecto en común. Será mi consuelo. Será nuestra celebración privada. Seremos tú y yo sus únicos invitados. Qué tibio consuelo. Qué deprimente la fiesta.

Odiseo, te pido que, cuando llegue el taxi, el conductor llame al interfono, tú te inquietes y yo te acaricie por última vez y marche hasta la puerta, no me sigas. Aguarda sobre tu cojín. Que tu universo permanezca fijo en mi memoria como una constante mullida de sofás. Quiero saber que he hecho algo bien en la vida, que fuiste feliz, que no me echarás de menos. Por favor, no me sigas. Y es que, si me sigues, si me sigues y yo me vuelvo y te miro, puede que se derrumbe mi determinación. No quiero que me mires. No quiero que adviertas que te voy a abandonar. No, no me mires. No creas que ahora, de golpe, soy fuerte. ¿A estas alturas fuerte? Qué va. Digamos que... No sé qué decir, Odiseo, no sé qué decirte, salvo que por la noche vendrá el vecino a por ti. Que seas como hasta ahora y que yo... Yo qué sé. No sé, no lo sé.

Prométeme que continuaremos tirando el uno del otro. Nuestro equilibrio depende de agarrarnos a una misma correa. No lo sientas como una esclavitud: en la vida siempre hay alguien que nos une a algo. Siempre. Lo único que cambiará es la longitud de la correa: voy a unirme a otra, pero tú y yo continuaremos atados. Tú seguirás siendo parte de mí y yo de ti. Tú de mí, yo de ti, tú de mí, yo de ti. Es nuestro proyecto. Nuestro proyecto en común. Una correa para que la historia se anude y termine.

Suena el interfono. Me espera el taxi. Debo partir.

FIN

NOTA DEL EDITOR, POR JUAN JOSÉ CUADRADO

Pónganse en su lugar: dos niños pequeños que no distinguen el día de la noche, la mujer desempleada, una calvicie que lo invadió con veinticinco años y que en breve cumple otros tantos. Odia que lo tuteen. También que lo llamen Juanjo. Su nombre completo es Juan José, Juan José Cuadrado. Bastante aprieta el mundo como para que, además, nos abreviemos los nombres. Eso piensa Juan José, Juan José Cuadrado.

Es el director de una pequeña editorial. Es decir, el patrón de un bote a la deriva. La editorial se llama Las sillas voladoras. El nombre le encanta, posiblemente porque lo eligió su mujer. Ella siempre lo empuja para que obre sus fantasías. A veces le gustaría que su mujer no confiara tanto en él, que no fuera así de optimista, que no lo quisiera con esa intensidad, porque Juan José, Juan José Cuadrado, piensa que no se lo merece. Ese es su nombre completo: el Desvalido Capitán de una Embarcación Asustada. Un capitán que, cada noche, se abraza a un amor inmerecido.

Sobre el escritorio de Juan José hay una mañana de lunes y dos contratos: a su izquierda, próximo a la ventana y con el sello del día —21 de diciembre de 2022—, el original de la extinción de un contrato de trabajo. «Extinción»: Juan José lee en alto la palabra, despacio, muy despacio, dividiéndola en sílabas. Su boca se llena de color rojo. «Extinción»: Juan José la relee de nuevo en alto, de nuevo con lentitud, de nuevo troceándola. Su pronunciación le produce una arcada. Juan José tose, la escupe, le desea su mismo significado. A la derecha, en el escritorio, junto a un calendario lleno de frases optimistas, Juan José observa el segundo contrato: la compra de los derechos editoriales de *Odiseo*.

Alguien toca al timbre. Es el lector. Abrámosle. Pase. Personalicemos en mí la voz y en usted, el drama. Póngase en mi lugar. Imagine que se llama Juan José Cuadrado, que está delante de mi escritorio, que frente a usted hay dos contratos: a su izquierda, uno laboral; el de *Odiseo* a la derecha. A tu izquierda —¿puedo tutearte, verdad?—, el mundo verdadero: Las sillas voladoras ha despedido a su único empleado. La plantilla de la editorial la compone ahora un trabajador, que siempre soy yo, que ahora eres tú. Suspiras hondo. Suspiramos. Nunca aprenderás —me sucede también a mí— que en toda oportunidad editorial hay horizonte y fuego. Esperanza y abismo. Este escritorio que observas, sobre el que apoyas las manos, muestra los dos extremos del drama: para cerrar el contrato de la derecha fue necesario el dolor del de la izquierda.

Si miras hacia la calle, lector, verás una inquietud. Lleva allí casi veinte días, cuando recibí desde Japón la llamada telefónica de Elena Nevisca. Amiga, filóloga, consejera y alma de este proyecto editorial, Elena había encontrado el manuscrito de *Odiseo*. «¡Lo tengo, lo tengo, lo tengo!». Escuché su afirmación triplicada, su voz alegre y a la vez nerviosa; recuerdo pensar —aunque tal vez eso ocurrió más tarde y ahora se desordenan los tiempos— que la naturaleza de cualquier texto es su pérdida u olvido —si es que no son lo mismo— y, empujado por la energía de Elena, por su respiración alterada, dije que sí, que sí, que sí, que acordara verbalmente con el hijo del novelista —«¡ya mismo, ya mismo!» fue su respuesta— la compra de los derechos de publicación, que hiciera una copia digital del documento —«¡ya mismo, ya mismo!» fue otra vez su respuesta—, que me la enviara por correo electrónico —«¡ya mismo, ya mismo!», bromeé ahora yo— y que guardara con cuidado el original.

Al concluir la llamada tomé conciencia, ay, de que había decidido publicar un texto por la sola motivación de su hallazgo, sin haberlo leído nadie antes, ni Elena ni mi mujer ni yo. En la voluntad de publicar *Odiseo* había algo de apuesta y algo de predicción, de atrevimiento y de certeza. Conocíamos al novelista pero... ¿por qué esta audacia? Elena y yo coincidíamos en que muchas obras inéditas merecían tal condición. Que lo que un autor no pudo o no quiso publicar era preferible que continuara así, pues tal era la naturaleza del texto, y que germinaría tal vez en otro posterior con mayor mérito para ser publicado. ¿Por qué motivo actuamos de manera diferente? Esa era la pregunta que hoy sigue sin respuesta. Sonará infantil pensar que, tal vez, lo que Elena y yo deseábamos era seguir volando en nuestras sillas sobre un mundo que era riesgo y convicción. O tal vez ignorábamos cómo vivir de otra manera, una más sosegada.

Era casi medianoche cuando leí la obra por segunda vez. Bajé las persianas, apagué el flexo y salí a la calle. Quedaban tres días para la Navidad. Iba mezclando zancadas de pánico con otras de alegría, discurriendo si Elena y yo habíamos dado un gran golpe editorial o si, por el contrario, el golpe tenía el movimiento de un bumerán y estábamos poniendo en peligro nuestro futuro por un descubrimiento arqueológico de azaroso valor. Como de costumbre, subí al autobús y, a mi espalda, en el interior de la mochila, montaron los miedos y las dudas. Tal vez tú, lector, que no viajas conmigo y que desde tu coche observas divertido mi mejilla aplastada, igual que un flan, contra la ventana del autobús, comprendas mejor que yo la situación, porque de los hechos guardas distancia e intuyes que un día las sillas dejarán de volar, pero también sabes, y ahí coincidimos, que la realidad es un pasillo que avanza cerrando puertas, un tren que nos transporta y donde, ante su estricto gobierno, uno apenas puede dejarse llevar. Te diré incluso, y esto tal vez no lo sepas, que la realidad, subido a una silla voladora, se deforma; es el viento de una curva infinita, un mareo de la mente. Te diré también que, en ese viaje, es difícil ser racional y de ahí que en ocasiones —pero, por favor, no lo llames conformismo— sólo quede aguantar como hasta hoy, es decir, confiado en la astucia cómplice de Elena Nevisca, exploradora que, más que descubrir, parece crear ella misma los hallazgos literarios, que subió convencida al viaje inaugural y sigue en él hoy, que es motivo y remedio de todo lo bueno y malo que sucede en nuestras vidas, y confiado también en el regazo optimista de mi mujer, mi salvavidas, mi horizonte totalizador y gracias a cuyo empuje este proyecto editorial fue más que humo de una cafetería universitaria. Los tres miramos al mundo con los ojos entrecerrados por la velocidad y el placer, por el miedo y la altura; ojos a los que les cuesta redondear las pupilas, abrirse bien y atender al suelo, allí donde los zapatos caminan sobre las baldosas, algunas agrietadas, muchas sucias, de nuestras existencias, al mármol frío, áspero y hostil de los edificios públicos, en cuyos mostradores se censa la derrota incansable de nuestro entusiasmo, a las grietas del suelo sobre el que se apoya nuestra atracción; ojos también que ignoran la marea que sube, sube y sube hacia ti, lector, y hacia mí, Juan José, Juan José Cuadrado, hacia Elena también y también hacia mi mujer y hacia ese trabajador que hoy lunes ha perdido su empleo. Por eso cuando se abre el semáforo, aceleras, te separas rápido de este autobús y soy humo en tu retrovisor, yo no comprendo nada, porque vivo en el vértigo de una duermevela con esa lucidez leve, alta y fugaz de los sueños, donde todo lo que ocurre simplemente ocurre y nunca se elige.

En resumen, mi espíritu hoy es a la vez satisfacción débil y mecha de un pánico. Como si el miedo pudiera convivir con la alegría y la alegría, a su vez, ser prólogo del miedo. Me imagino retratado en un lienzo torpe, donde uno ignora si fue la voluntad del pintor o su impericia que anuncie algo y su contrario. Una silueta que transmite oscuridad y también luz, que sale del lienzo y firma el contrato de publicación, pero que se desploma después, igual que un globo pinchado, tras descubrir que su vuelo exigió un despido.

Me alejo de la mesa, lector —y ya puedes marcharte, gracias por todo—, buscando apartarme de mí. Camino hasta la ventana, me apoyo de espaldas al tráfico y yo, Juan José, observo que hay otro Juan José que suspira, carraspea, vuelve a su butaca, se sienta y fija su atención en el escritorio. Le cuesta admitir que ambos contratos están unidos, que un mismo clip invisible los sujeta. Debe guardarlos de una vez, mirar hacia delante y no pensar en ellos más. Se levanta y la rodilla izquierda le gruñe para recordarle que existe una edad en la que ya no se juega al fútbol con los amigos. El sol acaricia su brazo mientras abre el armario archivador, se agacha, extrae una carpeta de plástico transparente y guarda en ella el contrato laboral. Juan José piensa en las carpetas de Chabe, la psicóloga. Cierra el armario, pero la imagen de Chabe sigue ahí, porque la mente y lo tangible van a distinta velocidad.

Vuelve al escritorio. A su derecha continúa el contrato de *Odiseo*. Parece asombrado de que siga donde lo dejó. Toca el contrato, siente en su cuerpo una especie de escalofrío. La electricidad de un libro futuro. Luego, lo invade una incomodidad doméstica, como de dolor en las encías, de caspa sobre los hombros.

En fin, se dice, en fin, vuelve a decir y, a la vez, extrae del cajón un sobre grande de color naranja. Lo abre y una lluvia silenciosa de papel llena la mesa. Uno, dos, tres, siete, catorce: catorce recortes de periódicos. Con ellos bien separados y a modo de rompecabezas, ensaya una composición. Ninguno encaja bien con otro, pero los catorce hablan de lo mismo: la muerte de Leonardo Agualusa el pasado 8 de octubre. Piensa en escanearlos, debería escanearlos. Piensa, debería.

Es casi la hora del almuerzo.

Entonces los ordena con alma de psicópata. Un psicópata patoso, porque llegó tarde: la que habría sido su víctima ya ha muerto. Con más impaciencia que atención, Juan José relee los artículos en zigzag. En cualquier necrológica los periodistas parecen allegados del difunto. Todos lo conocen bien. Juan José se los imagina detrás de unos setos, vigilando sigilosamente otras vidas, aguardando entre sombras nuestro punto final para después, con rapidez de teclas y abundancia de elogios, contarlo.

Se quita las gafas y el escritorio se desenfoca. Se difumina también el consenso amplio de juicios favorables. Juan José piensa que, como en cualquier necrológica, las frases admirativas están hechas de artificio y pompa, de exageración hacia los méritos del difunto, pero también de un cierto desahogo de quien los escribe, tal vez por el simple hecho de estar vivo. Como en cualquier necrológica, Juan José sabe que, al día siguiente, los periódicos hablarán de otro asunto.

Es la hora de la comida; debe volver a casa. Su mujer y sus dos hijos lo estarán esperando.

Convencido de que existe un único género literario, en el catálogo de Las sillas voladoras sólo hay ficción. ¿Es acertada su estrategia? Según el humor del día, Juan José valora el alcance comercial de su catálogo entre reducido y nulo. De cada obra se regala demasiado, se distribuye poco, no se vende nada. Hay días en los que su apuesta exclusiva por este género, aunque firme y fuera de cualquier debate, le resulta temeraria, y eso que la ficción es lo que más vende. Será en otros. Pero ahora, tras leer *Odiseo*, las dudas vienen por otro camino: ¿qué tipo de narración tiene entre manos? ¿Es *Odiseo* un conjunto de notas que nunca persiguieron construir una trama y mucho menos su publicación? Observa su escritorio para encontrar respuestas: las notas por el fallecimiento de Leonardo tampoco parecen aclarar qué tipo de escritor era. Como si hubiera sido muchos escritores o como si, más bien, nadie lo hubiera leído con la suficiente atención. Teme que la verdad sea esta última.

Siempre que busca alivio, Juan José compara su proyecto con un pequeño jardín y lo imagina como un espacio íntimo y privado, donde dominan la tranquilidad y el tiempo, aliados de la lectura. Una excepción vegetal que habita a la sombra del mundo, de rascacielos sin rostro. No pretende Juan José que esa arcadia trascienda su propio espacio: ni tiene los medios para lograrlo ni es tampoco su objetivo. A Juan José le basta con saber que ocurre. En su sola existencia, aunque imaginada, reside el paraíso. De él y de quienes lo habitan.

Quiere pensar en la llegada de Leonardo a su jardín. Imagina el sonido antiguo de un gozne. Observa un sendero de piedras blancas que nace bajo los pies y orienta el camino. Sobre su cabeza ensayan trinos los pájaros. Entre árboles de troncos anchos, como de cuento infantil, asoma un estanque de agua verde. Cada vez que lo evoca, Juan José confirma que su jardín nunca envejece, tal vez porque ya nació antiguo, como el emblema ruinoso de una civilización que no existe.

A su llegada las estatuas detienen, por un instante, su diálogo de piedra y sombra. Se acerca Juan José hasta un pedestal vacío donde coloca el busto de Leonardo, se aleja dos zancadas, lo contempla y se pregunta si el nuevo morador mantendrá la armonía del jardín: si su narrativa atormentada y con tendencia al ombliguismo perjudicará el ecosistema, esa solidez de la ficción que ahora brinca de rama en rama. Al invitar a un nuevo huésped, Juan José es consciente de su responsabilidad; de que, en el arte editorial, suprimir importa más que sumar.

Juan José confía en que Leonardo encaje dentro de su pequeño jardín, en que se mantengan el equilibrio y la paz. En cónclaves de escritores, la diplomacia salva al mundo de pullas y envidias. Esta convicción se la transmitirá esa noche a su mujer. «¿Y cuándo entraré yo en tu jardín?», preguntará ella y Juan José responderá con amor y fatiga, es decir, con silencio. «¿O es que hay que estar muerto para ser admitido?», preguntará otra vez ella y Juan José trazará un «no» frotando la nariz sobre la frente de su mujer. Ella, separándose de Juan José, como para ganar distancia y a la vez seriedad, abrirá con el índice un signo de interrogación sobre el pecho de él y otra vez preguntará: «¿el jardín sigue en el mismo sitio de siempre, donde el concesionario de coches?». Reirán juntos, harán el amor sin prisa, sin brusquedad, con el balanceo suave e imaginario de una góndola, y Juan José soñará feliz, convencido de que Leonardo será un buen huésped y compañero de su jardín, lo cual no quita que se siga insinuando, inoportuno, un fondo de miedo o sospecha, ese malestar impreciso que arrastra desde la mañana en el escritorio donde está ahora, y piensa en las cosas que han pasado y en las cosas que cree que sucederán.

Es la hora de la comida; debe volver a casa. Su mujer y sus dos hijos lo estarán esperando.

Juan José se levanta de la mesa con rapidez, como si hubiera estallado un explosivo. Abre los brazos, la boca, brinca al plural y dice en voz alta: «Hagamos frente a los hechos». Y los hechos, o tal vez las creencias, lo llevan a afirmar que *Odiseo* tiene la belleza ruda de lo incoherente. De una catedral que empezó renacentista y acabo gótica. De un escorzo que mantiene el misterio de un giro nunca terminado. Desde la ventana, Juan José mira los edificios e imagina esas maquetas a escala que se visitan en algunos museos, réplicas que luchan por crecer, por convertirse en la arquitectura que imitan. Sin darse cuenta, se ha sentado de nuevo. Está nervioso, tose, se rasca la cabeza, tantea sin fortuna el bolsillo de la camisa: ayer por la noche dejó de fumar.

Es la hora de la comida, debe volver a casa. Su mujer y sus dos hijos lo estarán esperando.

Tarda un instante. Enciende el ordenador y abre el correo electrónico. Antes de escribir, fuerza la memoria, trenza casualidades, una llamada que llevó a otra, otra que fijó una reunión, una reunión aquí, en este mismo despacho, hace apenas una semana, una reunión que comenzó con el apretar dubitativo, débil, de manos que no se conocen, que siguió con esas manos ya firmes, amplias, extendidas al sol, sosteniendo dos cigarrillos, manos que abrieron la puerta de un pub, que treparon hasta dos taburetes, que luego siguieron suspendidas, gravitatorias, aunque sólo un minuto, porque iniciaron al poco un movimiento pendular en el que orbitaba una galaxia de vasos de cerveza y notas musicales, manos ahora húmedas, frías, cargadas de proyectos y de alcohol y, por lo tanto, de promesa y de olvido, manos amnésicas, manos alteradas, manos dibujando gestos breves, imprecisos, de súbita amistad, de una amistad que nacía entonces entre Bernardo Agualusa y él, pero que parecía que iba a existir para siempre —¿seguro que para siempre?—, una amistad amplia que rodaría por el tiempo, celebrando esa alegría compartida —¿seguro que compartida?— y perpetua —¿seguro que perpetua?— por la publicación futura, próxima, de *Odiseo,* texto póstumo e inédito —si es que póstumo e inédito no suelen ser lo mismo— de Leonardo Agualusa. Avivando el recuerdo reciente de esa llama de amistad, Juan José inspiró, se llenó de coraje, miró el reloj y tecleó a cámara rápida persiguiendo la lucidez de una certeza:

Querido Bernardo:

Hagamos frente a los hechos. Y perdona si ya te incluyo en el plural.

Es verdad que debo afrontarlos yo solo y de una forma sosegada. Si es que existe el sosiego en un mundo que siempre da vueltas, como el de estas sillas voladoras.

Te imaginarás el porqué de mis líneas: la edición póstuma de Odiseo, *un proyecto sobre el que hablamos y bebimos mucho esta semana, pero en el que, hablando en términos prácticos (horrible expresión), hemos avanzado bien poco. Si no espabilamos, lo póstumo se contagia y nos atrapa.*

He pensado en el libro de tu padre. En la mejor manera de completarlo, porque entiendo que lo necesita. No sabría explicar la razón. Supongo que ocurre como quien recibe una orden, la hace suya y olvida para siempre su procedencia, ya que lo único que importa es ejecutarla. Esa orden es una radio encendida y suena todo el rato, a veces de forma agradable, pero a veces no. Y yo pienso todo el rato, cuando procede y cuando no, en el libro de tu padre. Las órdenes suelen tener un fondo negativo: son voces incómodas que le dicen a uno que no fume tanto, que no beba tanto, que visite más a sus padres, que duerma y que escriba más. Sólo que, Bernardo, en nuestro caso (en mi caso), la voz no es negativa. Es una orden, sí, es un ruego, sí, es una súplica, sí, pero no es una voz negativa. Es un compromiso que nace de mí y que me impulsa a completar el texto. Me gustaría justificar mejor este afán, pero me faltan las razones y también las herramientas para explicarlo. Y lo digo yo, que soy editor.

Me viene a la mente el proyecto de una coda: una extensión que siga al texto, pero que simultáneamente regrese a él. Puede que la coda, como cualquier añadido, no mejore el texto y que se convierta, entonces, en una vuelta a la misma duda: un giro adicional (como si hubiera ya pocos) que multiplique el aturdimiento, ese mareo y ese vacío que dejan las páginas que escribió tu padre.

Tu padre deseaba darle al texto una continuación que nunca tuvo lugar. Podría resignarme, como editor, a que la obra permaneciera así, enigmática e irresoluble. Puede que él lo aceptara y que viera el texto como un trampolín: un largo escrito desde cuyo extremo saltar y adonde nunca volver. Ninguna decisión que tomara aclararía la duda de si pensó que sería publicado, o si lo escribió con otro propósito. Hay tantas preguntas y de cada pregunta brotan otras muchas. Todas estas incógnitas son más intensas cuando se debaten en compañía, mientras te sirven la segunda copa en un bar. Escritas, parece que pierden fuerza y dramatismo, pero ya sabes lo malo de los bares: lo que allí se habla, se discute, se acuerda, lo olvida uno cuando vuelve a casa.

Un epílogo que aclare lo narrado y lo dote de verdad o, por el contrario, si la verdad es inalcanzable, un epílogo que confirme el peso del enigma; un epílogo que orille, entonces, los terrenos de la conjetura, los dominios donde el sol y la noche batallan, como son también los dominios del manuscrito, y logre, de esta forma, darle una continuidad verdadera; un epílogo que agrande el relato desde su interior, como quien infla un globo que muestra un mensaje; un epílogo que dote de claridad a lo narrado (si es que eso, repito, es posible), pero, al mismo tiempo, un epílogo que confirme que la verdad única no existe, porque la verdad es siempre una fuente de dudas. Así es como me gustaría que fuera el epílogo y ojalá que haya sido claro en mi explicación.

Y hablando de ser claro, Odiseo *no lo es, porque deja en su lector el malestar ético, incluso físico, de una intrusión, de haber leído algo que no debía, como si fuera un lector inoportuno que desconoce (aunque seguramente intuye y por eso el malestar) que entró en una vivienda sin permiso, alcanzó su escritorio, abrió una gaveta, robó y leyó unas páginas cuyo autor, ingenuo, nunca pensó que verían la luz; un autor que se asombraría al saber que* Odiseo, *publicado para su desgracia o sorpresa, podría tener un posfacio escrito por la persona más adecuada para ese fin, una persona que tendría la capacidad de entrar y salir del manuscrito, de elegir entre la luz y la noche, de ser a la vez guardián y preso, guionista y actor, de darle aire desde su núcleo y ver después el mensaje en la distancia; la única persona que podría seguir el enigma de la historia, porque esa persona era resultado de esa historia, esa persona era esa historia, esa persona recorría unas páginas que, por su culpa o gracias a ella, eran sólo suyas y a la vez nunca más lo serían tras su publicación.*

Juan José envía el correo sin corregirlo, consciente de que lo escribió nervioso, movido por una urgencia que ha intentado encubrir posiblemente mal. Es clicar en el icono de envío y querer ya una respuesta y que esa respuesta sea afirmativa, pero la respuesta puede tardar días o puede no llegar nunca. Desconoce el compromiso de Bernardo con las responsabilidades informáticas y le sorprendería saber que su destinatario abre el correo casi al recibirlo, mientras el autobús de la línea catorce dobla una curva y Juan José corre, se tropieza, alcanza la marquesina y sube de milagro. Bernardo lee el correo cuando Juan José saluda al conductor, se sienta, respira hondo, dirige la mirada hasta el final de la avenida y verifica, con alivio, que no hay tráfico. Desconoce también Juan José que, mientras él extrae de su mochila un libro de Pessoa, Bernardo acaba de leer aquello de que lo malo de los bares es que lo que allí se habla, se discute, se acuerda, lo olvida uno cuando vuelve a casa, que Bernardo está de acuerdo y que, precisamente por ese motivo, va a olvidar el mensaje de Juan José de manera inmediata, y se negará a aceptar su encargo de escribir un epílogo; y es que, si se ofreció a hacerlo, no lo recuerda, pero, incluso si se ofreció —como podría deducirse del correo que aún no ha terminado de leer—, hubo de pasar durante un espejismo de taberna y, por lo tanto, un proyecto que debería olvidarse, tal y como apunta Juan José.

Ajeno a la decisión de su amigo, Juan José repara en lo tarde que vuelve a almorzar, mira al frente con nerviosismo y parece que son sus ojos quienes obligan a que se abra, por fin, el semáforo; su autobús gruñe, tiembla, se pone en movimiento y Juan José subraya una frase de Pessoa que dice que vivir es ser otro mientras Bernardo, al mismo tiempo, reanuda la lectura inacabada y, entonces, se lee a sí mismo al final del correo, porque ese hombre que entró en una vivienda es él, es él quien se adueñó del manuscrito, es él quien puede darle continuidad, es él quien está obligado a seguir la historia porque la historia se escribió por su madre y por un perro y por él, y de ahí que

Bernardo acepte la solicitud y así lo escriba en una respuesta breve que Juan José no leerá hasta la tarde, porque en ese momento, mientras llega el correo a su buzón, Juan José abre la puerta de su casa, es la hora de la comida y su mujer y sus dos hijos lo están esperando.

Y así fue como, de vuelta a la oficina, Juan José vio el aviso de un mensaje de Bernardo. Tenía la boca seca, estaba inquieto, se levantó y bebió dos vasos de agua. El agua siguió el itinerario de la lengua de su mujer y, en el extremo del paladar, antes de seguir su curso, rozó el recuerdo de un vino blanco. Por hacer tiempo, por tranquilizarse, Juan José miró desde la ventana los coches pasar. Se preguntó por qué la gente nunca se queda quieta. Le hubiera gustado detener ese movimiento y preguntar vehículo a vehículo, persona a persona, píxel a píxel, de dónde venían y hacia dónde marchaban, saber quién les instaló el mecanismo que los convirtió en autómatas. Puso música, la quitó, se sentó de nuevo frente a la pantalla, tomó aire y por fin leyó:

> *Juan José:*
>
> *Dices que mi padre jamás pensó que el manuscrito vería la luz. Pues lo pensó mal. Si no quieres que algo se conozca, no lo escribas. Y si lo escribes y luego cambias de idea, tíralo a la basura. ¿Que lo escribiera con un propósito privado? En alguien con tanta vanidad como mi padre, me cuesta creerlo.*
>
> *Sé que la historia queda sin cerrar. No sé si porque es irresoluble, como tú señalas, o porque mi padre decide huir de ella e iniciar un capítulo nuevo, último, de su vida. Te diré que, en cualquier caso, su actitud no me sorprende.*
>
> *¿De verdad crees que me importa el lector? Puedo entender su desconcierto. También sus ganas por saber más. Por eso*

comprendí tu solicitud, por eso puede que la aceptara de noche, en algún bar. De noche y en algún bar: ¿te fías de alguien que usa complementos circunstanciales?

Después de que dijeras que la verdad es una fuente de dudas, cambié de opinión. Supongo que para eso sirven los puntos y aparte. Me ampliaste lupa en mano. Ya no era otro lector anónimo más. Había entrado en la historia y con dos roles, casi nada: como personaje entre bambalinas, siempre aludido, ese hijo pródigo, lejano, del autor, y como el brazo que accionó un plan, que desde la distancia robó un manuscrito e inútilmente buscó ocultarlo. Diste en la diana, Juan José. Eres un cabrón, enhorabuena. Que hablemos de Odiseo *es la prueba de que las cosas no fueron como yo esperaba. Otro fracaso a festejar.*

Ay, los bares.

¿Por qué te hablo de los bares? Porque en ellos fui feliz y olvidé cómo serlo fuera de ellos. Mi vida ha abarcado los extremos de una barra. He sido una bayeta dócil. Un codo amable. Me hablaban las conversaciones de los otros, fragmentos que llegaban y se iban, igual que esos comerciales a quienes nunca nadie escucha por completo. ¿Sabes que con dieciocho años vendí detergentes para kimono y para el cuidado de tatamis en Japón? Qué cosas hace uno cuando es joven.

Pero volviendo al tema, te puedes imaginar el estado de mi memoria: una cuartilla en blanco. Acepto tu solicitud, ok, y me subo a la inercia del texto. No sé si mis líneas servirán de algo. No anticipo excusas ni cambios de opinión: tendrás un texto que no sé lo que tendrá, así de claro. O de oscuro. Mis dudas no vienen porque tenga miedo a la página en blanco. A lo que tengo miedo es a la mente en blanco. Durante toda mi vida he luchado con tanta, tanta fuerza por olvidar que, a lo mejor, resulta que lo he conseguido.

¿Quieres saber lo que sí he conseguido? Llegar tarde a todo. Sé que las palabras no pueden ser más difusas. El sonido de los hielos nunca favoreció mi lucidez. Y mira que me gusta: plof, plof, plof. Algo así. También me gustan las líneas de vasos húmedos dados la vuelta. Es una imagen limpia, clara. Mi testimonio no creo que sea ni limpio ni claro, ya te lo aviso. Que exista una trama y esas cosas. No lo sé. Desconozco qué dirá mi mente a mis brazos, mis brazos a mis manos, mis manos a las teclas. Desconozco si mi mente querrá hablar. Paro, paro ya, que me pongo muy serio buscando excusas.

¿Cuánto vas a pagarme? Es una broma. Ya sabes que tengo un sentido del humor un poco raro. ¿Lo mantendré en la escritura? Es curioso no saber lo que uno va a escribir, ¿verdad? O sí, tal vez sí lo sé, quién sabe. ¿Por qué siempre escribimos sobre cosas deprimentes? ¿Y por qué la gente sólo quiere leer historias deprimentes? ¿No hay historias animadas? Yo montaría una editorial para historias animadas. En fin, y como bien dices, estas reflexiones son más intensas compartidas en un bar, pero de un bar no sale nada bueno, porque todo lo bueno queda en su interior. Allí la distracción es favorablemente alta. Allí espero verte pronto. Escribir da sed y me deberás tantos tragos como páginas.

¿De verdad que no vas a pagarme nada?

Un abrazo.

Juan José recuerda levantarse del escritorio y sentir en su bolsillo el cartón de un décimo premiado; era, en verdad, un tique de la tintorería. Si desde la acera alguien hubiera alzado la mirada, le habría oído gritando sí. Trata de controlar el entusiasmo y atender a su alrededor. El semáforo abre el paso a conductores sumisos. Dos cláxones con diverso timbre dialogan con malestar. De golpe, una moto dibuja una ese alargada y huye de sí misma. Siempre en paralelo, los transeúntes avanzan por las líneas de algún pentagrama. Musical sin música, algunos paraguas revelan una lluvia distraída. Juan José abre el balcón, alarga el brazo, no siente el agua caer pero, al cerrar la ventana, algunas gotas van hacia el cristal y, tras decirse tres, dos, uno, juegan al pillapilla. Regresa su mano al bolsillo, mira a lo lejos el ordenador, piensa en Chabe y en Leonardo y luego en Bernardo.

Bernardo Agualusa tituló su epílogo «*Odiseo* después de Odiseo». La cursiva no es un capricho: anuncia lo que siguió a *Odiseo* como texto después de que el Odiseo animal cerrara la historia. Fragmentos de este epílogo fueron leídos por el propio Bernardo el 9 de octubre de 2023, en el Centro de Cultura Contemporánea Condeduque de Madrid. Se cumplía el primer aniversario de la muerte de Leonardo y de su mujer, ocurrida el 8 de octubre del año anterior. Presidieron el acto la alcaldesa de la ciudad, Victoriana Zancada; la vicesecretaria general de la Facultad de Humanidades de la Universidad Libre, Elena Diego; el escritor Patricio Manguel y la doctora en Filología Románica por la Universidad Central Elena Nevisca. De esta última se incluye el discurso completo que pronunció en el mismo lugar y fecha. Porque era lunes —en el calendario y en la fatiga— y porque el acto se prolongó más de la cuenta, el turno de preguntas fue una revisión de calcetines por parte de los allí reunidos, quienes, llenos de hambre y sed, asaltaron el cóctel recién terminados los aplausos.

La contribución de Bernardo Agualusa relata la peripecia tras el final de *Odiseo*, lo cual le lleva a recordar su vida. Aunque Bernardo discrepe, su epílogo no sólo da continuidad, sino que, además, aclara la obra. Prosigue un trayecto, pero alumbra lo recorrido. Y si pretendía llenar de ruido y de significaciones la obra original, matizarla, rebatirla o lograr en el lector su olvido, por extensión casi lo consigue. Elena Nevisca, por su parte, indaga en las motivaciones estéticas e ideológicas del autor. Rastrea lo desplazado al margen que nunca fue leído. También se ocupa de la historia del propio texto en líneas que transmiten una fascinación detectivesca. Una y otra merecen mi agradecimiento. Y sin olvidar a Mateo León, vecino de Leonardo, que abre la obra y comparte su voz con la del animal que da nombre a estas páginas.

Juan José Cuadrado, editor, se despide con la memoria de un trayecto de autobús de vuelta a casa. Bernardo Agualusa le ha confirmado que escribirá un epílogo. Juan José se toca el bolsillo: no fue a la tintorería. Llueve de una manera aburrida y sucia. Es Navidad y Juan José sonríe sin motivo. O con él. En una marquesina, un anuncio de lácteos parece una promesa de sexo. O viceversa. Siente que todo puede interpretarse de una manera o de la contraria, porque todo está conectado y entre algo y su opuesto no hay tanta diferencia. Piensa en su mujer y una mujer se resbala en el pavimento. Su paraguas es una araña invertida. La mujer se levanta y él piensa en su mujer cayéndose en la ducha. ¿Cuándo tendrán dinero para reformar el piso? En un bar ve cómo la clientela celebra un gol que luego es anulado. Piensa en su familia con lentitud y el autobús se atasca.

No todo es fácil y hermoso. Cuántas veces ha intentado convencer a su mujer de ello, pero ella es así. Ella quiere así y él la quiere así. «Es culpa mía», se reprocha Juan José, «que confunda el amor conyugal con la compasión». La compasión por un hombre que tiene una editorial miserable y un jardín ficticio, abierto entre rascacielos, donde los autores son estatuas y entre ellos dialogan. Por favor, que alguien llame a un médico.

Pero nadie llama a un médico y, cuando entra en casa, su mujer se convierte en madre y lo cambia de ropa. Juan José siente que ingresa en un lujoso balneario alpino. Cenan un revuelto que sabe a lunes por la noche. En la tele ponen un wéstern. En la cama se abrazan. Ella acaricia su pelo menguante, él lo interpreta como una broma pesada: es calvo y aun así continúa perdiendo pelo. Juan José piensa en las palabras de Bernardo, en su jardín, en *Odiseo*. Regresa a ella y olvidan sus cuerpos.

Antes de dormirse, Juan José abre los ojos. A oscuras, todo le parece que está en orden, que cada persona y cada objeto tienen un principio y un final. Recuerda a la mujer tumbada en la acera, su paraguas, que cayó del revés, y se lo imagina ahora plegado y seco, esperando con paciencia vertical la próxima lluvia. Cierra los ojos y piensa en Bernardo, un adolescente a quien la vida adulta asaltó en el prólogo y que ahora escribe un epílogo.

ODISEO DESPUÉS DE ODISEO, POR BERNARDO AGUALUSA

¿Echáis de menos al padre? Pues aquí tenéis al hijo, que primero se distanció de él y que ahora, para su sorpresa o desgracia, lo imita cuando escribe. Y ojalá que la imitación terminara ahí. Soy Bernardo Agualusa, hijo de Leonardo Agualusa. Bernardo y Leonardo. Ene, a, erre, de, o: mi nombre arrastra cinco letras del de mi padre. Tengo cinco octavos de carga hereditaria: sirva este dato como veredicto y disculpa.

Toda vida es digresión. Tarde o temprano, cualquier digresión puede convertirse en un texto. Por eso escribiré de mi errancia, y ese texto reflejará la confusión de mis días. ¿Esto ya lo dijo mi padre? Esto lo vivo yo a diario.

Las historias son patrimonio de quien las alumbró. Cualquier otra voz que las repita o modifique es impostura. Deberíamos respetar la literalidad mayúscula de la palabra de tres letras «FIN». Al punto final de *Odiseo*, como a cualquier punto final, sólo puede seguirle un salto de página. Si me atrevo a cruzar ese punto final es porque, desde allí, partirá otra historia. Mi historia. Contada por otra voz. Mi voz. La de un nuevo personaje. Ser hijo de quien marcó el punto final no otorga ningún beneficio en el reparto. Los focos y las sombras no entienden de parentescos. Y si mi historia mostrara coherencia con la anterior, es por lo que todas tienen de peregrinaje y caos, de meta y de extravío, de ascensión y de hundimiento. ¿Esto también lo dijo mi padre? Esto también lo vivo yo y a diario.

Si la existencia es un dédalo sin salida, ¿por qué afirmamos que la escritura nos ayuda a dar un sentido a nuestros días? Mi padre se planteó esta pregunta sin alcanzar una contestación satisfactoria. En mi caso, si escribo y, con mi linterna, alejo la oscuridad es por una voluntad de búsqueda. Quiero saber si, lanzando al río un sedal de luz y rebobinando después el carrete, se revela entonces, sobre el abanico de mis manos, una trama. Un enredo literario enmarañado de más tramas. No pretendo descubrir una claridad que sé bien que no existe. Me conformo apenas con alumbrar la confusión, saber de su forma, de su volumen.

Me pregunto hasta dónde arrojar mi sedal de luz. Cómo medir la distancia narrada. ¿Es nuestra memoria quien define los límites? Ojalá que pudiéramos dividir el tiempo en epígrafes, pero el tiempo es una sucesión de lugares vacíos, de ruinas que muestran un empeño horizontal: se las va tragando la tierra, pierden su forma, su función, se reducen a una altura infantil y, a pesar de ello, en esa tierra yerma sobre la que un día se levantaron, sobreviven agarrándose al suelo y es que, aunque inútiles, las ruinas resisten y asoman desde la tierra con rabia, como la dentadura terrible de un animal, recuerdos de una tierra donde antes sucedió algo y que, ahora, producen un dolor de cabeza arqueológico.

Ese entonces soy yo: un arqueólogo extraviado entre restos que lo aturden, y que escucha cada segundo el sonido de una cuenta atrás que, cuando se alcance, hará que su ambición no tenga sentido. El tiempo de los calendarios y el de los temporizadores gira en sentidos opuestos y la realidad se descuadra:

a un lado, aquella que hace avanzar el mundo, que tira de él; a otro, la que se queda a su espalda, la que acoge los objetivos siempre postergados, muchas veces por el hecho simple de que la vida fluye, avanza y los ignora. El tiempo es un humificador de sí mismo y en su vapor la voluntad se hace nube, es blanda, y los proyectos se desnortan, cada vez más necesarios y cada vez más próximos a dejar de serlo. Si ahora me leéis es porque he apostado por desactivar, durante vuestra lectura, el temporizador de la cuenta atrás.

He dividido mi epílogo en dos partes. Quien busque la continuación temporal a las últimas palabras de Leonardo, puede ir a la segunda. A quien le sobre tiempo y curiosidad, le animo a leer la primera. Aunque, tal vez, acabe sin tiempo y con la curiosidad saciada. ¿No es ese, en el fondo, el resumen de cualquier buena biografía?

I

Era lunes, llovía, yo estaba cenando un bol de fideos con pescado. Vivía en Kitakyūshū, una ciudad japonesa situada —y cuál no— frente al mar. El horizonte marino lo golpeaba, con exactitud rítmica, el giro de palas eólicas. Contagiado por su movimiento, bajé la vista hacia las manecillas de mi reloj: eran las diez de la noche. Acabé el vino y me levanté.

Después de recoger los platos, llegaba la mejor parte del día: abrir el periódico local, buscar la crónica de sucesos, leer con ensimismamiento, despegar del texto la mirada y, como si la mirada encendiera la memoria, recordar qué estaba haciendo yo en el momento de la noticia, cuando un encapuchado accedió al edificio del gobierno, cuando el centro de la tierra, aburrido de no ver el sol, asomó su curiosidad y rugieron sus entrañas, cuando el tren de pasajeros buscó una primera y última libertad. Puede que sea patológico vincular la existencia propia con la tragedia ajena. Que de ello hablen los manuales de psicología. No me interesan y nunca los leeré. Con mi costumbre no hago daño a nadie y experimento una gran felicidad: la fortuna doméstica de haber evitado la hora y lugar de una desgracia. Una forma pura de expulsarme de mí, de salir de esta monotonía y de regresar a ella reconfortado, con las zapatillas de andar por casa, muy lejos de donde sucedió el ataque, terremoto o descarrilamiento.

Me serví dos dedos de ginebra.

Esa noche de lunes comenzó idéntica a cualquier otra, pero si hoy existe de nuevo y está aquí narrada es porque no fue sólo repetición. Alguien irrumpía en mi rutina desde fuera de la crónica de sucesos de un periódico. Su nombre no eran las iniciales de un sospechoso ni su nacionalidad lo convertía automáticamente en culpable. Era un nombre familiar, en el sentido etimológico del término. El sobresalto de esta noticia y su efecto se alimentarían después el uno del otro, invadiendo mi apartamento como una inundación, transformando su espacio en un lugar inhabitable, roto el orden de rutinas previo. Era una noticia inesperada, pero que regresaría de una manera maniática, antes y después de cada cena, de cada cepillado de dientes, de cada vaso de alcohol. Sería una noticia siempre real, como si las leídas noche tras noche en los periódicos no lo hubieran sido.

Pensaría después que, habiendo fabulado tantísimo sobre las tragedias ajenas, era natural que, alguna vez, la estadística viniera a mí con una noticia que, de verdad, me afectara. Así sucedió cuando, ese lunes que ya era martes, mi sueño se rompió repentino por la vibración de una madera, luego el susto, mi aturdimiento, el teléfono sonando, un objeto que cae de la mesilla a la alfombra, un embudo de luz, en el reloj despertador la una y cincuenta de la madrugada, las gafas, aquí están las gafas, aquí el reloj despertador al revés, el teléfono que en algún lugar sigue sonando, mi mano que avanza, el reloj despertador sobre la mesilla, el reloj despertador en mi mano, el reloj despertador dado la vuelta y también su hora: son las cinco y diez de la madrugada.

Recuerdo, recuerdo, qué recuerdo. Recuerdo el móvil. Recuerdo agarrarlo mientras se alejaba. Recuerdo ver el prefijo del país donde nací, su número activando mi nacionalidad, pero también el anuncio de una desdicha. Que fuera un número desconocido para mi agenda multiplicaba la inquietud: veía un auricular descolgado en alguna comisaría española, o en el cuartucho interior de un hospital público, lugares sucios y minúsculos, llenos de cansancio laboral. Pero, a la vez, que la llamada viniera de un número desconocido aliviaba esa inquietud: podía tratarse de un telefonista de algún extrarradio asiático, una voz que me ofrecería asombrosas promociones de internet y de telefonía móvil, de suministros de gas y de electricidad, de tarjetas de crédito sin cuota de las que —¡enhorabuena!— ya era titular por el sólo hecho de haber atendido la llamada. Recuerdo que me incorporé. Recuerdo que los pies chapotearon en la alfombra y que, como si reaccionaran al agua de los hielos, me subió un escalofrío hasta la cabeza. Al erguirme volvió el sentido auditivo: se trataba de Ángela Palanca, la directora del geriátrico donde estaba ingresada mi madre. Su voz debería haberme resultado familiar: nos habíamos hablado dos ocasiones en persona. Si no fue así debió de ser por culpa del cansancio o la proximidad del susto. Lo cierto es que no reconocí su voz. Tampoco había leído su correo. ¿Pero mi madre? Ah, entendido. ¿Cómo? ¿Cuándo? ¿Hoy? Ah. ¿He escuchado bien? ¿Entonces mi madre? Ah, ah, ah, entendido, dije de nuevo sin haber entendido nada, asintiendo desde un amanecer en Japón a una madrugada en Madrid, respondiendo con algunas torpezas, muchas interjecciones y absoluta alegría, porque mi madre estaba bien y por eso mi colofón fue darle las gracias y por eso dije: «Ángela, gracias, es una buena noticia, ¡nadie ha muerto, nadie!». Ahora opino que fue Ángela quien no debió de entenderme o lo contrario: comprendió bien que era yo quien no se había enterado de nada.

Tras colgar me quedé reflexionando, como si hablar y discurrir fueran tareas consecutivas. Atendí primero a mi costumbre y busqué mi ubicación en el momento y el lugar en los que el suceso había ocurrido. No conseguí concentrarme porque de súbito advertí que la noticia producía dos impactos: era una tragedia y yo, uno de sus actores. No era posible plegar el periódico y seguir a otro tema, porque el tema era yo. Mis pies continuaban húmedos, mi asombro intacto y, mientras, la noticia se propagaba igual que un fuego cuyas consecuencias no tardarían en modificar, quién sabe de qué manera, mi porvenir. ¿Cómo pude responder que era una buena noticia?

Salí de la cama y encendí el ordenador. Mientras despertaban los sistemas operativos —el de la máquina y el mío—, observé las turbinas. Giraban a un ritmo tan dócil y coordinado que parecían seguir un patrón propio de sueño, como si el descanso fuera el cumplimiento minucioso de un plan; aquel que la llamada de Ángela había roto. Un mensaje sonoro me devolvió la mirada al ordenador: la panadería Shiroya me enviaba diariamente publicidad de panes y precios. A continuación, un icono anunció un correo nuevo de Ángela Palanca. Antes de abrirlo me serví tres dedos de ginebra. Al levantar el vaso, lo contemplé al trasluz. En silencio, las palas cruzaron el vidrio.

Me rasqué la cabeza, puede que buscando la claridad de los números, pero estaba agotado y a los números les costó ponerse en pie. El álgebra despertó muy lentamente, ganó soltura, velocidad, y así deduje que, cuando mi padre bajaba de un taxi en Madrid, yo volvía de comprar cerveza, vino, papel higiénico, pescado y fideos para la cena. Me humedecí con ginebra los labios, recalculé las horas y advertí mi error, porque eran las ocho de la tarde aquí, momento en el que yo estaba empezando a cenar. Gocé por un instante ese nexo entre mis actos y los referidos en el mensaje de Ángela, pero debía continuar la investigación subido a esa tirolina que sólo funcionaba por la fuerza de la curiosidad, y aunque la mente decía algo, el cuerpo lo refutaba, y así que la cabeza pidió continuidad y el cuerpo se levantó y fue hacia la ventana, verificando su cansancio, atendiendo la llegada de un nuevo día y contemplando, a lo lejos, el giro hipnótico de las palas.

Conocer las condiciones meteorológicas de un episodio aporta una comprensión más completa de lo sucedido. Movido por esta certeza, dejé sin abrir el correo de Ángela y busqué la temperatura de la víspera. Mezclándose en mis párpados la curiosidad y el cansancio, averigüé que en Madrid, el lunes 8 de marzo de 2021, a las doce del mediodía, la temperatura en el barrio de Vallehermoso —donde se encontraba la residencia— alcanzó los veintidós grados. Sorbí satisfecho mi copa llena de información y escenifiqué lo ocurrido: yo estaba limpiando la olla que había usado para los fideos mientras mi padre bajaba de un taxi; yo en Japón, él en Madrid y en Madrid calor. Yo solo, mi padre también. Yo preparando la mesa para cenar y con el periódico bajo el brazo izquierdo, mi padre —lo supe por el correo, que ya había empezado a leer— con una gabardina bajo el suyo. Una gabardina con veintidós grados. Sonreí satisfecho al comprobar la relación entre la meteorología y nuestra conducta. Mi padre nunca adaptó su manera de vestir a la realidad. Si sólo hubiera sido la vestimenta… Continuemos: yo con una botella de ginebra en el brazo derecho y, con el mismo brazo, mi padre cargando una pesada maleta roja, viejísima y ahorcada por dos cuerdas; así la describía Ángela en su correo. Intenté recordar si había visto esa maleta en casa de mi padre, levanté los hombros, los bajé y tuve que imaginarla como extraída del atrezo de un teatro universitario. La maleta debió conferirle una cierta comicidad, un aire incluso juvenil, pero que, a la vez, ratificaba su edad y estado físico: tenía setenta y dos años recién cumplidos y lo imaginé sudoroso y fatigado.

Su equipaje consistía en cuatro calzoncillos, cuatro pares de calcetines, dos camisas a cuadros, dos pantalones de pana verde, dos camisetas blancas de algodón, dos pijamas con chaqueta abotonada. Sé bien que mi padre ama los números pares y yo soy hijo único: saquen conclusiones. También llevaba un neceser de aseo —en su interior, un tubo de pasta dentífrica, un cepillo de dientes, bastoncillos para las orejas, un cortaúñas— y, en un segundo neceser, una maquinilla de afeitar Philips de tres cabezales, uno de ellos averiado —quién sabe si la maquinilla prolongaba la misma manía numérica que su dueño—. Entre la ropa mi padre había colocado una máquina de escribir, dos cuadernos de anillas con las hojas lineadas, dos plumas estilográficas, dos tinteros Parker, unas gafas de lectura y dos fotografías de Odiseo —e inmediatamente me pregunté quién las habría hecho y luego revelado. Mi padre, con su impericia tecnológica, seguro que no—. Lo anterior lo supe a través de ese correo de Ángela que funcionaría como libro de inventarios cuando mi padre falleciera. En ese momento pensé en el contenido de la maleta y en la certeza lúgubre de que los objetos desconocen si existimos o no; los objetos nos desdeñan, seguirán sin nosotros y una mañana nuestras pertenencias serán repartidas de cualquier forma, con una rapidez que evidencia su falta de valor, entregadas a cualquier familiar, amigo o conocido. Repetí las palabras «familiar», «amigo» o «conocido» y no me identifiqué con ninguna de estas categorías. El atributo de hijo me sonó extraño, remoto.

Bebí un trago y el fondo de la copa funcionó de catalejo: vi que el amanecer avanzaba hacia mi balcón y su inminencia de rutinas me trajo melancolía y desánimo. Hubo un instante en el que mi voluntad flaqueó y el edificio de la curiosidad estuvo a punto de venirse abajo. La mente respiró hondo y asumió su derrumbamiento, pero se concedió antes una última prórroga, así que, de nuevo a la mesa, reanudé los cálculos con Ángela como objetivo. En Japón, casi a las ocho de la noche, yo cocía pasta para la cena. Eran fideos cortos, de esos que brincan desesperados en el agua hirviendo. Tendría las manos húmedas y estaría aguardando junto a la olla el tiempo de cocción, mientras que Ángela tendría las suyas ocupadas con una copa de vino o, tal vez, estarían manchadas de chocolate, y es que contaba que ese lunes había sido su cumpleaños y que, en el salón de juntas, había invitado a un almuerzo a todos los trabajadores —veintinueve, ella incluida—. Restituto, recepcionista de la residencia, se encargó de comprar cervezas y vino. La propia cafetería de la residencia les sirvió refrescos, croquetas, sándwiches de lechuga y pavo, tortillas, jamón ibérico, queso y pan. Por su parte, Ángela preparó dos bizcochos de chocolate, con nueces troceadas en su interior, por los cuales fue felicitada.

Ángela apagaría su ordenador hacia las ocho de la tarde y dejaría sobre la mesa un braille de migas de bizcocho. A través de un largo corredor, se encaminaría al aparcamiento posterior del edificio, donde, atadas a un poste, la aguardaban la oscuridad y su bicicleta. De cuclillas, abriendo el candado, pensaría en la llegada sorprendente de mi padre, en el dolor de su rodilla derecha y en los dos bizcochos de chocolate, que en verdad le habían salido mejor que otras veces. Podría haberse preguntado por qué las mismas recetas no dan siempre los mismos frutos, pero ya debía de andar distraída con otras ideas, pedaleando la avenida Reina Victoria, revisando la lista mental de quienes, en el día de su cumpleaños, se habían olvidado de felicitarla; también de aquellos que no querrían o no podrían hacerlo. Frenaría en un semáforo junto a la Castellana, estiraría las piernas y los brazos y, en el espejo diminuto de la bicicleta, vería a su madre; Ángela dibujaría con sus labios un beso triste, pero nada de lo anterior lo contaría en su correo y yo sólo lo conocería más tarde, como también que el semáforo en verde, el pedaleo y el aire la animaron por fin cerca de su casa. Finalmente Ángela apoyaría su bicicleta contra la pared del garaje, detrás de una columna, y mi investigación, como imitándola, perdería inercia y velocidad hasta frenar por completo.

Regresé a la maleta roja e imaginé su contenido abierto sobre mi sofá. A modo de vendedor ambulante que despliega su muestrario, separé las prendas por tipo de tejido y color y las doblé con suavidad. A continuación, furibundo por no haber vendido nada, las arrugué de manera súbita y las deformé con rabia. Mis brazos tocaban y movían tejidos invisibles, igual que en el famoso cuento de Andersen, y a la vez la mente se esforzaba por gobernar las extremidades, por mantener el equilibrio del cuerpo, como si el cuerpo fuera un mecano y la mente sustentara un cántaro ficticio, inestable, cuyo contenido se balanceaba en el tiempo y en el espacio entre una noche en Japón y una tarde en Madrid, entre el sonido de unos hielos constantes en la copa, ajenos al cambio climático, y, a catorce mil kilómetros de distancia, los crujidos hidráulicos de una cama médica sobre la que mi padre sesteaba. Mientras movía la ropa pensé que, hechos de millones y millones de células, cada una de ellas con su extenso listado de cromosomas —la mitad de los cuales, al menos, pertenecía al lado paterno—, existía una maraña densa de conexiones entre mi padre y yo, así que era natural preguntarse si mi padre pensaba en mí al tiempo que yo pensaba en él, si este zumbido que ambos oíamos era la misma frecuencia de un sonido, como si percibiéramos cada uno los acúfenos del otro.

Luego me toqué el pecho, que brincaba alocado: el miedo se había vuelto a instalar allí. Sé que algunas noches mi ansiedad juega a las carreras: el cuerpo y la mente se saludan, montan en sus bólidos, arrancan y, con una intensidad frenética, compiten hasta el agotamiento, que es también el mío; vueltas, vueltas, vueltas y más vueltas a un circuito sin inicio ni final, como si alguien hubiera huido con la bandera a cuadros. En esas noches me resigno a un descanso pésimo que tiene más de pérdida que de recuperación. Incapaz de concentrarme en la lectura, de ver la tele o, como ocurría esa noche, de seguir la senda de mi curiosidad, me abandonaba a la ginebra. Por supuesto que el alcohol no servía como antesala del sueño. En verdad, nada servía para convocarlo y, por esa razón, bebía una y otra vez. El alcohol era la alfombra que yo desenrollaba para cubrir un vacío.

Apagué la luz del salón y desaparecieron del sofá la maleta y su contenido. Volví a encender la luz y busqué sin éxito la imagen anterior. Tras agotarse el efecto sorpresa de la llamada, y tras agotarse también el camino de las coincidencias, decidí mirar al interior de los hechos. De pie, con el amanecer rozando la fachada, advertí que la noticia de la muerte de mis padres, venida hasta mí en tantísimas formas de la imaginación, me acabaría llegando por una inesperada, a través de una misma voz o de una misma dirección de correo, y en un caso u otro Ángela siempre detrás, Ángela al otro lado de la línea, Ángela delante de su ordenador tecleando el campo semántico de la palabra «muerte», y no sé qué agrandó más mi sorpresa: si saber otra vez de mi padre, ingresado en una residencia, o descubrir que esa residencia era la misma donde estaba mi madre.

Cuando el mundo exterior llamaba a mi puerta, abría y escuchaba sin entender nada. Entonces advertía el peaje producido por mi obsesión con los detalles y las coincidencias. Se había atrofiado mi lucidez, esa revelación que adquieren los hechos cuando se observan de forma adulta, sin las telarañas de la fantasía. Mi agudeza era bizca, la lupa de un miope muy próxima a lo anecdótico, pero una lupa sostenida con la inteligencia de un insecto. Quedó patente mi torpeza para moverme por el fondo de los asuntos cuando, unas horas antes y en respuesta a la llamada de Ángela, dije que era una buena noticia la suya porque nadie había muerto. Me bastó una frase para demostrar que no había escuchado bien ni entendido nada de lo que estaba ocurriendo. Había temido la muerte de mi madre y, después del alivio al saber que no, cerré de nuevo la membrana de mi universo sin escuchar lo que me decían. Que observara como un miope los sucesos inesperados, en resumen, decía muy poco de mi entendimiento y mucho del alcohol.

Creo que mi padre era también miope de su destino, pues no se planteó la idea de que, probablemente, moriría en una residencia de ancianos llamada El Porvenir. Y si la albergaba, fingió con humor: entró en el vestíbulo con aire despreocupado, como quien se registra en un hotel de playa, preguntó por habitaciones libres y solicitó que la suya tuviera vistas al jardín. El recepcionista, según me contó Ángela, dudó si le hablaba en serio. Antes de contestarle se levantó, se fijó en su maleta roja, en su gabardina y en el sudor sobre el cuello y, entonces, su duda fue si debía llamar a un psiquiátrico o echarlo de allí con cajas destempladas. Me gustaron las dos opciones y los hielos de mi copa rodaron afirmativos.

Visualicé a mi padre entrando en un vestíbulo que yo conocía, un espacio enorme y feo diseñado para el tránsito y que te recibía con una bofetada de futuro: un olor agrio a pis y a sopas tibias; a infección y a dentadura. Preguntó si el establecimiento era un hotel *boutique* y si disponían de alguna habitación cercana a la zona deportiva, porque le encantaba jugar al squash. Muchos lo desconocen, pero mi padre tenía sentido del humor. Una cualidad subterránea en su obra y en sus relaciones familiares. Si no la cultivaba con más frecuencia era porque no tenía con quién.

Sí exteriorizaba mi padre su capacidad para enfurecer a los demás. Hacía frente a las actividades más simples como si fueran terroríficos puertos de montaña: era incapaz de atarse los zapatos, prepararse la comida, calcular sus impuestos o pedir cita para el doctor. Rechazaba por principio cualquier ayuda y todas sus frases arrancaban con un no ecuménico. Negado el mundo, seguía un sigilo lleno de incriminaciones y en el cual, con frecuencia, mi padre alojaba el mecanismo de una bomba. Entonces la bomba estallaba y exigía auxilio con una dureza cruel. Su relación con los otros era una guerra mundial provocada por su impotencia y su miedo, suma de la que resultaba la ira, pero era una ira nacida de una flaqueza y, por eso, irritación y fragilidad, aunque opuestas, resultaban ser los ángulos de una misma tara.

Al envejecer, mi padre asumió que su rosario de limitaciones no tendría fin y evaluó hasta qué punto esas taras habían construido su carácter. Aceptó la derrota contra lo cotidiano y se resguardó de su propia tempestad, esa ira que tenía como causa y efecto ser él mismo. Con setenta y dos años y frente a la entrada de una residencia, parecía como si un tribunal, tras revisar su edad, le validara por fin todas sus torpezas.

Si mi madre hubiera podido leerme o escucharme, habría negado con la mirada y con los labios, su voz firme diciendo que no, que no era así, que no, que no tenía razón, que estaba equivocado, que yo vivía a miles de kilómetros de distancia, miles, que qué iba a saber yo, que de incapacidad o miedo nada, nada de nada, nada de nada de nada, y estoy seguro de que mi madre habría usado esas repeticiones, pues le gustaba escuchar el eco de sus frases, como si al pronunciarlas advirtiera su olvido próximo, el de ella y el de su voz. A propósito de mi padre, estaba convencida de que él actuaba siempre para hacer daño a los demás y que, sobre ese punto, no había nada que discutir.

En cualquier caso, la discusión ya no era relevante. Fuera por su incapacidad genética para adaptarse a la vida o, al contrario, por forzar tal adaptación a través del daño a los demás, fuera de un modo inconsciente o no, lo cierto es que mi padre había decidido dar un paso crucial e insólito: donde nadie acudía de manera voluntaria, él solicitaba su ingreso, como si su mente habitara dentro de una cápsula hermética, gobernada por reglas que ni siquiera él entendía u obedecía del todo. Una joya. Me pregunté qué diría él de mí, aunque en verdad, tras una vida separados, lo sorprendente hubiera sido que alguno tuviera algo que decir del otro. Pensando en nuestro silencio mutuo, la mañana había alcanzado el balcón y despertado mi arriate de cuatro plantas marchitas. Tal vez mis genes portaban el mismo descuido paterno hacia la vida de los otros. Y sin embargo, ahí estaba ese impulso afirmativo de ingresar en la residencia, quizás para resarcir una vida en común que nunca funcionó. ¿Sabía él que mi madre estaba en la misma residencia? Supuse que sí pero, conociéndolo, no podía descartar lo contrario.

Las dudas descendieron desde mi cabeza a los pies y los pies, autómatas, se llevaron las dudas hasta el balcón, donde se aproximaron a su ventana. Apoyé la frente sobre el cristal: las farolas de la avenida eran las luces tristes de una fiesta que había terminado; después, una cinta sucia de almacenes y grúas, de industria a punto de arrancar, y al fondo, avanzando desde el horizonte, el brillo atómico del amanecer, su luz molesta y afilada sobre los almacenes y las grúas y las farolas y las macetas sin vida de mi balcón. Contra esa luz busqué la mirada de Ángela: el cristal me devolvió la mía, como si la luz viniera también por detrás. Estaba en el salón y estaba a la vez en el centro de un escenario, rodeado de atentos focos. Lleno de luz, me convencí de que Ángela también me seguía, de que Ángela también pensaba en mí, de que me veía despierto tras un cristal, de pie, contemplando mis cuatro flores marchitas, las farolas, los almacenes, las grúas, y me veía de esa forma mientras ella se desmaquillaba frente al espejo de su baño, evaluaba sus ojeras, hacía pis, apagaba la luz del pasillo y en el dormitorio, como siempre antes de cerrar los ojos, inventariaba el día transcurrido, lunes 8 de marzo de 2021, Madrid, el despertador, la ducha, el primer café, la bicicleta matutina hasta la residencia, el registro de acceso y a continuación los saludos de cortesía, qué tal el fin de semana, qué tal el fin de semana, bien, bien aunque corto, como siempre corto, y ahora ya de lunes, de lunes, sí, y de lunes el segundo café y los correos pendientes, la ronda de visita a los enfermos más graves, la llamada telefónica semanal con el responsable de logística, luego el comité médico que siempre acababa tarde, después del comité la reunión mensual —era primer lunes de mes— con la directora de contabilidad y, bajo el brazo de la directora, un voluminoso portafirmas con la resma de pedidos para su aprobación, las facturas que había que pagar antes de final de mes, también el arcano indescifrable con el cálculo de los tributos, a continuación un vistazo diagonal, rápido, al primer borrador de presupuesto para el 2022 y, por último, la confirmación favorable de que seguramente se cerrarían con beneficio las cuentas del primer trimestre del año —con beneficio, repitió Ángela mientras se despedía de la directora y reflexionaba sobre ese concepto aplicado a una residencia de ancianos, y se cuestionaba qué tenía más peso en el cálculo, si las altas o las bajas, la vida o la muerte— y, por fin, el almuerzo con los colegas, compartir orgullosa sus dos bizcochos, recibir felicitaciones y besos y abrazos, después su correo electrónico en el que relataba la aparición de mi padre y que yo tardaría en leer, su paseo vespertino por el jardín de la residencia, una sonrisa profesional desplegada mientras camina sobre las losetas y la gravilla y el césped, detenida en cada sanedrín de ancianos, de enfermeros en corrillo sindical, de familiares formando estampas tristes, de fisioterapeutas optimistas que, a la sombra de las alheñas, se afanan en explicar a los residentes sencillos ejercicios gimnásticos, pero que, sin embargo, les resultan de difícil consecución, luego sus pasos ágiles hacia un jardín más alejado del edificio, de espíritu geométrico, con un pequeño laberinto y en su centro un patio y en el centro del patio un pozo y cerrando el pozo una tabla que algún día fue azul, junto al pozo un banco donde suspira como suspira de nuevo en su dormitorio una madrugada de lunes, aunque ya es martes para Ángela en Madrid y, con su cuerpo tumbado bajo las sábanas, reactiva la memoria para recuperar la de ese mismo cuerpo esa tarde en ese jardín, donde los ancianos en semicírculo, mientras se afanaban en sus ejercicios físicos, le han parecido una orquesta sin instrumentos, donde se ha sentado en el extremo del jardín, junto al pozo, su cuerpo inflándose de silencio, destensando algún músculo, sintiéndose la dovela de un arco vegetal que otorga una explicación o alivio al dolor colectivo, a la enfermedad sin cura llamada edad que sucede a su espalda, y también a su espalda, probablemente junto al ordenador, el paquete de tabaco que maldice no tener cerca pero cuya ausencia le sirve, por el contrario, para fijar su atención en el frente, en un muro de piedra erizado con pequeños triángulos de vidrio —como si algún residente tuviera la capacidad física de saltar o, por el contrario, como si hubiera que prevenir que alguien de fuera, Leonardo Agualusa por ejemplo, mostrara interés por acceder— y, por encima del muro, entre la fronda de los cipreses, el sinsentido enérgico de la ciudad, su perfil rabioso difuminado por la contaminación y lejos, mucho más lejos, cruzando fronteras y ríos y lagunas y mares, cambiando de divisas, husos horarios, culturas, climas, relieves, lenguas, religiones, proyectando su vista hasta lugares que sólo podían ser imaginados, yo, yo insomne, yo hundido por el cansancio y anestesiado de luz, con las pupilas dilatadas, aunque lúcidamente convencido de que Ángela, esa tarde, había vuelto al banco cerca del pozo donde estuvimos una vez, pero que, además, hoy, tras la llegada de mi padre, pensaba en mí donde quiera que estuviese y, convencido de ello, escuché una voz a mi espalda que cuestionó la seguridad de mi afirmación, una voz que era familiar y que aguardaba una respuesta. Me giré para descubrir que esa voz era la mía y que preguntaba al apartamento vacío: Ángela, ¿de verdad pensabas en mí?

La pregunta eclipsó la luz del amanecer. Una oscuridad inesperada entró sin llamar y el salón perdió su cualidad de caleidoscopio. El sol estaba suspendido sobre el tejado, igual que un helicóptero con aspas de luz. Sus rayos habían desaparecido de la calle, del balcón y de las plantas. A cada objeto volvieron su contorno y su sombra. Me senté en el sofá y olvidé mi pregunta, pero, frente a mí, me encontré con aquella que Ángela sí que había formulado: ¿sabía la familia acerca de su ingreso? Le había contestado que sí, movido por mi tendencia natural a engañar por teléfono o, tal vez, por evitar la vergüenza agria de admitir la verdad. Tratando de justificar lo ocurrido, le refresqué la memoria: vivía en Japón. Ángela emitió un carraspeo que denotaba sorpresa y lamentó haberme llamado de madrugada: no reparó en ello, aunque en verdad lo sabía, pero le importó más sentirse sola el día de su cumpleaños, aguardando que ocurriera algo, algo que, en verdad, ya no sabía siquiera el qué. El ingreso imprevisto de mi padre despertó la oportunidad de que ese día fuera diferente, aunque lo diferente fuera hablar conmigo. Su llamada podía justificarse, además, por una cuestión de celo profesional: no le había respondido a su correo enviado unas horas antes; un tiempo, a decir verdad, breve, pero que a ella se le hizo largo. De ahí que, poco después de la madrugada, Ángela decidiera llamarme, consciente de que no se debía molestar a nadie a esas horas, aunque disimuló este hecho con astucia acentuando lo insólito de lo ocurrido, pues nadie ingresaba solo, de forma voluntaria, casi festiva y sin aparente justificación médica que soportara esa necesidad. Yo desconocía las motivaciones de Ángela y a sus disculpas respondí con otras, dejándole claro que me podía llamar en cualquier momento, como en verdad quería que fuera, y también añadí mis mentiras, lamentándome por no haberla informado con antelación de la llegada de mi padre, y mientras dibujábamos ese espacio común de culpa y mentira advertí la necesidad nueva de atender, tocar y sentir, una y otra vez, esa voz. De ahí que, a sus disculpas, y para evitar que se terminara nuestro diálogo, yo respondiera con un despliegue aún más grande de las mías, y así, avergonzados por completo el uno y el otro, elevamos los hombros al unísono y, mientras nos pedíamos perdón, pensé lo quebradizas que son las convicciones de uno; había bastado una voz, un presentimiento, para desencajar la estructura débil de mis días en Japón. Antes de colgar, Ángela me recordó su correo electrónico donde detallaba el contenido de la maleta. Asentí, le di las gracias y quedamos en conversar con más calma al día siguiente, aunque no sabía bien cuál podía ser el día siguiente si no sabía cuál era el de hoy, si el que acababa de terminar para ella en Madrid o, por el contrario, el que empezaba para mí en Kitakyūshū. En un nudo de disculpas, nos despedimos y me observé colgando el teléfono, subiendo la persiana del dormitorio, viendo que las farolas de la avenida estaban iluminadas, percatándome de que hace media hora estaba dormido y que ahora estaba despierto, que mi padre había ingresado en una residencia y que yo seguía ligeramente borracho. Tras colgar, en mitad del silencio, sonó una puerta. Desde la ventana vi la silueta de un hombre saliendo de mi portal y alejándose hacia la avenida. A su lado iba un chihuahua. Pensé en Odiseo. ¿Con quién estaba? Esa fue la primera pregunta que me vino a la cabeza después de colgar con Ángela: el destino de un perro. Decía poco de mis vínculos familiares. O mucho de Odiseo. O, más bien, nada de todos.

Me serví una copa de vino y deambulé con ella de una esquina a otra del apartamento, llevándola muy despacio y a la altura de los labios, a modo de grial. Volvió a sonar una puerta, volví a la ventana y, en esa ocasión, fue un piragüista quien salió a la calle. Eran las cinco y media de la madrugada y me alivió saber que alguien más estaba despierto a esa hora, aunque en verdad yo apenas lo estaba. Si el piragüista hubiera mirado hacia la fachada, quizás habría identificado mi silueta en la penumbra y se habría preguntado qué hacía allí. Si el piragüista. Quizás.

Mi atención volvió al interior. En la cocina, mientras movía los imanes de la nevera, quise averiguar en qué planta había ingresado mi padre, para calcular cuántos pisos separaban su habitación de la de mamá. La cocina no me dio respuestas. En el baño, frente al espejo, las dudas refractaban insistentes. Luego atendí a la copa de vino, a mis pies húmedos y de nuevo al piragüista, que se alejaba hacia el mar obedeciendo el misterio de una rutina rigurosa. La mía hoy era un cuenco roto. Imaginé mi vaso contra el suelo y pensé en mi madre, que llevaba más de dos años recluida en el piso menos uno, aunque su habitación tenía luz natural porque la residencia, dispuesta sobre un perfil inclinado, tenía el acceso por una planta superior a la de ella. Y hablando de plantas, mis pies chocaron con una a la entrada del dormitorio. Después cogería el cubo y la bayeta y, una vez limpio el suelo, me serviría algo más de vino para enfrentarme a nuevas dudas.

La copa volvió a estar llena y alguien subió con lentitud una persiana. En la calle no había rastro del piragüista. Es posible que mi padre estuviera en la última planta, donde ingresaban a los pacientes con mejor movilidad, aunque en el fondo ignoraba cómo era la suya. Supuse que lo llevaron a la planta tres. Como mi madre estaba en la menos uno, tres menos uno: dos. Pero el uno era negativo y la diferencia daba cuatro. Cuatro. Debería secarme los pies para que la humedad no deteriorara el suelo. Tres menos menos uno, tres menos menos uno: cuatro. Cuatro. Qué lentitud mental. El piragüista sería un hombre jubilado. O un insomne. O un insomne jubilado. Una persona se podía dividir entre una característica y su contraria. Pero también multiplicarse en dos roles opuestos. Dividir o multiplicar a una persona por dos daba como resultado la misma persona, y esos cálculos extraños me condujeron a mi padre y el valor que siempre dio a los números. No sólo mi padre, también mi abuelo: éramos una saga de algebristas. Eran. Dudé si su obstinación alertaba de una minusvalía familiar que requería cuidados o si, por el contrario, era la confianza de que llegaría lejos subido a las leyes del álgebra. Sin embargo, ni ellos prosperaron en sus vidas ni yo en la mía, donde los números sólo me brindaron distancia, en forma de kilómetros, pero jamás madurez. Con diecisiete años fui enviado al otro extremo del mundo. A la estricta docencia familiar la sustituyó la también estricta pero ineficaz docencia del aula, porque el aula debía reflejar, según el modelo japonés, la tutela de unos padres que no tenía o tenía pero se encontraban lejos, y mis tíos, la familia más próxima, esperaban el momento en que fuera mayor de edad y me emancipara, pues preferían verme lejos que cerca. El piragüista, los números. Qué hubiera pensado mi abuelo al descubrirme consumido por el error, torpe, apático y sin un proyecto de nada. Toda la importancia que dio siempre a las reglas algebraicas, que transmitió a su hijo y su hijo a mí, y resultó que me equivoqué en una sencilla resta. El piragüista, los números, la planta, los pies fríos. Pasé mi juventud aterrorizado frente al peso inmisericorde de las tablas de multiplicar. Y hablando de tablas, la del piragüista. Y hablando de pies, los pies fríos. Y empujando esos pies, el corazón en sacudidas. Y sobre el corazón, la boca seca.

Asentí al grifo porque once por once eran ciento veintiuno. La ventana, el balcón, las grúas, el mar y las turbinas. Ciento veintiuno. El mar como frontera o destino. Salir de la cama, volver a ella, levantarse, tumbarse, levantarse otra vez y recoger del suelo, junto a la mesilla, los hielos y la copa; sentarse por fin, sentarse por fin al borde de la cama mirándose los pies: los verbos denotaban acciones y las acciones, en círculo, formaban una tribu bailando alrededor de mi ansiedad. Los verbos gritaban alargando las sílabas y haciendo acompañar cada una con el golpe rítmico de un tambor. Y sería por ese tambor que el suelo vibró bajo mis pies. Era como si un terremoto hubiera comenzado, pero sabía que esos temblores sólo afectaban a este edificio, y sólo a mi apartamento y sólo a mi habitación y sólo al lugar donde pisaba. El piragüista, tres menos menos uno, cuatro. Las tablas de multiplicar custodiaban las puertas del éxito, eso decía mi padre porque también lo pontificó el suyo. Ignoraba lo que pudieran decir mis hijos porque nunca quise tenerlos. En algo fui listo. O lo fueron mis parejas, que advirtieron que yo no lo era y que, además, nunca sería un buen padre, porque mis afectos eran igual de movedizos que mi memoria. Aunque todavía recordaba que doce por doce eran… Da igual.

Un nuevo sorbo me reveló una nueva información: yo había olvidado las tablas de multiplicar, pero el piragüista, junto a la puerta de la calle, una cincha. No estaba solo en mi camino hacia la desmemoria. En otro, pero hacia el pueblo de la abuela, mi padre me pedía de niño que sumara límites de velocidad, distancias kilométricas, líneas de autobús o matrículas de coche. Le movía un convencimiento didáctico, la certeza de que esa pedagogía llevaba al progreso. Dudé si doce por doce eran ciento veinticuatro. Mis cálculos se parecían a mí porque no eran fiables. Aunque las tablas de multiplicar demostraban que la realidad era una serie inútil de preguntas y respuestas, mi padre, por algún motivo, valoró siempre la rutina de memorizarlas. Yo tenía dudas de ese valor y también de cuánto eran doce por doce.

Y ahora la cincha. Decía mi padre que los objetos, al igual que las leyes algebraicas, no se olvidaban por culpa de la mala memoria sino por ausencia de uso, y de ahí que defendiera el esfuerzo como medicina contra el olvido. Discrepé mientras me secaba los labios y rumié mi malestar: si el vecino olvidó en la calle su cincha no era por ausencia de uso, más bien lo contrario. Era absurdo pensar que un objeto fuera indemne al olvido sólo por el hecho de que se lo prestara atención. Mi padre habría respondido que el dueño de la cincha, de haberla necesitado, habría advertido con rapidez su ausencia y vuelto entonces a buscarla; la naturaleza del ser humano era una huida constante, lo firme siempre se escapaba, porque siempre estaba en movimiento, y lo superfluo era lo que restaba atrás, inmóvil. Concluiría mi padre que, al no volver el dueño a por su cincha, se hacía patente la irrelevancia de este objeto, porque no era parte de su naturaleza, y quedaba justificado el olvido.

Respiré profundamente y comprendí que mi padre, respaldado por esa idea, quería evitar que cuestionara la libertad que me concedió sin pedírsela y para que buscara, en su ausencia, lo necesario y firme. Pero esa noche le haría ver su disparate, enfatizando la importancia de torcer la cabeza y distinguir, a nuestra espalda, algo familiar que motivara un regreso. Tras dar un nuevo sorbo a la copa, me senté junto a la ventana, eructé y puse mi atención sobre la cincha, igual que un detective escudriñando una casa, su propia casa, y esperé, esperé, esperé, y como el piragüista nunca regresó, volví rabioso a darle la razón a mi padre justo cuando por la acera, sobre el seto, asomaron tres globos grandes con tres números dorados que, en orden de izquierda a derecha, eran el uno, el cuatro y el cuatro. Los globos formaban un número aéreo, el 144, dije, sonreí, me puse en pie, tiré la silla, eructé otra vez, el amanecer avanzó y su luz hizo estallar los globos, me di la vuelta, llegué a la cocina, bailé mientras canturreaba que tu corazón conmigo te hace bum bum, bailé, bailé, lavé el vaso y prometí no beber más mientras gritaba que doce por doce eran 144, uno, cuatro, cuatro, 144, uno, cuatro, cuatro, y en el fregadero vomité dos veces, luego una arcada se quedó a la altura del esófago y a continuación me desplomé.

Cuando abrí los ojos estaba en el dormitorio. Oí un zumbido azul. Después, sonó una verja, corrí hasta la ventana, no vi a nadie. Si encendía la luz de la mesilla de noche, el zumbido cambiaba de tono y color. Sonaba más profundo y blanco si hundía el rostro en la almohada. En esa postura era dichoso: mantenía la expectativa próxima de volver a hablar con Ángela, nadie había muerto en mi familia y doce por doce eran ciento cuarenta y cuatro. En lo negativo, me costaba diferenciar lo que se movía a mi alrededor de lo que debía ser yo; lo que me afectaba de fuera de lo que, viniendo también de fuera, era yo, su regreso o su emanación. Ubicar el límite con el entorno me ayudaría a definir el alcance y fondo de mis días.

Casi me estalla la cabeza al tratar de levantarme: advertí que los movimientos de traslación y rotación eran dolorosamente simultáneos. También comprobé que me costaba concluir cualquier acción o pensamiento, justo porque la mente rotaba y se movía a la vez y era imposible de gobernar. Sentí la necesidad de saber quién era yo, pero también quiénes eran los otros porque, por exclusión, saber de ellos confirmaría mi identidad. Doce por doce eran ciento veinticuatro y quería hablar con Ángela. En el techo vi una cincha, vi a papá, vi a Odiseo, vi también a Ángela y luego no vi nada. Por un instante noté cierta tranquilidad. Un escalofrío recorrió la espalda y entonces volvieron el pulso acelerado, la boca seca, un vértigo hondo. Cuando abrí los ojos estaba tumbado sobre el sofá. Fui al baño y vomité en el inodoro. Abrí el grifo y sobre el agua pude ver al vecino piragüista. De regreso al salón, tambaleándome, pisé una pasta grumosa: también había vomitado detrás del sofá.

Mi descalabro parecía menos definitivo porque siempre sucedía algo que empeoraba la situación anterior. Para detener el abatimiento, di un sorbo al vino, me tumbé de nuevo en el sofá, cerré los ojos y, de las imágenes que veía, me afané por concentrarme en una. Estaba seguro de que todo funcionaría mejor siguiendo este propósito cuando, desde el estómago, ascendió otra arcada. Escupí en la copa, fui a la cocina para buscar una nueva y advertí que, desde su balcón, el piragüista me observaba. Volví asustado al sofá y no conseguí recordar lo que había pensado hace un instante. Todo era obsesivo y, a la vez, todo se olvidaba. La recurrencia de las ideas no sólo era la prueba terrible de la obsesión, sino también de la desmemoria.

La mente era un incensario que balanceaba dentro de mi cabeza, donde la imagen de mi padre iba y venía, iba y venía, iba y venía. Incapaz de frenar su movimiento, se me ocurrió que, tal vez, bastara con introducir otra imagen, sahumar una materia nueva y hacerla oscilar. Bebí algo de vino, cerré los párpados y surgió, otra vez, la imagen modélica del piragüista: un buen marido, un buen padre, un buen trabajador y ahora tal vez un buen jubilado, alguien que siempre alcanzaba sus metas, que nunca perdía ningún objeto, porque estaba seguro de que volvió a por su cincha, ni tampoco su gobierno mental y que, por si fuera poco, sabía de memoria el resultado de doce por doce. Su solvencia matemática me hizo pensar de nuevo en mi padre, así que la imagen del piragüista tampoco me sirvió para vaciar la mente. Primer fracaso.

Saltó entonces un fotograma de Ángela que luego desapareció.

Lo intenté con mamá: la evoqué en la residencia, postrada, esperando la luz de la tarde en su costado izquierdo, alguna visita por el derecho, pero desde ayer la residencia era un lugar diferente, porque ahora sus pasillos conducían también hasta mi padre. Segundo fracaso.

Saltó entonces un fotograma de Ángela que luego desapareció.

Traté de ver la película de mis días en Japón, pero sólo obtuve un cortometraje en bucle de unas turbinas girando sobre el mar. Tercer fracaso.

Saltó entonces un fotograma de Ángela que luego desapareció.

Llené el incensario con fragmentos del papel que fue mi formulario de divorcio, un documento breve que mi exmujer y yo firmamos al mismo tiempo, aliviados al unísono el uno del otro, pero el formulario, aunque en distinto idioma y con diferente propósito, se me pareció al que mi padre debió completar para su ingreso en la residencia. Cuarto fracaso.

Saltó entonces un fotograma de Ángela que luego desapareció.

Observé ahora la botella de vino que, con ánimo ascético, se elevó hasta dibujarse rupestre sobre el techo. En la escena se unían la sed, primero, y su rechazo, después, y de ahí que fuera una imagen siempre desenfocada, porque cuando se buscaba próxima aparecía lejos y también al contrario. De este desajuste focal brotaba, otra vez triunfador, mi padre, siempre tan nítido, tan ausente en mi vida y a la vez tan constante, tan real. Cuarto fracaso. Perdón, quinto, quinto fracaso.

Saltó entonces un fotograma de Ángela que luego desapareció.

Lo intenté por último con los ojos abiertos, atrapando la luz de un sol curioso que, con parsimonia, avanzaba por el salón. Al principio confié en lograrlo, porque el concepto del sol me pareció lo bastante remoto como para no unirlo con el de mi padre, pero después comprendí que esa luz era continuación o reflejo de un mismo haz que, horas antes, había tocado a mi padre en Madrid.

Me puse en pie, perdí el equilibrio, volví a sentarme e intenté reflexionar. Aunque Ángela y yo estábamos desprovistos de una memoria en común, sentí un miedo inesperado y profundo ante su ausencia, como si echara de menos algo que nunca tuve.

Comprendí que, a menudo, los miedos germinaban con anterioridad a hacerse visibles, y dudé si Ángela era la raíz de mi perturbación o si, como siempre, yo era mi peor enemigo mental. Volví a servirme otra copa de vino para no enfrentarme a una pregunta cuya respuesta conocía demasiado bien.

En la calle pasó una ambulancia. Miré el reloj con seriedad, como si tuviera alguna obligación que cumplir, pero al instante había olvidado la hora y la obligación. Luego traté de pensar en algo distinto, no pude y volví a preguntarme si, para librarse de una obsesión, la única alternativa era sustituirla por otra, igual que un juego de cromos: cambiar la trayectoria del faro mental y dirigir la mirada a una nueva imagen que, de una vez, detuviera esta película larga y sin guion. Al aferrarme a tal estrategia, ignoraba que con anterioridad no había funcionado, pero era incapaz de distinguir entre la obstinación y la obsesión, entre la firmeza y el delirio, entre Ángela y un mundo sin Ángela. Era consciente de que esta curiosidad podría abrir las puertas a una desgracia futura y una desesperación aún mayor. Pensando en el futuro, me inquietaba el día en que Ángela percibiera mi carácter obsesivo, o hasta qué punto lo habría hecho ya. Traté de fijarme en el presente, en la percepción que Ángela tendría de mí y si, en algún instante, yo había ocupado sus pensamientos de la misma forma que ella llenaba los míos. Ángela parecía ofrecerme la oportunidad de un cambio de foco, una liberación de mis obsesiones para volcarlas en ella, pero ahí estaba con seguridad el preludio de un nuevo drama, una señal de que la euforia sería efímera y la tormenta inevitable.

Zas, zas, zas.

Zas, zas, zas.

Era imposible reflexionar con el piragüista golpeando la puerta de mi balcón. Mi obsesión por él escapaba a toda lógica.

Zas, zas, zas.

Zas, zas, zas.

El piragüista saltó a mi balcón: era él quien parecía obsesionado conmigo. Al volver del baño, ya no estaba allí. Me apoyé con alivio en la barandilla. De pronto, una corriente de aire cerró la puerta a mi espalda. Los portazos de mis padres sonaban igual. Durante mi juventud me conminaron a huir, en una decisión insólita pero efectiva para evitarme un drama, y que yo acepté con docilidad, tal vez porque no había alternativa. La huida se transformó en esa costra llamada errancia, que me ofrecía protección, aunque aislándome de los otros. Si mis padres pusieron los cimientos, fui yo quien terminé de construir la muralla familiar. Hecha de husos horarios, esa muralla no sólo encerraba mi vida a un lado, sino la de los demás al otro, y por primera vez comprendí que su decisión, aunque extraña, podía verse como un acto complejo de amor.

Por el jardín regresaba el piragüista, la versión completa de lo que yo nunca lograría ser; un fotograma en el montaje de mi existencia, pero que perdía todo significado al analizarse de forma separada. En mi película de sesión continua, yo aparecía siempre aislado, con padre vivo o sin él, con madre viva o ausente, con Ángela enamorada de mí o sin ella, con el piragüista o sin él, yo siempre sobrio o ebrio, tocado o hundido, en búsqueda de una imagen sobre la que abrazarme, volcar mis obsesiones y, a continuación, beber mi ansiedad.

La sirena de otra ambulancia alejó mi angustia hacia los muelles. Regresé al fregadero, bebí dos vasos de agua, tomé una aspirina y volví al balcón. Era un pusilánime. Acepté vivir protegido por la muralla y sus muros me alejaron de mi familia, en especial de mamá, alguien que me seguía queriendo y que deseaba hablarme. La distancia nunca fue excusa para mi actitud hacia ella, porque tampoco atendía o buscaba, aquí en

Japón, los afectos más próximos. Era como si no pudiera dotar a los días de ningún contenido, como si nada me pudiera afectar porque lo bloqueaba un muro que tenía tanto de recuerdo como de tergiversación, de parte heredada y otra voluntaria. Tras su ingreso en la residencia, con mi silencio materno callaba también la voz de mi padre.

Volví a oír la sirena de una ambulancia e imaginé aquel vehículo en Madrid, subiendo hacia la residencia donde se alojaba mi madre. Se detendría un momento ante una barrera, haría sonar el claxon y desaparecería por una rampa junto a la cual, en ese instante, aparecería yo, que me acercaba al edificio y donde, tras saludar a un bedel, me dirigí a un mostrador curvo con unos caramelos de limón en un extremo y, en el otro, un cartel que siempre informaba la ausencia de mandos de televisión. Pensé en el adverbio «siempre», lo repetí en alto y sus letras partieron de un ordenador en Madrid a la terraza de mi edificio en Japón, donde las había traído la memoria. Allí, sin rastro del piragüista, las letras no lograron reagruparse, pidieron ayuda y la memoria reveló que tal adverbio era impreciso, porque apenas había visitado esa habitación monástica, como de santuario, en cuyo centro mi madre yacía sola, siempre sola, rodeada de una mesa, un aseo, un televisor sin mando y dos butacas que nunca recibían visitas.

Mis sentimientos salían de ese televisor sin imagen, recorrían las baldosas, se acercaban a la cama y subían a ella como una luz triste de invierno. Mi madre me miraba con desconfianza, sin enfocarme, quizás porque había perdido la costumbre o porque jamás la tuvo. Puede que llevara toda una vida como yo, haciéndose preguntas, tratando de entender quién era su hijo, dónde estaba, cómo le iba todo. Dialogando con ella, aprendí que las mentiras no eran una coartada ni una variación de la verdad, sino un medio de supervivencia, la manera de hacer el mundo un lugar falso pero soportable, y que eran necesarias porque lo que se decía siempre era imperfecto, siempre, siempre era imperfecto, y no podía nombrar la verdad o una sola verdad, pues la verdad era un cubo de muchas caras.

Mi madre nunca supo que, cuando mi padre ingresó en la residencia, vacié tres botellas de vino. No encontraba otra alternativa para hablarle que mintiéndole; era así de simple y así de difícil. Supuse que mis acciones mostraban lo contrario de lo que decían mis labios, y sólo aquellos que me observaban conocían la verdad. Por eso opté por visitarla poco y evité que viniera a verme. De esa forma, evitaría que se preocupara por mi caos mental, mi descuido, mi falta de rumbo; no se alarmaría al observar que mi salón era una bodega y que mi mesilla rebosaba de botecitos médicos, igual que la de una estrella de cine antes del suicidio. Nuestra distancia me permitió mantener en secreto que, algunas noches, la vida y la muerte eran adversarias disputando un partido que siempre acababa en empate, como si ese resultado fuera la finalidad de ambas, pero que a mí me dejaba agotado y con la sensación de una doble derrota.

A veces hubiera querido llamar a mi madre y compartir historias como la de cincha. Deseaba que el piragüista volviera a por ella porque le era necesaria. De esa forma tendría razón frente a mi padre y, no sé muy bien el motivo, hubiera querido aún más a mi madre, todavía un poquito más, evidentemente a mi manera, pero esa mañana en Japón estaba seguro de que doce por doce eran ciento cuarenta y cuatro y que la cincha había perdido su luz porque amanecía muy pronto, y era curioso que algo fluorescente, que se alimenta de luz, dejara de serlo precisamente cuando la luz abundaba. Me hubiera gustado saber si mi madre pensaba lo mismo acerca de la cincha, o si creía que debí ser mejor persona y no haberle mentido, pero fui incapaz de convertirme en lo que ella quería que fuera, y yo también, yo también deseaba ser otro, claro que lo deseaba, claro que me gustaría madrugar, tener metas, claro que me gustaría redimir a mi madre y redimirme a mí de la existencia que habíamos tenido, pero una a una se fueron apagando las lamparitas de mi cabeza, una a una, una a una, y era extraña la oscuridad porque estaba amaneciendo, y no era extraño que la copa cayera al suelo porque me temblaba la mano, y tampoco supo mi madre que hubo una lágrima larga, muy larga y roja que avanzó hacia las flores secas y, al instante, yo también caí, dejé de escuchar la sirena y el suelo del balcón me hizo una radiografía.

Zas.

Pasó un tiempo que no pude precisar. La incógnita se mantuvo con los ojos abiertos. El pasillo era un tubo de luz. Olía a pis, desde el salón llegaba el rumor del tráfico, tenía escalofríos. El día de la semana también era un enigma. No encontré ni mi teléfono ni mi reloj, aunque el suelo estaba cubierto de cosas y era difícil dar con algo. Otra vez el golpe lejano de una puerta: cuánto hubiera dado por saber si el piragüista recuperó su cincha. Conseguí reptar hasta el baño, me agarré al inodoro, vomité la noticia de mi padre. Su radiación. Tosí, me sobrevino una arcada y volví a vomitar: el vómito se esparció sobre una baldosa idéntica a la de la habitación de mi madre y, en efecto, al levantar la cabeza observé la imagen invertida de su televisión, el jardín como un cuadro del revés, las ruedas de la cama pegadas al techo, dos butacas aéreas y también los pies de bailarina de Ángela. La baldosa tembló con el eco de los pasos de mi padre, que subía alegre hacia su planta canturreando tablas de multiplicar.

Al tocar la baldosa estaba a la vez en España y en Japón; en la residencia de Madrid y en mi baño de Kitakyūshū. Habitaba dos espacios, pero en verdad no existía en ninguno. Remotamente distantes, Japón y España compartían una misma incertidumbre. Igual que un telescopio que une dos realidades opuestas, la baldosa me reveló que la madurez, con sus aparentes contradicciones y matices, era más bien una marea homogénea de interrogantes que iban y venían y que, a modo de virus, no necesitaban de respuesta alguna para seguir propagándose. Daba igual dónde me encontrara: siempre arrastraría la duda, el desencanto, la culpabilidad. Al intentar levantarme, me golpeé la cabeza contra el suelo. El mundo parecía invertido, como los reflejos en la baldosa. Pasé la mano por la cabeza y noté el pelo manchado de sangre y de vómito y luego no sentí nada.

Zas.

Zas.

Sé que me despertó el sonido de un timbre. Sé que la señora de la limpieza esquivó la mirada al verme, que entró en el salón y que empezó a ejecutar tareas que yo no le había dado. Aireó las habitaciones, cambió las sábanas, limpió el suelo, fregó los vasos, me preparó un café. Dominado por la culpa, traté de orillar su energía huyendo al balcón, fingiendo mostrar interés en una niebla legañosa que escondía el giro de las turbinas. Me agaché junto a mis cuatro plantas sedientas y noté que el sustrato estaba revuelto y húmedo. En la cocina brincamos a la vez la tostadora y yo. Supuse que era la hora del desayuno. La mujer de la limpieza se movía de cuarto en cuarto rodeada por el ruido del aspirador. No me atreví a preguntarle qué día era. Tampoco quise saber si yo debía estar trabajando. Tuve un fogonazo de claridad y recordé lo ocurrido sobre la baldosa, así que, disimuladamente, cogí una bayeta y me acerqué hasta el baño, donde me encontré el suelo limpio y, sobre el suelo, el reflejo de mi asombro.

Sí recuerdo que la mujer se marchó en silencio y que las turbinas, batiendo en el horizonte, atraparon mi atención. No recuerdo si fue en ese instante cuando pensé que las turbinas y mi cabeza girábamos a la vez, en un insomnio sincronizado. Se movían las palas, se movía mi cabeza, pero también el temblor en mis dedos, en mis brazos, en mi pulso, el equilibrio circense de los hielos en la copa y la oscilación en la luz: el apartamento era el escenario de una obra a punto de comenzar, cruzado por tramoyistas y regidores invisibles que movían elementos de utilería a mi alrededor. En esta escenografía, al mundo de mis padres lo representaba un largo y famélico reloj inglés de pared que, desde el fondo del salón, anunciaba su ritmo lento con golpes de nogal: tac, tac, tac, tac. Más lento incluso: tac. Tac. Tac. Tac. Al reloj le faltaba la llave mariposa para darle cuerda. Tenía pánico de que se parara: una obsesión antigua que volvía a cada instante con idéntico dolor y sorpresa. Vivía subido a una cuenta atrás. Vivía encadenado a una cuenta atrás. No podía dejar de escucharla. Tampoco quería dejar de escucharla. Que mis padres siguieran en escena aliviaba mi obsesión y, a la vez, volvía a reproducirla. Si su existencia me provocaba esta inquietud, qué sucedería cuando de verdad llegara su muerte. Confiaba en que imaginarlo hoy restaría dolor mañana. En las noches más difíciles se descubría mi engaño: que la orfandad seguiría en mí al quedarse sin cuerda el reloj, recordándola mientras mirara al jardín, hirviera fideos, tomara el tren matutino hasta el colegio, trabajara en el aula y de reojo atendiera, en la lejanía, a las palas de las turbinas y, por las noches, contemplara esas mismas palas desde el apartamento, tumbado sobre el sofá, en los dedos el tacto frío de un vaso y, a cada hora y en cada rincón, el malestar de saber que los había desasistido mucho tiempo antes y de que la muerte sólo, sólo serviría para dar fe de este desapego familiar.

Encendí la televisión y me detuve en un documental sobre dinastías egipcias. Me pregunté si sería el mismo que vio mi padre. El locutor hablaba con un tono de severidad penitenciaria. Su voz me atrapó. El antiguo Egipto servía de pretexto idóneo para iniciar cualquier relato: si un origen era incierto —ya fuera el de la balanza, el calendario o la escritura—, bastaba con asignárselo a los egipcios, una civilización remota aunque lo suficientemente avanzada como para sostener que algo se inició con ellos. Los egipcios. Me incorporé en el sofá y pensé si podrían ayudarme en mi expurgación alcohólica. Era una idea magnífica aunque de inmediato la olvidé. Seguro que la desmemoria no la inventaron ellos. Acepté que la idea volvería a mi mente si era valiosa, y mientras tanto lo que volvió fue mi atención al documental, a esa voz incisiva, amenazadora, planeando igual que un pájaro sobre desiertos, mastabas, pirámides y esfinges. Las panorámicas aéreas me liberaron de mi ensimismamiento; era maravilloso salir de uno mismo y sobrevolarse.

Si los egipcios lograron erigir vastas construcciones, yo no iba a ser menos a la hora de alcanzar mi propósito. Y mi propósito era no beber alcohol. Es verdad que los egipcios fueron sometidos a una disciplina férrea, pero también que los movió un entusiasmo infatigable. Me levanté del sofá lleno de esta convicción. En la cocina me aguardaban un café frío y una tostada rugosa. Bebí y mastiqué mi porvenir. La luz del sol llenaba el apartamento; mi lucidez, por el contrario, languidecía. Cualquier tarea intelectual —concentrarme en un libro, alcanzar una conclusión, atender a un problema— me extenuaba. La señora de la limpieza había dejado un vaso con vino en el interior del horno. Me lo acerqué a los labios y fingí beber, como si continuara en mi apartamento la función teatral. Mi voluntad era más firme de lo que pensaba, sin duda por influencia de los egipcios. A continuación el fregadero pareció ensangrentarse. Luego lavé el vaso y lo volteé con la velocidad de un trilero.

Debía escapar de mí. Debía verme como un egipcio, cenital. Me ilusioné con este propósito y, al instante, me agotó la perspectiva del esfuerzo. Brincaba de la euforia a la tristeza, quizás por algún narcótico disuelto en el café. Recogí la taza, el plato y las migas. De vuelta al sofá caí en un sueño geométrico, como en el interior de una telaraña. En el sueño mi padre era un faraón. Cada amanecer, oculto tras una máscara, él redimía a su pueblo de la esclavitud. Cada crepúsculo, tras otra máscara, lo sometía de nuevo. Al castigo nocturno le seguía la liberación diurna en un ciclo sin fin. Sólo yo sabía que decisiones tan divergentes procedían de la misma persona. En el sueño debía descubrir si la motivación de mi padre estaba del lado de la libertad o si, por el contrario, mantener la esclavitud era su empeño y la libertad, entonces, funcionaba como un ciclo necesario para sostener su tiranía. Justo al resolver el enigma, y mientras me acercaba al rostro de mi padre, me sobresaltó el volumen de un anuncio de teléfonos móviles y volví al mundo real.

Me puse en pie, me rasqué la cabeza y se me alborotaron el pelo sucio, la angustia de hoy y el jeroglífico del mañana. Mis dedos se mancharon con restos de sangre y vómito. Resuelto a darle otro giro a mi existencia, y con los egipcios como aliados, debía enmudecer mi voz interior, impedir que hablara o intentar encubrirla. Aventuré más fácil lo segundo y subí el volumen de otro documental, ahora sobre la elaboración del sake en la destilería de Yoshida. No era lo más adecuado para alguien que pretendía dejar el alcohol; además, recordé el estricto voto de silencio de mis vecinos que, al romperse, desataba una ira temible, como de samuráis enfadados. Apagué la televisión y cubrí su silencio con la radio. Escuché noticias de todos los rincones del mundo que eran, en resumen, variaciones de una misma tragedia. Conocerlas no activó mi afición a jugar con los lugares y husos horarios. Las noticias ya no eran sólo un entretenimiento, sucesos que siempre les ocurrían a los demás. Después del correo de Ángela, la incertidumbre se había acercado hasta mi umbral, dejando mis días abiertos a la intemperie. Es verdad que me sentía libre y lleno de esperanza, pero también débil y desubicado: el ingreso de mi padre me ayudó a reconocerme en un lugar y a sacarme de otro. La noticia parecía empujarme a volver a España a la vez que me descubría sin propósito alguno en Japón, en esta ciudad, este apartamento y este balcón de flores secas asomado a un jardín, a una cincha sin dueño y a un horizonte con tres turbinas eólicas clavadas en el mar, dos de las cuales giraban mientras que una tercera, algo más lejos, no. Visualicé a mis padres paseando juntos por el perímetro de la residencia, quién sabe si del brazo. Tras tanto tiempo desde su divorcio, esta situación era insólita pero, a la vez, posible. Observé de nuevo las turbinas: era fácil hacer analogía con la imagen de mis padres, dando vueltas alrededor del jardín y yo en la distancia, estático, desnortado. Era fácil hacerla y la hice.

Bajo la ducha mi mente regresó al documental. De la narración lo había olvidado todo: el nombre de los faraones, las fechas de las dinastías, los vaivenes de vencedores y vencidos. Qué extraño mecanismo el de la mente: lo sólido de las imágenes, lo olvidadizo de la voz. Me pregunté si este desarreglo no sería un rasgo familiar: convertir la existencia en una película muda. El gel de coco estaba a punto de agotarse, así que, aprovechando la visita a la droguería, podría comprar una botella de vino y otra de ginebra en el supermercado. Un momento: la venta de alcohol estaba prohibida en el antiguo Egipto. O tal vez eran los egipcios quienes rechazaban *de facto* su compra. Ay, los egipcios, los disciplinados egipcios. Guardaban en sus manos las semillas de ambiciosos proyectos y, en su espalda, la fortaleza para soportar jornadas de sol. Comparado con la altura de sus objetivos, también yo podía alcanzar el mío. Tenía que salir de mí, correr y lograr, con los pies en el suelo, el vértigo de una vista aérea y, desde la canasta de un globo imaginario, observarme en la tierra como parte de un grupo y de una meta común. Apartarme de mí y acercarme a los otros y también a la droguería para comprar gel, pero además papel higiénico: apenas quedaban dos rollos de papiro. No, rollos de papiro no, no: rollos de doble capa. Doble capa: como si los excrementos, antes de vaciarse la cisterna, registraran por duplicado su memoria. Una tan potente que, en comparación con la mía, me imposibilitaba para afirmar que por lo menos fuera, precisamente, una mierda, porque era aún peor, mucho peor. Claro que eso era antes de que los egipcios entraran en mi vida. De modo que nada de alcohol. Gel de coco y punto y aparte. No, no, es mejor punto y seguido: gel de coco y papel higiénico.

Sobre el espejo del baño se aplastó mi cansancio y el cansancio, igual que un molde, se encajó en las facciones de mi padre. A mi espalda, la pared de azulejos resultó ser la de su baño en la residencia porque, en la repisa de plástico, se encontraba ya su neceser. La pasta de dientes removió imágenes por mi boca, me blanqueó la lengua y la lengua, con autonomía, expresó que mi padre había ingresado en la residencia porque quizás, quizás necesitaba ayuda. Enjuagué mi boca con un vaso idéntico al del vino y consideré la idea de ir al horno y beberme el que había allí. Luego recordé que ya lo había limpiado. Mi mente respondió a mi lengua afirmando que el estado de salud de mi padre era quizás, quizás un jeroglífico. A mi mente regresaban los egipcios y la incógnita sobre la salud de mi padre, de la que no tenía noticias desde varios meses atrás. No recuerdo entonces quién llamó a quién. Poco importa el origen. Sí, claro que importa: en el antiguo

Egipto, conocer el origen del universo era clave para mantener su armonía. Está bien, lo admito: fue él quien hizo la llamada. Dijo con voz firme que se encontraba bien, pero su tono lo desmintió. Sin interesarse por mí, le contesté repitiendo sus palabras: estoy bien, papá, estoy bien. Lo hice con sorna, para mostrarle que también yo sabía mentir.

Tras la ducha, sin saber adónde ir, regresé desnudo al dormitorio y me tumbé en la cama. Unas lenguas de luz entraban y salían de la pared desde la derecha hacia la izquierda, como escritura egipcia. No supe si la luz pertenecía a la mañana o a la tarde. Caí en una somnolencia leve, tal vez por efecto del alcohol o las pastillas. Fijé la atención en mi padre, que bajaba con lentitud de un taxi en Madrid, acompañado de su respiración y una maleta melancólica. Escuché la puerta de la residencia y advertí que un aire de novedad invadía el vestíbulo, llamaba al ascensor pero, sin esperarlo, descendía por su hueco para llegar a la planta menos uno, allí esquivaba la fatiga de un médico y, a continuación, se bifurcaba hacia la izquierda, en dirección al comedor y la cafetería, y hacia la derecha, siguiendo una línea de neones duplicada, en el techo la luz y sobre el mármol su reflejo, otro giro más, un nuevo pasillo y, por último, el reposo de ese aire frente a la tercera puerta del lado izquierdo. Una puerta cerrada y en su umbral, yo.

El sonido del móvil me despertó. Aunque gobernados por reglas borrosas y fantásticas, ni siquiera en sueños era capaz de evocar la voz de mi padre. Me incorporé en la cama, tuve frío. Quise averiguar cuándo y por qué su imagen se hizo aire. Cerré los ojos, caí sobre el colchón y visualicé una gleba de espaldas obedientes que, al compás de un ritmo, rataplán, rataplán, movía grandes rollos de papel higiénico a través de un desierto, rataplán, rataplán, y donde las únicas sombras provenían de enormes botellas rebosantes de gel de coco. La gleba enfilaba sus pasos hacia un edificio de ladrillo, colgado de una colina y con forma piramidal: era la residencia. Mi curiosidad dejó atrás los egipcios, escaló un cielo azul y descendió después en picado para romper el techo del edificio en dos, igual que un bisturí, alcanzó el sótano y, tras doblar una esquina, se encontró conmigo, de pie, estático frente a una puerta, el picaporte en la mano y en la mente la duda de si abrir o no cuando, en medio de esa incertidumbre, me rozó un viento que venía de la espalda, más curioso y rápido que yo porque, sin pensárselo, abrió de un golpe la puerta. La habitación era una cámara de enterramiento y, al igual que cualquier espacio mortuorio, se hallaba en la planta menos uno. Presidía el centro un sarcófago sin ajuar y, en su interior, con un ojo abierto y otro cerrado, reposaba el cuerpo de mi madre: la coda de una existencia, el resultado de un protocolo regido por médicos y enfermeros; una existencia, si acaso lo era, apoyada en el cumplimiento obligado de unas pautas sobre las cuales mi madre, sin voz, nada podía opinar. Razoné que, aun pudiendo estar viva —por ese ojo abierto—, su imagen mortuoria no era una contradicción, sino más bien un estado coincidente. Pero lo contrario también era verdad: aun pudiendo haber muerto —por ese ojo cerrado—, esa situación no se diferenciaba de cómo había estado en los últimos tiempos, y de ahí la confusión fácil entre dichos estados.

En esos pensamientos andaba o más preciso sería decir lo contrario, pues permanecía rígido en la puerta, mirando fijamente el sarcófago. Detrás de mí, una turba de enfermeros profería risas y exclamaciones fuera de lugar, y por la tremolina que inundaba el pasillo, tardé en percibir una voz que me decía: aquí el único que está fuera de lugar eres tú, ingrato. Esa misma voz me preguntó si, aun ahora, no abriría la puerta para tocar a mi madre. Levanté los hombros sin comprender el valor de ese momento. Decidido a descubrir quién me hablaba, giré el cuello, distinguí una silueta y el móvil sonó otra vez con un ruido de tambor, rataplán, rataplán. Me pregunté si había sido mi padre quien me llamó ingrato. Y hablando de llamadas, tenía dos perdidas: eran de Kae. Sólo podía ser viernes y vaticiné que me vendría bien el fin de semana.

Así fue. A las once y treinta y tres minutos de una mañana de sábado, en el andén doce de la estación de Fukuoka, había una baldosa de sol. Ningún otro lugar, objeto o luz podía resumir mejor la alegría de ese instante. Yo venía de acostarme con Kae Nakashima, una compañera del colegio que había nacido, como yo, un 22 de mayo de 1972. Nuestras citas seguían el mismo patrón que los partidos de baloncesto que su hijo jugaba como visitante. También la misma intensidad deportiva. Kae era a la vez una cosa y la contraria: entregada a su amor familiar e infiel a él; de voracidad feroz en posición horizontal y de una belleza distante, como de *geisha*, en vertical; alocada en el engaño, pero estricta en el cumplimiento de sus normas: primero me obligaba a ocultarme tras una magnolia próxima a la vivienda, como un depredador al acecho, y, sólo cuando sonaba la puerta del garaje, surgía sobre la acera el morro azul de un vehículo y, tras unos segundos, su marido y su hijo desaparecían al final del bulevar, yo salía de mi escondite, ella se asomaba desde el suyo y, a través de su balcón —o, más exactamente, a la puerta del mismo—, me hacía un gesto rápido con el que daba comienzo el ritual. También era estricta con los horarios de salida: no admitía que estuviera en la casa más de una hora, pues debía limpiar mis huellas para reducir en lo posible las sospechas de los vecinos, quienes, por lo que me contaba, parecían trabajar para el servicio secreto japonés y vivir, día y noche, con las orejas pegadas a la pared de su dormitorio. Incluso me impedía acariciar a su perro, quién sabe si porque temía que esa atención pudiera desbarajustar un orden basado en la relación entre amos —que no amantes— y mascotas o que, tal vez, abriera una puerta al amor que ella se obstinaba en mantener cerrada, sin saber Kae que yo también quería que fuera así y sin saber además Kae, o sin saberlo tal vez del todo, que si buscaba un amante que hablara menos que un árbol había elegido al correcto y que todas sus precauciones no eran necesarias, porque mi círculo social era anodino y nulo y, por lo tanto, garantía de absoluta prudencia. No obstante, yo aceptaba con docilidad gustosa sus normas porque, cada dos sábados, su puerta abría la jaula de un zoológico y, atrapado en su interior, Kae me asaltaba con furia durante sesenta minutos. De su ataque salía herido y a la vez ileso, quizá porque Kae deseaba que volviera, y sin saber nunca, ni falta que hacía, ni el nombre de su mascota ni el de su esposo ni el del equipo de baloncesto de su hijo —aunque bien que hubiera financiado una extensa gira por todo Japón—. Bajaba entonces por las escaleras bailando como Fred Astaire, con una gran medalla de oro colgada al pecho y, de vuelta a la calle, notaba un dolor leve en los testículos, el olor a látex en las manos y, sobre los vidrios de tiendas y marquesinas, el rostro de la felicidad amenazada del amante. En una frutería de camino al tren compraba una manzana que siempre sabía dulce, luego hacía tiempo vagando por las tiendas de la estación hasta que, algo después de las once, bajaba a mi andén con la sensación de que era muy pronto y, a la vez, de que el día ya estaba cumplido. Desde entonces y hasta dos semanas después, regresaba a mi universo de copas de vino y ginebra.

En la bóveda de la estación el sol caracoleaba entre estructuras con forma anfibia. Después bajaba por el canto de aleros curvos, igual que en una máquina de *pinball,* hasta posarse frente a mis pies: un felpudo de luz. Sentado en un banco metálico gris, con los codos apoyados en las piernas, atendía a la baldosa iluminada. Concentrarme en ella servía para ausentarme de la velocidad y el tránsito que me rodeaban, del confeti de colores entrando y saliendo de la mirada, de los pasajeros que siempre parecían llegar tarde. Cada dos sábados, a modo de palimpsesto quincenal, proyectaba sobre la baldosa mi porvenir incierto y el cierto de mis padres —aunque a veces sentía que los adjetivos no iban en ese orden—. Junto a la baldosa, mi ansiedad parecía fraccionarse, escapar de mí. Dejaba de ser un gas sintético llenando mi cuerpo para convertirse en los elementos aislados de una tabla periódica. Era como si, aburrida de esperar una solución que nunca llegaba, se hubiera liberado gracias a mi concentración en la luz. Bastaba con quedarme absorto sobre la baldosa y ajustar la mirada a su tamaño, que era el de un libro de geografía abierto, para que se produjera esta liberación. Bastaba con fijarme en cómo la luz revelaba su dureza y precisión material, su desgaste y su perseverancia —cualidades tan parecidas a mis obsesiones—, para que, por un efecto raro, sucediera un vaivén entre mi desasosiego y yo, entre el ruido de las preocupaciones y una calma inédita, de noche junto a un árbol de Navidad, y de ahí que, tras acostarme con Kae, me convertía en un hombre tranquilo, sin rastro alguno de culpabilidad o zozobra, un hombre con una molestia agradable en los testículos que esperaba su tren y, mientras tanto, miraba al suelo y mordía una manzana.

En ese estado de paz, el miedo se fragmentaba en gotas de mercurio que, a modo de canicas, rodaban en libertad sobre el andén. Todo cambiaba con el sonido de una megafonía. Ante el estruendo de un rugido colosal, esas gotas se deslizaban hasta reagruparse e invadirme, obligándome a que me levantara. Mi cuerpo, de pie, era un junco torcido. La mochila advertía de una lumbalgia más profunda, interna, de cuestiones sin resolver. En la mano derecha, la que llevaba un reloj, persistía un olor débil a látex y a manzana. La mano se acercó al cuerpo porque un tren también se acercaba y lo hacía con gran rapidez, como si no fuera a parar, y levantando un aire peligroso, de incitación suicida. Desde la baldosa habían vuelto a la cabeza todas las dudas, la de si mamá sería la primera en irse o no, la del lugar donde recibiría la noticia de su muerte y a través de quién, la de si estaría o no solo en el momento de ser informado, la duda también de cuánto tiempo me llevaría regresar a Madrid, la duda de qué trámites y qué tareas me aguardarían y la gran duda, la duda en mayúsculas: cómo sería mi porvenir. Con todas ellas accedía al tren, pero esa mañana, al mirar su techo de carbono, pensé en mi padre y luego en mi madre y, a continuación, los pensé bajo un mismo techo y aventuré un final conjunto de sus trayectorias. Como si para uno y otro el telón pudiera caer en un mismo escenario y quién sabe si de forma simultánea.

El tren ganó velocidad y su impulso eléctrico dejó atrás el sexo con Kae y la baldosa terapéutica. El paisaje me condujo a un enclave familiar de miedos y alcohol. La realidad era un lugar incómodo, donde no cabía lo afectivo, la conjetura, el pánico. Japón era una maquinaria fabril y febril de piezas que funcionaban con exactitud. Me pregunté dónde encajaba yo. La incógnita era una pelotita que rebotaba en mi cabeza, y me hubiera gustado llegar a una conclusión, porque el tren favorecía el pensamiento, pero la tecnología iba más rápida que la mente y, en apenas dieciséis minutos, regresé a mi ciudad. De la mañana con Kae sólo quedaron el hueso de la fruta, las ideas revueltas y una molestia en los testículos.

Pasó el fin de semana y el lunes madrugué para ir a la escuela —con la responsabilidad de ser profesor, pero con el ánimo de un mal estudiante—. Kae también era docente de Lengua española en el mismo lugar. Nuestras clases eran en días alternos, y si la dirección organizaba algún acto o asamblea entre profesores, Kae solía ausentarse con cualquier disculpa. De ahí que no recordara ningún encuentro en la escuela, que hubiera sido excitante y, tal vez, incómodo. Lo que sí recuerdo, tras el correo de Ángela con la descripción de la maleta, es mi imagen en un aula sin alumnos, agarrado a un té. La cabeza también guardaba testimonio de la noche en que llegó ese correo, cuando bebí mucho, vomité bastante y no dormí apenas. Sin pensar demasiado, a la hora de mi almuerzo llamé a Ángela, pero estaba reunida. La secretaria le dejaría el recado. Al minuto siguiente Ángela me devolvió la llamada. En su rapidez no supe medir si había un recelo profesional o, tal vez, intereses paramédicos. Mi mente no estaba para cábalas. Ángela me preguntó qué tal me iban las cosas. Yo repetí su pregunta. Ángela respondió que bien. Yo repetí su respuesta y colgué con el deseo de que nos hubiéramos mentido.

A raíz de ese primer correo, el ordenador despertaba con hambre de Ángela. Yo compartía su voracidad. Al encenderlo, el sistema siempre actualizaba algún programa superfluo, como obligado a cumplir con el esfuerzo diario de una tabla gimnástica. Mientras hacía tiempo, la bolsita de té iba alterando el color del agua, llenándola de presagios. Los correos de Ángela definían mi humor. La sorpresa de un nuevo mensaje: agua azul. La melancolía metálica de un buzón vacío: agua oscura. El examen matinal del correo se añadió a mi larga lista de rutinas, y se hizo un hueco junto a mis clases de Lengua española, a mis horas de inactividad en el sofá y en la terraza, a mis visitas a Kae, a la lectura de las tragedias que les ocurrían a los demás y a la construcción, noche tras noche, de una montaña de botellas vacías que, haciendo crecer mi propósito de enmienda, se amontonaban culpables en la cocina. Cuando el día empezaba azul y el té anunciaba buenos augurios, a la revisión del correo la seguía mi hábito de jugar con las horas. Tras un esfuerzo mental sobrehumano, aventuraba qué hacía yo cuando Ángela me envió su correo, en qué instante su dedo índice tocó la piel de mi insomnio.

El té comenzó a quemarme con demasiada frecuencia. Las turbinas, cómplices de mi malestar, giraban entonces a una velocidad furiosa. Me sentía como un fugitivo que, después de mucho tiempo esforzándose por permanecer oculto, había terminado por olvidar la razón de su huida y ya no le importaba descubrirse, volver sobre sus pasos, hacerse por fin realidad y buscar su camino por aquel que siempre había evitado. Desandar la huida sería su salvación. La mía fue que, al primer correo de Ángela, lo siguieron otros. La maleta de mi padre, en lugar de vaciarse, parecía ganar peso gracias a un contenido que debía ser inventariado. Al principio, los correos tuvieron una regularidad semanal. A veces los sentía fríos y protocolarios: el té era azul, pero un azul de pared de oficina, monótono, porque las palabras decían justamente lo que significaban. Después comencé a recibirlos también los viernes: un té azul lleno de buenas propiedades, entre ellas el alivio a los fines de semana. Los viernes nos deseábamos una incoherencia entre diversión y descanso; los lunes nos contábamos qué tal había ido. En lo que a mí respecta nada que mencionar a menos que hubiera visto a Kae, que para Ángela no existía. Como tampoco existían mis visitas a los museos, los tres kilómetros diarios de carrera continua ni las cenas con los amigos —qué cenas, qué amigos—. Luego, los correos incrementaron su frecuencia, pero a su copiosidad la acompañó lo imprevisible de su recepción: debía estar contento —de ello no cabía duda, ni de que necesitaba, más que nadie, estarlo—pero, al carecer de un patrón de envío, su incertidumbre me alteraba los nervios —y de ello tampoco cabía duda, ni de que, en mi estado habitual, no precisaba de una nueva alteración—. Lo que yo de verdad necesitaba era constancia, continuidad, conversación. No tardé en darme cuenta —aunque supongo que Ángela lo advirtió antes, quién sabe si desde el principio— de que me preocupaba más ella que mis padres. El remitente más que el contenido. El porvenir más que el ayer. El presente era un incordio que sólo servía para que lo llenáramos de contenido: otra vez el «con». De ahí que sus correos acabaran siendo diarios o, mejor dicho, sus respuestas a mis correos diarios acabaran teniendo esa misma cualidad. Una vida se adhirió a la mía. Bajo su piel de datos estaba feliz: pedía té azul y cada mañana bebía té azul.

Ángela taquigrafiaba la vida de mis padres con la velocidad de una estenotipista. Cada correo era una pastilla efervescente, el burbujeo de una alquimia y, por mi parte, un consumo voraz y la necesidad del siguiente para continuar el tratamiento. De mi madre hablábamos poco y de manera desafectada. No por indiferencia, sino por resignación: hablar de mi madre era enrocarse en un problema sin respuesta. Ángela escribía sobre ella impulsada por un rigor y una distancia profesionales. Rigor, distancia, profesionalidad: estas tres palabras, pensando en Ángela, me parecían espantosas. Por mi parte, escribir sobre mi madre me traía el presagio de un peligro próximo, ya escrito en mi calendario genético. Identificaba para mí un futuro indeseado, esa transitividad del drama, y por eso leía rápido y en diagonal sus apuntes sobre las variaciones en el peso de mi madre, su respuesta débil a las terapias, los cambios de dieta, su apatía. Definían a mi madre palabras como «atrofia», «motilidad», «reflujo», «sequedad», «incontinencia», «desmemoria». Pienso que Ángela se desvivía por ensayar soluciones sobre ella. Deduje que su cuerpo servía de prueba y error. Sobre todo, de lo segundo.

Luego llegaba el punto y aparte. Detenía por un momento la lectura para sorber una cerveza que se había quedado caliente o un té que se había quedado frío. Era el turno de mi padre. Su párrafo. Ángela me informaba de su alegría distraída —¿mi padre alegre?—, de su servilismo pacífico hacia las nuevas rutinas —¿mi padre servil, mi padre pacífico?— y su amabilidad con el personal de la residencia —¿no se habría confundido Ángela de paciente?—. De acuerdo, no todo lo que me contaba era favorable. También escribía sobre su lenta deriva mental, la lucha para que usara pañales de noche, los brincos de la tensión, una tos preocupante, las asfixias inesperadas, los lapsus de la memoria y algunos pensamientos erráticos. Ese, ese sí empezaba a ser mi padre.

¿Pero quién era mi padre? Disponía de muy poca información sobre él. Pensé en Chabe, la psicóloga, en sus cartulinas guardadas en carpetas transparentes, dispuestas con cuidado y orden dentro de un cajón; pensé en su computadora que, comparada con la mía, era como un animal prehistórico. Luego me vino a la cabeza —si es que alguna vez se iba de allí— Ángela. Seguro que ya había abierto una ficha clínica con el historial de mi padre. Su altura, su peso, sus dietas, su régimen de medicación, sus analíticas de sangre, heces y orina. Todos parecían saber más de mi padre que yo. Mis datos eran recuerdos difíciles de infancia, contaminados además de subjetividad en su mirada adulta: un tardío ajuste de cuentas. Bebí un sorbo de té que era azul pero me supo negro. No sabía nada de mi padre. Nuestra separación, prolongada durante tanto tiempo, podía estar construida sobre una conjetura. Un juicio antiguo que había hecho de él, que justificaba hoy mi desubicación vital y que había terminado por sustituir lo que él, en verdad, era. Puede que mi padre hubiera sido quien yo imaginaba de forma obsesiva, pero también que, en la distancia de una existencia, ya no fuera esa persona que habitaba en mi mente o ya no lo fuera del todo, habiendo sido tantas otras distintas que nunca llegué a conocer. Volví a preguntarme si alguna vez lo quise conocer de verdad o si, por el contrario, mi padre fue siempre una presencia incómoda, una zona radioactiva al cual era mejor no acercarse.

Si llegué a conocerlo bien, fue gracias a Ángela. Podría haberme ahorrado el adverbio, y es que en mi familia, ante cualquier problema, solíamos mirar hacia otro lado y esconder nuestro miedo tras un aura de discreción educada. Y puesto que mi familia era —supongo que como muchas— un avispero de problemas, al final resultaba que todo era silencio, porque cualquier asunto podía derivar en conflicto y, entonces, era preferible no discutir de nada con nadie. Ello no se traducía en una actitud de egoísmo o de indiferencia hacia los otros. A nuestra manera, los afectos existían, pero como una red invisible y silenciosa de apoyo. Nos ayudábamos de forma clandestina, a espaldas del afectado, construyendo estrategias que, en la práctica, solían acabar mal. Intentábamos asistir al otro, que era siempre mi padre, igual que si fuéramos la representación familiar de la guerra fría, pactando alianzas secretas, rumiando planes de acción en reducidos cónclaves y sin atrevernos, claro está, a coger el teléfono y hablar con él. Por alguna razón misteriosa, descartábamos la opción fácil para resolver los problemas, tal vez porque creíamos que la vida era demasiado laberíntica como para confiar en la utilidad de lo simple. En ocasiones, como demostró la llegada de Odiseo, lanzábamos nuestro paquete de ayuda humanitaria y luego huíamos con rapidez. El silencio y la prudencia eran lugares fuera de cualquier discusión. Podía estar mi padre desangrándose, mi madre enajenada o yo convulso, que hubiera supuesto una osadía para cualquier otro advertirlo. Posiblemente se trataba de un indicio de rareza o locura, pero de rareza o locura familiar. De ahí que cada correo de Ángela provocara una mezcla de curiosidad y de pudor, de interés y de trastorno, porque ella, sin saberlo, rompía las normas familiares, y me obligaba a fijar mi atención en ese paracaídas cargado de alivio médico, en su descenso en vaivén, como un péndulo aéreo, en su aterrizaje sobre mi padre y en la tolerancia y las consecuencias de lo que se había administrado. Ese pudor vencido explica, en resumen, que a través de Ángela conociera a mi padre sin veladuras, como por primera vez. En ocasiones, al cerrar el ordenador, me quedaba pensando en las fichas de Chabe. Las vidas de mis progenitores hechas palabras, apoyándose una sobre la otra. Las vidas de dos personas que habitaron una casa de la que yo me marché con diecisiete años, luego esa proximidad inesperada en el gabinete de Chabe, primero en el interior de carpetas transparentes y después en carpetas electrónicas, y ahora de nuevo juntos bajo un mismo techo. Pensé en toda la información acerca de mis padres reflejada en oficinas de registros, en analíticas médicas, en radiografías y resonancias, en acuerdos privados o públicos, en cartas y postales, en cuartillas o en libretas, en dedicatorias a regalos por algún aniversario, en archivos físicos o digitales, y cuyo contenido ignoraría para siempre, lo cual me llevó a concluir lo poco que sabía de ellos.

Tampoco sabría decir cuándo los mensajes entre Ángela y yo cambiaron de tono, o cuándo reveló su fuerza el tema central. En qué momento empezamos a compartir los sinsabores de la vida, el azote diario de un mundo hostil, el porvenir amargo, la nostalgia de una infancia que probablemente no fue como la recordábamos y, probablemente, carecería de importancia tras una noche de buen sexo. De estos sinsabores hablábamos en tercera persona del plural, de una manera aséptica, sin involucrarnos, como si nuestras observaciones fueran el testimonio de hechos obvios. Si el mensaje se deslizaba hacia un ámbito personal, usábamos la mopa de la tecla intro. El alivio de un punto y aparte. Ese abismo mecanográfico no podía ocultar lo evidente de mi necesidad: la solución de mis problemas pasaba por Ángela, se rodeaba de Ángela, era Ángela.

El ingreso de mi padre en la residencia influyó en la velocidad de lo que ocurrió después. Tras una vida alejados, con pocos viajes a España, sentía una necesidad insólita de mi madre y de él. No sabría explicar la razón de mi cambio. Puede que la certeza de su final debilitara mis convicciones. O que mi desarraigo en Japón hubiera abolido las razones de esta errancia, como esas ideas que se defienden durante años hasta que un día, de golpe y sin entender por qué, ya no las compartes. Si la vida era un viaje, yo circulaba en busca de uno de esos arenales de frenado al margen de las carreteras. No es que viviera a gran velocidad o sin control; más bien es que avanzaba con lentitud y aburrimiento por una ruta que carecía de salidas y que, a la vez, no parecía tener fin. Echaba de menos lo que nunca tuve. Debía dar media vuelta y volver a mi idioma, amar en mi idioma y vivir en mi idioma. Poder decir «mamá», «balón», «morriña», «cachondo», «paella», «friolero», «chupito», «chaval». Conjugar el presente, creer en el futuro y evadir el pasado. No lo había conseguido con el japonés y se imponía la lógica del regreso. El idioma de Ángela propulsó mi decisión.

Dediqué los últimos días a hacer y deshacer números. Pesaba las motivaciones, subía otras al platillo y comparaba los resultados. Quería averiguar cuánto de mi decisión tenía que ver con Ángela y cuánto con el resurgimiento de una lejana compañía familiar. Si el amor de Ángela era un misterio, lo que parecía más factible era concluir la convivencia remota con mis padres, y si esa nueva relación con ellos no deviniera en auténtica convivencia, que al menos dejara de ser remota. Albergaba el deseo de asistir a la etapa última de sus vidas para, de esa manera, empezar la mía. A decir verdad, me dominaba la angustia de no pertenecer ya a sus recuerdos, de haber sido olvidado, de no importarle nada a nadie. Ese mismo reproche fue el único que pronunció mi exmujer antes de marcharse, a lo que respondí que ella era alguien en mi vida, pero que, para mi desgracia y también la suya, no era capaz de añadir ningún contenido que justificara la respuesta. Había pasado mucho tiempo desde el divorcio, pero aún sentía cierta paz al imaginarla junto a mi vecino el piragüista, como si sus brazos corrigieran el rumbo erróneo de los míos. Esta imagen de ellos juntos la traía antes la imaginación que los celos, la fantasía antes que la realidad, aunque tal vez no había imaginación ni fantasía, y seguían juntos igual que al abrir la puerta de mi casa, de *nuestra* casa, cuando sus respiraciones se apagaron y me quedé inmóvil, salí sin hacer ruido y nunca quise saber más. Preguntárselo era lo que dictaba el sentido común. Por eso no lo hice. Habría roto esa dignidad silenciosa que utilizamos en mi familia para tapar los problemas. Y por esa forma de ser, que era compartida, nuestro divorcio sucedió en términos adultos, con rapidez y alivio. Se formalizó en palabras una ausencia: llevábamos una década viviendo en paralelo y un último año sin convivir. No había hijos ni bienes ni mascotas que embrollaran el desenlace. La distancia había sido, desde siempre, nuestra forma de estar juntos. El tiempo validó que no había justificación para acercarnos. Fui yo quien abrió la puerta de casa, de *nuestra* casa, en el instante incorrecto, quien descubrió la mentira o, tal vez, el indicio de su posibilidad. Hubiera podido suceder al revés, que ella regresara inesperadamente al hogar y me descubriera desorientado, lleno de infidelidad conmigo mismo y con todos, solo, vacío de cualquier cariño hacia nadie, incapaz también de alumbrar esa llamita que, cada vez con más esfuerzo y peor resultado, mantenía nuestra convivencia. Y quién me dice que ella no abrió esa puerta familiar, *nuestra* puerta familiar, que no la abrió a diario, que no vio mi derrumbamiento, que quiso huir y que finalmente huyó.

Nuestra última cita fue en los jardines que rodean el castillo de Kokura, cerca del hospital donde ella trabajaba. El jardín resistía a su entorno, cercado por edificios que asediaban con sombra las ramas de los cerezos, y definían con un cartabón gris la distancia entre el hombre y la naturaleza. Bajé la mirada e imaginé la vida oculta de esos árboles, sus raíces como cabellos buscando el canal de agua que oían próximo o, quizás, golpeando sin fortuna contra la cimentación de un garaje. El jardín funcionaba a modo de tregua con el mundo, si es que el mundo estaba fuera de su espacio y no era el jardín una parte de él, y era yo el que ya estaba fuera de ese jardín y de esa ciudad y de ese país, con los brazos caídos, sentado en algún rincón, bajo la tramoya errática y cobre de un cerezo, con un chicle nervioso entre los labios y la mente rodeada por una aureola de pequeñísimos pétalos.

A lo lejos se perfiló una figura. Su movimiento activó el de mi mano, que agité para luego esconder pudorosa en el bolsillo. Allí me esperaba una erección de universitario. A medida que se acercaba, confirmé con alegría que la silueta era mi exmujer. Saludarnos igual que dos desconocidos me produjo una sensación impostora, como si fingiera sobre mi biografía. Ajeno a lo que ocurría afuera, el sexo continuaba en la celda elástica de unos calzoncillos, luchando por huir y agrandarse, como si reconociera la proximidad de alguien familiar. ¿Pudiera ser que, de cualquier matrimonio, apenas quedara el recuerdo nítido de sus relaciones íntimas? Me reí, ella también y me preguntó de qué me reía y yo le respondí que mejor que no lo supiera. Nos besamos lejos de los labios. Hubo un silencio y le señalé al lugar del parque donde la reconocí. Ella me recomendó que debía usar gafas. Yo seguí mirando a ese punto lejano con cierta amargura, como un vértice que une las aristas de la pasión propia y el desinterés ajeno. Miré el móvil y advertí que había sido puntual y ella no, como si quisiera dejarle claro que los españoles no siempre llegábamos tarde, y que algo de urbanidad había aprendido después de treinta y dos años en Japón. O, tal vez, como si tuviera prisa por partir.

Dimos un paseo para volver al mismo lugar. En el banco éramos dos actores que han olvidado su guion. Cada uno en un extremo, nos separaban su bolso y mi mochila. Los objetos parecían anticipar nuestro porvenir. De su bolso abierto asomaba el filo azul de una radiografía. Aunque sentí un remordimiento inesperado, mi discreción habitual me impidió preguntarle si estaba enferma. Alcé la mirada, cruzó el cielo la espuma de un avión, me excité de nuevo y reí con incomodidad. Me lanzó una sonrisa diplomática, como si la distancia fuera a acompañarnos siempre, incluso en el momento último. Tras ajustarme el pantalón, adopté una mirada seria, o al menos lo intenté, porque mis ojos habían encendido una videocámara, hacían zoom sobre su escote y descendían, con la lentitud de un orfebre, hasta el inicio de sus piernas para luego, con una combinación de prisa y calma, ascender y detenerse en una boca que chilló alguna vez contra mi nuca. No recordaba cuándo fue esa última vez pero me habría gustado detener hoy la espera. Tal vez era un disparate sentarme a horcajadas sobre el banco, reptar con los dedos por su espalda, sentir el vaivén de su respiración, lanzar mi cuerpo contra el suyo, como un látigo, atender a su voz diciendo que frenara, que había gente y, acto seguido, salir con prisa del parque, correr de la mano, alquilar una habitación en el hotel Kokura y concluir cenando ramen de camarones, pollo y salsa de soja. Pienso que ella leyó ese deseo en mis ojos, porque dispuso en el suelo mi mochila, se acercó hasta mí, con dulzura de enfermera sostuvo mis manos, hizo un gesto hacia el hotel, eureka, pero posó su atención mucho antes, en la belleza próxima de los árboles, y después miró su reloj con languidez, como si fuera la dama de Shalott, y dijo que este año habían florecido pronto y que ella también debía marcharse en breve. Sí, sí era un disparate.

Alguien paseando por el jardín hubiera creído que formábamos una pareja fantástica, pero ni éramos pareja ni nuestra relación era fantástica, o al menos en su sentido ilusorio, porque en verdad existía: mi exmujer y yo funcionábamos como un carril y su arcén, juntos pero a la vez ausentes el uno en el ámbito del otro. Tal vez nos faltó la solidez de un interés mutuo, una falta que los años de matrimonio —hasta diez— no lograron subsanar; o tal vez fui yo el responsable por lo anodino de mi existencia, como de agujero negro que no cesa de consumir y crecer gracias a la energía de los otros. Intenté solucionar los problemas, adaptarme a su cultura e idioma, pero fracasé igual que ella adaptándose a mí, seguramente porque el éxito dependía de averiguar primero quién era yo. Cada reencuentro certificaba esa catástrofe mutua, y entonces nos sorprendía descubrir que alguna vez soñamos con un futuro compartido. Tras los saludos protocolarios, y sin saber qué decir, nos devolvíamos palabras amables, reconociendo lo bien que nos iban las cosas, quizás porque deseábamos confirmar que era mejor seguir así, cada uno lejos del otro, pero intuyo que la razón era distinta y que, en cada reencuentro, nos asomábamos a una persona nueva, del todo extraña, pues el desinterés y la desmemoria iban juntos, y si saludábamos a una persona siempre distinta era porque no recordábamos demasiado o nada de ella. No existían lazos afectivos que explicaran el porqué de volver a vernos, y si nos invadíamos con alguna asiduidad, si cruzábamos las líneas paralelas, si por alguna razón evitábamos que la separación sucediera para siempre, era por el sexo, un sexo intensísimo, de cortocircuito, de cuerpos que, a modo de péndulos, necesitan atravesar esa experiencia para volver a la distancia original; un mecanismo de ajuste que se materializaba en una urgencia adictiva cuya satisfacción, aunque plena, cada vez era más breve y cada vez más esporádica. Aliviados tras consumir la dosis, de vuelta a nuestro punto de origen, nos sentíamos incómodos el uno en presencia del otro; ella acostumbraba a mirar el móvil mientras se vestía; por mi parte, me duchaba con la sensación de ser un actor porno en horas bajas que, entre dientes, maldice haber abandonado sus estudios, sufre un dolor eterno en la cintura y piensa en su deuda hipotecaria tras una agotadora jornada laboral.

El divorcio no varió el contenido y la frecuencia de nuestras citas sexuales. Formalizarlo apenas confirmó que éramos un motor averiado y sin piezas de repuesto. Lejos de la obligación de las rutinas, y liberado de las atmósferas del matrimonio, no advertí lo que pasaba. Esa ignorancia explica mi ineptitud a la hora de asumir la nueva situación, de saber que mis manos, antes o después, deberían frenar y desistir de las cremalleras del sexo. No era fácil. Sentía que mi mujer —matizo, exmujer—, refugiada en una órbita inalcanzable, había multiplicado su sexualidad. Tal lejanía aumentaba mi apetito hacia ella a la vez que el impedimento para saciarlo del todo, como si mi deseo y la lógica giraran en sentidos opuestos.

Residí doce años más en Japón tras mi divorcio, aferrado a la idea de que todo seguía igual y de que nada nunca cambiaría. Los encuentros con mi exmujer empeoraban ese espejismo de firmeza. No sólo me confundía al creer que lo tangible era un fósil dentro de una vitrina, sino que era incapaz de percibir cualquier cambio, incluso aunque ocurriera frente a mis ojos. Y los cambios llegaban como ahora, en el momento de mi partida, cuando miraba los árboles de un jardín que nunca pensé abandonar, pero en cuyas ramas y flores advertía la tristeza futura de mi ausencia. Era extraño sentir desasosiego al marcharme de un sitio que no habité, tal vez porque intuía que el mundo no era sino una larga cadena de lugares que íbamos dejando atrás. Aunque quizás el desasosiego era el temor de que, a la espalda de los edificios, no me estuviera esperando Ángela.

Quien sí me esperaba ahora, atenta a una última frase, era mi exmujer. En silencio cómplice, ella resumía mi experiencia en su país natal, Japón, donde pasé una existencia desnortada, habitando unas calles y unos barrios que ni formaban parte de mí ni yo de ellos, como un teatro donde bajó el telón y hay un espectador que no comprendió la historia y aguarda, aguarda a que continúe o a que alguien se la explique; un país a oscuras, sin asideros, sin señales, por el que yo me moví en una circunvalación perpetua y del cual iba a marcharme sin dejar rastro, de una manera tan tenue que me invadieron el estupor y la amargura.

Haciendo balance, mi matrimonio fue lo más significativo que me sucedió en Japón, no tanto porque lo recordara de manera positiva, sino porque fue un periodo donde sucedió algo, aunque fuera sólo su principio y final. Mi estancia se dividía entre el antes y el después del matrimonio, entre el antes y el después del divorcio, y ahora, tras este paseo, entre el antes y el después de un adiós que anuncié a mi exmujer con palabras que mezclaron la oportunidad y el miedo, el futuro y la incertidumbre, como si pudiera ocurrir una despedida hoy y un regreso mañana. Con esa misma unión de sorpresa y catarsis sexual que habían sido nuestras citas, y con ganas de hacerlo notar en aquella que sería la última, la cogí de las manos, posé mis ojos sobre los suyos y le dije que estaba muy atractiva y muy cambiada, aunque luego dudé si el segundo adjetivo podía malinterpretar la certeza del primero. Con suavidad, mi exmujer respondió en español —que, paradójicamente, era el idioma que usaba cuando quería expresar algo personal— y me dijo que yo también había cambiado, que me notaba más interesante, que me había venido bien engordar algo —algo, tampoco mucho, precisé yo y confirmó ella— y que se me veía más saludable, mucho, mucho más saludable. Le di las gracias, volvimos a caminar y le conté que había dejado el alcohol; como única respuesta obtuve el crujido incrédulo de un puente de madera al pisarlo. Seguimos sin rumbo por el parque, dejando marchar el tiempo, vaciándolo de trascendencia y contenido. Luego nos paramos y yo fingí interés en la música de una joven que, vestida con un traje oscuro, tocaba una guitarra de mástil largo, aunque en verdad miraba a mi exmujer por el rabillo del ojo; la notaba contenta, tal vez porque descubría en mí una potencia insólita, la de tomar decisiones, o tal vez porque le daba igual lo que hiciera y por fin dejaría de verme pronto. Ambas alternativas me parecieron complementarias. Asustado por su pasotismo y a modo de advertencia, le recordé que apenas estaría una temporada en mi ciudad natal. Yo mismo detecté la vaguedad de los términos «temporada» y «natal», pues ignoraba a qué tiempo y territorio se referían. Ella no mostró confianza cuando aseguré que volveríamos a vernos pronto. Yo tampoco deseaba confiar en mis palabras, pero me estremecía la idea de no volver. Pensé en ese árbol del jardín, ya a lo lejos, y cuyos ciclos de floración iba a ignorar. A su sombra y de un autobús descendieron unos niños balanceando mochilas llenas de obligaciones y fin de semana. El lunes anterior me había reunido con Yui, la responsable de personal de mi colegio. Al igual que ahora mi exmujer, Yui sospechó que mi viaje sería sólo de ida y, tras una llamada y un papeleo veloces, me concedió una excedencia laboral ilimitada. Sin saber si debía o no darle las gracias, firmé unos papeles ignorando su contenido, pero con la sospecha de que esta concesión tenía mucho de adiós, poco de reconocimiento y nada de confianza en que su rúbrica activara un regreso.

Frente a una lámina de agua que devolvía nuestra imagen distorsionada, le conté a mi exmujer mi nuevo *hobby*. Ella preguntó si tenía que ver con la coincidencia horaria entre un meteorito que impactó en el sur de Rusia mientras yo me ataba los cordones de unos mocasines en Japón. Negué con un gesto, una tortuga del estanque ralentizó el crepúsculo y, sin mirar a mi exmujer, le hablé de mi interés por yuxtaponer imágenes. Por ejemplo, la de unos egipcios con la de mi madre; por ejemplo, la de una ráfaga de viento con la de mi padre cruzando la puerta de la residencia. Ella asintió con perplejidad, miró a lo lejos, fuera del parque, hacia un semáforo donde se reanudaba la civilización; supongo que observó con alivio la luz verde y la roja con espanto. Me respondió que buscara un buen psicólogo al llegar a Madrid. Sonreímos y luego, como despedida, apuntó que esta afición era mejor reciclarla junto a las demás antes de ir al aeropuerto, para prevenir así un posible exceso de equipaje, y confiar que en España, entre veinticinco millones de mujeres, alguna viera valor en ella y en tantos otros de mis juegos infantiles, aunque insistió en que los omitiera durante la cita inicial, donde la clave, concluyó, estaba en no mostrarme tal cual soy. Le agradecí el diagnóstico y pregunté cuánto costaba la consulta, y mientras repetía para mis adentros las palabras «juego» e «infantil», que sonaban de una forma inaugural. La ausencia de ambas en mi niñez había permeado sin remedio las casillas posteriores de mi edad, como por ejemplo mi relación con ella, dominada por un afán lúdico, quizás egoísta y desde luego ingenuo, y que escondía un abismo de cuestiones pendientes; una alfombra humorística encima de un agujero. Quizá tenía razón, y en mi madurez me limitaba a ocultar los problemas, sin tratar de resolverlos, mediante la unión de imágenes dispares que los escondían tras un nuevo biombo. Que esa fuera mi forma de afrontar las crisis no significaba que no hubiera sufrido ni hecho sufrir. Y aunque me daba pena mi actitud, a la vez me sentía indiferente al sufrimiento, como si la esencia de cualquier persona fuera inmutable. Los vicios, pero también las virtudes, tienen cimientos sólidos, y la única forma de reparar un edificio con problemas pasa por demolerlo o, por el contrario, vivir en otro. Rechacé la primera alternativa y aposté por la segunda, así que llegó el momento de buscar un nuevo edificio, de abrir un periodo. Había pasado media vida junto a una mujer de quien me despedí con las palabras «dolor», «ausencia», «regreso», «incertidumbre» y «ánimo», aunque en verdad hubiera querido decir «noche», «hotel», «habitación», «sexo» y «ramen», una mujer que se alejó de mí despavorida, como quien escapa de Frankenstein, que luego se acercó al monstruo y lo besó en los labios, que me dijo hasta siempre junto a la muralla de un pequeño castillo, que cruzó una calle cuyo nombre jamás pronuncié bien y que, al llegar a la esquina del hotel, no volvió el rostro hacia mí. Mientras escuchaba a la guitarrista, quise unir esa imagen última de mi exmujer con alguna infantil, como si de esa forma apareciera una que suavizara este final. Pero la imagen no pudo mezclarse con ninguna otra y apenas quedó la de ella alejándose con su bolso y, en su interior, una radiografía, ella haciéndose más y más pequeña, ella doblando la esquina para no verla nunca más. Si un juego infantil gobernaba mi forma de actuar, mi exmujer no había aceptado sus reglas. O puede que el juego cambiara ahora de fase y hubiera dejado de ser, a mis cuarenta y nueve años, infantil. Al llegar a casa consideré tomarme una copa, pero recordé las palabras que dije en el parque junto al castillo y, además, había tirado todas las botellas a la basura.

Unos días más tarde vacié definitivamente la nevera, cancelé los suministros de agua, gas y electricidad e informé a la limpiadora de mi partida. Las maletas me observaban desde el suelo y el sofá como bocas insaciables. Las fui alimentando en días sucesivos por impulsos donde se mezclaban la necesidad práctica y una urgencia nerviosa. Las mangas de las camisas y los jerséis, cruzadas sobre sí mismas, desconocían la inquietud latente debajo de cada pechera, un tórax invisible que se parecía al fuelle que da aire a una lumbre, y se agrandaban y se encogían frente a la pantalla del ordenador donde el brazo derecho, bien visible en su caso e igual que un sismógrafo, hacía una llamada de emergencia para que alguien viniera en su ayuda. En la indefinición de ese brazo derecho estaba la raíz, también indefinida, de mi existencia. Es decir, de su permanente tensión. Buscaba una mano que cubriera la mía, diez dedos que se anudaran y así, aliviado, consiguiera mover la flechita hasta el icono que marcaba el vuelo sin vuelta; que el regreso no fuera posible no sólo significaba que ningún lugar ni persona me esperaban, sino que, además, ya no pertenecía ni al aquí ni al ahora. Como era habitual, mi mente se obstinó en su cobardía, discrepó del deseo y compró el billete de vuelta de Madrid a Japón. ¿Cuánto pagué? Ya es lo de menos. Mis brazos estaban arrepentidos tras realizar la compra. En la nevera busqué alcohol y no lo encontré. Me serví un vaso de agua y me alivió pensar que, si todo iba mal en Madrid, si lo que soñaba de Ángela era una tergiversación, contaba con una escapatoria. El almanaque tenía un pasadizo oculto para volver a mi vía crucis habitual de preguntas sin respuesta, de culpa por un pecado original que nunca cometí, que llegó sobrevenido, por una adolescencia que jamás tuve, por unos años sobre los que brinqué para descubrir, al lanzarme a la madurez, que no había ningún colchón esperándome.

Lo que me esperaba era un vuelo. Bajé la persiana del dormitorio y di la espalda a las turbinas. Su movimiento dejó de importarme porque ahora era yo quien debía girar, ir hacia la puerta y volver a España. La oscuridad sobre mi colchón en Kitakyūshū era señal de que había luz en Madrid. Tumbado en la cama, fusioné imágenes: la del techo y, por encima, la pantalla del ordenador; otra vez la pantalla del ordenador y, otra vez por encima, la confirmación de que mi vuelo era de ida y vuelta. La palabra vuelta apaciguó el miedo de la ida. Pero la tranquilidad duró poco: desconfiaba de que, movido por ella, mis decisiones no fueran todo lo audaces que exigían las circunstancias. Me pregunté por qué los demás dejaron de disponer por mí; por qué me entregaron una libertad sin manual de instrucciones. La responsabilidad de dirigir mi propia vida me llenaba de angustia.

De pronto escuché unos pasos rítmicos en el pasillo, como de marcha militar. ¿Sería el piragüista? Pude ser un buen soldado, valiente, comprometido y noble. Pero mi enemigo era yo y la lucha interna me agotaba por completo. Especulé si habría sido un buen soldado, porque en verdad no sabía nada sobre acatar órdenes, seguir modelos o cumplir horarios. Y hablando de horarios, debía madrugar para resolver varios asuntos antes de ir al aeropuerto, así que programé la alarma del móvil y me tumbé en la cama. Afuera, los pasos se hicieron cada vez más débiles, como si Japón ya se alejara de mí o yo me alejara de él, y yo me fui durmiendo, durmiendo, durmiendo.

La última persona que vi en tierra fue a un operario de pista japonés. Vestía un chaleco fluorescente y pantalón azul. Agitaba los brazos hacia la cabina del avión en un código incomprensible, lo cual me pareció un resumen preciso de mi existencia allí. El avión despegó puntual de Narita. La isla desapareció de inmediato y los viajeros nos rodeamos de azul, como si el país, empequeñecido desde el cielo, reivindicara su insularidad. Creí ver una pista de baloncesto iluminada y entonces advertí que no me había despedido de Kae. Me empalmé al imaginármela en su domicilio, aguardándome en sábados alternos. Entre nubes sin prisa, observé unas barcas sobre el mar de Japón. Por la lejanía y el astigmatismo, me parecieron dibujos torpes de acuarela. Cuando quise fijarme mejor en ellas, no las encontré. Me encogí en mi asiento. Era un niño que viajaba solo, con su identificación en una bolsita de plástico transparente pegada al pecho, y que volvía a casa de su madre después de las vacaciones junto a su padre. Una pantalla táctil informaba de los datos del vuelo: la temperatura exterior era de menos sesenta y dos grados; la *ground speed*, que la pantalla traducía en español como velocidad en tierra, de novecientos cuarenta y seis kilómetros por hora. Creo que ambas métricas se podían aplicar a mi cuerpo, porque sentía frío y estaba acelerado. A cada poco flexionaba y extendía las piernas. La ginebra no ayudaba a recuperar la tranquilidad. Sí, había vuelto a beber. Mi objetivo de ser abstemio sólo aplicaba en tierra firme, y tenía por delante trece horas y casi once mil kilómetros hasta llegar a Madrid: razones suficientes para dar dos sorbos veloces y, a continuación, sentir un arrepentimiento largo.

La azafata recogió una bandeja que dejé sin tocar, el avión atenuó las luces y nos invitó a dormir. Abrí una novela policiaca en inglés que había comprado en el quiosco del aeropuerto, pero su complejidad argumental y abundancia de personajes, unido a mi embotamiento por culpa del alcohol, me hizo desistir de su lectura. El avión dibujaba un arco de color verde en la pantalla, un movimiento radiactivo y contrario a las agujas del reloj. Desde mi insomnio de clase turista invadí el espacio aéreo de Rusia, Finlandia, Suecia, Dinamarca, Holanda, Bélgica, Francia y finalmente España. Atendía a ese arco sin impostas y que dibujaba la línea de una cicatriz. Medido con un compás, representaba los grados de distancia con mi exmujer al este y con mis padres al oeste. Las dos cifras sumaban una existencia compuesta de un divorcio y de una fuga familiar. Es decir, las dos zanjas donde cayó mi padre. Si me las advirtió, no me acuerdo.

La silueta del avión se movía a espasmos en la pantalla. Alrededor de su perfil mastodóntico, los países eran un tránsito fugaz, diminutos cartones de un puzle dormido. Recorrí con la imaginación los sitios atravesados, las unidades de maternidad, los jardines de infancia, las escuelas, los billares, las plazas públicas, los barrios antiguos, las playas y los parques acuáticos, las estaciones de esquí, los campos de baloncesto, atletismo y fútbol, las salas de cine, los aparcamientos y las oficinas y los centros comerciales, las ciudades dormitorio y esas montañas y lagos que sólo parecen existir durante los fines de semana, el piso de los padres y el de los abuelos y más y más extrarradios y más y más playas y otra vez los hospitales y los centros de salud, cada vez más frecuentes, y, por último, las residencias geriátricas y los cementerios y los tanatorios y un polvo gris de cenizas junto a iglesias feas, muy feas, donde nunca nadie pensó que sería rezado, a la sombra de una espadaña y en su remate una aguja pobre, metálica y sucia apuntando a un cielo de aviones, como el mío, en rumbo a cualquier lugar y a una velocidad en tierra de novecientos treinta y tres kilómetros por hora. Cuestioné el motivo de medir la rapidez de nuestro avance sobre aquello que no podíamos tocar, como si el aire negara las nociones de distancia y tiempo, y allá arriba dejáramos de ser personas que buscan metas a las que siempre llegan tarde.

Se hizo de día en el interior del avión, donde los azafatos daban los buenos días antes de iniciar la pantomima de un desayuno. Afuera una luz difusa envolvía el cielo y las montañas. Mi estómago gruñó frente a una magdalena y un café, tal vez porque continuaba en un horario adelantado al real y le parecía absurdo desayunar a esas horas. Alejé la bandeja, me volví a ovillar en el asiento y recordé el giro perpetuo de las turbinas. Completé esa imagen con la del ala y su motor, que parecía una bomba a punto de caer. La pala eólica percutía el fuselaje y la ventanilla desde donde observaba un hecho absurdo, precisamente porque lo estaba observando. Pensativo y tras un instante atento a las nubes, concluí que la yuxtaposición de imágenes no funciona en tránsito, como si el viajero recorriera una zona fronteriza y sin reglas claras. Aunque quizás era en mi mente donde faltaba claridad, y de hecho una azafata, a modo de advertencia, me retiró la última copa para reemplazarla por un vaso de agua y una bolsita de frutos secos.

Apoyado en el ruido de los motores, me quedé dormido. Fue un sueño descendente que olía a petróleo y donde un azafato me animaba para afrontar los hechos con decisión y con la espalda bien erguida, en vertical, mi espalda pero también la bandeja, la bandeja en posición vertical, señor, para que por fin apagara todo recuerdo de Japón, pero también cualquier dispositivo electrónico, señor, hasta que la señal luminosa así lo indicara y, en definitiva, para que me habituara pronto al destino y para que despertara del todo, señor, señor, despierte, que muy pronto vamos a aterrizar.

En Madrid sentí un calor súbito. Puesto en pie, el pasaje materializó su cansancio en forma de bostezos, empujones y malestar. Todo el mundo tenía prisa salvo yo, que seguí mirando el oscurecimiento de las pantallas; en la mía me pareció distinguir la memoria de una cicatriz, como si el movimiento de catorce horas hubiera dejado un surco. Vislumbré el recorrido inverso, la vuelta a Tokio. Quise pensar que perdería ese avión. Sería el signo de algo favorable, o al menos de algo.

El avión ya estaba junto a la terminal. Un azafato avisaba de conexiones a ciudades remotas mientras los pasajeros, sin disimular su estado de ánimo, se ponían de pie con la pesadumbre de una guerra perdida, tropezándose los unos contra los otros, como si tras el vuelo hubieran quedado unidos y fuera difícil la separación. Aplastado en mi asiento por la inercia del viaje, apoyé la cabeza sobre la ventanilla. A lo lejos, el asfalto anunció un diminuto camión que arrastraba un remolque. El camión invadió mi ojo derecho y, como un derrame veloz, llenó toda la pupila tras detenerse bajo el extremo del ala. Se apeó un operario. Su rostro exhibía una barba que era descuido antes que estética. Me fijé en el cansancio de sus ojos, que parecían haber sido expulsados de muchas vocaciones previas. El operario vestía una chaqueta fluorescente y un pantalón amplio y de color azul, como si hubiéramos vuelto a Narita.

Poco a poco la fatiga y el alcohol empezaron a pasar factura. A mi izquierda los pasajeros, que parecían haberse reproducido durante el viaje, seguían saliendo del avión. A mi derecha el operario, que trabajaba solo y con despejo, se movía por razones que sólo le pertenecían a él, sin que nadie lo obligara; parecía seguir un plan definido al detalle, pero tal vez estaba muy cansado, ya que el agotamiento y la obediencia son estadios próximos. Por esa misma razón, yo me sobrepuse sin dificultad a mi cansancio, me levanté por fin y me sometí sin protestar a un conjunto amplio de obligaciones: recoger mis pertenencias con cuidado, revisar que lo llevaba todo conmigo y que no olvidaba nada —aunque en verdad esto último era el fin de mi viaje—, devolver a los azafatos las gracias y los buenos días —pese a que yo continuaba con ojos de noche—, soportar un autobús rebosante de axilas hasta la terminal, sufrir el síncope de dos tramos de escaleras, atravesar un pasillo rodante que parecía terminar en Japón, hacer cola en el control de aduanas y, frente a las cabinas, responder a la duda de en qué fila situarme, si en la de europeo o no, cruzar un pasillo antirretorno con una sensación leve de alegría, permanecer delante de una boca negra, ruidosa y con bigotes de plástico que no paraba de escupir maletas y más maletas que nunca eran la mía y, por último, asombrarme ante la luminosidad de un vestíbulo lleno de gente donde nadie me esperaba.

Estaba solo, igual que el operario que no me saludó ni hizo ningún gesto de bienvenida, ni siquiera cuando nuestras miradas se tocaron. No existía para nadie porque no era nadie. Había aterrizado en un país, había resuelto sus trámites de acceso, pero no era nadie. O al revés: yo era nadie. Los vacíos se mostraban idénticos desde cualquier punto de vista. Era nadie porque nadie había cuidado de mí hasta ahora. Luego, yo reflejé esa misma ausencia en los demás, como un vampiro frente a un espejo. Por eso merecía el silencio del operario, merecía su espalda indiferente, merecía su camión alejándose con una montaña endeble de maletas, merecía la urgencia sin premio de pasillos olímpicos, merecía un móvil sin llamadas perdidas ni tampoco mensajes, merecía ese vestíbulo que me aturdía, un espacio iluminado igual que un quirófano, ceñido a sí mismo, lleno de camisetas y de abrigos, de mascotas y dueños nerviosos, de carteles con nombres que eran siempre de los demás. Estaba solo, pensé en mi padre y me atemorizó, más que nunca, la simetría de nuestras vidas; como si, al acercarme a él, se multiplicaran las coincidencias.

Una procesión de taxis ruidosos aguardaba en el exterior. Había un babel de cláxones, motores temblando, luces intermitentes, puertas y maleteros que se abrían y se cerraban. Había también bulla y silbidos y una necesidad colectiva de escapar pronto de allí. Tras unos minutos sin saber adónde dirigirme, me despegué de la línea de taxis y volví al vestíbulo. Merodeé un rato por la nube de personas que aguardaba a que alguien apareciera. En una esquina de la sala, un ascensor acristalado subía y bajaba sin cesar. Lo tomé hasta el piso superior. Desde arriba me vi como un padre inquieto que busca a su hijo tras concluir la fiesta.

Descendí y encontré alivio en una cafetería. Qué novedad. Pedí una cerveza para hacer algo de tiempo o hice tiempo mientras me bebía una cerveza. Una aproximación u otra procedían de un mismo hecho: Ángela no había venido a buscarme. La sustituyó un hombre que se inclinó junto a mí y al que aparté de un manotazo, como si fuera una mosca. Luego pensé que, de existir la suerte, no estaba conmigo y quién sabe si colgaba entonces de su pecho. Tras levantarme, le pedí disculpas y a continuación un número de lotería. Me lo entregó tras cortarlo con dificultad. Le di las gracias, palpé los bolsillos y advertí que sólo tenía yenes. Estupendo. No era mi día de suerte.

Sin terminar la cerveza, salí con rapidez del vestíbulo, pero olvidé la maleta, así que tuve que volver a la cafetería y corrí de nuevo al exterior. Otra vez en la línea de taxis, observé la luz verde del vehículo al que iba a entrar e imaginé un arco grueso, también de color verde, sobre una pantalla negra, pero moviéndose ahora en el sentido de las agujas de un reloj. Porque era un cobarde, me alivió pensar en la idea del regreso. Porque no sabía qué dirección dar al taxista, o porque restaba en mí algo de fe, en la idea imposible de que Ángela apareciera, le pedí disculpas al taxista, me devolvió mi maleta sin disimular su enfado y regresé al interior.

Atónita, mi jarra de cerveza seguía donde la dejé. Parecía un olvido en el decorado de una película tras rodar la escena de un regreso. Todo se movía y reflejaba en su cristal salvo ella misma, a cada sorbo más transparente y más hecha de espuma. Yo la agarraba como a un chaleco salvavidas, convencido de que la jarra y yo estábamos ausentes de una realidad que, aunque próxima, ignoraba mi maleta, mi abrigo doblado, mi cerveza menguante. La sensación de vacuidad me producía un dolor físico, localizado en el abdomen, y un apretar constante de la mandíbula que confirmaba que el miedo se puede masticar.

Para relajarme, sorbí un trago que sólo hizo crecer mi desazón. En una columna, con la velocidad de una ruleta y sobre una pantalla de fondo azul, las ciudades de origen se sustituían con impaciencia, empujándose las unas a las otras en búsqueda de espacio. Yo también las busqué en el espacio, pero en el de un mapamundi mental. Se confirmaron mis lagunas en geografía, principalmente europea. Llevaba más de treinta años lejos de este continente, como si Madrid hubiera sido no sólo una ciudad esquiva, sino también el origen fétido de una radiación. Mis conocimientos geográficos se limitaban a los lugares donde ocurrían las tragedias que, con gozo, leía en las noticias; y las tragedias, o al menos aquellas que a mí me interesaban, solían suceder en los márgenes de la civilización, en pequeñas poblaciones sin oportunidades ni mucho menos aeropuertos, donde la desgracia parecía un fenómeno corriente.

Debió de pasar más de media hora sin que advirtiera que un camarero, de pie tras el mostrador, me observaba por triplicado, primero con sus ojos breves y profundos, de animal al acecho, pero también con los de dos vírgenes tatuadas en unos brazos oscuros y fuertes que se intercambiaban una bayeta. Prestó atención a mi desplante al vendedor de lotería y, sin perder ojo, atendió a mi deambular entre el vestíbulo y la zona de los taxis. En su observación lo empujaba un pulso de curiosidad antes que un afán de vigilancia. Que los clientes robaran el menaje le traía sin cuidado desde hacía tiempo, tanto como el que llevaba tras recibir su primera nómina, un día treinta de hace siete meses en el que rasgó un sobre, acercó sus ojos al papel y tuvo que frotarlos en una, dos, tres ocasiones para confirmar que había visto bien las cifras que representaban lo real, lo insignificante y microscópico de lo real, su distancia de lo bruto, y concluyó entonces, resignado, que su vida en Madrid sería siempre un arte de subsistencia. Si se fijó en mí era porque no había demasiados clientes y porque advertía, además, que yo irradiaba desorientación; puede que me hubiera confundido de terminal, aunque eso le resultaba extraño de creer porque la gente cada vez viajaba más y eran menos frecuentes este tipo de confusiones, y también porque de la manija de la maleta, como observaron sus ojos y los ojos de las vírgenes, pendían unas tiras sucias de papel informando de la facturación reciente de un viaje, aunque puede que correspondieran a uno anterior. Sumido en la duda, el camarero me contemplaba con la bayeta sobre el antebrazo, a modo de manto amarillo de una virgen, e inquieto por la sensación de angustia que le transmitía.

Por mi parte, yo continuaba en el borde del taburete, aturdido, mirando hacia todos los rincones pero sin encontrar lo que buscaba. Con la precisión triste de un doble puntero láser, clavé los ojos sobre el panel metálico del servilletero que, en letras mayúsculas, me daba la bienvenida a Madrid. El camarero volvió a sentir la tentación de actuar, e incluso salió del mostrador y disimuló su deseo mientras alineaba unos taburetes próximos a mi extravío. Era una tentación o una irresponsabilidad pero también algo lógico, porque yo había terminado la cerveza y él podría recoger la jarra y preguntarme si necesitaba ayuda o, mejor aún, qué ayuda requería, pues estaba seguro de que ese hombre que era yo exhibía algún tipo de tara o desequilibrio. Su intuición era correcta: mis proyectos se derrumbaban de una forma tan rápida, tan simple, tan silenciosa, que su debilidad era evidente y hacía plantearse la duda de quién, cuándo y por qué pensó, de verdad pensó, que podrían haberse logrado. Ese alguien era yo. Ese cuándo era apenas quince minutos después de aterrizar y, ¡plaf!, mi mundo el confeti después de una boda. Ese porqué no tenía respuesta, y de ahí que me encontrara abatido, ausente del vaivén general, observado por todos pero sin nadie que me prestara atención.

Aunque las jarras se sucedían sobre la mesa, en el vestíbulo todo continuaba igual: un camarero que, tras el mostrador, no me quitaba ojo, los aplausos, las mascotas histéricas, el vendedor de lotería, los gritos, la pantalla con información de aviones recién aterrizados y, al poco, la aparición jubilosa de sus ocupantes. El vestíbulo uniformizaba el mundo porque la diversidad de viajeros —sus orígenes, sus idiomas, sus formas de vestir, sus peripecias y fortunas dispares— se abreviaba en esa recepción unitaria, donde todos parecían esperar a todos, como si el muestrario grande de existencias, al contacto con la realidad, se redujera a una alegría única y, por lo tanto, idéntica, expresada en un abrazo reglamentario, una risa, un beso, pero también idéntica la posibilidad del malestar, los correos arracimados durante el viaje que agrietaban la frente de su lector, las tareas obstinadas en no ser cumplidas y el cansancio que controlaba el cuerpo de quien salía ya de la terminal.

La confusión aumentaba en el vestíbulo, porque cada vez había más viajeros y los esperaban familias cada vez más numerosas. Atendida a través de la espuma y el cristal, la confusión se hacía cóncava y lejana, como una celebración que uno mira desde la acera. El vestíbulo se parecía a un salón de baile vienés donde cada bailarín, tras el aterrizaje de un nuevo avión, cambiaba de pareja y ritmo, pero lo cierto es que allí no había orquesta y el ritmo lo marcaba la apertura repetitiva, mecánica e infructuosa de las puertas, sobre todo la de salida, por donde no aparecía Ángela. Ángela. Si me esforzaba por evitar a la gente, separándome como ella lo había hecho de mí, e intentando verme con distancia, de una manera objetiva, la jarra servía para este propósito, porque alejaba la realidad, la hacía más amable y dócil, sin ángulos. Con la nariz dentro del vaso, inclinando el cuello en búsqueda de las últimas gotas de alcohol, descubrí que la naturaleza del vestíbulo era de orden espiritual, una construcción que subrayaba la altura, como un altar que exhibía su grandeza guiando nuestras miradas hacia lo alto, hasta un vértigo donde los ojos, ya turbios, sufrían frente al fulgor de unos focos feroces, de competición deportiva y que, hostiles, obligaban a descender a nuestros párpados, que ahora se arrastraban por el suelo en un movimiento horizontal, ferroviario, igual que el de esa puerta que no paraba de abrirse para lanzar gritos y risas y ay, lo que has crecido, ay y qué morena estás y qué ganas teníamos de volver a verte, ay, ay, ay.

Resignado a mi destino, conseguí levantarme, moví con dificultad las maletas y pagué a un camarero que, tras invitarme a una última ronda y mientras le devolvía el datáfono, me miró con pena al tiempo que yo reparaba en sus tatuajes, donde dos vírgenes parecían darme una bendición, y así fue porque, al dirigirme de nuevo a la zona de taxis, de las puertas automáticas, a modo de telón que se abre, arrastrando la misma premura que en las habitaciones de una residencia o de un hospital, como si también ahora estuvieras visitando a un enfermo, un enfermo que era yo y que salía de una habitación grande, luminosa y llena de un optimismo que sólo parecía existir en los demás, una habitación con el volumen de un presupuesto público y el insufrible nombre de terminal, allí, tan luminosa, feliz y fascinante como el espacio del que yo salía, entraste tú.

En ocasiones, la memoria es una documentalista cuidadosa: recupera el pasado, lo ordena y lo dota de una coherencia de la que, a menudo, careció al ocurrir, pero, al mismo tiempo y sin explicación alguna, se quiebra en el registro de otros instantes, contiguos incluso a aquellos a los que dotó de solidez. Por ello, no hay razón que explique mi recuerdo nítido de aterrizar en Madrid y, sin embargo, que sea incapaz de reconstruir mi reacción tras tropezarme con Ángela. Creo que las maletas habían ganado peso y creo que Ángela me ayudó a desplazarlas, aunque tal vez era yo quien había profundizado en mi debilidad. Supongo que le mostré mi gratitud a la vez que le pedía que, por favor, no me ayudara porque no era necesaria su ayuda. Sí recuerdo que me trastabillé cuando, al inicio de una escalera mecánica, evité sin éxito que Ángela agarrara la maleta, porque durante el forcejeo rocé una hebilla y una línea de sangre se rubricó en mi mano. Tengo la suposición de que, en una pasarela peatonal estrecha, de camino a las máquinas de pago, nuestros cuerpos se transformaron en imanes y Ángela advirtió entonces el alcohol en mi aliento. Me negué a que pagara, aunque supe más tarde, a través del extracto de la tarjeta, que sí lo hizo. Supongo que tomamos un ascensor enorme y perezoso y que, al salir, Ángela extendió el brazo para señalar hacia la oscuridad cavernosa de una planta de aparcamiento. Me parece que hablamos de la confusión horaria y que los dos hicimos un montón de sumas y restas a la vez que Ángela —despistada— y yo —borracho— buscábamos su vehículo. Ángela había malentendido mi correo y esa fue la disculpa por su demora, a la cual respondí con un manotazo que sin querer rozó su mejilla, que le hizo reír y a mí disculparme, disculparme por duplicado, por el golpe y porque no existía malentendido alguno, ninguno, ningún malentendido, le dije y volví de nuevo a golpearla sin querer, ahora en su brazo firme, horizontal, de conquistadora sin premio porque Ángela pulsaba en vano el botón de su llave, orientándola hacia todos los rincones y confiando en que las luces de su vehículo, por fin, parpadearan. Esta operación resultó aún más complicada porque a mi segunda torpeza la siguió el sonido de un metal: las llaves se habían caído al suelo. Nos debimos poner en cuclillas y batir el hormigón oscuro para encontrarlas, alumbrando la búsqueda con nuestros teléfonos. Me excitó su proximidad, sentí que el equilibrio era un estado difícil y que debía hacer algo o agarrarme a ella cuando, en mitad de la indecisión, las luces de un coche salieron de una esquina, la llave brotó frente a nosotros y, al ponernos de pie, recuperamos la compostura y reincidí en mi mensaje: ningún malentendido, ninguno, porque estaba seguro de mi culpa y de que la había malinformado sobre la hora de mi llegada.

Tras encontrar por fin su vehículo y mientras guardábamos las maletas, sí que recuerdo que la embriaguez no menguaba sino lo contrario, como si estuviera aún en la cafetería de la terminal. El alcohol me había afectado más de lo consumido, tal vez por la falta de hábito después del último periodo abstemio en Japón —tres días— o, tal vez, por el efecto de una vida desplomada sobre un alcoholismo moderado pero perpetuo —tres décadas— que había hecho un cauce dentro de mí y cuya nocividad era irremediable y, sobre todo, indiferente a si el alcohol me recorría el cuerpo o no; una adicción invisible aunque demoledora que hacía heroico lo más nimio, como abrir una puerta o abrocharse un cinturón de seguridad.

Su coche era pequeño y olía a un ambientador de vainilla, había una figura de Elvis en el salpicadero y unos papeles sobre la alfombrilla del copiloto. Al arrancar se encendió la radio y escuché a Michael Stipe cantando *It's the End of the World as We Know It.* Imagino que también sonó algo parecido al otoño, porque Ángela me dijo que daba igual, que no pasaba nada y que podía pisar esos papeles. «Que no pasaba nunca nada» o «que daba igual» eran frases que Ángela me había escrito con frecuencia y que ahora, juntos en Madrid, comprobé que también utilizaba en su oratoria. Cuando me transmitió ese mensaje tranquilizador, y lo hizo usando mi nombre, confirmé que Ángela era la mujer que debía entrar en mi vida. Era Ángela o nada. Era Ángela o Japón. Era Ángela o el final, un final que consistía en volver al principio. Pero es que Ángela era el principio, el favor de un bautismo adulto, la existencia afortunada de mi nombre en un lugar.

Al tiempo que contemplaba esos papeles, y empujado por mi pasión hacia el drama, me pregunté cómo terminaron sus días sobre la alfombrilla sucia de un coche y, por encima de todo, cuándo y por qué dejaron de ser importantes. Desvié la mirada hacia el exterior y guardé silencio. Notaba ese malestar entre dos personas cuyo conocimiento mutuo avanzó en la distancia, por llamadas y mensajes donde se han dicho más de lo que debieran hasta que, un día, por fin, se ven cara a cara y brota un pudor súbito, como si la presencia física no pudiera soportar la realidad de un conocimiento acumulado, o como si ese conocimiento tuviera que encajarse en la realidad presente, y eso que no era el primer encuentro entre Ángela y yo, pero sí el primero con tanta información el uno del otro, hasta el punto de dotarlo de una cualidad inicial. Consciente de mi tormento, Elvis no movió la cintura durante el viaje.

Los neones publicitarios se multiplicaban a medida que nos acercábamos a la ciudad. Con ojos de fatiga, aún borracho, advertí que las torres eléctricas iban desapareciendo y eran sustituidas por viviendas uniformes, rodeadas de rotondas y avenidas glaciales. Después se acercaban a nuestro camino edificios de clase media, subrayados por ropa tendida que, en la noche, a la luz como de interrogatorio de algunas farolas, parecían siluetas flacas de fusilados. De golpe surgían barrios de casas bajas y con un aire noble donde imaginé el sueño de familias con mascota, luego áreas industriales rodeadas de hoteles que no estaban pensados para el reposo, esqueletos de edificios sin concluir, un tanatorio, el perfil siniestro de una hilera larga de cabezas de camión, más autopistas, un estadio de fútbol, unas grúas y los primeros semáforos.

La conducción de Ángela se desaceleró. Sentí que me acercaba a mi destino. Tras doblar en una esquina, surgió la luz anaranjada de un camión de la basura. Dos operarios aproximaron varios cubos a la zona trasera, el camión devoró los residuos y, tras eyectar los cubos, nos invadió un mal olor que hizo bailar a Elvis. Después hubo un garaje que anunció un bosque de columnas, el bostezo rojo de una puerta metálica y un ascensor, una luz doméstica sobre el parqué y, tras otra puerta, una cama que brotó como un espejismo y que, antes de verla desaparecer, me urgió a pedir disculpas a Ángela, a prometerle que mañana estaría recuperado y podríamos charlar. Tumbado en una habitación extraña, me lamí un resto de sangre de la mano derecha. La realidad era una lavadora en marcha y me zumbaban los oídos. Era incapaz de dormir, abrí los ojos y sentí, por un lado, la felicidad inesperada de estar en el piso de Ángela, pero, a la vez, lamenté que mi tarjeta de presentación hubiera sido un derrumbe patético y sin disculpa posible; que Ángela lo hubiera entendido y hubiera optado por guardar silencio hasta el día siguiente no hacía menos dolorosa mi rabia de esa noche. Me incorporé sobre la cama para acercarme adonde estuviera y pedirle disculpas. Sufrí una arcada y, tras vomitar sobre un rectángulo oscuro que imaginé ocupado por una alfombra, logré detener mi lavadora interna y de una vez pude dormir.

A la mañana siguiente supe que, tras encontrarnos en la terminal del aeropuerto, regresé al interior, fui al baño y, al salir, me asusté al no encontrar la cara de Ángela entre el tumulto. Eso me dijo en su cocina, ella haciendo café mientras yo descubría que mi temor duró poco, pues agitó el brazo y reconocí su gesto. Sabe que lo hizo con la mano izquierda porque la otra apretaba la del vendedor de lotería, quien después tomó también mi mano, la que ahora sujetaba una magdalena hinchada de luz, y el lotero nos acarició a la vez, como leyendo en braille nuestro porvenir. Nos preguntó si éramos pareja y de los nervios casi derramo el café al descubrir que yo, envalentonado, respondí que sí y al mismo tiempo Ángela, de pie sobre la realidad, decía que no. Al parecer, los tres reímos a carcajadas, y entonces el lotero, súbitamente hosco, golpeó su bastón contra la baldosa, nos hizo enmudecer y dirigir nuestra atención a sus ojos, dos nieblas incapaces de atender a ningún lugar preciso y que, por lo tanto, cubrían todo con su mirada, lo finito y lo ignoto, los aviones, las puertas giratorias, los pasajeros y las mascotas y los familiares, la terminal y la noche que la rodeaba temblando afuera. El lotero, dirigiéndose a una audiencia vasta e imprecisa, sosteniéndose en su bastón a modo cardenalicio, habló por fin en tono de oráculo y, con nuestras manos entre las suyas, afirmó que en el desajuste de las respuestas, en nuestro sí y a la vez no, en nuestro no y a la vez sí, veía un futuro común, ya que las parejas funcionaban mejor cuando existía material para el debate, siempre en la búsqueda de una identidad diferente desde la que mirar al otro y volver a amarlo, y concluyó, a modo de admonición —y Ángela recordaba bien su mensaje y sostuvo en alto la cafetera al repetirlo—, que evitáramos los fulgores y el alboroto, las calles amplias y los placeres de la tecnología, lo fácil y lo efímero, y que para lograrlo la mejor opción era comprarle un décimo de lotería. Sé que Ángela asintió porque así me lo dijo y así volvió a asentir ahora y, por contagio, también yo asentí al tiempo que cerraba la bolsa de las magdalenas. Conocí, por último, la parte menos grata de la noche y es que, al llegar al piso, fui al baño y meé fuera de la taza, sobre las baldosas, sobre unas revistas apiladas de geriatría y gerontología, sobre la báscula electrónica, salpiqué también una alfombrilla circular junto a la bañera y después, en cuclillas, casi tumbado, repetí que esa noche actuaban los Beatles en Madrid y yo tenía una entrada, y esa frase, en su multiplicación, se fue llenando de errores y haciéndose impenetrable, tras lo cual salí del baño, fui hasta una cama que Ángela me señalaba desde el pasillo, la obedecí con la ropa puesta y lamenté que iba a llegar tarde al concierto. Sé que vomité y esa parte Ángela no la recordó, tal vez por evitar mi vergüenza o porque supuso que yo estaba al corriente del final de ese relato, y lo que desconocía era que, en algún momento de la noche, me desperté, fui al vestíbulo y oriné en un paragüero. Bernardo Agualusa, un huésped ideal.

Por la voz memoriosa de Ángela reconstruí el recuento de esa noche a tramos olvidada, donde fui una caricatura patética de mí mismo, aunque quizás me comporté tal y como era yo, esencialmente yo, imposiblemente yo, un cuerpo débil donde las frustraciones vencían siempre a la voluntad. Al menos me aliviaba intuir que, ante Ángela, mi imagen sólo tenía espacio de mejora. Observado desde sus ojos, en la proximidad doméstica de la cocina, sentí el calor tranquilo de estar juntos y el porvenir, posible o no, de un proyecto donde mi papel no era menos importante por ser secundario; Ángela era el icono optimista que me despertó en Japón, que me liberó de la pausa perpetua que eran las relaciones con Kae y mi exmujer; Ángela era la persona por quien había cerrado las contraventanas de un periodo, por quien había ido a un aeropuerto del que despegué con la intención de no regresar jamás, y por quien había cruzado un cielo curvo de nubes dormidas para concluir mi viaje e iniciar otro juntos, aunque en su prólogo, y de una manera nada prometedora, yo hubiera vomitado.

Por primera vez podía conseguir lo que siempre me fue esquivo: conversación, cercanía, confianza. Lograrlo no dependía de mí. Sumergido en la incertidumbre, me abracé a Ángela, como si el temor se rebajara compartiéndolo. Observé una galaxia de pecas y sentí el vaivén de un espíritu en calma. Luego tumbé mi oído sobre su corazón, a modo de estetoscopio, y al escuchar el tamtam de su pecho, como de tribu en fiesta, tuve la convicción de que allí quería arraigarme. El deseo y la realidad convergían en Ángela de forma espontánea, pero esa certeza, lejos de tranquilizarme, aumentó mi pavor a perder lo que no era mío. Sólo accedería a la vida de Ángela de manera azarosa, pues no tenía nada que ofrecer, y mucho menos tras la primera noche en la que había abierto mi amplio catálogo de errores. Recién llegado a Madrid, sufría el pánico de volver a Japón. Como si el lenguaje me diera pistas, «aterrorizar» y «aterrizar» resultaron ser verbos casi idénticos, coincidencia que justificó apretarme con más fuerza a su espalda, igual que un koala asustado.

Dependía de Ángela para conocer lo que pasó durante la primera noche en su casa. Esa necesidad abría la puerta de la tergiversación, de la mentira asomando sus terribles dientes.

Una de las razones para regresar a España había sido el miedo al olvido, pero ahora temía la construcción de un relato que, desde su comienzo, alterara la verdad, haciéndola incompleta, inexacta, quizás desconocida o dolorosa, y ese nuevo pánico justificó que continuara abrazado a Ángela, a quien deseaba regalar mi memoria y mi verdad, y que posiblemente ahora estaba a punto de quedarse sin aliento. Se acercó a mi boca y, con la suavidad de un pájaro, acurrucó su cabeza en mi hombro. Ella sintetizaba las nociones más puras del amor, y yo quería aprenderlas y practicarlas. Después alzó la cabeza y dijo algo que ahora no recuerdo, posiblemente porque a continuación dijo algo que sí recordaría, y es que debía volar a Barcelona ese sábado, pero que regresaría muy pronto, quizás esa misma noche.

Como si el viaje hubiera comenzado tras sus palabras, Ángela se alejó apresuradamente en dirección al dormitorio y yo seguí en la cocina, junto a una magdalena y un café. Por su ventana vi un cielo de tejados y torres de iglesias apuntando hacia todas las direcciones. En alguna de ellas se encontraría la residencia. Al oír la tos de Ángela detrás de la pared, comprendí que volver a Madrid no estaba motivado ni por mi padre, de quien me llegaba el recuerdo terrible, último, de una visita a su domicilio cuatro años atrás, ni tampoco por mi madre, a quien, por descuido mutuo, por indolencia propia o por causa natural, me unía un lazo cada vez más débil, como una embarcación que sale del puerto, se aleja y empequeñece por la llamada del horizonte, su gran gong solar. Pensándolo mejor, la despedida de mi madre era un largo adiós de barandillas que se distanciaban, como si el mar y la tierra pudieran plegarse sobre sí hasta perder el uno del otro el contacto visual y, entonces, abolidas las referencias, yo y ella, ella y yo, nos quedábamos mirando al frente desde espacios que se parecían poco a aquel donde, una vez, nos quisimos. Nuestra relación había tenido una cualidad ritual, de ceremonia asociada a un santuario concreto, que fue un remoto piso de la infancia. Fuera de sus paredes, alejado de su radio de acción, era difícil retener y, por supuesto, reproducir la belleza que pudo pasar allí. Si mi madre había seguido alojada en mi interior, si mi madre era una lucecita que siempre parpadeaba aunque cada vez con más debilidad, a modo de juguete a punto de quedarse sin pilas, era por mi deseo de creer que existió un tiempo donde ella me amó y yo la amé y donde fui, fuimos, a ratos o tal vez siempre, madre e hijo. En la conservación de ese instante, debía desandar un largo camino, tan largo que solía descubrir a mi madre en la frontera entre lo real y la imaginación.

Lo que también descubría ahora, en súbita serenidad, es que el ingreso de mi madre en la residencia sirvió para que yo atravesara su vestíbulo, los casilleros postales, una salita de espera —si es que todo el edificio no se percibía como tal—, luego un ascensor a la planta uno, la zona de contabilidad y secretaría y un pasillo lleno de archivadores hasta detenerme en la puerta ciento tres, donde, al golpear con los nudillos, se produciría el prodigio de adentrarme en el despacho de Ángela, una leonera en la cual ya estuve dos veces. Descubrir a Ángela en medio de mi existencia nómada y con emociones tan escasas, me pareció el regalo fortuito y último de mis padres, aunque todavía por abrir.

Mientras tanto, Ángela preparaba un bolso de viaje. Dividí dos entre tres: dos eran las visitas que había hecho a mi madre en la residencia; tres, los años desde su ingreso. El resultado era menor a uno y me hizo imaginar a un hombre menguado que, desde un muelle, observa un barco hacia la deriva y apenas constata la tragedia, incapaz de sentir dolor por nadie, incapaz de alertar a alguien, convencido de que todo debe ocurrir tal y como sucede y que no está en su capacidad hacer nada por evitarlo, porque él no es un hombre, él es un cero coma seis de hombre. En la relación con mis padres, fui a menudo ese decimal insensible a sus problemas, sin sentir culpa por ser un hijo descuidado, pues ya sufría suficiente por pertenecer a una familia con tal cualidad. De haber retrocedido en el tiempo, dudaba que me hubiera guiado de una manera diferente. Los virajes del camino me habían llevado hasta un lugar en un momento determinado y, en ese momento que era hoy y ese lugar que era este piso, empezaba de una vez mi vida. El presente era mi forma verbal predilecta y la única que deseaba conjugar cuando Ángela, con un beso en la frente, me decía que descansara y que estaría de vuelta ese mismo sábado, aunque de noche. Noté la extrañeza de un recién llegado que expulsa al anfitrión, tosí y le pregunté por qué se marchaba, a lo que me respondió que ya me lo había contado, que se iba a Barcelona a impartir una conferencia sobre programas europeos de prevención de suicidios. Aunque no había retenido ese dato, asentí como si lo escuchara por segunda vez.

En el silencio recuperado de su piso, y mientras bebía un vaso de zumo, comprendí que la vaguedad de la memoria revelaba la nebulosa donde había vivido, como si al darme la vuelta, los eventos de mi biografía jugaran al escondite inglés y se movieran sobre el calendario. Que ahora el cielo fuera azul y lo cruzaran aviones militares, que supiera el día de hoy, sábado 12 de octubre de 2019, que la hora fueran las nueve y cuarto en el reloj de pulsera y que, mientras me servía un segundo café, antes de entrar a la ducha, silbara alegre una canción de los Beatles, quería decir que tenía un objetivo llamado Ángela, profeta de un deseo. Canté bajo el agua sobre eternos campos de fresas porque la vida es fácil con los ojos cerrados y, al cerrar los ojos y también el agua, detrás de la pared, oí un ladrido que me alarmó, un ladrido único, conclusivo, y concluí que tampoco motivaba mi viaje un perro de nombre Odiseo al que mi padre quiso mucho, quizás de una forma que nadie pudo imaginar, ni siquiera él, y por el cual yo, por contradecirle, sentía una ancha indiferencia. Si el perro era la sombra de mi padre, debía dotarlo de la misma oscuridad.

Pasé la mañana avanzando en la escritura de este epílogo. El teléfono rompió dos veces mi concentración. En la primera, alguien colgó con rapidez, posiblemente al escuchar una voz inesperada. En la segunda, un comercial tardó en asumir que su oferta exigía dinero, y que no estaba en tal circunstancia. Me disculpé por mi precariedad, que resultó ser compartida, y concluimos la conversación. Esta llamada no sólo detuvo la escritura, sino que cambió su rumbo y la alejó de mí. En su ausencia, se descubrió mi cansancio. Me sonaban las tripas y decidí releer lo escrito. Los hechos regresaron entonces con vocación de agenda, manteniendo su orden cronológico, desde los más antiguos hasta los más recientes. Era también un orden de importancia, como si las primeras impresiones fueran las más decisivas, como si a cualquier trayecto lo alumbrara la sombra de unas luces iniciales; y tal vez porque, al echar la vista atrás, el ángulo es contrario al del comienzo y el camino, observado en retrospectiva, no guarda similitud con el que uno recorrió, esos instantes más antiguos en Kitakyūshū, que entonces ocuparon mi mente y la invadieron de esperanza, pero también de impaciencia y zozobra, los sentía lejanísimos, casi irreconocibles, como si nunca hubieran ocurrido o como si formaran parte de las vivencias de otra persona. Mientras releía las páginas, recordé también el momento en que acepté el encargo, al principio con cierto temor e ingenuidad, aunque asumiera con rapidez el desafío; una aceptación a la que siguió un periodo de dudas sobre la manera de escribir la historia, sobre qué se debía contar y qué no, y después la decisión práctica de encender el proceso de escritura, de reservarme un tiempo y un espacio y, a la vez, de evadirme del tiempo y del espacio, esconder el teléfono móvil, cerrar puertas, ventanas, perseguir el silencio, sentarme frente al ordenador y teclear impulsado por una idea y un orden que, en cada párrafo, discutían entre sí. En ese magma de certezas y refutaciones, me preguntaba por el interés del texto, porque ya no era la persona que transitó sus líneas. Cuando alcancé la palabra «oscuridad», que era la última del párrafo anterior, advertí que la relectura me había dejado, precisamente, como sólo puede estar alguien que huye de un lugar sin luz. Frente a mí, sobre la pared, busqué ese destino que anhelaba, y en la pared encontré el granulado amarillo de una pintura. Pensé en seleccionar todo lo escrito, borrarlo y que la pantalla fuera una pared vacía. Era suficiente un movimiento del cursor, una confirmación digital, un clic último.

Imaginé una construcción precedida de un pórtico enorme que, al traspasarlo, conducía al visitante a una estancia diminuta. Mi texto era ese pórtico: un embudo o broma visual, un trampantojo. Aunque tal vez era lo contrario, y lo que decía no era sino la sombra de una construcción previa y de más envergadura. Puede que mis padres ensombrecieran mis días, y puede que yo nublara los suyos, a modo de eclipse. Nunca busqué la luz, y si permanecí en Japón fue por mi naturaleza quejosa pero también conformista. Siempre fui el hombre que no cambiaba los almanaques ni recogía el árbol de Navidad. Eso si hubiera sabido en qué día estaba, eso si hubiera adornado alguna vez mi apartamento. Si la mejor solución era eliminar lo escrito, yo también debía desaparecer. Fui al baño y un espejo me devolvió una expresión amarga y familiar, donde mis rasgos repetían la aflicción y los defectos paternos. Igual que un gas, mis ganas de esfumarme llenaron la misma zona oscura de la que mi padre nunca quiso hablarnos. Como cualquier familia, la nuestra también tenía un secreto que, al no haberse revelado nunca o, más bien, al ser dominio perpetuo de la suposición, servía para justificar, a la vez, el drama de la vida paterna y ahora, por reflejo, de la mía también.

Al finalizar la lectura escuché un eco de mí mismo. Una voz que no había pronunciado pero que era mi voz, que no deseaba escuchar porque no me reconocía en ella y que, además, se asemejaba a la de mi padre, como si fuera él quien me estuviera respondiendo a lo que yo escribía, o como si fuera yo quien estuviera escribiendo por él, y, en un caso u otro, una voz, la suya, que tampoco quería escuchar. Ante el sonido de ese eco mi mente pensó una cosa y el dedo índice otra. Decidí borrar lo escrito y a la vez tomé la determinación de no hacerlo. Cerré el ordenador, miré por la ventana, bajé a la calle, respiré su luminosidad y quietud, consulté el reloj —el reloj me lo había dejado en casa de Ángela—, pensé en ella, sonreí, aceleré el paso y, en una galería comercial, compré medio queso tierno, un sobre de jamón, una lasaña de verduras y un espumoso italiano.

Unos días más tarde compartí lo escrito con Ángela. Le transmití también mi duda sobre su conveniencia. Después de leerlo, me respondió diciendo que ella no era psicóloga —lo cual me hizo concluir que me aconsejaba, al igual que mi exmujer, acudir a una—, pero que suponía que mi relato, si bien extenso, era una forma de alivio, primero a que mis afectos carecieran de reciprocidad —lo cual mantenía la duda sobre la naturaleza de los suyos—, pero también al vértigo de reanudar el contacto con mis padres, residentes de un mismo edificio, y si había descrito con prolijidad mi partida de Japón y la llegada a Madrid, era, según Ángela, porque todas esas palabras reducían una distancia y, en su opinión —y su opinión fue aquella en la que me apoyé—, no debían desaparecer. Este texto existiría entonces como antesala de la visita a la residencia, ocultando, en su profusión de datos, el miedo hondo a lo que me iba a encontrar, a cómo estaría la salud de mi madre o, más bien, en qué grado de deterioro, y a cuál sería mi reacción hacia ella y su estado. La misma inquietud podía aplicarse al encuentro con mi padre, con la certeza anticipada de que me costaría sentir por él cualquier clase de lástima. Y no menos decisiva, estaba la duda sobre cómo resultaría la gestión de los sentimientos entre mis progenitores. Si Ángela aceptó la idea de que mi prólogo no era un muro sino una ruta hacia un lugar, quizás fue porque entendía que era inútil debatir sobre algo desconocido, y confiaba en que el tiempo barrería de mi mente estas chifladuras. Y fue también su idea —y nuevamente fue aceptada por mí, no sólo porque necesitara de una opinión externa, sino porque carecía de una propia— que dividiera mi relato en dos, a modo de cavalillo, y que luego algún editor dijera lo que hacer, pero esta sugerencia la escuché y confirmé más tarde, porque entonces era una mañana de sábado, estaba solo y en mi cabeza proseguía un vaivén de fatiga y alcohol, así que decidí escribir primero y caminar por su piso después.

En el salón había ropa arrebujada, pilas de libros, una bicicleta estática, un perro de porcelana, una mesa con forma de tambor. Sobre las baldas, una multitud de retratos construían un árbol genealógico. Era imposible extraer un libro sin derribar un rostro, igual que en el juego de quién es quién. Tomé consciencia de que llevaba muchos años sin estar en un espacio tan abigarrado de objetos, los cuales, posiblemente, sólo tendrían sentido a la vista de su dueña. Luego advertí que llevaba mucho tiempo sin estar en el salón de otra persona.

Me acerqué con cautela a los retratos. Identifiqué algunos rostros que, de manera individual o en combinación, parecían repetirse, aunque lo que en verdad se repetía era mi desconocimiento sobre quién era Ángela. A pesar de todo lo hablado, su intimidad era un enigma. De ahí que me resultara asombroso verla en una calle adoquinada en París, sonriendo al pie de las Torres Gemelas, sosteniendo la inclinada de Pisa, sentada en un banco en el jardín de la Alhambra, agarrando una serpiente o subida a la noria de un parque de atracciones. Junto al televisor había un portarretrato de bronce. Estaba caído sobre una repisa, quién sabe si de manera voluntaria o no. Bordeé con mis dedos el misterio de su morador, toqué por fin el marco y sentí un escalofrío cuando, a mi espalda, sonó un timbre. Busqué el teléfono inalámbrico y escuché la voz de Ángela. Había llegado a Barcelona. Luego preguntó qué tal había pasado la mañana. Creo que le respondí con sequedad mientras observaba, con ojos de inspector, las fotografías que a su vez me observaban. Ángela advirtió lo curioso de llamarse a su propia casa —se rio sola— y de que hubiera alguien que no fuera un ladrón; un ladrón locuaz, añadió, aunque después de ver que yo seguía en silencio matizó que era un ladrón locuaz, pero no mucho —entonces reímos ambos—. Deduje que vivía sola y se alivió el deseo de levantar ese portarretrato de bronce. Fijando mi atención en ella, añadió que debía sustituir a un médico en una de las conferencias de la tarde, pasaría la noche en Barcelona y nos veríamos al día siguiente. Yo fruncí el ceño y pensé en la botella de vino y en el plato de lasaña con verduras. Luego se activaron las sospechas: Ángela había salido a las diez de la mañana de Madrid, a las diez de la mañana de un sábado, para dar una conferencia sobre suicidios un sábado, una charla en un congreso sobre suicidios un sábado, un sábado, y poco después, unas horas después, apenas unas horas después, otro ponente se había dado de baja por algún motivo y ella, al parecer, era la única persona idónea para reemplazarla, para reemplazar un sábado a un ponente en una conferencia sobre suicidios, un sábado, un sábado, una conferencia sobre suicidios un sábado. Con los puños tensos, creo que no atendí cuando Ángela me informó de que el calentador de agua, la lavadora y el lavavajillas eran sencillos de encender, que el conserje vivía en la finca y su número estaba sobre la nevera, pero que ante cualquier duda siempre podía llamarla y, por último, que el domingo por la noche estaría de regreso. En un estado que mezclaba la alegría inicial y el malestar posterior, el optimismo y la desconfianza, colgué. Mantuve la vista sobre el teléfono y, al levantarla, resultó que afuera ya atardecía, así que supe que había llegado el momento de ir a ver a mis padres y que lo haría solo, como siempre había estado.

II

«¡Llega usted un día tarde, don Bernardo!».

Quien me hablaba era Restituto, el conserje de la residencia El Porvenir. Me sorprendió que recordara mi nombre: apenas había visitado dos veces a mi madre, durante los veranos de 2019 y 2020 —bien es cierto que, como cualquier familiar, con frecuentes idas y venidas—, pero llevaba más de doce meses sin aparecer. Tal vez lo llamativo de su memoria era consecuencia de un suceso que yo ignoraba y que me incumbía solamente a mí, don Bernardo, mi nombre y mi rostro rescatados del flujo perpetuo de familiares que recorrían el vestíbulo y pasaban, a veces sin darse cuenta, junto a la mesita donde Restituto Guisado apoyaba un chuzo con punta de acero, sus brazos diminutos, su cajetilla de tabaco, sus crucigramas, su lapicero, un gran manojo de llaves y un walkie-talkie de aspecto infantil. Todo era idéntico a mis anteriores visitas, como también fue idéntico el hecho de que, antes de poder responderle y verbalizar mi pánico, tuve primero que respirar hondo, espirar con lentitud, poner recta la espalda, estirar las piernas, destensar los brazos y recuperar, en definitiva, un estado de sosiego, pues a la residencia se accedía por una calle empinada, sinuosa e interminable, un vía crucis que iba devorando todo a su camino, primero las viviendas, cada vez más aisladas, después el ruido de la civilización, las farolas y el asfalto y ya sólo resistía una pendiente tozuda, donde tanto a la propia naturaleza como al visitante parecían consumírseles las energías y terminaban por aceptar la derrota. No en vano, a la residencia, por fin visible, la rodeaban los cimientos de una planificación urbana que nunca ocurrió, un perímetro de tierra inhóspita, estéril, y que parecía compartir la misma finalidad del edificio al que daba suelo. El visitante que, como yo, llegaba a pie, accedía al vestíbulo casi al borde del síncope, mareado, con la frente cubierta de sudor, el corazón en la boca y los zapatos como de travesía por el desierto.

En tal estado de fatiga física empujé por fin la puerta giratoria y ocurrió, como otras veces, que en ese giro se enredaron la linealidad del tiempo, su avance objetivo e irreversible, y la presencia regresada e idéntica de Restituto Guisado, estático junto a su mismo chuzo, sus mismas sopas de letras y su mismo pitillo que confirmaron esa madeja de los días, porque en Restituto, como en cualquiera que habitara en El Porvenir, parecía que el tiempo, el real y definido por relojes y calendarios, y el interior, el de las rememoraciones y la enfermedad, no estaban en equilibrio; de uno siempre faltaba y del otro había una abundancia incómoda que llenaba de malestar y tedio a visitantes y pacientes. En la vida de Restituto, y para aumentar el desconcierto, la velocidad de las horas fluctuaba sin cesar, porque a veces se le veía como un rayo, corriendo por los pasillos entre camilleros y andadores y carros médicos hasta perderse en ascensores hacia urgencias desconocidas, pero otras veces, el ritmo de su trabajo lo marcaba el reloj de una clase antes del recreo, tictac, tictac, tictac, y entonces se le veía sentado como ahora, en el vestíbulo, delante de las sopas de letras, o en el comedor de la planta baja, observando sin interés la geometría aburrida del jardín.

No sé qué Restituto me recibiría hoy cuando, por fin, pude recuperar el aliento y encender las alarmas por su noticia: había irrumpido con retraso a un hecho que afectaba a mi madre. Ese retraso volvería a mí en cada noche de insomnio, en cada espera de autobús, en cada sorbo de cerveza, en cada diálogo donde alguien dijera la palabra madre, una repetición dolorosa por culpa de un lapso de apenas un día, una duración breve que tenía algo de plusmarca viniendo desde Kitakyūshū —en un viaje que inicié con anterioridad al hecho desconocido y empujado por otras circunstancias—, pero que me parecía, sobre todo, una burla, menos un récord y más un triste premio de consolación, y es que me habían faltado unas horas para llegar antes de lo que predecían las palabras del conserje. Creo que, al mirar a Restituto, sentí rabia por lo inútil de mi fantasía, no sólo porque la realidad acabó de un golpe con ella, sino porque todo había sucedido de otra manera a como lo había imaginado: no a través de ese móvil que vibraba en mi mesilla en Japón, tampoco en una noche rota a la que seguiría un estado abstruso, de extravío, sino que la noticia llegaba en la voz aguda e irritante, como de freno hidráulico, de Restituto Guisado, una voz incómoda y omnipresente porque, desgajada de él, parecía escucharse a perpetuidad en las escaleras, los pasillos, las habitaciones, el jardín y la cafetería de la residencia, un hilo musical insoportable que nadie sabía apagar, y que tal vez funcionaba como defensa ante la minusvalía de su emisor, porque Restituto era un hombre de insignificante tamaño.

Inmóvil en la entrada del vestíbulo, observé su figura mínima, su bajarse del taburete para perder altura, su cuerpecito bordeando la mesa y, al llegar junto a mí, y sin mediar palabra, su cuerpo abrazando mi cinturón igual que un sastre. Luego siguió su vuelta a lo alto del taburete, su quietud casi escultórica, y mi sensación de haber recibido un consuelo inesperado, de unos brazos sólidos, inesperadamente sólidos, y con respecto a una tragedia a la que había llegado un día tarde. Después me vino la imagen de Ángela y sobre la imagen una duda: me había recogido el día anterior en el aeropuerto, yo se lo agradecí vomitando y comportándome como un patán, y ese mismo sábado habíamos hablado por teléfono y no me había dicho nada. Ella era la directora del centro, y que sucediera algo grave no debía de ser un hecho frecuente pero, aunque sí que lo fuera, toda adversidad, incluso aquella largamente anunciada, tendría siempre el matiz de un sobresalto, de una interrupción de otras tareas, y ella debía ser la primera persona informada al respecto, la primera en sobresaltarse y la primera, por tanto, en transmitirme la noticia. Todo me parecía extraño, y esa duda sobre el silencio de Ángela se enlazó con su viaje a un congreso clínico un sábado. Mi madre y su estado de salud, el enigma de la relación entre Ángela y yo y su inesperada partida se sumaron en un único aturdimiento.

Mientras daba las gracias al conserje y me dirigía con pasos frágiles hacia alguna esquina del vestíbulo, pensé en mi padre y lo hice con inquietud, no tanto porque a él no pudieran pasarle estas cosas, sino porque, hasta ese instante, mientras observaba un paragüero de latón, no había caído en que también él estaba en la residencia y, por lo tanto, podía ser de él y no de mi madre de quien me hablara Restituto. Puede que, en el fondo, el malestar se debiera menos a la tardanza en haberse revelado esa posibilidad y más al hecho mezquino de que me importara bien poco lo que le ocurriera.

En ese estado de cansancio, confusión, tristeza, culpa, sospecha, resaca y cualquier otro malestar imaginable que, en medio de esta tragedia, gustosamente haría propio, me senté en unos sillones incomodísimos del vestíbulo y, sin saber bien qué pensar ni qué hacer, el mensaje de Restituto fue descifrado desde su propia voz, porque se acercó hasta mí en silencio, agarró mis brazos y yo, mientras, me fijé en sus pies minúsculos, de bailarín, y en sus mofletes, grandes y rojizos, como si estuviera soplando una trompeta imaginaria, y de esa presencia incómoda y de esos mofletes supe que el día anterior, viernes 8 de octubre, mientras cruzaba el planeta, bebía en una terminal y vomitaba por fin en casa de Ángela, mi madre había cumplido setenta años, y este olvido, que no era sino otro ejemplo más de la amnesia familiar, lo recibía a través de la halitosis sonora de Restituto Guisado. Como respuesta, me levanté del sillón, sonó a mi espalda un crujido plástico y, con la mandíbula prieta, quise atravesar el pecho del conserje con su propio chuzo. En cambio, me flexioné levemente y lo abracé.

Restituto se despidió con una reverencia no exenta de sorna, se alejó silbando y yo me senté de nuevo en el sofá. Me fijé en una televisión colgada de la pared. La imagen mostraba la caída de una hilera de fichas de dominó que ascendía con aplomo por la arista de una pirámide, como si ni siquiera la pendiente lograra contener su empuje, culminaba el vértice, se detenía contra una canica, la empujaba, la canica descendía por otra cara lateral de la pirámide hasta su base y, en la base, rodeada de invisibles aplausos, proseguía el derrumbamiento domesticado de fichas que construían ahora los colores de la bandera de Australia, saltaban de una forma elíptica a otra ortogonal, inesperadamente se dividían en flancos, regresaban de nuevo a una fila única, en formación marcial, y tocaban por fin, sin mostrar agotamiento, una pequeña catapulta cuyo brazo, al destensarse, lanzaba un proyectil que hizo volar mi asombro hasta el interior de un cestito donde, al caer, golpeó un interruptor e iluminó una luz celebratoria. Concluyó el espectáculo, la cámara enfocó la oscuridad de un público jubiloso y, a continuación, al equipo creador de esta proeza tumbada, cuyos miembros se enredaban en brincos y abrazos. La alegría se derramó fuera del televisor y hacia una residencia donde mi madre estaba viva. A punto de cruzar el vestíbulo, me sentí en el intermedio de una tragedia en dos actos, y con el alivio de haber superado el primero. Según un subtítulo bajo la imagen, el grupo de habilidosos jóvenes había derribado, de una sola tacada, tres mil trescientas doce fichas de dominó. En mi caso, sólo una y de nombre Restituto, quien ahora silbaba a lo lejos, inofensivo. Aunque empatizaba con la euforia de esos jóvenes, me molestaba advertir la abundancia y despilfarro de su tiempo libre, y es que duele tanto o más conocer uno sus fallos como advertir su reflejo en otros, y por eso especulé con molestia sobre los meses que habrían dedicado a diseñar la tirada, cuántas pruebas y alternativas que no dieron un buen resultado, y luego, de golpe, como si las horas trasvasaran un embudo y se empequeñecieran a su paso, cuán rápida había sido la tirada y, posiblemente, cuán veloz lo efímero del éxito.

En cualquier caso, Restituto primero y el televisor después habían conseguido que olvidara el propósito de mi visita, y me pregunté si no era tal distracción la finalidad de ambos. Decidido a ponerme en marcha, y mientras oía de lejos el silbido de Restituto, vislumbré en gran angular la puerta giratoria, los casilleros postales, las sillas de plástico y los sofás y el pasillo de acceso a las habitaciones, y comprendí que aquel espacio tenía una finalidad narcótica: desvestir al visitante de sus temores para darle a entender que, en cierto modo, no importaba que estuviera en esa residencia o en cualquier otra, porque todas eran escenarios idénticos de un mismo drama, y ese recibimiento neutro no tenía otra finalidad que aliviar su angustia y hacerla colectiva, agregada a la de tantos otros visitantes que, en cualquier lugar del mundo, también acudían ahora mismo a ver a familias que, por un fenómeno amplio de amnesia, podían ser las suyas o no, y sin que la diferencia importara, porque perder la identidad en un edificio que parecía un decorado se presentaba, en resumen, como la única forma, aunque débil, de encontrar alivio.

Con la mente atrapada en un mundo de piezas que caen de una forma y de esa forma se celebra, me disponía a entrar en el nudo del drama, pero seguía tan próximo mi desahogo tras escuchar a Restituto y había sido tan impecable la caída de las piezas que, en mi camino a su cuarto, mientras esperaba un ascensor hasta la menos uno, allí, con una luz más débil y un silencio más fuerte, en mi girar hacia la derecha, otro pasillo, un cubo del que sobresalían las tablillas de un estor y el rollo de un colchón antiescaras, habitación ciento ocho, la máquina de agua, habitación ciento diez, buenas tardes, habitación ciento doce, el pomo final de la puerta, me impulsó un sentimiento fuerte de dicha, y en ese estado de alivio, como si no fuera yo quien entraba en su habitación, me encontré frente a mi madre tumbada. Nos ofrecimos las manos en una tarde de mediados de octubre y con una luz horizontal que entraba desde el jardín. En ese alivio por saberla viva dije «mamá» con fuerza, remarcando la sílaba aguda, convencido de que, al llamarla, me reconocía antes yo que ella en ese lugar, y ella respondió diciendo «hijo», alargando mucho la última vocal, y después nos trabamos el uno con el silencio del otro y mantuvimos un mismo haz de miradas, igual que un telesilla visual. No vi entonces la delgadez creciente de su cuerpo, su movilidad abreviada, el descuido de su peinado, las arrugas entrometidas donde antes hubo belleza. Sólo capté, antes de cerrar mis ojos, la energía menguada en los suyos. Por fin yo, también abreviado, bajé del telesilla, caminé con mis dedos sobre la colcha, subí por una mano que surgía en mitad de la sábana, como un accidente de la naturaleza, un lugar desgajado del cuerpo, y sobre la mano crucé la cordillera azul de unas venas altas. Entonces a mi espalda alguien tosió y resultó que ese alguien fui yo, yo tosí, yo volví en mí, yo salí de mi atontamiento, yo me levanté del colchón y, junto a su cama, mi mano descendió y tocó la suya y sus dedos tamborilearon sobre los míos. En la televisión, sin volumen, había una orquesta y pensé en una mano anciana que toca un piano en un palacio de invierno; la imagen saltó a un anuncio de coches y pensé en cuántas veces me salvó del tráfico esa mano que ahora apretaba. Miré a sus ojos, que ya no me miraban, como si el efecto de mi novedad hubiera sido breve y, buscando en la ventana nuestra historia en común, me entristecí por los días y las semanas y los meses en los que no toqué esa mano. En la televisión flotaba un astronauta cuando apreté la mano de mi madre y, mientras la miraba, me entristecí al pensar en los días venideros en los que ya no podría tocarla, cuando la desorientación y el pánico fueran igual que ese espacio sin límites, inmenso y oscuro donde flotaba el astronauta, que movía la mano en un gesto que podía ser de saludo o de auxilio, y para alejar ese temor apreté su mano con más fuerza, con la esperanza de que no fuera mano sino guante y me pudiera abrigar para siempre.

Compartimos nuestros estados de salud. Mi madre parecía no comprender lo que le pasaba y ante su enfermedad se ponía de costado, como si no acabara de aceptar la realidad. Hubo un silencio y, a continuación, hablamos de asuntos triviales, de la previsión de lluvias para la próxima semana, de una nueva vecina polaca en la habitación ciento catorce, del menú que aquel sábado había en la residencia para cenar. Al concentrarnos en lo preciso tratábamos, tal vez, de no hablar sobre lo importante —fuera lo que fuera lo importante, aunque creo que ambos lo sabíamos—. Nuestras frases formaban un diálogo a trompicones que, en su sonoridad errática, multiplicaban el silencio alrededor. Me sentía tranquilo de estar junto a mi madre y por supuesto feliz, feliz de haber cruzado un pasillo, abierto una puerta y, casi como un acto de azar, de haberme encontrado con alguien que conocía mi nombre, que me miraba y me quería. Intenté explicarle las razones por las que estaba allí y ahora, pero sin mencionar a Ángela. No me arrepiento de haberle mentido, porque mi madre respondía mal —con pesadumbre o inquietud— a cualquier signo de cambio y, entonces, sólo cabía solidificar la realidad, cuando no suavizarla. Sé que sucedía algo parecido en las demás habitaciones, y la residencia se convertía en una farsa global donde, a ojos de cualquier residente, cada visita ratificaba que el mundo afuera permanecía igual, que los hijos seguían casados, que los análisis salieron negativos, que los nietos aprobaban los cursos y que el mayor, este verano, se marchaba a estudiar a Irlanda, que la empresa superó el bache y no dio pérdidas y que el hotel de vacaciones estaba en primera línea de playa. También creo que, como todas las madres, la mía era consciente de cuándo le estaban mintiendo.

Seguimos callados hasta que ella, sin mirarme, como si hablara a la habitación, me contó su último sueño. Era de noche y estaba sola en su casa cuando un dolor agudo le invadió el abdomen. Intentó en vano llamar a un médico. Gracias a las ruedas, pudo mover la cama con facilidad, salir del dormitorio, avanzar por el pasillo, descender las escaleras y, con la irrealidad favorable que sólo existe en los sueños, subir la pendiente alpina hasta la residencia donde fue atendida con rapidez y eficacia. Sin soltarle la mano construí su sueño dentro del mío, que era yo junto a la ventanilla del avión volviendo a España, y, como de costumbre con mi familia, me sentí aéreo y extraño mientras atendía a sus problemas, pero, a la vez, evitaba ser parte de la solución, lo cual, en muchas ocasiones, consistía en seguir así: aéreo, extraño. Al terminar me dijo si sabía lo de papá: ya aterrizamos sobre el tema importante. Asentí y ella giró la cabeza hacia la ventana, igual que un girasol.

Como una coreografía bien ensayada, en ese instante entró en el cuarto un escuadrón de enfermeras. Era la hora de... No lo sé, porque salí al pasillo. La resaca y el cansancio se enfatizaron. No supe qué pensar ni adónde ir. ¿Qué pensar? Pensaría en Ángela: palpé en el bolsillo las llaves de su casa. Mis llaves de su casa. ¿Mis llaves? Las apreté con fuerza y las llaves construyeron una sierra rojiza sobre la palma de mi mano. Esas llaves abrían el misterio de un espacio por crecer y habitar, pero que hoy estaba literalmente inhabitado. ¿Por qué tuvo que marcharse a un congreso médico en Barcelona? No recuerdo que me avisara de ello antes de que partiera de Japón. ¿Debió avisarme? Tal vez lo hizo, pero mi atención y mi memoria eran las de un niño; las de un niño desobediente. Un congreso médico en un sábado y domingo. Me pregunté si había congresos médicos los fines de semana. ¿Qué sabía yo de lo que pasaba en el mundo los fines de semana más allá de leer sus tragedias y de mis encuentros con Kae?

Como de costumbre, mi cabeza no me había llevado a ningún lugar satisfactorio, así que me concentré en adónde ir y, sin perder un segundo más, opté por saludar rápidamente a mi padre, pero entonces una de las enfermeras, siguiendo esa coreografía de acontecimientos, me pidió que entrara por un instante. En la habitación había oscurecido y el aire, impregnado de lejía y lavanda, era un encuentro entre las secciones de limpieza y perfumes de una gran superficie. Me gustó ver el embozo amplio de la colcha, me gustó ver a mi madre limpia, bien peinada, me gustó comprobar que el montón de revistas, junto a la puerta, había sido correctamente colocado. Esos detalles ayudaban a la estabilidad de las mentes. Mi madre me pidió que me acercara. Lo hice, me agaché y me preguntó por Orfeo. Le respondí entre risas si se refería al músico y poeta. Me respondió que preguntaba por Odiseo. Sonreí mientras le prometía, sin mucho interés, que iba a averiguar cómo se encontraba.

Salí al pasillo, subí a pie hasta el vestíbulo y también subió la resaca a mi cabeza. Al cruzar los casilleros postales me encontré con Restituto, quien me confirmó, sin yo preguntárselo, el número de habitación de mi padre. Tras darle las gracias y tan pronto lo perdí de vista, escapé de la residencia. Un taxi me llevó con rapidez a casa de Ángela.

No me ayudó la ducha, no me ayudaron dos vasos de agua, no me ayudó comer algo de la nevera —encontré un plátano y un yogur—. Consulté mi teléfono: tenía un mensaje de Ángela con un montón de datos prácticos sobre cómo encender la caldera, en qué armario encontrar las toallas, qué bares próximos estaban bien por si quería salir, la contraseña del wifi y una advertencia de la persiana del dormitorio, que se atrancaba a veces si se bajaba rápido. Deduje que debía instalarme en su dormitorio y dormir en su cama. Tecleé una larga ráfaga de emoticonos alegres, aunque la alegría se terminó al enviar el mensaje: ¿se organizaban, de verdad que se organizaban, congresos médicos en sábado y domingo?

Regresé al salón, que más bien parecía una exposición de fotografía. Una exposición de fotografía caótica. Había fotos no sólo en la estantería, sino en los flancos de la televisión, en todas las paredes —incluso detrás de la puerta—, en las mesas bajas y en la principal, en los estantes sobre el radiador y también en una hornacina abierta junto al sofá. Las fotos revelaban el avance vertiginoso de los años o quizás un descuido del testimonio, porque dos niños regordetes jugando frente al mar con rastrillos y cubos eran, en la balda superior, dos universitarios recogiendo un diploma. ¿Tenía hijos Ángela? ¿Cómo era posible que no lo supiera? Tal vez porque no se lo había preguntado, aunque hay información que siempre se debería decir, porque importa, como cuando uno se va a ausentar por un congreso médico; un congreso médico un fin de semana. Algunos marcos parecían antiguos, de modas que fueron devoradas; otros estaban misteriosamente tumbados y preferí no saber la razón. Había uno ovalado, de plata, enmarcando un vacío. Me quedé en el centro del salón, tratando de mirar todas las fotografías a la vez, igual que si estuvieran en las gradas de un estadio, y pensé que ninguna de esas miradas existía ya de esa forma, porque cada foto registraba un término y la palabra instantánea significaba, justamente, la duración mínima de un instante que, en el momento del *flash*, había dejado de existir. Sin embargo, el proceso era recíproco y esas fotografías me observaban desde las distintas alturas de un mismo árbol, como si formaran una genealogía, como si en ellas sí que hubiera una coherencia, un largo hilo temporal que las conectaba, y no comprendieran qué hacía allí, quieto en mitad del salón, observándolas. Yo tampoco me comprendía allí y ahora, solo, solo, solo, ahogado en el runrún de ese congreso médico.

Me fui a dormir lleno de inquietud. Al tumbarme y cerrar los ojos medí la dimensión de mi cansancio. Intenté hacer balance de lo ocurrido y descubrí que me llegaba un olor a pan. ¿Había usado la tostadora? ¿No había cenado un plátano y un yogur? Incómodo por la duda, aunque con más lentitud que acierto, logré levantarme, choqué con el aparador y la mesilla de noche, me lastimé el pie derecho en la puerta del baño y llegué hasta la cocina, donde me encontré con un domingo de sol, la sonrisa de Ángela y un desayuno preparado en la mesita. Me besó en los labios y dijo: «Lo he hecho sólo para aliviar tu resaca, así que no te acostumbres». Le pregunté que a qué no debía acostumbrarme y mi voz amaneció con ronquera. «A que te prepare el desayuno, bobo» fue su respuesta antes de besarme de nuevo.

Todo ocurría por primera vez y todo se convertía en rutina. Esa mañana desayunamos, reímos, hablamos, recogimos la mesa, limpiamos la cocina, hicimos el amor, leímos en la cama —tú un folleto publicitario, yo una novela de espías—, hicimos de nuevo el amor, nos levantamos, nos vestimos, fuimos al cuarto de estar y nos tumbamos en el sofá. Junto a Ángela la vida avanzaba sobre tiempos verbales. Por la tarde querías ir al cine y yo acepté feliz, como si hubiera una alternativa y fuera peor. A mitad de película me quedé dormido; al encenderse las luces, decidiste que me contarías el final en un restaurante japonés, por si echas de menos tu país, te disculpaste, y yo fingí seriedad y te abracé. A tu espalda brilló una farola, detrás un semáforo se puso en verde y los faros de un coche desaparecieron. Tembló, en la otra acera, el neón de una clínica veterinaria y, en lo alto, las ramas de los árboles jugueteaban con un globo infantil. Lleno de luz volví a tu mirada con el asombro de que eso fuera posible, cerré los ojos, oí el silbido de un tren que me recordó a Kae y supe que nadie podía estar más a gusto en ese instante que yo. Era domingo y el restaurante estaba vacío. Me dejaste la responsabilidad de pedir. Abrí la carta sin apetito y la cerré con hambre. El camarero tomó nota y me preguntó si hablaba japonés. Dijimos al tiempo tú que sí y yo que no y también al tiempo reímos los tres. Volvimos a casa y te di a leer lo que había escrito del prólogo, que abarcaba entonces hasta mi visita a la residencia.

Al día siguiente me despertó el sonido de la ducha. Eran las siete y media de la mañana de un lunes. Pronuncié tu nombre y, desde el baño, me pediste que siguiera durmiendo. Dije que no con voz desmayada y te prometí ir por la tarde a la residencia. Respondiste: como quieras. Un niño lloraba detrás de la pared cuando te inclinaste para besarme y tu pelo se convirtió en un telón sobre la almohada. Oí tus tacones, la puerta, un ascensor. Seguí tumbado mientras pensaba que fuera de la residencia la vida también se contagiaba de su letargo. El paso por ella se adhería al cuerpo del familiar e inundaba su mundo con una ola lenta y larga de melancolía. Recordé el sueño de mi madre y noté que, por primera vez, no me había preguntado cuándo volvería a su casa, como si hubiera asumido que no habría un segundo sueño, que la cama de ruedas quedaría por siempre fija en la habitación 112 y que allí iba a morir.

En la residencia, esa tarde, Restituto gritaba por teléfono: «¡Soy un ujier, caballero! ¡Está usted hablando con un ujier y no con un conserje, así que le ruego que se dirija a mí con la debida educación, como yo hago con usted!». Colgó, escupió un hijo de puta señalando a su teléfono y, a continuación, me dio las buenas tardes con voz engolada. Tuve que notificar en la recepción mi visita antes de subir hasta la tercera planta. La habitación de mi padre era la 313 y estaba al final del pasillo; estaba la habitación, pero no él. Hacía calor y traté de abrir la ventana: no lo conseguí. La estancia se asomaba a un aparcamiento minúsculo de la propia residencia. Había un coche aparcado de color azul. ¿Fue el que usó Ángela cuando vino a recogerme al aeropuerto? Un segundo: ¿no me contó que venía en bicicleta al trabajo? Brotó de nuevo la sospecha del congreso médico y, como si la reforzara, aventuré la dureza de pedalear diariamente, calle arriba, hasta llegar a la residencia. Volví a pensar en ese congreso celebrado en fin de semana, aunque Ángela sólo se quedó un día.

La habitación de mi padre se componía de una cama, una mesilla de noche y sobre la mesilla una botella de agua, un libro y dos audífonos. Cerca de la ventana había un sillón desvencijado que me recordó al de su apartamento, aunque tal vez no se parecían tanto y sólo fue un mecanismo para recordar algo de mi última visita. Encontré un anillo de matrimonio junto a los audífonos. Había una televisión encendida en la pared y, en esa pared, la cicatriz sinuosa de una grieta. ¿Esta era la *suite* que pidió mi padre? Me acerqué hasta el armario, de dos puertas, y toqué sus pomos; traté de abrirlo, pero estaba cerrado con llave. En lo alto del armario, a una altura difícil de alcanzar, asomaba la funda negra de una máquina de escribir. Por curiosidad, abrí la puerta del baño, donde, más que haber algo, parecía faltar de todo, incluso un simple espejo. Y hablando de faltar: ¿dónde estaba mi padre? Observé que en la televisión ponían una ópera y traté de subir el volumen, pero no encontré el mando, y en ese instante debió de terminar la música porque bajó el telón, la cámara enfocó a los aplausos y me pareció verme allí, muy de pequeño, junto a mis padres, en un teatro parecido. Papá asomaba su curiosidad por la barandilla y movía la cabeza de un lado a otro, como negando las filas de asientos del patio de butacas. Repetía el movimiento por los palcos de platea, entresuelo, principal, anfiteatro, con la mirada en forma de herradura. El recuento de butacas lo concluía con ese placer que sólo dan las tareas que uno se impone. Luego regresaba su atención a nosotros, sentados a su lado en el paraíso, la zona superior del teatro, la más económica y de peor visibilidad. Desde nuestras butacas, alejados de la escena y del resto del público, a mi padre le era fácil hacer sus cálculos, sobre los que nos informaba con gesto adusto y voz grandilocuente. Mi madre y yo nos olvidábamos de ellos antes de que se apagaran de nuevo las luces, de que el público volviera al silencio y de que el telón se levantara a tirones, como por tramoyistas con lumbalgia. Para mi padre, por el contrario, el aforo del teatro, el número de espectadores o la taquilla estimada eran datos que tenían una importancia misteriosa y fundamental. Mientras apagaba la televisión pensé en lo curioso de que, para alguien tan solitario, tuviera más importancia el dato humano que la historia que ocurría sobre el escenario, o que para él lo humano fuera un dato que registrar y su alegría, un cálculo numérico de filas y asientos; la medición del espacio de los demás y, por diferencia, la de su soledad. Me pregunté si, en sus cálculos, se contaría a sí mismo, si contaría a mi madre, si me contaría a mí. En definitiva, si contábamos para él.

Estaban en el jardín. No sé qué me sorprendió más, si verlos juntos, si advertir que sus manos se tocaban, si sospechar que eran necesarios el uno para el otro, si temer que era yo quien parecía estar de más, si todo lo anterior a la vez. Dispuse sobre la hierba mi artillería de preguntas: ¿qué significaba aquello?, ¿desde cuándo sucedía y cuándo empezó todo a cambiar?, ¿qué parte ignoraba del proceso que los condujo hasta allí?, ¿no había sido su pasado, mi pasado, nuestro pasado, una guerra abierta?, ¿o es que las guerras, sin excepción, terminaban algún día? Y en tal caso, ¿cuándo se firmó el armisticio?, ¿no había entendido nada?, ¿puede que fuera yo quien magnifiqué todo?, ¿cuándo?, ¿cuándo empezó todo a cambiar?, ¿qué sabía yo de papá y mamá conjugados en plural? Mamá, mamá, mamá. ¿Era libre si él tomaba su brazo? ¿O ese brazo ya no le pertenecía, convertido en una extremidad blanda y ajena a su voluntad? ¿Se querían por amor o por ausencia de alternativas? ¿Se querían? Era incapaz de responder a ninguna de esas preguntas, así que recogí mis armas y asumí la derrota.

Restituto apareció desde el interior de un seto. Llevaba una camiseta salpicada de hojas y tallos y unas temibles tijeras de podar en la mano. Leyó mi mente y dijo: «No tengas miedo, que son tus padres y te han parido. De viejos todos chocheamos. Si no antes». Por eso mismo, porque son mis padres, le respondí con una risa nerviosa. Desapareció de nuevo y caminé con lentitud de residente hacia el banco de piedra donde se estaban acariciando. Notaba esa cobardía de quien llega tarde a una fiesta y siente que su aparición es incómoda, o no se atreve a acercarse a alguien que le gusta. Sólo que aquí no había fiesta y ninguno de los dos me gustaba, y menos aún juntos. Paré un instante, me escondí tras un roble y los observé: ¡si es que parecían dos colegiales en celo! Seguí mis pasos y me fijé en un fisioterapeuta que, sobre la hierba amarilla —era mediados de octubre, pero según Ángela llevaba sin llover casi tres meses—, daba saltitos frente al asombro torpe de un semicírculo de ancianos a quienes gritaba: «¡Venga, jóvenes, que el año que viene os convocan a los Juegos Olímpicos!». Escuchando esa frase llegué al banco y, sin abrir la boca, me senté. Mi padre, sonriendo, me dio las gracias por venir y me preguntó cómo estaba. Le devolví las gracias, le dije que estaba bien y le hice la misma pregunta. Respondió diciendo a la vez que bien, que estaba bien, y levantando los hombros, así que no logré discernir qué mensaje de los dos importaba más. Mi madre permanecía en silencio, con la mirada perdida.

Hice cuentas: mi madre acababa de cumplir setenta años; mi padre nació en febrero de 1949, así que ahora tenía setenta y dos. El total daba ciento cuarenta y... Un instante, faltaba yo, que iba camino de los cincuenta. Siete cero más siete dos, uno cuatro dos, uno cuatro dos más cuatro nueve, uno nueve uno, ciento noventa y uno, ciento noventa y un años: había casi dos siglos apoyados en la misma piedra. ¿Y si echábamos el tiempo atrás ciento noventa y un años? Resté ese número al 2021 y obtuve el 1830. Busqué en el móvil lo sucedido entonces, pero en ese instante apareció Ángela, se acercó hasta nosotros, salí de mis pensamientos y entré en los suyos. Ángela comenzó a hablar, pero no podía concentrarme en lo que decía. Me costaba creer que esa persona que se explicaba en un tono profesional y a la vez afectuoso, esa persona que sostenía la mirada del interlocutor, que asentía con frecuencia y a quien no le molestaba ni repetir la misma frase ni ser interrumpida, fuera la misma que me rescató del aeropuerto, que me abrió las puertas de su casa, la misma que dormía desde hacía dos noches a mi lado y que, por encima de lo anterior, había cambiado mi vida en un tiempo tan corto. Me sentía cursi, sentimental, raro, contento y más aún cuando Ángela, tras despedirse de mis padres, me guiñó un ojo cómplice. Improvisé una disculpa, seguí a Ángela y fuimos caminando hasta la parte del jardín más alejada del edificio, donde se encontraba un pequeño laberinto alrededor de un patio de baldosas y, en su centro, un disco azul de madera que cubría la boca de un pozo. Nos apoyamos en él, dando la espalda a la residencia, y miramos hacia la ciudad. «¿Recuerdas que ya estuvimos aquí?», me preguntó Ángela, y sentí que el sol respondía moviendo mi mano hacia la suya. Con la punta de los dedos toqué los suyos, como si fuera un profesor de piano. Dije que sí y le pregunté a Ángela lo que pensaba de mi padre, de su estado de salud, precisé, y ella respondió que lo veía bien, pero que tal vez yo tenía otra respuesta, y así era, le dije, mientras matizaba que mi padre estaba todo lo bien que podía estar una persona que iba camino de los ochenta años, que no se había cuidado jamás ni había delegado en otros esa función, que había hecho de la bebida su única dieta y del tabaco un sexto dedo y que arrastraba un insomnio sin cura; un hombre hermético —seguí—, que no compartía con nadie sus problemas y que juzgaba con desdén si alguien pretendía indagar en ellos. Ángela celebró que tuviera a mi padre en tan alta estima y me felicitó por haber llegado a unas conclusiones tan profundas tras haber pasado apenas cinco minutos juntos, pero, sin negar lo anterior, me dijo que no creía que mi padre precisase de los cuidados de una residencia. Así que, si mi pregunta era el porqué de su ingreso, siguió Ángela, aparentemente no había ningún indicio médico que lo justificara, lo cual —continué yo— no esclarecía las razones del mismo o, más bien, precisó Ángela, aclaraba del todo su propósito —estar junto a mi madre, la interrumpí—, aunque no hubiera revelado las motivaciones de esta decisión. Me quedé callado y en la cabeza volvió la misma pregunta: ¿qué triquitraque interior lo había llevado a ingresar allí? Mi padre era una autoridad mundial en tomar decisiones erróneas, inesperadas o fuera de plazo, eso dije entre dientes y Ángela me corrigió: ¿era malo el hecho de que volvieran a mostrarse cariño? Luego, me dio un beso fugaz y yo sonreí mientras pensaba: qué cariño, Ángela, qué coño de cariño. Entonces dimos media vuelta, miré el móvil y Ángela me preguntó qué andaba buscando. Algo que sucedió en 1830 fue mi respuesta y la suya, que esa búsqueda era de lo más corriente y que, de hecho, la residencia contaba con una habitación libre para ingresarme y proseguir mi investigación si así lo deseaba. Reímos y terminé la búsqueda: quién sabe si porque internet me seguía ubicando en Japón, pero lo primero que leí fue que, en ese año 1830, un bergantín propiedad del gobierno británico zarpó de Tasmania con decenas de convictos. Durante una escala, hubo un motín y la nueva tripulación, tras tomar control del barco, puso rumbo hacia Nueva Zelanda. Necesitados de agua y alimentos, los convictos arribaron en la isla japonesa de Shikoku. Allí fueron rechazados por las autoridades locales, siguiendo la política de aislamiento nacional o *sakoku*. Ángela se detuvo en el camino y me preguntó a qué lugar me llevaba esa valiosa información. Le respondí que mis padres y yo, juntos sobre el banco, sumábamos una edad que nos retrocedía hasta 1830, justo el año en el que ocurrieron estos hechos en el país del que venía. Ángela miró al cielo buscando una respuesta, repitió que disponía de habitaciones para casos como el mío y yo le respondí que, si era posible, preferiría que el tratamiento consistiera en una sesión de terapia individual, esa misma noche, pero en su casa. Luego pensé que la política del *sakoku* o país cerrado no me hubiera venido mal, pues habría cancelado la sola posibilidad de mi regreso.

Quienes sí volvieron fueron mis padres al interior de la residencia, mientras yo subía al vestíbulo y cruzaba la puerta giratoria. Traté en vano de evitar a Restituto, que estaba fumando en la calle. El humo le confería un aire tenebroso, de príncipe eslavo. Su perfil quedaba oculto, como también el de una parte del letrero que, en letras mayúsculas, prohibía fumar junto a la puerta. Con su talento para la interrupción, Restituto me cerró el paso y comenzó a hablar en ese timbre agudo y seco, como de vuelta de todo, como si hubiera muerto y resucitado en varias ocasiones y concluido que, menos los resultados de la quiniela, no había que tomarse nada en serio. Con frecuencia dudé sobre la autenticidad de sus relatos, pues solía hablar de personas y lugares remotos a la residencia, y era imposible imaginárselo fuera de allí, en otro lugar que su vestíbulo, donde parecía existir con la fijeza árida de un cactus. Pensé en la posibilidad de que fuera un mentiroso mientras me contaba que el día anterior doña Violeta, de la 221, había fallecido en silencio y sola —y quién no la espicha así, se corrigió Restituto, que era muy inclinado a matizarse— y que, por un descuido del personal de limpieza, sus gafas se quedaron en la habitación. Aunque de poco le iban a servir ya a doña Violeta, Restituto decidió acercarse al tanatorio y entregárselas a los familiares, así que cogió un autobús y luego otro, cruzó la ciudad, llegó al tanatorio, abrió la puerta de una sala llena de rostros graves y de perfumes potentes, estuvo un rato estático y se movió luego entre los corrillos hasta que, por fin, entabló conversación con una mujer que resultó ser la hermana menor de doña Violeta. Sin saber qué decir, celebró que hacía un día maravilloso, ¡un día maravilloso! —además de a matizar, Restituto era aficionado al énfasis—, un hecho que, aunque era verdad, no resultó la frase más oportuna, y entonces Restituto quiso cambiar de tema, miró hacia el cuerpo de Violeta y sólo fue capaz de alabar la belleza del ataúd. Su hermana, contagiada tal vez de lo extravagante de esta afirmación, asintió y dijo que sí, que sí era un ataúd hermoso, un ataúd hermosísimo, y que era una pena que ataúdes tan hermosos terminaran ardiendo, como en las fallas de Valencia, ciudad donde la hermana de Violeta nació y vivía, por cierto, y adonde Restituto estaba invitado si deseaba probar un arroz al horno que le salía de rechupete. Restituto se lo agradeció, abrió su mochila y dijo que las gafas de doña Violeta, al menos, se salvarían del fuego. Tras entregarlas, se despidió de la amable mujer y salió aprisa de la sala.

A partir de entonces, mis días se dividieron entre el piso de Ángela por las mañanas y la residencia por las tardes. Ángela interpretaba mi aparente sosiego como una muestra honda y espiritual de lo que en verdad me preocupaba, que era la salud de mis padres, pero la respuesta era otra: por primera vez, la pasión y su espacio sucedían sobre un mismo lugar. Querer a Ángela era tan natural como vivir con ella en ese dormitorio, rodeado de esas viviendas, cerca de esa droguería y de ese colegio, frente a ese centro de salud y junto a ese parque; había una ordenación urbana superior, invisible y previa que establecía que todo fuera de esa forma, y yo era feliz en su interior. Ayudaban a este sosiego mi versatilidad en las conversaciones, bien con los vecinos de Ángela, bien con las familias de otros residentes, pero también mi desinterés por tener razón y mi indiferencia hacia un porvenir distinto al de reencontrarme, cada tarde en la residencia y cada noche en casa, con Ángela. Y, por supuesto, ayudaron a esa serenidad dormir más y beber menos.

Ciertas mañanas, si la radio y la televisión me resultaban insoportables, salía a pasear por el centro de la ciudad. Caminaba con las manos en los bolsillos, a modo de estudiante, pero con andares lentos de jubilado. En la amplitud de algunas avenidas aparecía, subido al horizonte, el perfil de la residencia. Entonces, el mundo real por el que transitaba, el de las conversaciones y el comercio, y el mundo de la residencia allá arriba se descubrían como planos paralelos, próximos y que parecían pendular sin fortuna el uno hacia el otro. Si estaba en los dominios del ruido y los repartidores, tomándome un café, leyendo el periódico o mirando a la gente pasar, sentía la necesidad de subir a la residencia. Si estaba en la residencia, quería huir de allí. En el mundo real buscaba el silencio de la residencia y en la residencia, el ruido exterior. Ese columpio entre la ciudad y la residencia me dejaba desconcertado. ¿Por qué ahí arriba sentía la necesidad de volver al gobierno de las tareas pendientes? ¿Y por qué apenas cruzaba la puerta giratoria se revelaban el absurdo de la vida, la certeza de que ahí fuera nada me estaba esperando y de que el futuro pasaba por volver al interior?

Sobre el futuro, precisamente, y como si no le diera ya pocas vueltas, me preguntó mi padre al poco de mi llegada. Me sugirió impartir clases de japonés en alguna academia o incluso a particulares, pues tal vez las pagaban mejor; quién sabe si podría encontrar alguna plaza de docente en el mundo universitario. La vaguedad de mis respuestas le hizo comprender que mis planes próximos no pasaban por buscar un trabajo. Creo que sabía de mi relación con Ángela, aunque yo nunca le hablé de ella —principalmente, porque él nunca me lo preguntó—, y este hecho, unido a mi política exterior de brazos caídos, debió de darle la imagen de que su hijo, a quien tal vez imaginó en Japón como un trabajador ejemplar, era en verdad un casanova de medio pelo, cuando no un aprovechado.

La escena de mis padres juntos sucedió más veces, no sólo en el jardín sino también en mi cabeza, repetida una y otra vez bajo el peso del tedio matutino. La residencia funcionaba a modo de retrovisor que me devolvía el final de una ruta sinuosa, larga y solitaria. Esta me llevó hasta el misterio último de mis padres, dos existencias siempre desconocidas y siempre a mi espalda. Pero si subía feliz hacia la residencia era porque el edificio dotaba a mi tiempo de un propósito: se iba allí porque así tenía que ser y porque se mitigaba, hasta cierto punto, la culpabilidad de haber vivido lejos de unos progenitores que jamás me exigieron cercanía. Entonces comprendí —y ya era tarde— que nunca llegué a conocerlos, ni cuando era niño ni aún menos cuando me marché para no regresar. Sus vidas se convirtieron en dos misterios a veces queridos y siempre ignorados y mi desconocimiento, lejos de reducirse, era mayor ahora, cuando las dos incógnitas habían combinado sus interrogantes en una sola gran duda cuya respuesta se revelaba, para mi desconcierto, sobre un banco de piedra en un jardín, pero yo, mal estudiante y peor adulto, ni podía comprender lo que pasaba ni tampoco sentir una empatía profunda por su deterioro último, y es que ignoraba la trayectoria de mis padres de igual forma que ellos ignoraban la mía. Este misterio mutuo no era sólo familiar, pues se abría en todas direcciones y afectaba a los enfermeros, los médicos, los otros pacientes y sus respectivos familiares. En esa nube llena de interrogantes, y para mi sorpresa, se interpretaba que yo era un hijo modélico, uno que acudía a ver a sus padres a diario. De ahí que ese edificio feo y remoto me confiriera una nueva identidad: era Bernardo Agualusa, el hijo del escritor Leonardo Agualusa —mi madre no participó cuando nací—, que había vuelto de Japón para acompañar a sus padres durante sus últimos días, y esa forma de ver mi regreso, que tenía menos de verdad que de engaño, me hacía sentir que habitaba la casilla correcta en el tablero de juego.

En ocasiones escuchaba en el jardín el silbido de una locomotora y, entonces, volvía la imagen de ese tren bala que, en sábados alternos, me acercaba a relaciones sexuales que caían en todos los tópicos del universo nipón —la rapidez y la inocencia, la apuesta por el riesgo y la modernidad y a la vez, y sin ser contradictorio, su defensa de la familia y de la tradición—, pero lo vivido se disolvía sobre la fachada de la residencia donde sólo valían los últimos pasos, los gestos finales, como el de unos cónyuges que se perdonan y un hijo pródigo que regresa y que ahora, al entrar y al salir de ese edificio, sentía que estaba en el lugar y el instante adecuados, pero era extraño ese alivio mientras también notaba que mis padres se hacían más pequeños, más débiles, más imprecisos, más torpes, más menos, y que, como un regalo último, me entregaban un alto al fuego y una inesperada compañía, una quietud que nunca pensé que les fuera a pasar y que yo nunca encontré, ni en mi extranjería en Japón ni en el trabajo de maestro ni tampoco en ninguna de mis relaciones adultas; una existencia que se fue desmoronando como las fichas de dominó en la televisión, con la diferencia de que no hubo en su caída nada brillante, nada estético, nada que celebrar. En Madrid existía la posibilidad de una restitución, el aprendizaje primero y último de quiénes eran mis padres, mis padres hoy, y el vislumbramiento, quizás, de lo que fueron y nunca conocí, de su relación, de su ruptura y reencuentro, y si lloraba o caía en la nostalgia era más bien por mí, porque sentía que erré en mi juicio sobre ellos, y si no lloré mucho ni estuve demasiado triste fue porque, cuando no miraba al retrovisor, miraba a Ángela.

Los días sólo contaban en Madrid. Fue en esta ciudad donde comprobé que mi biografía no había sucedido, porque transcurrió sin que la habitara. Una grúa, operada por brazos paternos y siguiendo un plan que nunca acabé de entender, me descargó en Japón con diecisiete años; otra me sacó de allí a punto de cumplir los cincuenta. Entre medias, viví un tiempo huérfano, de tránsito, vacío de cualquier hecho digno de mención. No había nada de mis días pasados que enriqueciera mi vida actual, y de ahí mi convencimiento de que lo antiguo no podía tocar a lo nuevo, afectarlo, y de que la historia sólo guardaba el registro de unos números, nada más que números, y sobre esos números reglas aritméticas para concluir, por ejemplo, que dos años, tres meses y una semana era lo transcurrido desde mi divorcio y hasta subirme a una grúa que me descargó junto a Ángela.

Las mañanas de Madrid se componían de aburrimiento, televisión y ventanas desde donde seguir las ocupaciones de los demás. Por las tardes, la ciudad era un lugar simple y amable que me tenía reservado un papel doble. Vestido a la vez de novio y de hijo, me acercaba a la residencia de ancianos con la excusa de ver a mis padres aunque, en realidad, se trataba de estar cerca de Ángela. En ella confluía una fuerza poderosa que me arrastraba hacia su interior pero, además, Ángela servía como puente para acercarme a mis padres y cubrir, de alguna forma, mi ausencia larga en sus vidas. Tras el almuerzo, algunos residentes volvían a sus habitaciones; otros se quedaban derrumbados por los sofás del salón social; los menos se diseminaban en el jardín, buscando desesperadamente alguna sombra; casi todos parecían los restos de un naufragio. Si no veía a mis padres en su banco de piedra, regresaba al edificio. Al atravesar el porche tocaba saludar a Magda, la vecina de habitación de mi madre. Magda había abandonado Polonia hacía setenta años, llevaba los tres últimos en la residencia y tomaba el sol de una forma obsesiva, como si ansiara recuperar la luz que faltó en su infancia polaca. Debió de ser muy atractiva: todavía entonces se adivinaban unos ojos que alguna vez buscaron y fueron buscados en tabernas nocturnas, en cines pobres de verano, en la ribera de ríos caudalosos o en los jardines gélidos de Zakopane, su ciudad natal. Aun en la degradación absoluta de la vejez, Magda retenía una consciencia fuerte de su belleza y, por esa razón, le pedía a su hija que la duchara, la vistiera con la mejor ropa y la peinara cada vez que había visita del médico. Igual que un loro, Magda cantaba alguna melodía infantil siempre que alguien se le acercaba. Lo hacía en su lengua materna, así que era imposible comprender su significado. Que recordara con precisión esas melodías y letras y que incluso acompañara su voz de un esfuerzo interpretativo —desde la limitación de su silla de ruedas— me hacía concluir que la memoria sólo guardaba un primer registro, aquel que solía abrirse en la niñez, como si durante el resto de los años no llegara a nuestra mente otra melodía o letra de tan poderoso recuerdo. Si apenas teníamos la capacidad de emocionarnos una vez y la vida era luego la rememoración de esa epifanía, ¿cómo explicar este gozo tardío de mi padre? Pudiera ser que, en la desmemoria final de su vida, aquel episodio de convivencia con mi madre simbolizara su bautismo de felicidad.

Con el paso de los días se desvaneció la emoción inicial de ver a mi madre, y comencé a sentirme como un estorbo, porque cualquier gesto, actitud o comentario del exterior parecían fuera de lugar en su habitación. No se podían traer malas noticias, porque estar allí lo era. Tampoco se podían traer buenas, porque parecían inoportunas. No se podía estar allí de ningún modo. Algunas tardes sentía que profanaba un templo, porque su dogma y culto me eran desconocidos. Otras tardes sentía que entraba en un velatorio donde, por un error de atrezo, mi madre seguía viva. Que seguía viva lo atestiguaban el runrún de las máquinas junto a la mesilla de noche, un subibaja débil de sábanas y también la aparición de los enfermeros, que siempre iban con prisa, que siempre actuaban con bríos napoleónicos e incluso así advertían cambios en la vitalidad minúscula de mi madre: esta mañana se ha levantado un poquito mejor, hoy la veo más alicaída, ayer no tocó la cena. Se marchaban con un ventarrón de urgencia y yo me quedaba en parálisis, como si me hubiera rozado un tren de alta velocidad: mi madre no solamente vivía a ojos de los demás, sino que se manejaba entre distintos estados de ánimo. Otras tardes, por fin, la idea de acercarme a verla cobraba un sentido literal; era una idea y era una idea de acercamiento, pues la rodeaba un perímetro que no sabría si definir como injusticia o resignación y que era incapaz de franquear. Ubicaba mi puesto de vigía bajo el dintel de su puerta, un ángulo lejano que me permitía, a la vez, verla y no. Por algún juego óptico, la cama parecía descomunal, aunque puede que fuera el resultado de su pequeñez. El cuerpo de mi madre era un examen sobre el esqueleto humano. Como soy un cobarde, nunca lo miré sin el velo de la sábana. Todo lo que supe de ese cuerpo fue una ciencia del temor: la certeza de una destrucción subterránea, de un relieve que, con los días, iba cediendo altura y volumen, una existencia menguante, una erosión sin pausa. Recordarla así no era correcto o justo, pero esa imagen última, igual que una cinta regrabable, borraba toda su vida anterior. En esas tardes bajo el dintel me entregaba a las reflexiones más oscuras, a ideas inconexas, como febriles. En la residencia el tiempo no servía para nada: el presente era una sala de espera donde aguardar un final que era, además, un apocalipsis lento que ya nos habían contado. Lo pretérito estaba abolido por la memoria y, si es que de él restaba algo, lo mejor era que no se presentara. Al porvenir se accedía por el final del pasillo, en el ascensor que llevaba al vestíbulo y al exterior. Afuera nos aguardaba el presente lleno de culpabilidad pasada. ¿En qué tiempo verbal vivía mi padre? Eso era imposible de saber.

Las enfermeras lavaban a mi madre en días alternos. Solían ser dos mujeres jóvenes llenas de energía que le hablaban con salero y buen humor. Un día me pidieron que les acercara una banqueta para la ducha y ojalá no lo hubieran hecho, porque no soporté ver su cuerpo desnudo. El médico acudía a las cinco de la tarde. Revisaba mediciones, le abría los párpados, corregía la posición de los tubos y me daba unos golpes en la espalda, no sé si de ánimo o de pesadumbre. Juntos mirábamos a mi madre. Luego me decía: «Qué fortaleza». Cuando el médico salía de la habitación, yo imaginaba castillos en ruinas. Tras el baño, mi madre solía caer en un sueño limpio, yo me sentaba mirando al jardín y abría una novela, aunque era incapaz de leer dos líneas seguidas. La existencia de mi madre se contenía dentro de ellas. Qué lectura tan breve y gris. Y qué misteriosa la convicción literaria que le hacía seguir escribiéndola. En un lugar que gestionaba epílogos, ella sobrevivía en tiempo de prórroga. Vencía a la muerte de manera rutinaria, tumbada sobre un dolor crónico. En mi madre, como en los demás residentes, la existencia funcionaba por una regularidad matemática. Quizás fue esta regularidad la que me impidió ver que hablaba cada vez menos.

O tal vez era yo, que a su lado agrandaba mi silencio, porque en su habitación su cansancio era, cada vez con más frecuencia, el mío. A imitación de su quietud, yo cerraba mis párpados y caía en una duermevela donde veía volar flechas en todas direcciones que, igual que los cables de una ciudad después de una tormenta, cruzaban la habitación en todos los sentidos y a todas las alturas. Las flechas señalaban vectores de frío. Un mapa de viento. Las ráfagas movían sus sábanas, los papeles, el extremo curvo de las cortinas, las planchas dormidas de la persiana. Recuerdo lo friolera que siempre fue mi madre. Seguramente se hubiera quejado de haber podido hablar. Había pasado mucho tiempo desde que escuché una frase completa de su boca. También desde que sostuvimos una conversación. Es posible que su voz actual me resultara irreconocible. En ese estado intermedio entre el cansancio y la lucidez, me imaginaba acercándome a ella, observando detenidamente su costado, el descenso suave y liso de la sábana. Su cuerpo era un trampolín abandonado tras los juegos de invierno. Podía distinguir el molde de un hombro, aventurar la ubicación de su mano. ¿Hace cuánto que nos la dimos por última vez? Moví las piernas, me desentumecí y noté los pies húmedos: nunca terminaba por secarse la ginebra que derramé y pisé en Japón. Me puse en pie y la electricidad viajó de norte a sur por mi espalda. Aunque tal vez era una corriente de frío después de que mi padre abriera la puerta giratoria. Ahora vi su maleta de color rojo, vi sus pies haciendo abanicos sobre el mármol, oí su voz preguntando si tenían habitaciones libres, etcétera. Supe que algunos episodios se repetirían para siempre. Y como siempre, salí aturdido de la habitación de mi madre antes de subir a la tercera planta.

Mi padre tenía una vida social relativamente dinámica. Compartía todas las tardes con mi madre en el jardín, jugaba a las cartas o al ajedrez en torno a una mesa camilla en el salón social, leía el periódico, ayudaba a Restituto con algunos crucigramas, cumplía con una tabla de ejercicios gimnásticos y seguía las noticias en la televisión. Su deterioro era significativo, pero avanzaba a menor velocidad que el de mi madre. Esto le sirvió para tomar conciencia exacta de su situación y, de esa forma, hacer las paces con su estado de salud. A diferencia de otros residentes, mi padre asumió con dignidad todo lo que le iba sucediendo y jamás lo escuché quejarse. Atravesaba una fase última de la que jamás guardaría un largo recuerdo, pero estaba convencido de aprovecharla al máximo, como si la residencia funcionara de paliativo a un dolor anterior y a la ausencia de proyectos. Puede que ello explicara su felicidad, la de una existencia reducida a lo más simple, gobernada por rutinas y horarios clínicos y donde el único propósito al salir de la cama era el seguimiento de una agenda de actividades.

Era habitual no encontrarlo en su habitación. Lo que sí encontré, en una de sus ausencias, fue el armario abierto. No había perchas y pude distinguir que su ropa, disciplinadamente doblada, construía una suerte de zigurat. Palpé los bolsillos de una gabardina y encontré las llaves de su apartamento. Podría habérselas pedido, pero el diálogo —ya lo saben— nunca fue un activo familiar. Salí de la residencia y fui en taxi hasta su casa. Aguardé en un bar próximo tomándome una cerveza, dos, tres, hasta que el portero sacó a la calle los cubos de basura, apagó las luces del portal, sacudió el felpudo y se marchó. Entré en el edificio con la agilidad de un agente secreto y limpié el buzón de cartas: aunque sin consumo, seguían dados de alta los suministros de agua, luz, gas e internet. Mientras subía en el ascensor, pensé cómo cancelar su contrato de alquiler, pues supuse que mi padre nunca regresaría allí. Creo que él compartía mi opinión. Al abrir la puerta, me llegó un olor a espacio cerrado. Me sorprendió el orden general. El apartamento estaba listo para ser habitado inmediatamente o para hacer una mudanza y partir. Aunque no había ningún alimento, la nevera olía mal. Calculé que habían transcurrido ocho meses desde que se marchó. Luego pasé al dormitorio y tuve la impresión de visitar una casa museo. Todo parecía estar en el lugar correcto, aguardar la llegada de un visitante. Cada objeto revelaba, además, la ausencia de su propietario. Sólo faltaban los postes de cordón rodeando la cama y, en las paredes, la cartelería rogando no tocar los objetos ni hacer fotos. Tropecé con el comedero vacío de Odiseo y sonó un gong oriental. Me agaché junto a una mesita y descolgué el teléfono: había línea. Por curiosidad, pensé en llamar a mi número en Japón. ¿Qué hora sería en Kitakyūshū? Daba igual. En el escritorio, a la luz débil de una lámpara, encontré un sobre transparente con una pegatina que decía «Odiseo». Su interior guardaba una resma de cuartillas mecanografiadas, llenas de correcciones, tachaduras, flechas entrando y saliendo en batalla léxica del cuerpo principal, invadiendo los márgenes. Había manchas de café y huellas curvas de copas que allí descansaron. El documento era ilegible. Su versión limpia estaba en Japón. Supuse que la filóloga —¿cómo se llamaba?— lo habría buscado desesperadamente. Me la imaginé abriendo en vano los cajones, las carpetas físicas e informáticas. ¿Por qué sentía placer torpedeando la obra de mi padre? Aún estaba vivo, pero en los círculos literarios ya se la definía como completa. Visualicé su máquina de escribir en lo alto del armario de la residencia, y sentí lástima al pensar en mi madre, como si mi incomodidad general, tras focalizarla sobre una persona, me hubiera hecho desenfocar mi interés hacia los demás. Rocé las páginas del manuscrito: era incapaz de leerlo y de permitir que otros lo hicieran, quizá por temor a que confirmara mis errores.

Fui al baño antes de salir y, al tirar de la cisterna, alguien tocó el timbre. Me quedé quieto y aguanté la respiración mientras la cisterna rugía. El segundo timbrazo duró más que el anterior. Crucé los dedos para que Ángela no llamara al móvil, ya que lo había dejado en la cocina. Pasaron diez, quince, veinte segundos. Escuché unos pasos que se alejaban por el pasillo, respiré hondo, apagué la luz, cerré la puerta y alcancé la noche sin encontrarme con nadie.

Volvería a ese apartamento tras mi primera discusión con Ángela, el viernes 19 de noviembre de 2021. Como para no acordarme de la fecha. Claro que, al igual que cualquier discusión, fue consecuencia de un proceso iniciado antes, que evolucionó de forma imperceptible, casi larvaria. Llevaba un mes conviviendo con Ángela y hacía dos años y tres meses que me había divorciado. Había obtenido estos números con los dedos de la mano izquierda, mientras que la derecha, abierta sobre el mantel, se deslizaba en silencio hacia la de ella. No necesité de cálculos para confirmarle que, tras el divorcio, ninguna mujer había franqueado las puertas de mi vida, como si mi fidelidad hacia Ángela se hubiera adelantado a su llegada. En esta afirmación orgullosa, confirmada por mi mano apretando la suya, ignoré las excursiones sexuales que realizaba al apartamento de Kae, deportivas pero sin calado afectivo. En resumen, tras dos años de soledad, un mes con alguien era una plusmarca. Si ese alguien se llamaba Ángela, era una plusmarca insuperable y así lo festejaron mis manos, haciendo de su cara un cuenco y bebiéndome su sonrisa.

No era todo favorable con Ángela, y las grietas en nuestra convivencia debieron existir desde el principio, de una manera invisible pero simultánea a ese mes de felicidad. Cómo expresarlo. Sospecho que Ángela pronosticaba en mí la vida de mi padre.

Que conocía mi futuro gracias al pasado de mi padre. Ángela unía diagnósticos, mi estado de hoy con el de un mañana idéntico al de mi padre, y el resultado le daba pánico. El pasado familiar que intenté guardar en un trastero, separado de Ángela e incapaz de rozarla, apareció la noche de un viernes de noviembre.

La discusión empezó en la cocina. ¿Por qué recuerdo que cenamos brócoli y rodaballo? Estaba recogiendo la mesa cuando, al girarme hacia el fregadero, me golpeé el empeine contra la puerta del lavavajillas. Qué sorpresa: Ángela la había dejado abierta. Le solté alguna impertinencia que no debí haber dicho, pero que he olvidado por lo que luego ocurrió. En guerra de guerrillas, Ángela me maldijo tras chocarse de bruces contra la puerta de la despensa: yo la había cerrado después de coger una onza de chocolate. Mientras yo me acariciaba el empeine y ella la nariz, nos pedimos perdón.

Fue en el dormitorio donde se reanudó el fuego: hoy sigo sin entender por qué preguntaste si había algo acerca de mi familia que no te había dicho. ¿Buscabas confirmar lo que ya sabías? ¿Qué sabías? Bajé la persiana y nos desnudamos sin ráfaga alguna de emoción. Podíamos haber hecho el amor o iniciado una guerra: optamos por lo segundo. En un silencio de emboscada nos refugiamos en el nórdico. Debían de ser las once de la noche cuando, por fin, Ángela encendió la luz y, erguida, proyectó de nuevo su pregunta. Me incorporé en la cama con la velocidad de un tentetieso, noté un dolor cervical e imaginé, por un instante, la espina del rodaballo. Con una voz tensa, que rugía en letras mayúsculas, le pregunté qué demonios quería saber. A continuación, con algo de esfuerzo, conseguí calmarme y le rogué que fuera ella quien me contara lo que había averiguado, pero añadí que seguramente ya lo sabía todo porque no confiaba en mí. Ángela se rascó la cabeza, tocó mi pecho y me dijo que estaba equivocado, y ese fue nuestro último momento amable.

Me puse en pie y la imagen debió de ser ridícula: un cuerpo que nunca conoció el deporte y un pene que ignoraba qué hacer, si avanzar o replegarse, pero sólo advierto ahora lo ridículo de esa imagen porque entonces señalé a Ángela, me alimenté de toda la ira del mundo y, con violencia de interrogatorio, sin esperar a sus respuestas, le pregunté qué era lo que tenía que contarle, si lo que ya había averiguado, aquello que mi padre nunca, nunca, nunca quiso revelar, si no había sufrido ya lo suficiente mi madre, yo, todos, y mientras Ángela negaba con la cabeza hacia la ventana y hacia el interior, hacia la noche y hacia la pared, donde una imagen de Buda, sentado sobre un almohadón, parecía contemplarnos sin entender nada, y yo exhausto, también sin comprender nada, enfaticé que efectivamente no entendía nada, que por qué me había hecho eso, que si había algo que no le convencía de mí, una sospecha, quizás.

Alguien tosió detrás de la pared, yo por imitación tosí, tosí una segunda vez, tomé aliento y volví a la carga, pero ahora dejé de escupir preguntas para aseverar respuestas, me coloqué frente a Ángela y le expresé que yo también, yo también tenía sospechas de ella, que en su casa me rodeaban los retratos de gente que había estado antes por allí, que claro, claro que no aspiraba a ser el primero, y mientras Ángela volvía a negar con la cabeza, se erguía cada vez más y arrastraba hacia su cuerpo el escudo blando de la sábana, para cubrir su pecho mientras le gritaba que deseaba conocer la razón de que hubieran huido, que cuánto daría por saberlo, cuánto daría por saber el motivo de que cogieran la puerta y se piraran, y nunca lograré entender esa razón insospechada, seductora e intensa que me invitó a mentir, y le dije entonces que había renunciado a una vida en Japón, porque antes de venir a

Madrid me había estado tirando a otra, así que ni era la única ni era tan, tan importante, y mientras Ángela seguía negando con la cabeza, negaba a la noche, negaba a Buda, negaba a la noche, negaba a Buda, y la sábana ascendía por su busto y le cubría ya hasta los ojos, igual que un faro de tela.

Entonces guardé silencio, atendí a mi respiración, a la espiral alocada de una ambulancia, a un nuevo tosido detrás de la pared, miré al suelo oscuro, distinguí unos calcetines, un periódico del jueves, un zapato derecho, pero no encontré ni el tubo ni la máquina que alimentaban mi cuerpo con esa rabia eléctrica, incontrolable, que luego escupía por la boca, como si allí se hubiera alojado un ventrílocuo lleno de odio hacia Ángela, hacia mí y mi vida de mierda, hacia todo y hacia todos, un ventrílocuo sin tregua que regresaba con un nuevo turno de palabra para verificar que Ángela no iba a decir nada porque no tenía nada que decir, y en su silencio yo lancé más preguntas cuando, en verdad, ya sabía que no iba a responderlas, y aun así le pregunté de nuevo por qué tenía que saber lo que mi padre nos hizo, por qué tenía que saber el motivo de su divorcio y de que marchara tan joven de España, y Ángela seguía negando y se erguía más, todavía más, la sábana sobre su frente, sus ojos desaparecidos, toda ella un faro sin luz y solos Buda y yo, Buda en silencio, su cuerpo fofo y amplio sobre un almohadón dolorido, y yo que no sabía adónde mirar ni qué decir ni tampoco qué hacer.

La habitación era un horno. En algún lugar gemía un bebé. Di un portazo y me encerré en el baño. Abrí con furia los grifos para no escuchar el llanto de Ángela. Tras la pared sonaba una ranchera, donde una voz lamentaba el extravío de su vida en un abismo profundo y negro. Golpeé las baldosas con rabia y cesó la música. Frente a mi malestar, indiferentes a la discusión, dos tubos de pasta de dientes se abrazaban, flácidos. Los agarré con fuerza, los estrangulé, los tiré en la bañera. Deseé que cobraran vida, que se retorcieran antes de pisotearlos. De su vaso vacío bebí agua que me supo mentolada. Mientras, mi cabeza rumiaba posibilidades.

Volví al dormitorio tras un nuevo portazo. Ángela estaba al borde de la cama y miraba hacia Buda. Su cabeza emergía de una sábana que, en forma cónica, ocultaba tu cuerpo. Era una marioneta triste y silenciosa, con sus hilos embrollados, pero no iba a lograr que sintiera pena y seguí al ataque y le pregunté si creía que yo era gilipollas, a lo que Ángela, mirándome a los ojos, me respondió que no volviera a tratarle de esa manera, y yo respondí que lo mismo le pedía a ella, y que no fuera una puta mentirosa, que no era tonto, y que sabía perfectamente que no hubo congreso médico en Barcelona, porque Restituto conocía muy bien su agenda y así me lo había confirmado, y a lo que Ángela, tras suspirar, me respondió dándome la razón, y dijo que no hubo congreso médico, pero sí un viaje a Barcelona, y con otro fin, precisamente el de poner fin a una relación a distancia que, estando juntos, no tenía sentido, y porque era incapaz de escuchar con tranquilidad, de comprender sus palabras, mucho menos pedir disculpas, ignoré su respuesta y le pregunté el motivo de sacar a la luz toda la mierda familiar, y entonces Ángela se puso en pie y la sábana, igual que un telón, descendió en un silencio lento, melodramático. Quedamos desnudos junto a Buda, obeso juez sentado. Al levantarse, la voz de Ángela también se elevó y dijo que era su responsabilidad conocer el historial de los pacientes, más aún cuando un ingresado mostraba cicatrices de intento de suicidio. Le pedí que parara y, sin hacerme caso, Ángela añadió que, en la ficha médica de mi padre, se informaba de que no fue un intento sino dos, dos intentos de suicidio, y encontró además un enlace electrónico que le llevó a un dosier del juzgado porque, tampoco lo sabía, hubo una denuncia por delito de lesiones presentada por su exmujer quien, como remarcó Ángela, estaba en la residencia. De nuevo le pedí que parara, pero me ignoró otra vez y, tras subir la voz un escalón, concluyó que hubiera sido un detalle que se lo hubiera dicho porque, entonces, habría alojado a mi padre en una habitación especial, que es donde se encontraba ahora, y no descubrirlo como lo hizo, a mi espalda, escrito en un ordenador, que parecía el sistema de comunicación oficial entre los Agualusa, y eso si nos animábamos a contar algo. No entendí muy bien a qué o a quién se refería Ángela, si era tal vez a mí y a los correos que le envié desde Japón y que ahora, en mitad del drama, parecían tan remotos y falsos por haber omitido ese pasado familiar, o si tal vez dirigía su comentario a mi padre, siempre tan callado con su antigua mujer y con su hijo y que sólo empezó a hablar tras su separación, frente a Chabe, primero sobre sus fichas físicas, más tarde frente a su ordenador, por último sobre su cama, pero cabía también la posibilidad de que las palabras de Ángela estuvieran dirigidas contra mi madre, porque, en el fondo, mi madre también había negociado sus preocupaciones y experiencias con la psicóloga y quién sabe si, por último, Ángela se refería a los tres, a una familia disfuncional que nunca supo estar en un mismo cuarto y mirarse a los ojos ni hablar con naturalidad, pero no quise que me aclarara el contenido de su mensaje; estaba cansado y le rogué de nuevo que callara. Ahora sí lo hizo, ahora calló, y nos miramos a la cara, casi a oscuras, desnudos, apenas iluminados por la luz de la mesilla, que agrandaba su silueta contra mí, yo un eclipse de culpa y Ángela dueña de la verdad, de la calma, de la última palabra. En el suelo vi la relación hecha añicos, me giré, no supe qué hacer ni qué decir porque la ira había agotado mi razón y supe que, desde ese momento, nada iba a ser igual entre ella y yo, si es que desde ese momento aún restara algo entre nosotros. Con sensación de epílogo, la miré de nuevo a la cara, vi un rostro lleno de una rigurosidad y una amargura noble, de cuadro religioso, y pensé que, si nos abrazábamos, tal vez todo tuviera arreglo. Deseé que la solución fuera tan fácil como la estaba imaginando, así que me acerqué hasta ella y vi su rostro como a través de una lupa, ampliado pero, a la vez, imposible de tocar. Cuando mis brazos estaban a punto de alcanzar los de Ángela una voz me habló desde el interior, me obligó a dar media vuelta y yo obedecí. Di entonces media vuelta y, a continuación, fui yo quien me obligué a no decir palabra y obedecí y no dije nada, fui yo quien me obligué a escapar y obedecí y escapé.

Un instante después, me encontraba en el rellano de la escalera. El ascensor tardó un milenio en abrir sus puertas. No quería ver a nadie nunca más, no quería hablar con nadie nunca más, pero bastó con bajar las cuatro alturas para encontrarme en el portal, bloqueando la salida, a dos vecinos que hablaban en tono grave sobre las carencias defensivas del Real Madrid, y la importancia de la cantera y de echarle cojones. Me escondí detrás de la puerta abierta del ascensor para hacer tiempo hasta que se marcharan. Escuché que los problemas eran graves, venían de antiguo y su análisis los retenía en el umbral, sin que pudiera determinar si entraban o salían de la vivienda. Decía uno que con esos jugadores el equipo no iba a ningún lado: eran indolentes, peseteros y mercenarios. A esta observación respondió el otro asintiendo con severidad, como si fuera un presocrático, y añadió luego que esas actitudes, en su época, no se toleraban y que entonces se sentían los colores, había menos tontería, menos tatuajes, menos peinados de moda y menos hostias, significara esto último lo que significara.

El ascensor comenzó a pitar. Salí del escondite envalentonado, crucé el portal y di las buenas noches sin obtener más respuesta que dos penetrantes miradas: los vecinos se habían quedado mudos. Pedí que me dejaran paso, pero los vecinos también se habían quedado inmóviles. «¿Se puede saber qué ocurre?», pregunté, y me respondió el silencio, se apagó la luz del temporizador, nos quedamos a oscuras, me acerqué al interruptor de la pared y, al regresar la luz y mirarme en el espejo, descubrí que estaba desnudo.

Al subir de nuevo, comprobé que Ángela había dejado, delante de la puerta, una camisa, un jersey, ropa interior, unos pantalones, zapatos y calcetines, quién sabe si para evitar que me detuvieran o, por el contrario, para no volver a verme más. Mi única certeza era que, cuanto más lejos estuviese de allí, más alivio encontraría. Este pensamiento me sirvió para vestirme con rapidez, salir de la vivienda y acelerar el paso. Deseaba ver todo con distancia, pero cada semáforo frenaba mi propósito y me hacía cuestionar si era de Ángela o de mí de quien me quería alejar. No había un alma en las calles: la ciudad parecía estar bajo un toque de queda. Una neblina como de discoteca brotaba desde cualquier ángulo y se alimentaba de edificios, de árboles, de vehículos. Algunas farolas escapaban a su voracidad y yo las seguía. Iba dando tumbos igual que un animal dentro de una telaraña, aterrado, sin escapatoria. A cada instante miraba el móvil e impedía que mi ansiedad disminuyera. Al final de una avenida, borrosas, vislumbré algunas luces centelleantes, amarillas, tal vez naranjas. Me acerqué y descubrí un ruido y, después, vi el estómago giratorio de un camión de la basura. Se alejaron el camión y el ruido y su ausencia la suplió, de inmediato, la niebla invasora.

En el extremo del barrio me acogió el perfil boscoso de un parque. Atraído por unas voces, adiviné la silueta de un quiosco de música. Subí sus escaleras, me tropecé, llegué arriba. Unos jóvenes en corro fumaban marihuana. Me dijeron que me acercara y que tomara un poco. Obedecí, me acerqué, di una calada, di las gracias, tosí, bajé a tientas. La niebla seguía devorando el mundo. Yo me sentía desgraciado, vacío, sin porvenir. Era el hombre caído en desgracia de una novela de Jane Austen. Sólo que en mi drama no habría reconciliación final.

Continué caminando por el mapa oscuro del parque. Sin contornos, Madrid era la noche de un cuadro impresionista. A lo lejos, iluminado por algunas farolas, descubrí una monda grande de naranja: era el camino curvo que bordeaba un estanque. ¿Se olvidaría con el tiempo esta discusión? Pasó un ciclista, graznaron unos patos. Cuánto habría dado por que el tiempo retrocediera. Me repetía, a modo de calmante, que la discusión acababa de suceder, que era natural que siguiera alterado, sin claridad de juicio, y que en resumen debía evitar las conclusiones cuando, sobre el agua, flotando tenebrosas, las encontré: eran tres frases negras que me informaban de que Ángela y yo nunca volveríamos a estar juntos, de que regresaría a mi vida en Japón, aquella que pensaba que había dejado atrás, y, a modo de terrible corolario, de que yo era así, así de necio, así de imbécil, así de gilipollas, una persona en la que se hacía compatible el amor con su destrucción. Volví a oír unos graznidos, miré hacia mis pies y allí estaban: la luz trémula de una farola, como un sauce eléctrico, descubría una bandada de patos en el extremo del estanque, quién sabe si aguardando de mí algo de comida. Tanteé los bolsillos: me había olvidado el tabaco en casa. Los patos nadaban ligeros y sin rumbo, impulsados por oscuros remos acuáticos. ¿Estaba arrepentido? En parte sí y en parte no: me estremeció comprobar que me habitaba un monstruo, un gran inquisidor, alguien superior a mí que me controlaba. Pero el inquisidor se había ido y me había dejado solo, en un parque sin coordenadas, frente al vals nocturno de unos patos.

Acodado en la barandilla, inmóvil, deprimido, seguía dándole vueltas a mi error cuando, a mi espalda, oí un silbido largo. Al girarme choqué de bruces contra la niebla, que había devorado el camino naranja. Del interior de la niebla emergieron dos ojos fluorescentes e ingrávidos, como yoyós de manos invisibles. Los ojos se acercaron hasta mí, pude comprobar que formaban parte de un cuerpo y ese cuerpo que ahora, en cuclillas, acariciaba tuvo un nombre cuando, desde algún lugar, alguien lo gritó.

La niebla engulló los ojos fluorescentes. De su interior, perforándola, brotó ahora un hombre. Venía corriendo, con una correa fucsia en la mano y la respiración desencajada. Se disculpó por si el perro o él me habían asustado. Era la primera vez que el animal se escapaba y fue un error, su error, porque no tenía que haberlo soltado con esta niebla. Eso debió de decir el recién llegado mientras yo pensaba que era el día nacional del error, pero tal vez no terminó su frase porque, fijándose en mí por primera vez, pronunció mi nombre. Y yo, que acariciaba el hocico largo de Odiseo, pronuncié con seguridad el suyo.

Avanzamos en fila india: Odiseo al frente, con el brazo de Mateo como una extensión de la correa, después Mateo y, a su espalda, tratando de mantener el ritmo, sin aire y cerrando el grupo, yo. En la ciudad, fuera de los límites del parque y ocultos por la niebla, se entreveían signos de vida: algunas luces, una sirena, un claxon, una carcajada sin labios.

Odiseo nos condujo hasta la puerta de un bar. Del interior llegaba un rumor alegre de vidrios y conversaciones. No encontré en el móvil ningún mensaje de Ángela. ¿Sería mejor así? Fui incapaz de darle sentido a su silencio. ¿Debería volver al piso, hablar con ella? No sabía la manera de volver a casa, pero tampoco la de hablar de nuevo con ella. ¿Era este pensamiento una excusa? Mateo, de pie, con un abrigo oscuro de pana, sus manos escondidas y un sombrero iluminado bajo la luz de una farola, me aguardaba en un silencio de centinela. ¿Era visible mi agitación? ¿La estaba respetando? Sin saber qué pensar ni decir, apoyé la mano sobre el picaporte, no sé si de manera voluntaria o por carecer de otra alternativa mejor. Le pregunté si estaba permitido entrar con animales y, mientras lo hacía, Odiseo arañó la puerta una y otra vez, como si ese lugar fuera la antesala de un espacio conocido.

Así fue. Franqueada la puerta, el dueño abandonó el mostrador para, en cuclillas, acariciar a Odiseo. Colocó sobre la alfombra un bebedero con agua y le dio un trozo de salchicha. Regresó detrás de la barra y entonces, por encima de un cuenco grande de aceitunas, su cuerpo y el de Mateo se abrazaron en un arco de una fuerza tal que parecía que llevaran toda una vida alejados, aunque en verdad Mateo estuvo allí la noche anterior, bebiendo en soledad, mirando hacia la puerta desde el mismo rincón donde ahora nos sentábamos, lejos de la entrada, y con la misma compañía de Odiseo a sus pies.

Al sostener la jarra y mojar mis labios en la cerveza, se activó el lenguaje, le di las gracias a Mateo, estiré las piernas y observé el carácter rústico del bar, como de posada para diligencias. Su planta estrecha la delimitaban unas vigas de madera en el techo, unas paredes oscuras con un banco continuo en la franja baja, estanterías con botellas, posiblemente vacías, en la alta y un suelo mullido, deteriorado, sucio, donde se tropezaban las alfombras. Al fondo parecía escucharse un blues. Tras los cristales, la niebla acechaba. Creo que los únicos clientes eran dos señores que jugaban en voz suave a las cartas. El dueño, después del abrazo inicial, se ocultó tras una larga línea de grifos de cerveza que, desde mi posición, dorados, húmedos, brillantes, parecían los instrumentos de una fanfarria un día de lluvia.

Mateo me dijo que era igual de mudo que mi padre, y a continuación se limpió la espuma de los labios. Sus palabras me hicieron reír al principio y quedarme serio después: al igual que Ángela, Mateo me veía parecido con mi padre, un extraño. O casi. La letra del blues hablaba de amargura y de pedir perdón. Para no escucharla decidí hablar y, con ocho meses de retraso, le agradecí el envío del manuscrito de *Odiseo* a Japón. En contestación, Mateo levantó la mano izquierda, dando a entender que no tenía importancia, pero el dueño interpretó ese gesto como una orden, porque al poco regresó con dos nuevas jarras de cerveza.

Un reloj de pared hizo sonar doce campanadas. La pareja de jugadores se encaminó hacia la puerta. El bar hizo hincapié en su silencio. A continuación, tras un buen sorbo de cerveza, pedí disculpas a Mateo no sólo porque nunca le confirmé la recepción del manuscrito, sino por haberme olvidado de llamarlo durante el mes que llevaba en Madrid. A modo de excusa, pretexté que había dedicado el tiempo a visitar a mis padres y a estar con Ángela, de quien a continuación le hablaría. Luego pensé que la realidad no era muy diferente de mi excusa y, al reparar en mi descuido hacia la gratitud de Mateo, que me envió un paquete a Japón sin conocerme y que, por orden de mi padre, se hizo cargo de un perro que no era suyo, me di cuenta de todas las cosas buenas con las que Ángela había llenado mi vida, haciéndome olvidar el resto, y también lo hondo que se anunciaba el mundo bajo su ausencia. Por zanjar mi descuido y sentirme algo mejor, le prometí pagar las cervezas y le oculté que ese manuscrito que le rogué que me enviara con urgencia debía de estar seguramente en un trastero de Japón, con seguridad sin haber sido leído. También omití que en cada visita a la residencia mi padre me preguntaba por

Odiseo y por él. Como para quitarse de encima unas disculpas que consideraba innecesarias, Mateo negó con la mano, pero el dueño, interpretando otra vez lo que a él le convenía, regresó con otras dos jarras. No le conté mi visita al apartamento unos días antes, pues sospechaba que había sido él quien había llamado a la puerta.

Al volver del baño, examiné el móvil, que seguía vacío de noticias de Ángela. Me senté en silencio mientras Mateo se estudiaba hierático las uñas. Odiseo seguía dormido y yo alterado. Traté sin éxito de no mirar de nuevo el móvil. Quien me miró fue Mateo y de una forma limpia, sin segundas intenciones o juicios de valor, lo que me ayudó a sentirme protegido. Me fue dominando cierta quietud mientras la cerveza descendía en la jarra. El efecto del alcohol y la llegada de esa paz me parecieron fenómenos independientes. Mateo miraba hacia la puerta y movía sin hacer ruido un manojo de llaves, entre las que llamaba la atención, por su rudeza, tamaño y brillo, una navaja. Continuamos así hasta que fui yo quien pidió otra ronda. Después de contener un eructo, Mateo pareció espabilarse. Extendió sobre la mesa sus largas manos ojivales y, abstraído en algún pensamiento, me contó que sus compañeros de oficina le criticaban por parecer un vegetal más que un ser humano, algo donde no les faltaba razón. Me alivió hablar con alguien que no parecía en sus cabales, porque no estaba en el momento de escuchar ni lecciones de moral ni vidas de santos, y comprendí con facilidad que mi padre y él fueran amigos, porque las rarezas unen. Luego, como fatigado tras esta brevísima intervención, Mateo volvió al silencio y yo busqué una pregunta idónea, aquella que activara un relato que parecía querer salir. Tras fijarme en cómo sostenía la navaja, le pregunté de quién se protegía, a lo que Mateo respondió que de su pasado, y yo sonreí y le dije que, si quería hablar del pasado, del puto pasado, estaba frente al interlocutor ideal, un consultor sénior con más de tres décadas de experiencia en la gestión de vertederos familiares para las regiones de Europa y Asia Pacífico.

Mateo sonrió sin entender nada y yo le rogué que me lo contara todo, todo, todo, porque de esa manera no tendría que pensar en Ángela. Tras levantar las manos, Mateo aceptó y dijo que la historia no duraría más dos birras, y el dueño, al escuchar la palabra mágica, comenzó a preparar la primera de las rondas. Mateo me pidió un minuto porque también quería ir al baño. Mientras lo esperaba, y consciente de que saldría borracho del bar, Odiseo y yo jugamos al escondite inglés: él contaba unos segundos imaginarios, volvía la cabeza, me miraba largamente, sin pestañear, y yo permanecía quieto, hipnotizado, rendido. A veces cambiábamos los roles: entonces era yo quien tomaba la iniciativa, me dirigía hacia Odiseo y le acariciaba el vaivén suave de su respiración; en ese formato de la partida, era Odiseo quien siempre ganaba, pues sabía mantener la postura y no moverse, como si su estado natural fuera el de recibir caricias.

Gracias al alcohol, lo importante se volvió claro: sin Odiseo yo estaba fuera de lugar. Odiseo y yo nos habíamos atraído, nos pertenecíamos. En medio de la niebla, él había venido a buscarme. Quién sabe cuánto de mí, de mi olor, de mi físico le hizo desoír a Mateo, correr, escapar y acercarse a un desconocido que le devolvió, por qué no, una cierta reminiscencia de su anterior dueño. Lo dijo Mateo mientras nos dirigíamos al bar y lo recuerdo muy bien: Odiseo tenía una brújula y siempre acababa volviendo, y de ahí lo apropiado de su nombre. Cuando llegó a mí, cuando lo toqué, experimenté un bautismo, el inicio de una ruta, la conciencia de estar viviendo un instante fundamental. De pie, frente a sus ojos fluorescentes, todo podía empezar de nuevo. Con satisfacción comprendí que Odiseo había dirigido su brújula hacia mí. Con temor pensé en cómo explicarle este hecho a Mateo. Con sorpresa advertí que me había olvidado, por unos instantes, de la discusión con Ángela.

Mateo regresó del baño y sus primeras palabras me llevaron a la cafetería del hipódromo de la Zarzuela en Madrid. Era el verano de 1969, Mateo apenas tenía diecinueve años y las apuestas hípicas gozaban de una gran popularidad. Sus padres gestionaban la concesión de una cafetería cerca de las pistas de entrenamiento. La hípica, según Mateo, era un ovillo humano: las mesas del café reunían a lo mejor y lo peor de la sociedad. Se lanzaban vaticinios, se arriesgaban fortunas, algunos ganaban. De política era mejor no hablar. Mateo, que había abandonado los estudios durante el bachillerato, ayudaba en el negocio. Soñaba con mujeres, con viajes a la playa, con motos. Sus objetivos los traducía en dinero. Y el dinero faltaba.

Entonces conoció a Diomedes. Todavía ignora su verdadero nombre. Diomedes era un veterinario cántabro, próximo a Franco, que nunca se casó, que siempre olía a colonia, que vestía chaqueta y pajarita y que fumaba sin cesar, mirando al infinito. Tras la Guerra Civil se instaló en Madrid, en un piso amplio a la orilla del río Manzanares. Debía de tener... Era muy, muy mayor, precisó Mateo. Cuando lo veía por el hipódromo, merodeando bajo su nube de humo, Mateo sabía que, cuatro días más tarde, habría una gran carrera, porque ese era el tiempo que Diomedes necesitaba para administrar fenilbutazona al caballo ganador. Hidromiel era el nombre que tenía este producto en el argot. Cuando pensaba en Diomedes, Mateo lo recordaba como alguien discreto, gris y silencioso, cualidades que Mateo también se atribuía y que sus compañeros de trabajo, aunque calificándoles como defectos, corroboraban. Sin embargo, y a diferencia de Diomedes, él poseía una cualidad adicional: escuchar las conversaciones de los demás tras una puerta, bajo la sombra de un quitasol, en los retretes del baño o mientras limpiaba, distraído, una mesa.

En resumen, siguió Mateo, él solía conocer de antemano el nombre del caballo ganador, pero le faltaba dinero para así multiplicarlo. Se topó, entonces, con dos hermanos gemelos, apostadores ávidos, clientes del bar y que parecían no haber conocido nunca la honradez. Solían hablar de construcciones sin permisos, de sus contactos en la administración, de favores y deudas pendientes, de traición y de gente a la que había que quitarse de en medio. Hablaban en un tono elevado y jactancioso, que daba a entender que no sólo ignoraban la ley, sino que la ley estaba para incumplirla y de ahí su descaro, pues el que la obedecía era un idiota.

Se reunieron un atardecer junto a las oficinas del hipódromo, a esa hora cerradas. Mateo les exigió un cinco por ciento de las ganancias obtenidas gracias a su información. Los gemelos le ofrecieron 500 pesetas por carrera, con independencia del resultado: había confianza, le dijeron. Había confianza, qué bien, pero era mucho menos de lo que había cabido esperar, lamentó Mateo. Aun así no tenía alternativa, aceptó y pudo de esa forma comprar a plazos una moto Ossa 250. Todavía recuerda que le costó veintidós mil pesetas y que su primer viaje fue hasta un hostal de Moncófar, un pueblecito feo a las afueras de Valencia. Salvo por la chica, sus sueños parecían cumplirse. Dormía poco y bebía mucho, lanzado al porvenir sobre el rugido de su moto. De madrugada, rendido tras su jornada como camarero, le rondaba el presagio de que esta historia no podía terminar bien.

Y así fue. Sus cálculos habían sido demasiado optimistas: las letras de la moto se apiñaban, un abecedario de deudas que le agrió el humor, le quitó el sueño y, por último, lo condujo a una acción temeraria. Necesitaba ganar más y la fortuna lo escuchó y le presentó, en el momento preciso, a aquel a quien buscaba: comenzó a rondar por la cafetería un tipo llamado Iván, de figura siniestra, desgarbada y hosca que parecía salida del túnel del terror, que hablaba mal español, con acento extranjero, de erres atascadas y eses silbantes, y que parecía no tener amigos ni tampoco ganas de buscarlos. Mateo, cuyo conocimiento de la realidad terminaba al apagar la radio, veía al señor Iván como a un príncipe en el exilio, llegado de los Cárpatos, que arrastraba a su espalda muertos, vampiros, sangre, dolor y venganza. Aunque eran compañeros de gremio o precisamente por ese motivo, el señor Iván y los gemelos no se hablaban. Mateo vislumbró una oportunidad. De nuevo junto a las oficinas, de nuevo sin nadie a la vista, de nuevo al caer la tarde, una de finales de otoño, el señor Iván acordó pagarle seiscientas pesetas, cien más que los gemelos, y también por adelantado. Mateo observó dos colmillos que asomaban de la boca del hombre. Luego, pensó en las letras de la moto, aceptó las condiciones y se dieron la mano en señal de un acuerdo que fue el inicio del fin.

Por lo general, Mateo prefería no mentir al señor Iván, pues pagaba mejor, pero en algunas apuestas y por precaución lo malinformaba, y premiaba así a los gemelos. Con el perdedor de turno encontraba una argucia como forma de disculparse: en las carreras, como en la vida, no siempre ganaban las trampas. Y esa afirmación fue, en su caso, premonitoria.

Mateo recordaba bien que era viernes y víspera de un día de carreras, pues se había acercado hasta los casilleros del hipódromo. Allí dejó una nota para el señor Iván en un casillero y una segunda para los gemelos en otro. Dio media vuelta y regresó a la cafetería. Aún recuerda el nombre de los caballos: Chocolate y Ambicioso. Era medianoche, sus padres ya se habían ido y él estaba apilando las sillas cuando, a lo lejos, como en un wéstern, vio que se acercaban los gemelos y el señor Iván. La Santísima Trinidad, pero del mal. Los tres se sentaron en una mesa sobre la cual colocaron las dos notas que él había escrito. Sin saber qué decir y sin aguardar órdenes, Mateo les sirvió dos cervezas y un café. No tocaron las bebidas, ni tampoco las pagaron. Hizo el arqueo, apagó las luces, bajó el portón. Iván y los gemelos seguían sentados. A veces se preguntaba si hubiera podido escapar. Lo siguieron hasta el aparcamiento, donde encontró su Ossa caída, con las ruedas pinchadas y el faro delantero roto. Pensó en las letras pendientes y miró a su alrededor: estaba solo. A lo lejos, relinchó un caballo. Escuchó una puerta y, de un coche, descendieron dos sombras. Lo sujetaron de la espalda y, sin necesidad de hacerlo a empellones, Mateo entró en el maletero de un salto, como resignado a su final. Dentro había un balón del Mundial de Inglaterra en el que, en letras mayúsculas, se leía CHALLENGE. El coche se puso en movimiento y pudo sentir el camino de grava, la curva en la rotonda de acceso al hipódromo, el asfalto amplio, sólido, de la autopista, después los trompicones de una carretera bacheada y después, ya sólo en su cabeza, el temor.

El vehículo se detuvo con un frenazo. Las luces de posición iluminaron débilmente y por un instante a Mateo. Alguien apagó el motor. Escuchó voces. Sonó una puerta y a continuación se abrió la del maletero. A puntapiés, desorientado, rodó por un desnivel de maleza y piedras. Algunas veces lo arrastraban de un brazo, como quien tira de una alfombra. Recuerda que olía a eucalipto y a verano, que los golpes hicieron arder su tórax, que alguien reía, que se le quebró el codo izquierdo, que un diente salió disparado, que pensó en la moto, en Moncófar, en sus padres, que la boca explotó de sangre y de rabia y de amargor, que le estaban hablando, que atendiera, que les había hecho perder dinero, mucho dinero, y que toda su vida, toda su puta vida, pagaría por este error: de lo contrario era hombre muerto. Todavía hoy sonríe Mateo porque entonces supo que lo dejarían vivo, posiblemente porque, para Iván y los gemelos, un asesinato acarreaba más riesgos que una paliza.

Alguien silbó desde lo alto del terraplén, las linternas dieron media vuelta y Mateo, con torpeza y lentitud, lleno de dolor y, a la vez, de alivio, se levantó, salió del bosque, caminó por el arcén de carreteras siniestras, sin tráfico, atravesó desorientado un polígono industrial, un campo de *rugby* y una planta de reciclaje, hasta que, por fin, al cruzar un extrarradio, supo dónde estaba. Al borde del agotamiento, pudo sin embargo entrar en la ciudad, reconocer las avenidas, los bulevares, las plazas, seguir casi sin fuerzas hasta su barrio y, ya amaneciendo, sacar las llaves del bolsillo.

Su cuerpo aún guardaba el recuerdo de esa noche: Mateo volteó la mano derecha para enseñarme, sobre la palma, una cicatriz antigua y zigzagueante, con forma de trueno. En la carrera de ese domingo, que escuchó por la radio, no ganó ni el caballo de Diomedes ni aquel otro seleccionado al tuntún. Mateo se movió incómodo, como si aún dolieran las heridas, y, mirando por la ventana del bar, sentenció que todos habían perdido esa carrera: el señor Iván, los gemelos, los caballos Chocolate y Ambicioso y, por supuesto, él. Como para aliviar ese daño antiguo, Mateo pidió una nueva ronda.

Esa misma noche, tras cerrar la puerta, Mateo les contó lo ocurrido a sus padres. Ambos ya lo intuían, y Mateo subrayó que la capacidad de observación era una virtud familiar. Estuvo un mes encerrado en casa, recuperándose de las heridas y ocultándose de Iván y los gemelos. Luego, como se sentía un cobarde, pero era incapaz de no serlo, decidió huir fuera de España. La distancia no hizo más que multiplicar su espíritu pusilánime, pues Iván y los gemelos extorsionaron a sus padres. Mucho o poco o por cuánto tiempo lo ignora, porque sus padres, tal vez para ahorrarle el disgusto, no le dieron casi detalles y porque, al poco de irse él, decidieron no renovar la concesión de la cafetería del hipódromo.

Mateo se despidió de sus padres en el invierno de 1969. El tamaño ligero de su mochila revelaba lo incierto de su porvenir. En el bolsillo llevaba un papel con una dirección y un número de teléfono garabateados, su tarjeta nacional de identidad y 6 300 pesetas. Estaba a las puertas de la edad militar y carecía del permiso para salir al extranjero. Se encaminó a una gasolinera a las afueras de Madrid. Al cabo de varias horas tuvo suerte. Si se hubiera vuelto a cruzar con él, lo habría reconocido. Era un hombre hosco que simpatizaba con la Alianza Anticomunista Ibérica, que exportaba material agrícola a Francia e importaba de este país material eléctrico y que lo apeó en Irún, desde donde Mateo cruzó a pie, de noche, la frontera. Era su primera vez en el extranjero. Se alojó a las afueras de Hendaya, en la buhardilla de unos viejos amigos de su madre que resultaron ser mucho de lo primero y poco de lo segundo: apenas se acordaban de ella y, a su llamada telefónica, habían aceptado acoger a su hijo antes por sorpresa que por hospitalidad. Allí durmió tres noches y, al cuarto día, sintiéndose ya un estorbo, Mateo dio las gracias y salió caminando hacia Saint-Jean-de-Luz, un pueblo turístico donde esperaba ganarse el pan.

Los comienzos fueron difíciles: durante el día vagaba por las calles, inconsciente de sí mismo, con el gesto a veces frágil y otras veces iracundo; por las noches, si la temperatura era buena, dormía en la playa, detrás de las casetas de baño. En los días de viento prefería resguardarse en algún rincón del jardín botánico, cuya verja no era difícil de saltar, o en las faldas del monte, entre caserones anchos de piedra. Se ganaba algunas monedas de raquero, recogiendo del agua sombrillas o paraguas que el aire había llevado hasta allí. Era pobre, rebuscaba en las basuras, la desesperación lo acechaba y el horizonte era negro.

Un español lo contrató en su restaurante. Mateo afirmó tener conocimientos de cocina, no sólo española, como ya había demostrado en la cantina del hipódromo, sino también francesa e internacional, pero la mentira se tornó innecesaria cuando comprobó que lo necesitaban para pelar verduras, medir cantidades y mantener la cocina limpia y ordenada. Casi sin darse cuenta, el nuevo idioma aterrizó suave sobre sus labios, como si, más que aprender el manejo una herramienta, pareciera recordar su uso. Vivía entonces con dos compañeros del restaurante a las afueras del pueblo, los tres en condiciones pésimas, porque el sueldo era bajo y el nivel de vida, en ese pueblo turístico, alto. Puede que fuera en esos días cuando, en su estómago, comenzó a instalarse esa preocupación que no lo iba a abandonar nunca.

Los lunes descansaba y, al tener libre la mente, acababa llenando la cabeza de rabia y rencor. Aprovechaba el día para dormir. Al caer la tarde solía enviar a sus padres alguna postal cursi diciéndoles que todo iba bien. Era una forma cómoda y segura de engañarlos, ya que por teléfono su madre habría advertido el verdadero tono de su voz y, además, lo ayudaba a mantener la distancia, a no rendir cuentas, a cancelar cualquier noticia sobre sus años en Madrid, sobre cómo se encontraban sus padres, sobre la situación de sus dos, tres, pocos amigos y, no menos importante, a ignorar qué sucedía en el hipódromo. Mateo me miró a los ojos para decirme que no estaba convencido de su manera de actuar, pues sentía la necesidad tanto de enfrentarse a sus recuerdos como de mandarlos a tomar por el culo, y en su mirada entendí que esa duda persistía hasta hoy. La disyuntiva hacía de su estómago un dolor perpetuo. Quién sabe, reflexionaba, qué habría pasado si entonces hubiera llamado a sus padres, si hubiera sabido que estaban bien, contentos, contentos y aburridos, que lo echaban en falta, que se habían alejado del hipódromo y que pasaban más tiempo en un pueblo de Segovia que en Madrid. Tal vez parte de sus problemas se habrían aliviado. Quién sabe.

A ese trabajo en la cocina lo siguieron muchos otros, apuntó Mateo con los brazos abiertos, como dando a entender que eran más de los que me enumeró. Me recordó que fue, durante una temporada, pescador en las costas de Bretaña, taxista en Rennes, profesor de español en un centro de mayores de Fougères, vigilante nocturno en una bodega cerca de Lyon. Todos sus cambios de domicilio y de trabajo respondían antes a su falta de constancia que a un espíritu curioso, a la fragilidad antes que al convencimiento. Las deudas y el temor habían quedado atrás, pero, por el contrario, habían activado el mecanismo permanente de una fuga y, en cada movimiento, escapaba a la vez de un recuerdo en Madrid cada vez más remoto y de la realidad sucia e inmediata del día anterior. Durante sus años en Francia se fraguó su carácter actual: el de una persona reservada, que se movía por el mundo de puntillas, siempre alerta para huir y, en la mano, una pequeña navaja sujetada con la fuerza de un talismán. Miramos juntos hacia la navaja y yo le pregunté si de verdad era pequeña. Reímos y el dueño lo celebró trayéndonos una nueva ronda.

Al levantarme para ir a mear, observé un ventanuco detrás de mí. Una borla de hilos despeinados permitía subir una persiana. Tiré de la borla y asomé la vista: amanecía. La luz había despertado un trozo de calle, una cabina de teléfonos, un buzón, la esquina de un estanco. Después, al descender las escaleras, comprobé que estaba borracho y que, desde ese instante, el suelo sería la cubierta de un barco a la deriva. Por un momento pensé en Ángela. Luego conté hasta cincuenta y cinco, cincuenta y siete, cincuenta y ocho, cincuenta y nueve: tardé casi un minuto en vaciar la vejiga. En lo alto de la escalera, me aguardaban Mateo, de pie, y Odiseo, tumbado. Pese a las rondas de cerveza, Mateo había conseguido relatar su historia con precisión, con un método casi científico y desafectado, distanciándose de sí mismo, como si hablara de hechos remotos que apenas importaban o que habían ocurrido de una manera casual, porque se topó con ellos, y de manera también casual, como de crónica, los había relatado. Me preguntó qué tal estaba y levanté los hombros. El dueño había apagado las luces del salón y el equipo de música. Olía a desinfectante y los taburetes y las sillas estaban boca abajo, dispuestos sobre las mesas. A oscuras, mientras me dirigía hacia la puerta, sentí que caminaba junto a las almenas de un castillo.

En la calle me tropecé con algunos borrachos igual de patéticos que yo, que convivían con la frescura de aceras y fachadas listas para recibir un nuevo día. Ambos extremos se necesitaban: el de los madrugadores convertía en repulsivo lo que era la última copa del universo de los noctámbulos; por nuestra parte, los borrachos justificábamos la existencia de un orden moral superior, dirigido por gente erguida y respetable que, con gesto adusto, hacía que la sociedad avanzara. Las primeras luces se iban apartando de mí, esquivas. Dudé entre regresar con Ángela y pedirle perdón o seguir en línea recta y desaparecer para siempre, pero, en verdad, a quien seguía era a Odiseo, que a paso firme trazaba el itinerario. Cruzamos el parque y la avenida y entramos en un barrio residencial. Luego, apareció un perfil triste de fachadas. Le pedí a Mateo que aguardara un instante y vomité contra un saco de escombros. De un bar surgió el aroma a café y le propuse a Mateo que entráramos a tomar la última. Creo que no escuchó mi sugerencia, porque seguimos hacia delante. Nos detuvimos frente a un portal que me resultó conocido, aunque tardé en darme cuenta de que era el de mi padre y no el de Ángela.

Subimos en el ascensor. En el rellano permanecimos quietos, como sin saber adónde ir. Odiseo, libre de su correa, avanzó hasta la puerta del apartamento de Leonardo, la arañó y luego se acercó hasta la de Mateo, desde donde nos observó con expectación. Mateo me propuso que durmiese en su sofá: era cómodo y podría pasar allí la resaca. Encendió la luz del pasillo y mis pupilas estuvieron a punto de estallar. Se abrió entonces una puerta al fondo, asomó una anciana en camisón y pantuflas, nos miró con una mezcla de sospecha y desprecio, dijo la palabra «jóvenes» y volvió al interior. Le pregunté a Mateo si podría dormir solo, en el apartamento de mi padre. Sonrió, quién sabe si porque no entendía que le pidiera yo permiso, y afirmó con la cabeza. Entró en su casa, salió con un manojo de llaves y abrió la puerta contigua. Mientras iba al baño de mi padre para vomitar de nuevo, Mateo bajó la persiana del dormitorio, tiró de la cisterna, llenó una botella de plástico con agua, la colocó sobre la mesita de noche, alisó las sábanas y me deseó que descansara sin preocupaciones, pues él estaría pendiente de mí.

Cerró la puerta e imaginé a Mateo detrás de la pared, escuchando en compañía de Odiseo mi respiración. Noté una náusea y corrí hacia el baño, pero acabé vomitando en el pasillo. Sin fuerzas, me quedé en cuclillas y, con los dedos, traté de alejar el charco de vómito. Conseguí erguirme y encender la luz. Me encontré de bruces frente a un mapamundi dibujado en tela: toqué Carolina del Norte, bajé en diagonal hasta Etiopía, subí a Madrid. Viajé al este con la mirada, sobrevolé China y advertí que mi padre había clavado una chincheta verde sobre mi ciudad, aunque sin demasiada precisión, pues el clavo marcaba Hagi, a unos cien kilómetros al norte. Quité la chincheta y sentí un mareo. Recuperé el equilibrio apoyando las manos sobre el mapa, pero dejé el Pacífico manchado de vómito. Busqué el nombre de Kitakyūshū, lo encontré y, al clavar la chincheta, me pinché el dedo. Se enrojeció la isla de Japón y un riachuelo de sangre desembocó en el mar de China. Traté de llegar al baño y limpiarme, pero la mente daba órdenes que mi cuerpo no atendía. La habitación era un helicóptero y el corazón un timbal. Logré apagar la luz del pasillo y tumbarme en el parqué mientras me besaba la herida del dedo.

El timbre me despertó con un sobresalto. No sabía qué hora era ni en qué día estaba. Rodeado de vómito y de sangre, intenté ponerme en pie, pero fui incapaz. Hubo un segundo timbrazo, oí unas voces y quise huir, porque no quería que nadie me viera de esta forma. Repté hacia el dormitorio, me alejé de la puerta, toqué el somier y traté de subir a la cama. Sin conseguirlo, abrí el armario y me acurruqué en su interior. La habitación seguía a oscuras cuando oí el sonido de unas llaves, de una puerta que se abre, de dos voces que, en diferentes tonos, pronunciaban mi nombre. En mi escondite me descubrieron los ojos fluorescentes de Odiseo, que agitaba la cola sin entender nada. Luego, una mano encendió la luz, otra subió la persiana y alguien abrió del todo la puerta del armario. Miré un rostro, bajé la cabeza y me ovillé igual que un animal herido.

En el pasillo, con la ayuda de una fregona, Mateo limpiaba el vómito y la sangre. Ángela me tendió una toalla, un bote de champú y ropa limpia. Sin dirigirnos la palabra, entré a la ducha. Estuve tanto tiempo bajo el agua caliente que el termo del calentador se quedó sin reservas. Al salir del baño tomé consciencia de que me enfrentaba a un momento decisivo. Fui directamente al salón, en cuyo sofá me aguardaban el silencio de Ángela y, a su lado, las orejas isósceles de Odiseo, que, erguidas, también esperaban un desenlace. Mateo debió de volver a su casa, así que estábamos solos.

Pienso que me mirabas como emitiendo un juicio. Al sentarme junto a ti crujieron el sofá y mi estómago, en ese orden. La cabeza empezó a buscar excusas. Luego, miré hacia la calle y pensé en si sólo discutíamos para mostrar la versión más obtusa de nosotros mismos, una que no éramos nosotros o que no éramos nosotros siempre, y en la cual, arrinconados, éramos capaces de arriesgarlo todo y defender posturas que, en realidad, nos perjudicaban. Después cruzó un pájaro y pensé en lo complicado de las relaciones. Después volví a mirarte, sonó otra vez mi tripa y no supe qué decir. Recogería mis cosas, saldría de tu casa y me registraría en algún hostal o, tal vez, me instalaría en este apartamento. Esperaría aquí la muerte de mis padres y luego volvería a Japón, un país donde nada ni nadie me esperaban. Agaché la cabeza y cerré los ojos. Me temblaba un párpado. La cabeza seguía a la deriva. Había tomado la decisión de no beber más, nunca más, pero qué importaba eso. Entonces, atendí a una voz que decía que, si no me había matado aún, era porque seguía recuperándose de haber encontrado mi sangre en el parqué. Abrí los ojos, levanté la cabeza y te pregunté si me querías vivo. Por ahora sí, fue tu respuesta, y yo volví a preguntarte si me querías, si me querías vivo o las dos cosas. No dijiste nada y yo, con la rapidez de quien debe cantar un premio en el bingo, te abracé con fuerza, dije perdón, perdón, perdón, perdón, noté que tus dedos me acariciaban los antebrazos y, con dificultad, pudiste separarte y balbucir que me apartara, porque te estaba ahogando y la que iba a morir es ella.

Salimos los tres de casa. Es decir, Ángela, Odiseo y yo. La entrada de Odiseo en nuestras rutinas ayudó a cambiar de tema.

Como hasta entonces nunca habíamos discutido, pensé erróneamente que la relación se terminaría cuando, en realidad, era su verdadero inicio. Dominado por las secuelas de la culpa, empecé a decirle que sí a todo. Cualquier leve sobresalto en la relación, cualquier desvío de lo habitual, me asustaba. Poco a poco la posología del tiempo cicatrizó mi error. Buda, desde la pared, nos recordaba algunas noches que él fue testigo de lo que allí había ocurrido. Le propuse a Ángela colgar otro cuadro y ella accedió. Una mañana, caminando por el centro de la ciudad, me detuve frente al escaparate de una galería. Observé una gran lámina rectangular donde un pez plateado, de perfil, flotaba entre flores y rodeado de un muro amplio de ladrillos. Estaba enmarcada y el precio era razonable. A la mañana siguiente lo recibí en casa. Esa noche, después de regresar de la residencia, le vendé los ojos a Ángela y la guie hasta el dormitorio. Tras desvendárselos y encender la luz, Ángela agradeció el detalle pero, sin ocultar una sonrisa, me preguntó si había guardado el tique.

En la residencia, el deterioro de los cuerpos seguía su curso. Los ancianos caminaban por su pasarela hacia la muerte, habitando una región limítrofe entre márgenes que los ignoraban. Una tarde me tropecé con uno mientras subía hacia allí. Sostuve su brazo y, sin que opusiera resistencia, accedió a volver juntos. Al llegar al vestíbulo, me agarró del codo y me dijo que se había olvidado de quién era y que le llevara a jugar a los billares. Concluí que, lejos de sus casas, de sus objetos, los residentes ya se habían ido, en cierta manera, de nosotros. Expulsados de sus ámbitos domésticos, habían dejado de existir. Y lo poco que les restaba éramos nosotros, familiares llenos de culpabilidad que los condenábamos a un silencio interrumpido apenas por visitas fugaces. De ahí que los ancianos fallecieran primero en nosotros, en el intervalo entre visitas, en nuestro mirar por la ventana o directamente, sin disimulo, al reloj, en nuestra impaciencia por que llegara el día en que ocurriera, de una vez, lo que estaba previsto y entonces pudiéramos lamentarnos, y no siempre, de nuestra ingratitud, de nuestros fallos, de nuestra falta de atención.

Con esa mezcla de culpa e impaciencia, de afecto y frialdad, visitaba a mis padres. En la habitación de ella descubría un rostro anguloso y fiero que ya no era el suyo. Cada visita me confirmaba la erosión de su memoria; todos sus recuerdos eran una luz de garaje, débil e intermitente, que se encendía y apagaba después de cada tránsito. En la habitación de mi padre no mejoraba mi espíritu, pero a su lado, más que una erosión, me encontraba ante un paisaje inocente e improductivo, porque nunca sembramos en él ninguna semilla. Hablar con mi padre significaba construir un diálogo nuevo que, con frecuencia, sentía impostado e innecesario y dentro del cual, también con frecuencia, ignoraba quién de los dos decía la verdad o, más bien, si alguno apostaba por decirla.

El día de mi cumpleaños subí a la residencia con una tarta de frutas del bosque. Decidí ir primero a la habitación de mi padre, tal vez porque pensaba que él recordaría la fecha. Como de costumbre, no estaba allí. Como de costumbre, había dejado la televisión encendida y con el volumen altísimo, y dudé si lo habían alojado en una habitación de suicidas o de sordos. Estaban transmitiendo un reportaje sobre las antiguas diosas griegas, habitantes de un mundo matriarcal. Ellas elegían a un héroe que sintetizase sus ruegos, las inspirara y protegiera. Eran diosas, pero su gloria provenía de la naturaleza humana, porque dependía de las hazañas de esos héroes. Apagué la televisión, bajé a la cafetería y, desde su ventana, los vi en el jardín: allí estaba mi madre, rígida, recibiendo la mano heroica de mi padre, o tal vez consintiendo que él la tomara. Allí estaba mi padre, tomando la mano de mi madre, o tal vez aceptando su tributo. Proyectaban en la hierba una sombra breve, de arbusto en crecimiento. Sobre sus cabezas se tramaba un templo de ramitas y hojas, un viento silbado de pájaros; al fondo, lejos de allí, quedaba el ruido imaginado de la ciudad. La escena tenía un carácter ritual, de emoción que ocurría siempre de esa forma hubiera o no público, que en este caso existía y era yo, de pie, que los miraba con una tarta de frutas del bosque en el brazo. Me saludó Restituto, que regaba en silencio un arriate de rosas. No dejé de observar cómo tumbaba la regadera, cómo el agua hacía un arco fugaz para luego desaparecer. Entonces la muerte de mis padres se materializó en forma de sonido, un murmullo de agua que de golpe deja de oírse; que el silencio ocurriera un día u otro casi no importaba, como tampoco que esa pareja fueran mis padres o los de cualesquiera otros espectadores que, desde sus palcos, observaban otras escenas idénticas, porque la de mis padres era una y eran todas, un ademán de protección o de cuidado colectivos, y lo que había de extraño en la de ellos, solamente en la de ellos, era su carácter inaugural. Su convivencia no era un regreso porque no hubo un origen y, por lo tanto, no existía un lugar al que volver. Mi madre y mi padre bajo los focos del sol y yo en penumbra, observándolos, éramos tres personajes de un mismo texto que aparecimos tarde en escena y aguardábamos ahora, igual que los demás, su desenlace. Angustiado por la espera, me pregunté si mis padres se quisieron: cuándo, cómo, con qué intensidad. ¿No estaba cualquier hijo en su derecho a conocer estos detalles? Quizás mamá tenía razón al decir que los afectos siempre volvían al lugar de origen. Que mi padre permaneciera a su lado en la residencia lo probaba. Y aunque me resultara difícil de aceptar, tal vez yo estaba allí por el mismo motivo. Mientras mordía una mora, atento a las caricias de mis padres, me pregunté si sucedió algo que ignoraba y que los condujo a ese jardín de forma natural, y la extrañeza de verlos juntos no residiera en ellos, sino en mí. Puede que mi existencia partiera de un error de apreciación, pero la segunda mora era aún más dulce y ese error, aunque fuera verdad, me había llevado hasta un final de película americana llamado Ángela.

Sostenía Ángela que las personas que más nos quieren no son las adecuadas para tomar decisiones cuando uno está enfermo. Puede entonces que, en el arrebato paterno de ingresar en El Porvenir, pesara más el atender a mi madre que algún residuo de amor hacia ella. Este argumento explicaría lo insólito de su maniobra, porque era improbable que entre ellos restara algo de nada. Pero pensando en la recurrencia de los afectos, etcétera, deduje que la existencia paralela de mis padres, sus vidas en perpetuo reproche, era la consecuencia de un problema y su reencuentro, la certeza de que mi padre logró solucionarlo y de que volvía, por efecto de Odiseo, a su mujer. Afecto y efecto eran dos palabras necesariamente próximas. Y si los afectos volvían era porque alguna vez existieron. En ese movimiento de vuelta, mi madre, Odiseo y yo habíamos contribuido quizás para que mi padre abriera, al fin, su cofre lleno de horas. Concluí que el gesto de mi padre, aunque extraño, tenía más de retorno a un momento anterior que de sanación de uno presente. Y hablando de volver, lo que volvió a la casa de Ángela —ante los ojos atónitos de Restituto— fue mi tarta de frutas del bosque: bastante acaramelados veía a mis padres como para darles más azúcar.

Seguí dedicando mis mañanas a dormir, perder el tiempo y pasear en compañía de Odiseo. Gracias al animal, me hice famoso en el barrio. Todos conocían su nombre y muy pocos el mío. Una tarde, en lugar de subir a la residencia, me acerqué con Odiseo a un parque para perros. Antes de comprobar cómo interactuaba Odiseo con otros animales, o si jugaba o no con los aparatos de ejercicio —había empalizadas, túneles, dos balancines, un carrusel—, se acercó hasta mí una caniche y se orinó en mi pantalón, como si yo fuera un territorio que marcar o uno nuevo; una farola o una nave galáctica. La dueña y su marido me pidieron disculpas y se las acepté de buen grado. No me importaba ir más sucio de lo que normalmente iba y, además, me gustó el hecho de estar rodeado de personas anónimas, igual que en Japón, y de las que me daba igual saber adónde fueron de vacaciones en verano, de qué trabajaban o cuáles eran sus series favoritas. Todo mi interés corría sobre las cuatro extremidades de un animal. Lo cual no quita que decidiera no volver a ningún parque para perros.

Muchas tardes Odiseo subía hasta la residencia. En el último tramo de la ascensión, ya libre para correr, brincaba por ese paisaje donde la naturaleza había dejado de fluir. Junto a la entrada principal nos recibía Restituto. De sus bolsillos brotaban chucherías para Odiseo y de sus labios, historias donde nunca faltaba un cadáver. Pese a que era microscópico, o por compensarlo, Restituto se dirigía a mí a voz en cuello y yo me preguntaba si, con ese tórax de tenor alemán, era necesario el walkie-talkie para su trabajo. Algunas de sus historias me hacían reír, pero recuerdo más las deprimentes, como cuando me narró la de un cojo que, una tarde, apareció por el velatorio de la residencia, se acercó al fallecido, sacó el móvil y, con manos temblorosas, le hizo varias fotografías. Abandonó la sala sin saludar a nadie y sin hacer ruido, pero, a punto de subir en el ascensor, el brazo hostil de la hija del fallecido lo detuvo y le preguntó quién era. El cojo alzó los hombros en un gesto que multiplicó la rabia de la hija, quien le impidió franquear la puerta. Indefenso, el cojo relató que el fallecido y él jugaban a las cartas en un bar, que se llevaban apenas un año de diferencia, que ahora su amigo ya no estaba y que sólo tomó las fotografías para recordar la cara que, posiblemente, él también tendría cuando muriera. Para disipar del todo la duda, la mujer le preguntó que dónde jugaban a las cartas. El nombre del bar debió de resultarle conocido y, por último, le preguntó si no había nada más. El cojo inclinó la cabeza y susurró que entre el fallecido y él hubo algo, sin precisar nada más, simplemente dijo algo, que hubo algo, y el ascensor cerró las puertas mientras la hija del fallecido, según me terminó de referir Restituto, turbada por lo que había escuchado, decidió no volver al velatorio y se dirigió a la cafetería, donde le contó esta historia mientras apuraba de un trago una copa de vino, la acidez de la vida en el estómago y, sobre los hombros, el peso de los misterios que conlleva cualquier existencia y que ni siquiera la muerte logra aliviar.

Tras despedirnos de Restituto, Odiseo y yo dábamos la vuelta al edificio. En la parte trasera, un aparcamiento vallado y sin apenas circulación permitía que el chucho correteara protegido y, a la vez, en libertad, si bien parecía más alegre por la certeza de tener tal derecho que por disfrutarlo pues, con rapidez, regresaba sumiso a mi lado. Mi madre, por su parte, y con la ayuda de Restituto, salía de su cuarto para sentarse en alguna de las sillas metálicas de un balcón que, en forma de ele, se asomaba a la ladera y al aparcamiento. Mi padre aparecía en dos ocasiones: la primera tras su ventana, avisado por Restituto, y unos minutos después en el balcón junto a mi madre. Los dos miraban con entusiasmo las carreras de Odiseo, como si estuvieran en la grada de un canódromo: movían los brazos con frecuencia, mandaban besos —no sé si al perro o a mí— y transmitían una imagen de ancianos en un hotel de vacaciones. Algunas veces la puerta que comunicaba la residencia con el aparcamiento se abría para dejar paso a enfermeros, médicos o familiares que salían a beber un café o a fumar. En otras ocasiones aparecía Ángela, que me besaba y después, en cuclillas y tras saludar con el brazo a mis padres, acariciaba la cabeza de Odiseo antes de volver al interior.

El aparcamiento juntaba, en un mismo ángulo visual, a mis padres y a Odiseo. Con los tres me comunicaba subiendo y bajando los brazos, como si fuera una embarcación en peligro. El asfalto era un reloj solar porque, cuando la luz invadía la última de las plazas, la más grande y donde solían aparcar los coches fúnebres, sabía que era el momento de volver a casa. Al despedirme de mis padres, sentía que la historia de mi familia terminaba en ese rectángulo de asfalto, a espaldas de la ciudad y de la residencia, de la vida y de la muerte. Todos habíamos sido congregados en ese lugar con una cualidad concreta: mi madre, enfrentada a su olvido; mi padre, haciendo las paces con su pasado; Ángela, llena de futuro; Odiseo, masticando unas hierbas, y yo, atónito de vivir el presente. Aristóteles estaría satisfecho al comprobar que el drama logró las tres unidades clásicas. En la cabeza de mi padre, la existencia parecería dotada de un cierto orden y sentido: ese desbarajuste de sucesos y accidentes que, unidos por la matemática de los días, la construyen, resultaría tener una finalidad. Una finalidad débil, porque en el final de esta dramaturgia sus personajes, aunque unidos en escena, tenían poco que decirse más allá de sus roles: mi madre era una mujer senil y apenas hablaba; mi padre era hoy un sacrificado cónyuge que, a veces, dirigía la vista a lo lejos, quién sabe si buscándose a sí mismo, al otro que fue, o acordándose de que, en lo alto de su armario, una máquina de escribir aguardaba un texto que siempre anunció pero que jamás llegaría; Ángela representaba la ciencia y la autoridad, instituciones que no exigían el amparo del lenguaje, porque se construían sobre la convicción no escrita, tácita, de que eran necesarias; y yo, por último, en un asombro constante, sin entender nada pero empezando a comprenderlo todo, a comprender que mi padre nos abandonó porque creía que, cuando uno no está bien, es mejor que se aleje de las personas próximas; un padre que descubrió que vivir no siempre es un regalo y cuya partida yo cubrí en la distancia, construyendo un relato fantasmagórico gracias al cual pude responder —y se me vino ahora a la memoria— a los compañeros de mi colegio en Japón que, inconscientes de que iban a arrojar una granada, querían saber si mi padre estaba vivo y cuál era su nombre y dónde vivía y, si lo estaba y tenía nombre y por supuesto una dirección, por qué nunca me esperaba en el patio al terminar las clases, pregunta a la cual sólo podía responder alejándome antes de que me aturdiera la explosión y, si no podía huir, mediante argumentos que he olvidado y que podían ser o no verdad, con el azar de quien gira una ruleta y aguarda un resultado. En el centro de la escena, rodeado de silencio, mi padre no encajaba en ese rol hosco y furibundo que siempre imaginé. Empezaba a intuir que su abandono fue un acto de generosidad, una forma de evitar hacernos daño, de enfrentarse a unos demonios a los que consiguió reducir para regresar junto a su exmujer en un capítulo último, el de ella y quién sabe si también el suyo. Y allí estaba mi madre, a su lado, mirándome desde un balcón que daba a un aparcamiento donde Odiseo y yo la mirábamos a ella y lo mirábamos a él.

Cada tarde revivía la sorpresa de verlos juntos y cada tarde parecía más falsa la idea de que ellos hubieran compartido una vida en común que, en verdad, fue enfrentamiento y distancia, aunque quizás mi certeza no fuera tal, como si nuestras convicciones tuvieran una fecha de prescripción y necesitaran ser revaluadas. Até a Odiseo por un rato mientras entraba a despedirme de Ángela y, como si mi disco duro empezara a fallar, me convencí de que no merecía la pena darle más vueltas a lo que ocurrió, pretendiendo extraer un consenso que, tal vez, nunca fue alcanzado. Lo mismo aplicaba para mis padres, cuyo futuro terminaba en el jardín y el presente era la medicación que, sobre manos temblorosas y con vasos de agua a la deriva, tomaban a diario. En mis padres, estar y ser eran sucesos frágiles y próximos. Podían estar y podían dejar de ser en cualquier instante. Esta certeza resultaba visible al advertir su catastrófico estado de salud. Cuando prestaba atención a Odiseo también sentía que su historia terminaba en ese lugar; su hocico blanco, su dificultad para subir o bajar el perfil de sofás y camas, su errática energía, su búsqueda perpetua de sombras y césped donde derrumbarse, todo parecía anunciar una clausura, pero ese momento no lo contemplaba de una manera melancólica, quizás porque Odiseo seguía a mi lado y seguía con vida, mientras que a mis padres, juntos en alguna esquina del jardín o saludando como una familia real desde el balcón, los llevaba viendo con vida y a la vez muertos desde mucho antes. Su ausencia era un hábito de la mirada. Un porvenir que se venía revelando.

Por supuesto que la vida continuaría para todos, pero en diferentes formas. Por supuesto, por supuesto que a papá y a mamá les llegaría la hora irrevocable, y también a Odiseo, y por supuesto que mi relación con Ángela continuaría, o qué sabía yo. Y hablando de mi madre, de mi padre, de Odiseo, de Ángela, entendí que todos me habían conducido a una comprensión última donde el drama, resueltos los contrarios, ya no era tal. Con alivio, mientras salía del aparcamiento, paseaba la vista por ese paisaje donde la naturaleza parecía despreciar al hombre, sus miserias y mezquindades, sus intentos vanos por avanzar si todo conducía a la muerte. Y aunque no soportaba presenciar la degradación final de mi madre, aunque sentía que esa arenilla última del reloj era la más rugosa, yo, en verdad, no había inventado el mundo, así que me sentía tranquilo, con los bolsillos llenos de lo que a mis padres les faltaba, y me veía, de vuelta a casa, como atravesando esos bosques brillantes que cierran los cuentos infantiles, donde todo es luz, frutos y abundancia. Por supuesto, por supuesto que la vida continuaría para todos, pero esa narración sería otra historia.

ORALIDAD Y ESCRITURA, MEMORIA Y OLVIDO EN *ODISEO* POR ELENA NEVISCA

Un encargo

Recibí la llamada de Leonardo Agualusa el jueves 4 de febrero de 2021. Llovía en Salamanca con precisión rítmica, de nubes con metrónomo. Me encontraba en mi despacho, una mazmorra sin luz natural y repleta de libros, compartida con otros profesores del departamento de Filología y cuyo teléfono era, además del correo electrónico, mi único contacto con el mundo exterior. Aparte de la literatura, claro.

Nos habíamos conocido en agosto del 2020, cuando la universidad celebró un congreso de tres jornadas bajo el título *Los bufones en el teatro isabelino y la homosexualidad.* Como en cualquier acto universitario público, sobraron buenas intenciones y faltó dinero. Los ponentes sostenían: para lo que pagan, no se justifica ningún esfuerzo previo. Practicidad. El público —estudiantes vagos de filologías diversas— se miraba con abulia los tobillos y se decía: para ser gratis, qué más pedirle a una mañana de agosto; hay agua, aire acondicionado, butacas cómodas y unos créditos que añadir al currículo. Conformismo. Los organizadores, es decir, la universidad a la que yo representaba, contemplábamos el evento, culpables, lamentando la distancia entre los deseos y la realidad. Nos justificábamos en los siguientes términos: para el presupuesto que hay, no se puede hacer otra cosa. Realismo.

Leonardo Agualusa llegó tarde. Sus movimientos gritaban pidiendo ayuda. En su rostro, de una severidad rara, intimidatoria, habitaba lo opuesto de la necesidad anterior. Parecía un viajero de provincias, desorientado entre las dársenas de la estación de una gran ciudad. Sólo que estábamos en Salamanca, no en Nueva York. Cuando subió al estrado, no saludó a nadie y fue leyendo las tarjetitas hasta encontrar su nombre. Lo miró un tiempo largo, como sorprendido de estar allí, y tomó asiento a mi izquierda. Olía a cajón con polillas.

Fue una esfinge durante la primera jornada. Al término de la segunda, un estudiante le preguntó, con relación a *Eduardo II*, qué hubiera ocurrido si Bertolt Brecht no hubiera realizado la revitalización marxista del texto de Marlowe allá por los años veinte. Con un hilo de voz, de grifo mal cerrado, casi como de niño que no se sabe la asignatura, Leonardo respondió que no tenía ni puta idea. Tuvo la suerte de que no había llegado a encender el micrófono, así que la revelación de su ignorancia pasó desapercibida, porque otro ponente salió en su auxilio.

En la tercera y última jornada, y en línea con su mutismo previo, Leonardo no se presentó. Había dejado una nota en la recepción de la universidad esa misma mañana diciendo que se encontraba indispuesto. Preferí no saber si ese malestar fue anterior o no a la visita que hizo a varias librerías de Salamanca, en las que se dedicó, y así me lo indicaron varios amigos libreros, a fisgonear libros de forma neurótica, abriéndolos y cerrándolos y volviéndolos a abrir, como si estuviera buscando una información fundamental. En la última de ellas se hizo con *La obediencia nocturna*, de Juan Vicente Melo, el primer tomo de las *Mil y una noches* y *Barbarismos*, de Andrés Neuman; en este último caso volviendo literal su título, pues deslizó el ejemplar hasta el bolsillo de su chaqueta y, dando los buenos días, se despidió de la compasión del librero por el robo observado.

Sí que apareció, ante la sorpresa de todos, al cierre del congreso. Era mediodía en el patio, los adoquines se alabeaban y emitían chispas de calor. Olía a cloro, como el de las piscinas. Ese olor, la luz incómoda y el final de las conferencias eran una invitación a huir de allí cuanto antes. Hubo una ceremonia de cierre y se sirvió cerveza, vino, embutidos de la región, dados de queso, pollo rebozado y croquetas de boletus. Leonardo se acercó hasta mí y me preguntó si yo era Elena Nevisca. Supongo que no se acordaba de que nos habíamos visto dos días antes y también el día anterior. «Sí, yo soy Elena Nevisca», respondí y, entonces, me agradeció un artículo elogioso que había escrito sobre su última obra, titulada *Todo lo transitorio es el reflejo de una imagen perpetua*. Según Leonardo, mi artículo resumía con éxito lo que él intentó explicar en doscientas treinta páginas y, por esa razón, quería que en el futuro fuera yo quien me encargara de gestionar los documentos de toda su obra, porque confiaba en mi capacidad para detectar lemas y resumir contenidos.

Alzamos la mirada y sospecho que Leonardo vislumbró su final. Por cambiar de asunto, le dije que las croquetas parecían congeladas. Leonardo no respondió y dirigimos la mirada a una puerta de vidrio reflectante. Creo que allí nos encontramos, otra vez, con la imagen de su muerte, su cadáver vertical, vestido de invierno entre estudiantes con gorras y tatuajes de mandalas, unos y otros rodeados por una nube de camareros jóvenes. Sobre todo lo anterior, y como si fuera el techo de una fragua, los rayos del sol llenaban el patio.

Leonardo decidió marcharse y yo no tardé en seguirle. Por esa simultaneidad en la huida, nos volvimos a ver y a despedir frente a la fachada barroca del Aula Magna. Caminamos hasta la entrada de su hostal. Me agradeció de nuevo mi artículo, me confirmó que las croquetas eran terribles y me repitió que, cuando fuera oportuno, yo podría dar orden y custodia de sus documentos. Aunque agradecida por la oportunidad de ser su albacea, supe que no iba a pasar nunca, porque conocía bien cómo funcionaba el mundo literario, lleno de promesas y de correos y de buenas intenciones y de encargos que nunca se materializan —y no hablemos ya del tema económico—, así que, hasta que no sonó el teléfono, oí una voz y tardé en descubrir que se trataba de él, Leonardo Agualusa, pensé que su propuesta quedaría en vano.

Lo que no sabía entonces es que mi trabajo se adelantaría a su muerte. Aclararán al lector interesado algunas fechas.

Cronologías

Leonardo Agualusa nace en Madrid el 4 de febrero de 1949. Su mujer, el 8 de octubre de 1951, también en Madrid. Se casan en una iglesia al norte de Guadalajara en el verano de 1971: Leonardo tiene veintidós años; ella, diecinueve. Bernardo Agualusa, su único hijo, nace un año más tarde, el 22 de mayo de 1972. Sabemos que, en las Navidades de 1988, la madre de Bernardo presenta una denuncia por delito de lesiones. En abril de 1989, y aún menor de edad, Bernardo marcha a un colegio a las afueras de Tokio. Se hospedará durante dos años escolares en casa de unos tíos maternos.

Tras dieciocho años de matrimonio, sus padres se divorcian el 24 de junio de 1990 —aunque lo deciden seis meses antes, en la noche de Año Nuevo—. Su hijo no vuelve a vivir en España durante tres décadas. La denuncia por delito de lesiones es archivada ese mismo 1990 por no existir más pruebas que el testimonio de la mujer.

También en 1990 y con cuarenta años, Leonardo Agualusa es diagnosticado de un trastorno depresivo que cursa con una crisis aguda de ansiedad. Son vagas las fechas en las que acude al consultorio psicológico de Chabe: no se conserva ningún informe en su casa y sólo existen algunos recordatorios de citas en las agendas de los años 1992, 1993 y 1994. Durante esa década, Leonardo trabaja como traductor con éxito relativo y como escritor con fracaso rotundo.

El viernes 26 de junio de 2015, con sesenta y seis años, Leonardo se lanza a las vías del metro en una estación de nombre irónico, Esperanza, pero con la buena suerte —o mala, según se mire— de que el convoy logra frenar a tiempo. El informe de lo ocurrido recoge que el conductor, al salir de la cabina, desciende a las vías e intenta agredir a Leonardo. A raíz de este suceso y de un dictamen de los servicios sociales, Leonardo ingresa durante tres meses en un hospital a las afueras de Madrid, hacia el noroeste, y recibe el alta hospitalaria el martes 1 de septiembre de 2015.

Aparece entonces Odiseo en escena. Bernardo y su madre piensan en un animal como remedio último para salvar a Leonardo. Saben que Leonardo nunca aceptará ayuda y deciden entregarle al animal sin pensar en lo que vendrá después. Desde Japón, Bernardo contacta con una protectora que, a su vez, accede a poner un perro de acogida a disposición de Leonardo. El capítulo que abre la historia certifica esta entrega, que tiene lugar el jueves 8 de septiembre de 2016. Bernardo visita a su padre un año más tarde, el domingo 15 de octubre de 2017: es el segundo de los nocturnos que forman el texto; es también el segundo de los textos que, en el documento de *Odiseo*, aparecerá reescrito en estilo indirecto, aunque se conserva el diálogo original, como señalaré más adelante.

El capítulo «*Kolokola* (las campanas)» —un homenaje a Rachmaninoff, el compositor favorito de Leonardo— tiene lugar durante la Epifanía del Señor del año 2018. Meses después, el domingo 16 de septiembre, un incendio destruye el dormitorio de Leonardo. Según el historial médico facilitado por Ángela, este hecho, junto con algunos cortes de tanteo en las muñecas, se interpreta como un intento de suicidio. Tras la pared, emerge la figura protectora de su vecino, Mateo León (Barcelona, 1950). En octubre de ese mismo 2018, y a la edad de sesenta y siete años, la madre de Bernardo ingresa en la residencia El Porvenir.

El año 2019 es decisivo en la trayectoria de Bernardo Agualusa. El lunes 5 de agosto se divorcia de su mujer en el Tribunal de Familia de Kitakyūshū. Llevan sin vivir juntos desde el otoño de 2018 y no tienen hijos. Una semana después, Bernardo visita a su madre en la residencia y tiene lugar su primer encuentro con Ángela Palanca.

En agosto de 2020, mes y medio después de levantarse el estado de alarma en España, se conocen quien aquí escribe, Elena Nevisca, y Leonardo Agualusa en un congreso literario celebrado en Salamanca. También durante este verano, y tras superar las restricciones para salir de Japón debido a la pandemia de COVID-19, Bernardo logra visitar a su madre y ver a Ángela por segunda vez. Del congreso en Salamanca, por su parte, resulta la llamada de Leonardo, en los primeros días del año 2021, para que me haga cargo de la custodia y gestión de sus trabajos literarios.

Leonardo ingresa de manera voluntaria en la residencia El Porvenir el lunes 8 de marzo de 2021. Tiene setenta y tres años y han transcurrido más de dos desde que su exmujer está allí. Ese mismo lunes de marzo, Odiseo comienza a vivir en el apartamento de Mateo León, quien, siguiendo instrucciones de Bernardo, envía el manuscrito de *Odiseo* a Japón una semana después, el lunes 15 de marzo. Yo llego un día más tarde al apartamento de Leonardo.

El viernes 8 de octubre de 2021 Bernardo Agualusa aterriza en Madrid y se emborracha en la terminal del aeropuerto. Al día siguiente visita a su madre en la residencia y Restituto le recuerda que ha llegado un día tarde para felicitarla por su cumpleaños. Ese fin de semana Ángela acude a un congreso médico en Barcelona, aunque en verdad, como ella misma afirma después, su propósito es terminar con una relación a distancia o, más bien y en sus propias palabras, «que la relación siempre quede así, a distancia». En ese mismo mes de octubre, Bernardo roba las llaves del apartamento de su padre, se acerca hasta allí y ve el borrador del texto que él custodia. Alguien llama varias veces a la puerta: es Mateo León, que escuchó ruidos. Tras un mes de su llegada, se da la discusión entre Ángela y Bernardo y, a raíz de ella, se produce el contacto entre Mateo, Odiseo y Bernardo, la estancia de Bernardo durante una noche en el apartamento de su padre y la reconciliación posterior con Ángela.

Sus padres fallecen el 8 de octubre de 2022. Hasta esa fecha, y según datos del Instituto de Salud Carlos III, España había registrado un total de 13 406 502 casos confirmados de COVID-19 y 114 601 defunciones desde el inicio de la pandemia. Bernardo evita escribir sobre el virus, quizás por embellecimiento literario o porque su editora, aquí presente, le persuade de que publicar un libro tras la pandemia y sobre la pandemia es un harakiri comercial, ya que los lectores buscan historias de princesas, vampiros, batallas y espías; o, por último, porque como Bernardo tiene la madurez e ímpetu sexual de un adolescente, sólo piensa en Ángela y el resto le da igual.

Un día más tarde, el 9 de octubre de 2022, Bernardo y yo coincidimos en el tanatorio. Tras dieciocho meses trabajando en la obra de su padre, advierto la extrañeza de no haber hablado antes con su hijo. Bernardo parece incómodo cada vez que elogio la obra de su progenitor. O tal vez se siente culpable; quizás por ese motivo acepta emprender nuestro viaje a Japón, y como si la suerte estuviera de nuestro lado, este país reabre sus fronteras al turismo internacional el 11 de octubre de 2022, apenas dos días después. El 3 de diciembre de ese año recae en mi poder el manuscrito de *Odiseo*. Me tiemblan las manos y la voz mientras llamo a Juan José para que inicie los trámites de compra de los derechos, que tendrá lugar el 21 de ese mismo mes en Madrid.

En 2023 concluye el relato de esta historia. Durante su transcurso, consigo contactar con Chabe, aunque de ella no obtengo ninguna información sustancial. El 2 de septiembre muere Odiseo, a la edad incierta de diez años, después de siete tras su acogida y considerando que, en aquel entonces y según el desgaste de sus dientes, rondaba los tres. Fiel a su naturaleza siempre generosa, Mateo León accede a escribir un prólogo: jubilado y sin vecino a quien cuidar, los días se le hacen eternos. El 9 de octubre tiene lugar la presentación de este libro póstumo en homenaje al primer aniversario de la muerte de Leonardo. Desde la tarima observo a una mujer que llega tarde, que se sienta al fondo de la sala, detrás de una columna, y que se marcha en el momento de los aplausos. Pido disculpas ante los demás ponentes, salgo a la carrera y la persigo sin éxito. Regreso con la certeza de que se trataba de Chabe.

El apartamento del autor

Basta con abrir una puerta para romper un prejuicio: cuando llegué al apartamento de Leonardo, no hallé señal alguna del caos que había presentido. Abrí mi bolso, saqué un cuaderno y apunté la fecha del día: martes, 16 de marzo de 2021.

El apartamento consistía en un recibidor oscuro, a la izquierda, un salón de forma rectangular, y una cocina de azulejos blancos, también rectangular, frente a la entrada. A la derecha del recibidor me tropecé con un comedero metálico. Un pasillo me llevó al dormitorio, una pieza apenas amueblada y donde me sorprendió el esqueleto de madera de un galán de noche.

La disparidad de estilos entre butacas, sillas, mesas, estanterías, no sólo evidenciaba que las modas cambian, sino que, en el apartamento de Leonardo, se habían elegido siempre desde un prisma económico. Entre los cálculos que improvisó en la notaría y los que dejó plasmados en una de sus libretas, Leonardo dedujo que, tras su divorcio, podría sostenerse con una existencia humilde. Pero esa conclusión, a la vista de su apartamento, tenía tanto de resultado como de hipótesis; su vida la debió manejar al borde de la escasez y sus muebles, viejos o no, reflejaban una limitación constante de recursos. Una segunda mirada a su vivienda me lo confirmó: todo era sobrio, nada estaba duplicado, los libros —aunque abundantes— recordaban a sus dueños anteriores y lo roto —una bombilla sin luz, una baldosa ausente en el parqué, la cisterna del baño que gotea, en el armario una puerta desvencijada— transmitía la impresión de llevar años así.

Cerré la puerta de entrada y abrí la de la nevera: estaba vacía. Bajo el alféizar, junto al contador de gas, descubrí otra huella de Odiseo: una bolsa enorme de croquetas holísticas. En el baño comprobé la marca de lociones, perfumes, champús y geles. Había un cortaúñas muy viejo y oxidado que debió de ser del Cid. Volví a la cocina y me entretuve abriendo las gavetas para cerrarlas luego sin recordar su contenido. Bajé al supermercado a comprar dos garrafas de agua, un tetrabrik de leche, café en polvo, dos sobres de embutido, queso en lonchas, una mermelada de arándanos, pan de molde, tres latas de atún, una tarrina de humus, dos litros de salmorejo, dos pizzas ultracongeladas, una tableta de chocolate con dulce de leche y otra de chocolate puro. Guardé el tique. Por el peso y coste de la compra, deduje que tendría comida para dos semanas.

Como filóloga, lo primero que hice fue examinar la estantería. Todos los libros estaban ordenados por géneros, tamaños y colores. No existía el orden alfabético. Habían sido forrados cuidadosamente y conservaban en la primera página la fecha de su lectura. Abriendo algunos al azar, observé la abundancia de notas al margen, de árboles genealógicos de los protagonistas; también de recortes de periódicos que, doblados en su interior, nada tenían que ver con la lectura.

Bernardo me proporcionó el nombre de usuario y la contraseña del ordenador de su padre. Recuerdo haberlas memorizado con precaución. Al sentarme en el escritorio, las vi colgando de la pantalla en un pósit. Encendí el ordenador. Me puse en pie y caminé nerviosa por el apartamento. En la cocina preparé un sándwich de lomo. Mientras lo devoraba, me detuve frente a un taquillón, abrí una gaveta, saqué unas radiografías y un informe médico. Leonardo había sido intervenido de una fístula anal el miércoles 15 de abril de 2005. En el texto del informe leí: «Es importante lavar la herida cada ocho horas utilizando agua, una espuma suave y un antiséptico. Se evitará entonces la formación de bacterias en la zona, así como cierres en falso. Para que la herida cierre bien, debe estar sanguinolenta». Esta última frase aparecía repetida ocho veces en el reverso del informe con la letra de Leonardo. También encontré un informe médico de un otorrinolaringólogo, con fecha 9 de mayo de 2009, y un dosier que decía «terapia de habituación para el tratamiento de los acúfenos».

Los archivos informáticos replicaban la realidad material del salón. Todo estaba ordenado y listo para mi llegada. Sentía habitar el museo del escritor Leonardo Agualusa. Había entrado en la vivienda con mirada de tasadora, buscando un texto que al poco supe que no estaba allí. Ni en la vivienda ni en ese ordenador donde el orden numérico revelaba el borrado —suavicémoslo como ausencia— de una carpeta. Lo que desconocía era la existencia de aquello que andaba buscando, pero en un país remoto al que viajaría un año y medio más tarde, durante la primera semana de diciembre de 2022.

Un viaje a Japón

El taxi nos apeó a las afueras de la ciudad. Allí no había nada ni nadie. A mí se me vinieron a la mente esos párrafos incómodos que, cuando uno escribe, va empujando hacia el final de una obra, sin saber qué utilidad tienen pero sin la firmeza necesaria para suprimirlos. Quiero decir que yo me sentía como ese párrafo. Ignoro lo que sentía Bernardo, pero sí sé que encendió, nervioso, un cigarrillo. El vehículo dio media vuelta y desapareció.

Nos quedamos de pie, rodeados de polvo y silencio. A lo lejos, por donde el taxi se perdía, asomaba la silueta enorme y oscura de varios rascacielos. Frente a nosotros, el horizonte era el perfil en sierra de almacenes industriales: estábamos en la entrada de un polígono. Bernardo apuró el cigarrillo y lo asaltó un recuerdo. «Es por aquí», se dijo y me repitió tirándome del jersey. A la carrera, pude ver que los rayos de sol hervían sobre el asfalto mordido.

Giramos en un cruce. Tras una puerta basculante ladró un perro. Cambiamos de acera para buscar la sombra. Mis sentidos captaban la realidad con esa fuerza con la que se graban los lugares a los que uno sabe que nunca volverá. Bernardo me sacó de mi ensimismamiento: «Indiana Jones, es aquí».

Hice el gesto de golpear con un látigo y Bernardo me miró a medio camino entre la risa y la gravedad. Una puerta entornada dio paso a un corredor. Llegamos a un patio donde asomaban las tripas de los edificios: tuberías, cables, condensadores, la silueta futurista de un grupo electrógeno. Cruzamos otra puerta entornada, subimos unos escalones de hormigón, comprobé que mi móvil quedaba sin cobertura y, por fin, tras una puerta roja, pesadísima, de cortafuegos, apareció un mostrador y tras el mostrador una presencia humana.

Como siempre que Bernardo hablaba en japonés, me aparté un poco. Bernardo abrió un sobre y enseñó unos papeles con sellos rojos. El hombre tenía en la espalda una lumbalgia perpetua y, en la mano, un escáner que leyó los papeles. Brilló una luz verde en la pantalla del escáner y se abrió una puerta lateral. Apareció la perspectiva de un corredor, iluminado por una línea de neones azules. Sentí que entraba en un cuento de Borges y me recorrió un escalofrío. Naturalmente, estaba nerviosa.

No sé medir la distancia que recorrimos, aunque posiblemente fuera menor que la que ahora evoco. Al llegar a una esquina en la confluencia de dos corredores, una esquina idéntica a tantas otras, nos detuvimos. Bernardo palideció. Yo también. El japonés le entregó una llave electrónica y supervisó cómo Bernardo la posaba sobre un lector. Con un estremecimiento eléctrico, a tirones, una puerta empezó a enrollarse sobre un eje superior. El neón del pasillo se asomó al nuevo espacio abierto, dejando tanta oscuridad como luz.

Diré que, en mi existencia monacal, consagrada a la literatura, estar en un guardamuebles extranjero, a la espera de un hallazgo, ponía a prueba mi autocontrol. Seguía atónita cuando el hombre dobló aún más la espalda, se fue de regreso a su garita y Bernardo, sin girarse hacia mí, me informó de que teníamos media hora antes de que el hombre volviera. La idea de exceder este límite me hizo pensar en el Minotauro, y de ahí que preguntara a Bernardo qué ocurriría tras cumplirse el tiempo concedido. Bernardo me devolvió a la realidad y dijo que había que pagar mil yenes por cada fracción de treinta minutos, así que era mejor darse prisa.

Tanteé la pared interior del trastero. Mi mano rozó un interruptor. La luz de una bombilla descubrió un cubículo. Todo lo que Bernardo tuvo y fue mantenido cabía en una superficie de ocho metros cuadrados. Sacamos al pasillo una nevera portátil, un banco de abdominales, una aspiradora, un saco de dormir, una colección de máscaras incas, el cabecero de una cama, dos mesillas de noche y una alfombra persa. Dentro de un baúl encontré fotos de juventud de Bernardo. Lo cerré. En una torre de cajas vencidas unas sobre las otras, Bernardo conservaba novelas clásicas en español. Me dijo que las había utilizado en sus clases. Algunas de ellas yo las leí en España y en la misma edición que ahora sostenían mis manos. No puedo describir el efecto de extrañeza que me produjo este hallazgo. Recuerdo un pósit en *El beso de la mujer araña* que decía: «Tiene como la certeza de que en su vida sucederán cosas muy importantes». En una caja rectangular, más liviana que la de los libros, encontré varios portarretratos con fotografías de Bernardo y de su mujer. Había un decantador. Había un globo terráqueo y hubo una mano que me tocó el hombro y una voz que dijo: «Aquí está». Bernardo dio entonces unos pasos para alejarse de mí, como si yo fuera la arqueóloga principal. Pisé una almohada, aparté una mochila, me agaché hacia una bolsa de tela que señalaba su dedo índice.

Bastó con tocar el cuaderno para saber que nuestro viaje había llegado a su destino.

Aritmética en *Odiseo*

Entre los libros de Leonardo encontré una libreta de color azul y páginas sin cuadrícula. Un unicornio en su portada precedía una fiesta de números de teléfono, de nombres sin apellidos y apellidos sin nombre, de listas de la compra, de títulos de películas y novelas, de correos electrónicos, de direcciones postales, de marcas de medicamentos, de citas literarias y, sobre todo, de fechas. Siendo Leonardo una persona sedentaria, esta profusión hablaba menos de alguien metódico y más de un carácter descuidado. Encontré la fecha de nacimiento de su hijo, pero, según Bernardo, su padre jamás le felicitó por su cumpleaños. Encontré la fecha de ingreso de su mujer en la residencia, pero él no la acompañó. Encontré la fecha límite para liquidar una deuda tributaria, pero también una cuartilla que notificaba el recargo por incumplimiento. Encontré el día y la hora de una cita médica en el urólogo, tachada y seguida de otra con el siguiente aviso: no olvidarse esta vez. Encontré, por fin, todas las fechas de vacunación de Odiseo, que, si las cumplió, fue por la insistencia de su vecino Mateo.

Si el gobierno de las fechas le provocaba tensión, no menos fastidioso debió de resultarle el desafío de los números. En otra libreta, de color verde y formato A3, sin unicornio pero con las páginas cuadriculadas, hallé una multiplicación hecha a base de sumas, con un sesenta y dos repetido ocho veces. En una fecha próxima a su divorcio, un sinfín de cálculos deducían el miedo ante la decisión que iba a tomar. Durante las páginas de esta libreta encontré la misma cantidad de resultados que de correcciones. Los números, borrados y reescritos y vueltos a borrar, daban idea de que por allí transitó un temblor. La impericia en el uso de las reglas matemáticas, a las que Leonardo acudía probablemente por necesidad, debía de resultarle más dolorosa por la importancia que siempre les dio su padre.

La despreocupación de su autor por las fechas se transmite a su escritura: no encontramos en Odiseo ninguna pista al marco temporal que se narra o evoca. No sabemos cuánto tiempo transcurre entre algunos sucesos relevantes, como la llegada del animal y la llegada de Bernardo, o entre la llegada de Bernardo y el deseo resurgido de su padre de retomar el contacto con su mujer —la visita a la catedral es el único testimonio escrito de este deseo—; tampoco está claro —porque el propio autor era incapaz de serlo o porque no estaba entre sus intenciones— el tiempo que tarda Leonardo en reactivar su vida profesional y en desplazarse por último a la residencia de ancianos.

Si *Odiseo* resulta comprensible sin referencias temporales se debe a que, salvo por la analepsis de la separación, mantiene una secuencia cronológica lineal. Para el lector, la dificultad puede radicar en que se narran de forma continua sucesos que, unas veces, ocurren contiguos en el tiempo —por ejemplo, la separación y la historia con Chabe, la psicóloga— y otros entre los que, sin embargo, median años de diferencia. Ello no responde a un descuido del autor sobre su obra: prueba de su interés hacia la misma son los tres cuadernos con notas que se conservan (*Odiseo I, Odiseo II, Odiseo III*), un borrador en papel del texto, sin título y lleno de correcciones, además del documento informático con la versión final y abundante correspondencia —tanto en papel como electrónica— donde Leonardo habla de *Odiseo* como un proyecto vital, una compañía que le sigue el paso. La ausencia de datos cronológicos responde, a mi juicio, a la naturaleza íntima de la obra. No fue publicada cuando vivía el autor y es muy probable que nadie la leyera salvo él y que jamás se planteara que no fuera así, aunque su hijo piense lo contrario.

De esa correspondencia, destaco un correo que Leonardo envía el 2 de septiembre de 2018, en respuesta a una editorial de Lugo que le consulta sobre *Odiseo*, y en el que afirma:

> Odiseo *es una mesilla de noche. Una obra que sólo existe para que pueda tocarla entre el insomnio y el sueño. El texto es una personalidad construida. Es decir, una cadena de preguntas y respuestas. Cuando echo la vista atrás, descubro que algunas de las respuestas son, más bien, preguntas que llegaron en ese instante de la escritura. Así que las respuestas son siempre parciales, porque una pregunta llega en su transcurso y las preguntas se acumulan, dejando los problemas sin resolver.*
> Odiseo *es un diario sin fechas y, por lo tanto, tiene vocación de presente. Un diario que se explica o enreda él sólo. No busco en su escritura un sentido global, como tampoco se lo pedimos a la vida.*
> Odiseo *es mi calle en las noches de verano, cuando el firme se cubre con una nueva capa por la que avanzará, otra vez, el tiempo. El substrato es poroso, lleno de imprecisiones, pero, por un segundo, todo parece suave, todo parece tener sentido, todo parece ser claro. Por un segundo, claro.*
> Odiseo *es una mesilla de noche, un diario sin fechas, una calle que se asfalta una noche de verano o algo distinto. Posiblemente es algo distinto: no hay nadie menos oportuno para definir una obra que quien la creó.*

También por correo electrónico, y cuatro meses más tarde del incendio en su vivienda, Leonardo responde el 3 de octubre de 2018 a una editorial parisina interesada en su obra, y que sabe de la existencia de *Odiseo*. Lo hace en los siguientes términos (en francés; traducción propia):

> *Creo que estoy escribiendo un espectáculo de variedades: sucesos sin relación unos con los otros que, con mayor o menor rapidez, van ocurriendo y donde el último tiene como obligación o virtud hacer olvidar al anterior, y así sucesivamente. Nadie puede saber qué poso dejará el texto porque el texto carece de un desenlace. Su efecto final, por dejarlo escrito, debe parecerse a cuando uno sale de una representación teatral y regresa al mundo, aturdido todavía por muchas emociones consecutivas, y no recuerda muy bien cuál fue la primera, sino sólo, y tal vez ni siquiera eso, la última que sintió.* Odiseo *es un espectáculo de variedades porque escamotea su desenlace. Esta es una definición válida para* Odiseo *y también para cualquier vida, de cuyo final nunca nos enteramos.*

Leonardo no intentó certificar fechas y lugares que le importaban poco o nada. Indagó, más bien, en la búsqueda y construcción de un tiempo y un espacio propios. Un proceso difícil que hace que la obra, cuando intenta explicarla, se asemeje a conceptos tan distintos como una mesilla de noche, un diario sin fechas, una calle que se asfalta, un espectáculo de variedades o ninguno de los anteriores. Si existe un hilo conductor que recorre todos esos conceptos y los dota de homogeneidad, es la responsabilidad del lector encontrarla.

Irradiaciones de *Odiseo* (I): la clínica veterinaria

Mi primera lectura de *Odiseo* fue, literalmente, canina. Un alimento que, la misma noche de su hallazgo, devoré con agitación, sin saborear, por el placer de haber vencido un obstáculo: el texto existía. Estaba mecanografiado a doble espacio y sin correcciones o tachaduras. Tuve la certeza de que sostenía en Japón una obra que Leonardo quiso entregarme en España. Imaginé sus borradores en un apartamento de Madrid cuya nevera llené para alimentarme por un periodo que, gracias al orden neurótico de Leonardo, resultó inferior al previsto. Con mis manos sobre el texto, me pregunté dónde estaría su archivo digital y se me planteó la duda de si, tal vez, lo había tenido a mi alcance en Madrid, frente a mis ojos, en la papelera de reciclaje del ordenador de Leonardo que nunca revisé.

Tras una nueva lectura ya en Madrid, menos saciante pero de más calado, la curiosidad se abrió camino. El texto me provocó un interés hacia las personas y los lugares que en él se daban cita. Sentí que la primera parada de ese camino era la clínica veterinaria. Fue allí, frente a sus jaulas de hospitalización, donde Leonardo se vinculó con Odiseo. Fue allí donde, en cuclillas, Leonardo contempló dos animales idénticos a Odiseo. En aquel instante, mientras Begoña tecleaba frenética, Leonardo corroboró lo que ya sospechaba sobre lo ocurrido en la puerta del supermercado. Dos Odiseos en prisión; el suyo libre; juntos, una santísima trinidad perruna.

La visita comenzó como una réplica del texto: el sonido de las esquilas colgadas del dintel, el dispensador de agua, las sillas de plástico azules, el muestrario de revistas, las jaulas. Tras el escritorio estaba Begoña, de quien supuse, por su delgadez, que se había sometido a una dieta draconiana. De ese pliegue tentador en la bata no tuve noticia. Me pareció más amable de como Leonardo la había descrito. Todo lo anterior se explica porque, cuando me dirigí a ella, resultó llamarse Angelina. Begoña seguía de baja laboral tras sufrir el ataque, tres meses antes, de un rottweiler que le mordió el gemelo y el músculo vasto del cuádriceps. Lamenté lo ocurrido y le pregunté por Andrés. «En la parra» fue su respuesta.

La Parra resultó ser un bar oscuro y sucio situado al término de una siniestra galería comercial. Un sólo cliente, de espaldas a la puerta, sumergía un bizcocho en su café mientras hojeaba un periódico deportivo. Me presenté como amiga de los Agualusa, lo cual me pareció un rodeo fácil y, además, un motivo de orgullo, aunque luego pensé si relacionarse uno con la familia Agualusa era motivo de orgullo. Tras relamer las últimas migas del bizcocho, Andrés me tendió la mano sin disimular su decepción: los clientes de la clínica menguaban y pensó que yo vendría a darle trabajo. Para muchos, sus adoradas mascotas perdían tal cualidad cuando, al caer enfermas o ser mordidas, se enteraban del coste de las intervenciones en quirófano. «Como si aquí regalaran los bizcochos», me dijo mientras retorcía el envoltorio arrugado y un camarero fruncía el ceño. Otro mordisco, el del rottweiler a Begoña, había perjudicado, además, la imagen de la clínica en el barrio, que en la mente de muchas personas se había convertido en un espacio de encuentro de animales y dueños salvajes.

Dirigimos nuestras miradas a la televisión. Un toro ensangrentado caminaba sin rumbo por la sombra de un ruedo. En lo alto de su cabeza, la punta del estoque parecía una pajarita roja. Según Andrés, la espada iba desde el omóplato hasta la aorta y la vena cava inferior, por lo cual no había salvación posible para aquel bicho, ni siquiera acudiendo a su clínica. Así fue: unos segundos más tarde, el toro derrumbó su papada sobre el albero. Saltaron los anuncios y Andrés añadió que, de cada toro, se podían fabricar unas doce suelas de zapatos y diferentes productos de cosmética.

Le di las gracias por esta información y le pedí que me contara el origen de Odiseo; del animal, no del mito, precisé. Tras limpiarse las migas de la boca y pagar el desayuno, Andrés preguntó por qué necesitaba saber tal historia si yo era, supuestamente, amiga de la familia. Me justifiqué diciendo que preparaba una biografía de los Agualusa. Andrés torció el gesto y de golpe advertí que mi pesquisa podía acabar en fracaso: Andrés no me conocía y no estaba obligado a responderme. Por otro lado, de hacerlo podría estar vulnerando la debida confidencialidad profesional.

No se cumplió ninguno de esos temores: Andrés tenía la agenda libre y me contaría todo aquello de lo que se acordara. Regresamos a la galería comercial, que me pareció mucho de lo primero y nada de lo segundo, en la calle nos aturdieron el sol y el fragor del tráfico y, tras aguardar a que Andrés echara la quiniela, nos dirigimos hasta el quirófano de la clínica, un lugar que Leonardo sólo alcanzó a ver por un instante. Era una habitación muy amplia y luminosa, dotada de objetos que podrían pertenecer a un museo de la Inquisición. Había unas piletas de lavado, una mesita con instrumental pavoroso, llena de agujas, pinzas, bisturíes y tijeras cuidadosamente ordenadas, una camilla amplia de operaciones, dos lebrillos, una pizarra y un gran reloj electrónico. Accidentalmente, golpeé un aspirador en el suelo, que avanzó hasta una esquina.

Hacia mediados del 2016, Bernardo le telefoneó. No lo conocía, pero que alguien lo llamara desde Japón despertó su curiosidad. Bernardo lo informó de que buscaba un animal de compañía para su padre, que vivía cerca de allí. Andrés le respondió diciendo que era su día de suerte: ese mismo lunes había ingresado en la clínica una camada fantástica de tres machos.

Los tres animales tenían los papeles en regla, estaban vacunados, libres de parásitos y gozaban de una genealogía excepcional. Bernardo aventuró la posibilidad de que el animal no se adaptara a su padre o viceversa. Andrés lo tranquilizó diciendo que no habría ningún inconveniente en tal caso. Bernardo y Andrés acordaron un precio. La madre de Bernardo se acercaría muy pronto a por el animal y Andrés colgó satisfecho. Una satisfacción nacida de la ignorancia, pues desconocía que los padres de Bernardo no se hablaban y que ni Bernardo ni su madre habían pensado en la manera en que tratarían de entregarle el animal a Leonardo. Que el futuro dueño del animal intentó suicidarse el verano anterior fue una información silenciada. Y lo que también silenció Andrés, en ese cruce de mentiras u ocultaciones, es que los animales no pertenecían a una misma camada: eran tres perros que habían llegado casi a la vez y que físicamente se parecían porque así lo había solicitado el propio veterinario, conocedor de que esas tonterías de las manadas y las filiaciones caninas y el pedigrí gustaban a los clientes. Los animales se vendían mejor por parejas, igual que los yogures y las pilas, y él estaba tranquilo con el engaño, pues la prueba de filiación canina, aunque económica, nadie solía pedirla, quién sabe si porque abriría la puerta a la filiación de paternidad y sus terribles consecuencias.

La que sí que se abrió fue la puerta del quirófano. Angelina comunicó a Andrés la llegada de un guacamayo con una valoración preliminar de dificultad respiratoria, fatiga, heces blandas y sobrepeso. El veterinario fue repitiendo las palabras de Angelina y, al ponerse de pie, concluyó que él estaba igual. Después se puso serio y pidió a Angelina que lo hiciera pasar, así que comprendí que nuestro tiempo había llegado a su término. Tras quedarnos solos, Andrés me tendió la mano mientras me confesaba que no tenía conocimientos ni experiencia en el cuidado de animales exóticos, pero que el negocio no estaba como para negar la atención a ningún animal, que Google siempre ayudaba y que los guacamayos, además, eran animales fuertes y longevos que no se morían nunca, así que contaba con margen de error.

La visita a la clínica me confirmó que Bernardo y su madre habían empezado a construir el plan de Odiseo por el tejado, de una forma apresurada y abandonando a la improvisación los elementos básicos que, más tarde, podrían determinar un resultado u otro. Con respecto al motivo de que Leonardo, en la clínica, cambiara de opinión y siguiera con Odiseo, la visita no me aclaró nada.

En el vestíbulo, tras decir adiós a Angelina, me crucé con el guacamayo que, al verme, agitó sus plumas y dijo con desgana: «Amigo, canta conmigo, amigo».

Irradiaciones de *Odiseo* (II): el supermercado y la pareja amnésica que se insinuaba en los plurales

El supermercado tuvo una vida de estrella de Hollywood pues, tras crecer con rapidez, desapareció engullido por una cadena de supermercados más grande y feroz que aquella a la que pertenecía.

Fabián, ese hombre que se anunciaba en los plurales y que mata de celos a Leonardo, no era sino el cuidador de su exmujer. Hombre corpulento, alegre y cariñoso, Fabián visitó con frecuencia a la madre de Bernardo durante su estancia en El Porvenir. En más de una ocasión se encontró con Leonardo y estuvieron hablando de forma amigable, compartiendo el amor hacia una misma persona, aunque desde distintos ángulos. Quién sabe si Leonardo pensó en bajar del armario la máquina de escribir y romper lo escrito sobre Fabián, o tal vez matizarlo. No lo hizo, porque desde su ingreso en la residencia Leonardo dejó de ser escritor y sus únicas palabras, en mayúsculas, eran aquellas como «náyade», «durazno», «plantígrado», «fíbula», «óculo», «deliquio» o «aojar», con las que respondía a las definiciones de los pasatiempos.

Lo que Leonardo ignoraba o había olvidado es que Fabián fue responsable de enfermería en el centro clínico al cual, durante dieciocho meses, acudió para tratar su problema de acúfenos, ese zumbido que aparece con frecuencia al inicio del texto y que se agudizaba en situaciones de estrés. Cada noche, antes de dormir, Leonardo encendía un dispositivo que emitía un ruido blanco, como de radio mal sintonizada, evitando a la vez el silencio y el zumbido de sus oídos. Según Fabián, Leonardo respondió de manera favorable a la terapia de habituación al ruido y recibió el alta tras casi dos años de tratamiento. Leonardo jamás lo reconoció en la residencia; como si, al desaparecer el ruido, también lo hiciera aquel que le ayudó a eliminarlo.

Volví a ver a Fabián una vez más. Venía de hacer una visita domiciliaria y esperábamos el mismo autobús. Seguía igual de educado, afable y cariñoso. Supe que vivía cerca de mi casa y preferimos volver juntos a pie. Me preguntó qué tal marchaba mi investigación sobre el manuscrito. Yo le respondí que la palabra investigación era demasiado elevada para el alcance de mi estudio, que se circunscribía a contextualizar las situaciones narradas en *Odiseo*. A continuación le pregunté quién le había referido mi proyecto y me respondió que fue Bernardo, que a su vez le había escrito para darle las gracias por todo lo que ayudó en vida cuidando de su madre y por haber sido tan cordial con Leonardo en la residencia. También me dijo que, además de enfermero, era fisioterapeuta y que una vez por semana atendía un dolor crónico de Bernardo en la zona lumbar.

Irradiaciones de *Odiseo* (III): el gabinete de Chabe

Fue infructuosa mi investigación sobre Chabe, la psicóloga. Se había mudado a las afueras, a un piso de tres dormitorios con vistas a la sierra de Madrid. Quedamos en una cafetería ruidosa junto al Museo del Prado, muy cerca de su nueva consulta. Chabe se mostró como una mujer hosca y a la defensiva. Apareció en chándal y lo primero que dijo antes de sentarse fue que no disponía de mucho tiempo, pues tenía clase de pilates media hora después. Pidió un agua con gas y una ensalada de rúcula, me acordé del comentario de Borges a Sábato cuando afirmó que Stevenson, que nunca había comido una ensalada, murió mientras preparaba una y concluí que era imposible ser feliz con esa alimentación.

Chabe me habló usando más la mandíbula que la lengua, con frases que siempre empezaban con un «no» y en las que era frecuente escuchar las palabras «problema», «disgusto», «duda», «cuestión» o «incertidumbre». Casi sin abrir la boca y tras mojarme los labios de una cerveza que, frente al agua de Chabe, me sabía a culpa, escuché de ella decir que no, que no había vuelto a saber nada más de Leonardo, que bastantes quebraderos de cabeza y disgustos le dio ya y que no, que tampoco había sabido nada de su exmujer, qué tonta, qué tonta su exmujer, qué tonta que fue, y que no, que sabía menos aún del hijo, pero visto el panorama fue el más inteligente, fíjate lo que te digo, y aprovecho, hablando de gente inteligente y de gente lista, para adelantarme a ti —a mí, que no había abierto la boca—, porque como supondrás no voy a darte ningún dato, no, ningún dato privado ni de ella ni de él, no, así que no se te ocurra siquiera pedirlos.

La única vez que Chabe empezó una frase afirmativa fue en la acera, mientras nos despedíamos y tras decirle yo, por fin, que

Leonardo era un hombre mayor y que no tenía ninguna relación afectiva o sexual con él, ninguna relación de ningún tipo más allá de la filológica, a lo cual Chabe, balanceando su mochila y mirando ostensiblemente su reloj, porque llegaba tarde, respondió: «Sí, claro, claro, claro que sí, una relación filológica. Son muy frecuentes las relaciones filológicas». Antes de formular una respuesta, Chabe desapareció moviendo su bolsa deportiva y me quedé con la duda de si se encaminaba a una clase de pilates o de boxeo.

Irradiaciones de *Odiseo* (IV): Ángela Palanca

Tras el fallecimiento de los padres de Bernardo, Ángela y yo nos conocimos en el tanatorio, que es donde sucede la vida social a partir de una cierta edad. Aceptó encantada mi propuesta de volver a vernos y me invitó a su despacho en la residencia. Allí la encontré alegre. Le pregunté dónde comprar la fuerza para tener ese carácter y me respondió, señalando a nuestro alrededor, que la muerte no estaba más cerca en esa residencia que en un teatro o en un colegio, porque la muerte nos tocaba a cada segundo y en cada lugar, hasta el más recóndito, y es que, mirando la vida desde la muerte, cualesquiera dos puntos de la vida eran radicalmente idénticos, porque cada uno de esos puntos estaban siempre a su alcance, siempre listos para ser devorados. Desconcertada, le pregunté si esa forma de pensar la hacía feliz. Ella respondió afirmativamente y añadió que una botella de vino con Bernardo era también una buena alternativa.

Después quise conocer cómo ocurrió todo. Ángela lo recordaba muy bien y yo he mantenido su memoria porque tomé notas por escrito. Era principios de octubre de 2022. Leonardo llevaba diez días con el abdomen hinchado y le costaba abrocharse el pantalón.

Fiel a los patrones de silencio de los Agualusa, decidió no avisar a nadie y comer menos. Una mañana, Restituto se lo encontró abúlico y con escalofríos en el salón social. Tras una exploración rápida, las constantes revelaron que tenía fiebre y una ambulancia lo llevó al hospital. En urgencias le realizaron una radiografía de tórax, una analítica sanguínea y hemocultivos. La doctora que lo atendió era amiga de Ángela, sabía que Leonardo era el padre de su pareja y la mantuvo al corriente. De la exploración, lo más destacado fue la presencia de oleada ascítica, así como la abolición del murmullo vesicular en ambas bases pulmonares, indicio de insuficiencia hepática con ascitis y derrame pleural, como escuchó Ángela desde su despacho mientras afirmaba con la cabeza. Leonardo nunca volvió a la residencia. Se quedó ingresado en el hospital, donde se le colocó un drenaje de abdomen para evacuar el líquido. La administración de antibióticos no mejoró su estado. Presentaba fluctuaciones del nivel de consciencia y, pese a los drenajes, el líquido abdominal no dejaba de aumentar. Por las noches se mostraba confundido y agitado, aunque en términos médicos, y como así lo apunté, se trataba de un síndrome confusional con agitación. Por ese motivo, tuvieron que sujetarlo a la cama y administrarle una dosis alta de neurolépticos. Leonardo decía nombres propios al silencio de la habitación mientras su hijo, desde la puerta o sentado en la silla, aguardaba a que todo pasara rápido sin prestar demasiado interés. Muy pronto su padre dejó de hablar y volvió al silencio donde residió toda su vida. Un enfermero distinto del habitual, tras poner a Leonardo en decúbito, lo aseó y agarró a la cama mediante un cinturón abdominal y cuatro sujeciones en cada una de las extremidades. Bernardo, sin preguntar por el motivo de esta contención, quedó asombrado al intuir que su padre fallecería sujeto a una cama y, después, su asombro se convirtió en indiferencia o resignación. Esa noche, y pese a los esfuerzos del personal sanitario, que multiplicó sus visitas, la evolución no fue favorable y Leonardo falleció. Habían transcurrido seis jornadas desde su ingreso hospitalario.

Mientras que el abdomen de Leonardo se hinchaba, el de su mujer se iba plegando como un abanico que se cierra. La madre de Bernardo llevaba días alimentándose mal. Una tarde, al darle la merienda, notaron que tosía bastante. Ante la posibilidad de una broncoaspiración, en la residencia decidieron añadir espesantes en los líquidos y administrar los alimentos en forma de purés y gelatinas, como si la existencia fuera circular y la comida de nuestros últimos días tuviera que parecerse a la de los primeros. Cuarenta y ocho horas más tarde, después del desayuno, empezó la dificultad respiratoria: se le oían pitidos en el pecho y la saturación de oxígeno cayó por debajo del ochenta por ciento. La llevaron al mismo hospital donde estaba Leonardo. En la auscultación mostraba crepitantes en la base pulmonar derecha y sibilancias diseminadas. La radiografía evidenció una neumonía basal. Le administraron antibióticos de amplio espectro e ingresó en la planta de medicina interna. Por mediación de Ángela y con la conformidad de Bernardo, se consiguió trasladar a Leonardo hasta la habitación contigua a la de su mujer.

Al quinto día en el hospital, la madre de Bernardo amaneció con fiebre elevada, respiración superficial y nivel bajo de consciencia. En la gasometría arterial presentaba acidosis respiratoria aguda. Era imposible usar una ventilación mecánica no invasiva dada la situación basal de la paciente, su edad avanzada y su demencia. Acabó falleciendo a las tres y cuarenta y un minutos del 8 de octubre de 2022, apenas unas horas después que su marido. Que sus padres hubieran fallecido en la misma fecha parecía demostrar, a ojos de su hijo, que por fin se habían puesto de acuerdo en algo.

Un poco después recibí una llamada de Ángela. Subí a la residencia y me recibió de nuevo en su despacho. Quisimos comenzar una conversación, aunque sin demasiado éxito. Cada pausa parecía más un obstáculo definitivo que una interrupción del diálogo. Entre nosotras flotaba un silencio que yo atribuía a vivir en mundos profesionales opuestos y, fruto de esa distancia, quién sabe si existía una admiración atemorizada hacia el trabajo del otro. Creo que Ángela escuchaba con pánico que yo pudiera estar diez horas al día frente a una pantalla cambiando de lugar signos de puntuación, mientras que a mí me sorprendía de ella su capacidad estoica para, asediada por enfermedades sin remedio, construir un andamio que, antes o después, acabaría por derrumbarse.

Tras terminar su café, Ángela abrió una carpeta y compartió conmigo un informe con el historial clínico completo de Leonardo y de su mujer, por si pudiera serme de utilidad, como así fue para la redacción de este epílogo. Detrás de Ángela, en una televisión sin volumen, un director de orquesta se afanaba moviendo enérgicamente su batuta. Ángela me dijo que, hace unos años, descubrió los beneficios de la música clásica en los pacientes aunque sólo fuera para no escuchar sus quejas y que, desde entonces, cualquier televisión que se encendiera en la residencia programaba, por defecto, un canal dedicado a la ópera y la música sinfónica. Recuperando la seriedad, Ángela añadió que la mitad de los pacientes en El Porvenir sufrían demencia pero que, hasta en fases avanzadas de la enfermedad, la música les permitía recuperar fragmentos de memoria y traslucir emociones, incluso en aquellos que pasaban el día en un constante estado de estupor, con la boca abierta y la mirada perdida.

En ese instante ella y yo miramos por la ventana y luego Ángela continuó diciendo que, algunas noches, al bajar en bicicleta hacia la ciudad, pensaba en Galileo y su prueba para medir la duración de un movimiento, que consistía en que una esfera rodara por una superficie inclinada y cuya medición, en ausencia de otro mecanismo, eran las melodías que el propio Galileo canturreaba para sí. Ángela me aclaró que ese experimento era lo que ella perseguía en la residencia: que la música, en los oídos de los residentes, provocara una suerte de repetición, un canturreo, para construir una cierta memoria y ritmo en un lugar donde faltaban eso. Yo le pregunté qué ocurriría si la música clásica o la ópera no provocaban ningún efecto en la memoria del paciente, o en su vida en general, al ser estilos de música alejados de lo que escuchó. Ángela respondió entre risas diciendo que, si el historial médico contenía escuchas de reguetón, con más motivo había que avanzar con el experimento.

Después de agradecerle los historiales médicos, Ángela se puso en pie y se ofreció a acompañarme. Tras cruzar un corredor que olía a desinfectante y descender por un montacargas, una puerta automática nos condujo al vestíbulo de la residencia. Entonces se acercó a mí, me besó y me dio las gracias por todo. Le devolví las gracias, apreté con fuerza sus manos y sentí una sensación de hormigueo y calor, como si entre nosotras se estuviera moviendo energía. Dirigimos nuestra atención a una pantalla donde, sobre la imagen aérea de un teatro, se sobreimprimía el nombre del compositor Giuseppe Verdi y de una obra que hoy no recuerdo. Lo que sí recordó Ángela entonces, justo antes de marcharme, es que Leonardo, como cualquier persona descuidada, tenía pánico a los médicos y a la enfermedad —y además en ese orden—, que iba a rastras a la consulta del médico y que solía decir que Verdi sufrió un infarto tras visitar uno.

Oralidad en *Odiseo*

En el cuaderno de notas *Odiseo III* encontré dos diálogos en formato tradicional. Aunque Leonardo los tachó de manera concienzuda, el contenido de ambos aparece en *Odiseo* bajo el título de nocturno —a la puerta de un supermercado el primero, en un apartamento céntrico el segundo— y en estilo indirecto, pues Leonardo transformó el diálogo inicial para convertirlo en una única voz, la suya, desde la que escuchamos, a modo de eco, la de su interlocutor.

El primer diálogo que encontré se ubicaría al inicio del texto, cuando la exmujer de Leonardo olvida intencionadamente a Odiseo. El suceso tuvo lugar la noche del jueves 8 de septiembre de 2016, trece meses después del primer intento de suicidio de Leonardo. El segundo diálogo, más largo en extensión y duro en contenido, encajaría en la mitad de la obra. Describe el encuentro de Leonardo y su hijo en el apartamento del primero el domingo 15 de octubre de 2017. La conversación de Leonardo con su hijo, recién llegado de un país que el lector desconoce que es Japón —como también ignora que la mujer del supermercado es su exmujer—, precipitará un cambio decisivo en su comportamiento.

Una vez ocultos ambos diálogos, *Odiseo* resulta ser una larga rememoración que adopta la forma de monólogo. Tras reconocer la magnitud de su derrota, Leonardo recorre un calvario que lo conduce, en su término, a separarse del texto que le sirvió de cura, como quien abandona una medicación tras superar una enfermedad. Gracias a su hijo sabemos que ese cambio consistió en dar volumen a su voz y hacerla pública. El ingreso de Leonardo en la residencia, que llega a su vestíbulo de una forma festiva, lo expulsa de la esfera privada, lo convierte en un ser social, lo anula como escritor y hace hincapié en ese carácter privativo y hermético de su escritura, opuesto a la alternativa social de la oralidad. Leonardo es el epítome de que no puede existir una voz narrativa cuando la voz del autor es solamente pública.

Puesto que la oralidad en *Odiseo* está camuflada, es una consecuencia del texto antes que un rasgo del mismo, cabría preguntarse, con relación a estos dos diálogos, por qué existió el fenómeno de su escritura y por qué fueron más tarde eliminados. A un nivel de coherencia narrativa, su inclusión habría quebrado el dominio de la primera persona como única voz. ¿Fue esa la razón de que Leonardo decidiera suprimirlos? Ello habría significado la existencia de un proyecto literario detrás de *Odiseo*, de una voluntad por dotar al conjunto de un andamiaje. La lectura de *Odiseo*, formada por episodios erráticos, no parece encajar en la idea de un esquema perfilado con carácter previo.

Si en un primer diálogo —o nocturno— Leonardo evitó informar de que la dueña de Odiseo era su exmujer, o si indujo a la sospecha celosa de un tal Fabián a quien era plausible que no conociera —aunque también era plausible haber sospechado que se trataba de un cuidador—, no fue porque aspirara a construir con suspense una trama, ni tampoco porque pretendiera jugar con un lector que, es probable, no existía en su cabeza. Considero más lógico creer, por el contrario, que su autor no quería escribir sobre aquello que no aspiraba a que sucediera, aunque estuviera sucediendo. Poner en palabras un hecho equivalía a dar testimonio de algo que no deseaba. Esa ocultación recurrente transita durante sus páginas y desemboca en un desenlace que, aunque su autor lo calificó de abierto, resolvía un magma de dudas íntimas. Liberado de la memoria, Leonardo se abría al mundo. En esa catarsis, la irrupción de Odiseo funcionó como una especie de autopsia que lo revela todo pero que se adelanta al mañana. El cuidado de un animal al que repudió inicialmente, la protección y compañía de una mujer a la que, durante muchos años, fue incapaz de amar, el diálogo, quizás forzado, con un hijo que le resultaba tan desconocido como su propia exmujer y, por si no fuera suficiente, con el que nunca desarrolló ninguna filiación, ni la afectiva ni mucho menos la de los números, sin cuyo gobierno, según Leonardo, era imposible entender el mundo; eran diferentes instancias de una voz que estaba en silencio y que, lentamente, fue despertando.

En síntesis, me inclino a pensar que los diálogos —en su estilo directo, tradicional— pudieron ser eficaces como un primer registro de lo que se habló, pero que fue posteriormente, en el acto de la escritura y reescritura, cuando ese palimpsesto de palabras sirvió a Leonardo para alumbrar una estrategia de supervivencia. Su relato lo condujo a una acción y esa acción lo llevó hasta la residencia. En ella sucedió el encuentro último familiar, un extraño daguerrotipo con su exmujer, Bernardo, Odiseo y él como protagonistas de un drama en el cual, pese a la panoplia de silencios y tergiversaciones pasadas, todos tenían por fin la posibilidad de dialogar.

Siguen a continuación los dos diálogos recuperados del tercer borrador (*Odiseo III*) que hallé en su apartamento.

Oralidad en *Odiseo*: nocturno a la puerta de un supermercado

—¿Seguro?

—Seguro.

—Es que yo, de pequeño…

—Lo sé, lo sé. No tardaré mucho. Tenemos visita para cenar: unos vecinos que vienen a despedirse. Se olvidó de comprar la pasta. Y mira que se lo apunté. Pues ni con esas.

—¿Cómo se llama?

—¿Fabián?

—No, el perro.

—Ah, el perro. —La mirada de la mujer aterriza sobre el animal—. Odiseo.

—Odiseo.

—Fue un acierto que lo llamáramos así. Cuando está en el parque, suele irse lejos. Hay gente que lo ve solo y se pregunta dónde estarán sus amos y los amos están, claro que están, porque Odiseo siempre vuelve a Ítaca. —Cruza el ruido de una moto.

—¿Adónde has dicho? No te he oído bien.

—A casa.

—Claro —respondo sin entusiasmo y sin saber qué más decir: es de noche, estoy rendido, también yo quiero volver a mi Ítaca—. En fin, te espero aquí, en la puerta, junto a Odiseo. No tardes, por favor.

—No, no, es sólo un paquete de pasta.

Oralidad en *Odiseo*: nocturno en un apartamento céntrico

—Así que este es Odiseo.

—Así que tú eres mi hijo.

—¿Tanto he cambiado?

—¿Tú crees que has cambiado?

—Yo ya no creo en nada.

—¿Cómo entraste?

—Por la fachada, agarrándome a los ladrillos. ¿Tú qué crees? Me ha abierto el conserje.

—¿El conserje?

—Hemos subido juntos. Llamó a la puerta, le sorprendió que no hubiera nadie y entonces pensé...

—Pensaste.

—Pensé.

—¿Que lo había intentado?

—De nuevo.

—De nuevo, sí.

—En fin, que hemos entrado y hemos visto que no estaban ni tus llaves ni tu cartera. Me he quedado aquí solo esperándote.

—Pero el conserje...

—¿Qué pasa con él?

—¿Cómo sabía que eras mi hijo?

—Está claro, ¿no?

—¿Cómo que está claro? ¿Es que te enseñé a responder con preguntas?

—¿Enseñarme? ¿Tú? En fin. ¿Que cómo sabía el conserje que yo, que aparecía aquí por primera vez, era tu hijo? Sí, papá, sí, muy buena pregunta: cómo sabía el conserje que soy tu hijo cuando no existo para ti.

—Por favor, eso no es verdad.

—Es la verdad.

—¿Quieres algo de beber?

—No tienes nada en la nevera.

—¿Entonces?

—Tengo que irme pronto. Le conté que era tu hijo, que había llegado de un viaje de casi doce horas, que estaba roto y que, si tenía la llave, me dejara entrar.

—El parecido físico ayuda.

—Espero que ahí acaben las coincidencias.

—¿A qué has venido?

—He venido por mamá.

—¿De quién fue la idea?

—¿La idea de qué?

—¿Tú qué crees?

—De mamá.

—De mamá.

—Y a ti, papá, ¿quién te enseñó a hablar como un eco?

—Por favor.

—¿Te arrepientes?

—No. Sí. No. No lo sé. No. No, no me arrepiento.

—Mamá y yo pensamos que era lo mejor para ti.

—¿Pensasteis? ¿No me acabas de decir que la idea fue suya?

—La idea fue suya, sí. Luego me la contó. Digamos que sí, que la idea nació de ella, pero acabó siendo de los dos. Fue nuestro proyecto.

—¿Así que yo soy vuestro proyecto?

—Más o menos, sí. Para bien o para mal, papá, sí, eres nuestro proyecto.

—Supongo que estáis en contacto.

—Claro que seguimos en contacto. Es chocante, ¿verdad? Una madre y un hijo que más o menos se llaman, que más o menos se cuentan sus cosas.

—No me gusta que la gente hable de mí a la espalda, que se decida qué es bueno y qué no para mí.

—Imaginamos tu reacción. Había además un plan alternativo. No muy bien pensado, debo decirlo, pero sí, sí, había una alternativa. Devolver el animal y…

—Pensé en quitármelo de en medio. Luego fui a la clínica y cambié de opinión.

—Tengo una pregunta.

—No quiero discutir, Bernardo. No tiene sentido.

—Si lo que haces con tu vida afecta a la de los demás, eso… ¿cómo se gestiona? Es muy cómodo decir que no quieres que la gente piense por ti. Muy cómodo.

—Por favor.

—Respóndeme: ¿cómo se puede ayudar a quien no acepta ayuda? Respóndeme, por favor: ¿cómo se logra que los demás no piensen en ello y que no les afecte?

—Estás siendo injusto. Yo he vivido así, como me ves hoy, en silencio, en mi mundo, para dejaros en libertad. No tengo ningún problema. Y, sobre todo, nunca os he molestado. Nunca.

—Perdóname que te diga que no, que no opino igual. ¿Y de qué mundo hablas, papá? Tu mundo no existe.

—¿Y el tuyo?

—¿El mío? Como el de todos, supongo. Yo al menos vivo en la realidad.

—Te compadezco.

—Deberías darme las gracias.

—¿Por Odiseo?

—No salías de casa, no escribías, no hablabas con nadie. Estabas deprimido. Lo intentaste. Sabes a lo que me refiero.

—¿Me puedes explicar cómo se diagnostica a un desconocido?

—Mamá pensó que Odiseo te ayudaría a regresar a la calle, a salir de ti mismo, te obligaría a tener unas rutinas. Lo que no lograste con las personas, tal vez con un animal...

—¿Puedes responderme a lo anterior?

—Espera: yo también pensé que Odiseo te vendría bien.

—Respóndeme a lo que te he preguntado.

—¿Qué has preguntado?

—No sabes escuchar. Eres igual que tu madre.

—Tú directamente no quieres escuchar.

—Preguntaba cómo se hace un diagnóstico... Da igual.

—Creías que era posible ser feliz lejos de todo y de todos, pero las cosas no funcionan de esa manera. El mundo funciona por otra lógica, papá, por empatías, por oportunidades. Hay que compartirlo, hay que ensancharlo.

—Ensancharlo. ¿Qué escuela de negocios te ha metido esas tonterías en la cabeza?

—¿Negocios?

—Negocios. Es lo que he dicho, sí.

—Con lo bien que te marchan a ti los negocios, ¿verdad?

—No dependen de mí. Mi vida no es un negocio.

—Dependen de ti, papá, dependen de ti. Y tu trabajo no es un negocio porque, directamente, no es un trabajo.

—No, no depende de mí.

—Sí.

—No.

—Sí, claro que sí. Al menos en el punto de partida. En el folio en blanco. Ahí sí que está todo bajo tu control, ¿verdad?

—¿Qué insinúas?

—No insinúo.

—Aclárate.

—Si te dan un anticipo para una novela y la novela fracasa porque nunca llegaste a escribirla, ¿la culpa también es de los otros?

—¿Quién te ha contado esa mentira?

—¿Quién crees que le devolvió el dinero a la editorial? Lo que parece mentira es que seas tan ingenuo.

—Me estás mintiendo.

—Cinco mil.

—Tres mil. Tres mil quinientos. Eran tres mil quinientos. Lo recuerdo bien.

—Tienes mala memoria. Fueron cinco mil. Nunca entregaste nada. Nunca escribiste nada. Ni siquiera una puta línea. Nada,

nada, nada. Nada de nada. Te bebiste el adelanto. Y luego. En fin. Entre mamá y yo lo devolvimos a la editorial.

—No te creo.

—Da igual.

—No os creo.

—Da igual.

—No sé qué decir.

—Papá, te he dicho que da igual.

—Os lo devolveré. Pero no os creo.

—No he venido aquí a que me creas o no ni a exigirte que me devuelvas nada.

—¿Entonces? ¿A qué has venido?

—Te lo he dicho antes. Parece que tú tampoco escuchas o que no recuerdas bien. Mamá.

—¿Y qué quieres que haga? ¿Qué quieres que diga? Dímelo. Dime si hay algo que puedo hacer bien en esta vida.

—Papá, por favor. No dramatices.

—No sé por qué me comporto de esta forma contigo. Siempre sacas lo peor de mí. No es justo. Me importas.

—Tienes una manera bastante torcida de ser padre. Y de ser exmarido. En el supermercado, ¿por qué actuaste así?

—¿No podría haceros yo la misma pregunta?

—Te repito la pregunta: ¿por qué actuaste así?

—No lo sé.

—¿Sabes lo que dijo mamá?

—No quiero oírlo.

—Que disfrutabas con el dolor.

—¿Cómo puede pensar tu madre eso?

—No es la única.

—¿Tú piensas lo mismo?

—Sí.

—¿Ninguno os dais cuenta de cómo soy?

—Por supuesto que sí. Te lo he dicho antes. Esta situación es rara. Digo esta situación porque no es solamente tuya, ni de mamá, ni mía. Es de todos. Eso es algo que no comprendes o no quieres comprender.

—Sé que no he sido un…

—No sigas. No hablemos del pasado. No vale de nada. Sé muy bien lo que has sido y también lo que no. Yo soy su efecto y mamá otro. Y he venido precisamente por ella, por mamá.

—Tu madre.

—Está mal. Quería que lo supieras.

—¿Con quién está?

—¿Eso es lo único que te importa? ¿Su pareja?

—No quería decir eso. He elegido mal las palabras.

—Para alguien que vive de las palabras, no podías ser más desafortunado.

—No pretendía decir eso. Quería saber si tenía apoyo.

—Sí, lo tiene.

—¿Sigue viviendo en la misma casa?

—Sigue viviendo allí, sí. Vive en la misma casa, va al mismo centro de salud, pasea por el mismo parque.

—El mismo supermercado.

—El mismo supermercado. Sus paseos por la Alameda, misa en la catedral de… No me acuerdo del nombre, pero los sábados, todos los sábados.

—¿Tu madre va a misa?

—Cada sábado, a las siete y media. Supongo que espera que en el futuro ocurra algo bueno tras la vida que ha tenido.

—Te agradecería que te marcharas.

—No pretendía decir eso, papá.

—Por favor, vete.

—Papá.

—Márchate.

—Me marcho, sí, pero dime algo antes: ¿por qué actuaste así cuando os visteis en el supermercado?

—¿Y qué más da? Gracias por Odiseo. Fue una buena idea. De verdad.

—Papá, ¿por qué te comportaste como si fuera una desconocida?

—Por favor, márchate. No quiero hacerte más daño.

—Pero lo estás haciendo.

—¿Y qué puedo hacer?

—¿Por qué fuiste así?

—¿No lo escuchas?

—¿Escuchar el qué?

—El zumbido. Es un zumbido. El zumbido de algo que no funciona bien dentro de mí.

—Un zumbido. Es un zumbido. Comprendo. En fin. Me marcho.

—Espera: ¿que por qué actué así? ¿Nunca te has preguntado lo contrario? ¿Por qué ella actuó así? ¿No te has preguntado si el silencio vino de ella? ¿No te has preguntado si yo soy silencio por su culpa?

Movimientos bancarios

El ingreso de Leonardo en la residencia dejó a su espalda algunos flecos prácticos que cerrar. Fue primero el padre y después su hijo quienes me rogaron que gestionara la limpieza y el cierre del apartamento, la cancelación de los suministros de gas, agua, teléfono y electricidad, del contrato de alquiler y la recuperación de la fianza. Con ese objetivo, se me delegó la potestad de actuar en nombre de Leonardo. Tras tomar de ella muchas fotos, su librería se vacío en doce cajas que llené, sin la ayuda de nadie, con libros, cuadernos, recortes de periódicos y de revistas y hojas, muchísimas hojas sueltas. En una de las cajas se almacenaron su ordenador, su flexo y sus artículos de escritorio. Una camioneta las trasladó al archivo documental de mi universidad. De la venta o desaparición de los muebles, vajilla, ropa y otros objetos se encargó Mateo León y lo hizo con destreza delictiva.

Aunque informado periódicamente del avance de estas gestiones, Bernardo no mostró interés alguno en ellas. De los objetos de su padre sólo le había preocupado *Odiseo*, y de ahí que ordenara a Mateo enviárselo a Japón antes de mi llegada. Tras reconciliarse con su padre y empezar su relación con Ángela, Bernardo debió de considerar superfluo el destino material de cualquier objeto relativo a Leonardo.

Dentro del ejercicio de mis facultades, delegadas mediante poder notarial, pude acceder a la cuenta bancaria de Leonardo y revisar sus ingresos y gastos. A lo exiguo de los primeros —apenas el cobro de algunos derechos de autor, de traducciones y artículos enviados a revistas— se unía, afortunadamente, el control de los segundos. Como cualquier persona mayor que ingresa en una residencia privada, el descenso en su saldo era veloz y hacía sospechar qué llegaría antes, si el final de la vida o el de los ahorros. Intenté cubrir con espíritu de filóloga mi curiosidad por conocer los detalles de sus gastos, justificándome en que, gracias a ellos, se traslucirían comportamientos o aspectos útiles para mi estudio. Leonardo fue una persona que bebió mucho hasta que dejó de beber, que leyó mucho o compró muchos libros —no siempre coinciden estos fenómenos— hasta que dejó de comprarlos, que no miró con demasiada o ninguna frecuencia su nivel de ahorros —en varias ocasiones la cuenta aparecía en descubierto—, que recibió cuatro mil quinientos euros de una editorial catalana en concepto de adelanto —así que ni el padre ni el hijo recordaban bien la cifra— y que también recibió ingresos ocasionales de su exmujer y su hijo —lo que desmonta la idea de que eran tres personas con nula o mínima relación—. Por si le fuera de utilidad a Bernardo, descargué de la web bancaria el archivo con los movimientos de los últimos cinco años.

Uno de los últimos recibos que debía cancelar adeudaba cada trimestre 15,25 €. El concepto siempre era «GPS Love Browser App». ¿Pagaba Leonardo por un servicio de citas? Salvo lo que Mateo veía desde la oficina de patentes, nada se sabía de la vida sexual de Leonardo, de esas posibles citas y de su alcance. Para solicitar la baja llamé primero al banco, pedí un duplicado del recibo y así dispuse de la información completa sobre su emisor. Se trataba de una empresa española con domicilio social en Barakaldo. Marqué el número de atención al cliente y me respondió una voz grabada que me propuso cuatro opciones para seguir. La primera se refería a la muerte del animal, pues se trataba —como supe al instante— de un servicio de localización de mascotas que Leonardo contrató. Colgué y estuve curioseando en Internet cómo funcionaba el servicio. Que Leonardo descargara en su móvil la aplicación de seguimiento y que enganchara un pequeño dispositivo al arnés me resultó tan sorprendente, o incluso más, como la posibilidad de una vida sexual desconocida que yo, poco antes, había aventurado. Tras llamar a Bernardo, contarle esta anécdota y reírnos, me respondió que no quería aprender más de los errores y sí de los aciertos, que era un acierto mantener este servicio y, entonces, que se dirigieran los siguientes cargos a su cuenta, por si los afectos, pese a lo que defendía su madre, no siempre volvieran al lugar donde nacieron.

Movimientos caninos

En *Odiseo* cada capítulo abre una puerta y cada puerta conduce a un lugar que alberga una duda. A diferencia de lo que sucede en la literatura juvenil, de cuyos laberintos se escapa en un movimiento secuencial, dejando atrás un enigma para enfrentarse a otro, en *Odiseo* es posible salir de un espacio y entrar en el siguiente sin resolver la duda del primero, lo cual lo convierte en un laberinto de ida y vuelta, asfixiante, real.

Desde una perspectiva filológica, si valoramos un texto por el número de puertas que abre, de dudas que levanta, *Odiseo* celebra esta virtud; ello no le concede valor literario: los manuales de autoayuda o de instrucciones también están repletos de preguntas. En *Odiseo* las cuestiones surgen allá donde se dirige la narración, como si brotaran por el acto de la escritura. E igual que un *pinball*, la escritura de *Odiseo* es una bola que viaja y golpea muchos lugares y a gran velocidad, dejando a su paso lugares y preguntas sin resolver. Conocemos el supermercado del barrio que activa la acción y al joven con acné que atiende la caja; conocemos el apartamento del protagonista, la clínica veterinaria, el gabinete de Chabe, su dormitorio en la planta alta de ese edificio y, cerca de allí, el bar que asistirá a la despedida entre psicóloga y paciente; conocemos la catedral y el parque urbano por donde corretea Odiseo e imaginamos la antigua vivienda familiar. La lectura se fragmenta en escenarios dispersos entre los cuales no existe apenas distancia: desde el apartamento de Leonardo, todos se alcanzan a pie y algunos son limítrofes.

No sorprende la ausencia de viajes en coche: Leonardo jamás tuvo carné de conducir. Sí sorprende, por el contrario, el efecto cinético de la obra, como si toda palabra midiera una distancia y la recorriera. La radio es una herramienta valiosa para lograr ese efecto cinético: no sólo construye y desplaza el discurso del autor hacia otras realidades, sino que la voz radiofónica lo libera —y también a quien la lee— de quedar sofocado por una narración en primera persona. Hay veintitrés anotaciones al margen en el manuscrito original; la mayoría corresponde a historias que, posiblemente, Leonardo escuchó en la radio. De ellas tomó nota con una escritura urgente, pero todas fueron concienzudamente tachadas y ha sido imposible añadirlas al texto aquí editado. La radio —al menos en su presencia física— también estuvo con Leonardo durante sus casi seiscientos días de estancia en la residencia. Pese a la notable sordera que padeció, ningún vecino se quejó de su volumen, tal vez porque sus vecinos sufrían un problema similar o tal vez porque apenas la escuchó entonces, concentrado como estaba en el diálogo último con su exmujer.

Dado que los escenarios de esta obra se ubican próximos, especialmente su antiguo domicilio conyugal y su nuevo apartamento, es lícito preguntarse por qué Leonardo no devolvió a Odiseo a su exmujer, que vivía unas calles más allá. Porque lugares y dudas se asocian, es ancho el espacio para la cábala. Creo que, si Leonardo rechaza el remedio más elemental para el problema —devolver el perro a su exmujer o a la clínica— es porque siente que, de hacerlo, estaría dejando de ser Leonardo, porque intuye que de él se espera un veto a la llegada del animal y Leonardo quiere defender una vida al margen de imposiciones, aunque esta defensa le provoque una carga. Por el mismo anhelo de libertad, Leonardo se tortura con esos nombres que no desea pronunciar ni conocer.

Este anhelo de su autor, no obstante, está lejos de ser sólido. De ahí que *Odiseo* tenga los defectos de sus propias virtudes: por un lado, revela con exactitud la identidad de su autor, pero esta identidad es contradictoria, a ratos dominada por las certezas, a ratos dubitativa. Tales atributos hacen que el texto, ampliado por una lupa filológica, revele comportamientos dispares: el afecto a una mujer y su desprecio; el amor a un hijo y su indiferencia; la oportunidad de una nueva relación —simbolizada en la figura de Chabe— y su abrupto término; el rechazo a un animal y su encariñamiento posterior hasta convertirse en un apego tan imprevisto, potente y puro como para que Leonardo decida anticipar el final del drama y salir antes de escena. También es un espacio para la conjetura los intentos de suicidio, que apenas se asoman al texto, y no se consigue comprender del todo ni su ingreso en la residencia ni el motivo de que, tras hacerlo, jamás volviera a escribir una palabra. Todo obedece a una lógica ausente o débil, que centellea por un instante y luego se apaga.

Las dudas que plantea el texto emanan de Leonardo y afectan a quienes lo rodean, incluido el lector. Tras la lectura de *Odiseo*, uno sigue sin conocer el motivo del divorcio. Tampoco es clara la razón de que su exmujer y su hijo decidan entregarle un perro como cicatriz emocional, o que esa estrategia sea la más idónea para alguien que ha intentado suicidarse. Con respecto al hijo, más allá de la conveniencia de alejarlo —y hasta qué límite— de un matrimonio con problemas, resulta difícil de entender la decisión de que marche a Japón en su adolescencia. Este alejamiento continúa mucho después y nadie —ni el propio hijo, ni tampoco el lector— comprende cómo es que un daño —o su posibilidad— puede perpetuarse durante décadas. La existencia de Chabe separada de la de su exmujer, pero compartiendo terapia, es tan irreal en el texto que, por deducción, tiene que ser verdad.

Lo anterior, en síntesis, forma un enrevesado tapiz donde se suceden los dilemas y las contradicciones. Ello no resta interés a la lectura, seguramente porque la realidad que me apasiona leer es aquella donde no importa demasiado su coherencia, ni siquiera su comprensión. Aquellas obras que más se alejan de lo real son, muchas veces, las que mejor iluminan lo que en verdad ocurre. En *Odiseo*, a través del acto de su escritura, Leonardo se responde a sí mismo y corrige su pasado hasta un punto en el cual se descubre, para su sorpresa, que es incapaz de continuar porque, como autor, es una persona separada de la obra que otro, curiosamente con su mismo nombre, escribió. Pese a tantas dudas, ambivalencias y ángulos ciegos, *Odiseo* demuestra a Leonardo lo inevitable de una decisión que, una vez tomada, termina por salir a la luz. Los posicionamientos, como debería ocurrir siempre, llegan después de las pruebas y de los errores, y no al revés.

***Odiseo* como manual de escritura testimonial para dejar de escribir escritura testimonial**

En *Odiseo* asistimos a un proceso de aprendizaje. Una didáctica escrita. Con una voz en primera persona, Leonardo defiende la importancia de lo mínimo, lo preciso. No se debe decir aquello que no merece la pena recordar. En alguien que lleva tan largo trecho perdido, en alguien que se siente superfluo en el mundo, desatender el nombre de las personas no debe considerarse un truco literario, sino la constatación de que existe un derrumbamiento que afecta a la felicidad tanto como a la memoria, si es que no son lo mismo.

El lector advierte pronto las dudas que fragilizan la certeza inicial —esas rutinas que uno se impone y no es capaz de cumplir—, así como los escombros que tales dudas causan al romperse —una mujer y un hijo alejados, una vida en soledad que, por no materializarse en nada, es a la vez un anhelo conseguido y la prueba de un fracaso—. A medida que avanza en la crónica de su vida, el narrador se aleja de la convicción de sus ideas. Cada punto y aparte tiene una cualidad de sospecha por lo escrito y de bisagra en el pensamiento. Las palabras entregan su significado y, a continuación, parecen pedir disculpas por su inexactitud. Se integran luego en frases que funcionan como trampolines, porque impulsan las certezas hacia otro lugar. La irrupción de un animal doméstico y, más adelante, la visita del hijo, alterarán las hipótesis iniciales. Leonardo concluye que merece la pena vivir más allá de sus convicciones, de la existencia que, como autor, se ha creado e impuesto. Hay una huida hacia otra realidad que nadie comprende. Tampoco él, que se descubre a medio camino entre seguir o abandonar, sin saber muy bien qué es lo que debería seguir o aquello que debería abandonar. *Odiseo* funciona como puente para hacer las paces con el pasado o, simplemente, para releerlo con una luz llena de presente, formalizar el dolor de una derrota y huir de él.

En ese camino de aprendizaje, el capítulo dedicado a la psicóloga —que es el más extenso— funciona como un proceso doble de identidad: de pérdida de la antigua y de búsqueda de otra que la sustituya. En la muerte artística del autor, que resucita en un nuevo entorno, hay una víctima: Odiseo. Su despedida constituye uno de los momentos más emotivos de la obra. Sorprende la ausencia de correcciones en las notas que se conservan de este capítulo. Lo que uno lee es el testimonio exacto de un acto de escritura, quizás porque en el mismo las palabras brotaron de manera fluida y natural, y encajaran así con la precisión y sencillez hacia la que se dirigía el texto. Y es que el estilo, a medida que avanza la obra, se fue simplificando en busca de frases más prácticas y concisas, probablemente porque así lo era la realidad que estaban describiendo. Durante la lectura, lo exterior gana importancia —aquello que Leonardo escucha en la radio o ve en la televisión, sus encuentros con el vecino— y el tiempo parece desenrollarse de su antigua bobina para ajustarse al momento de la escritura. Su autor escribe más y habita por fin el instante actual. Con ese estilo último que es desnudo y próximo y donde el pretérito es, literalmente, pasado, se llega al cierre de la obra, que es además definitivo porque Leonardo jamás utilizará la máquina de escribir en la residencia.

En resumen, *Odiseo* es un manual de escritura testimonial para dejar de escribir escritura testimonial. Resuelve los miedos y las dudas de su autor, forja una decisión vital y convierte el acto narrativo en un ejercicio superfluo. Y dado que huir de lo superfluo era la hipótesis de partida, ¿significa la suspensión del acto narrativo que se alcanzó ese objetivo? De ser así, no todo ha resultado favorable: al término de *Odiseo*, Leonardo lamenta despedirse de alguien a quien ama, quién sabe si por primera vez en su vida o tras no haberlo hecho en años. Le consuela —así nos lo hace saber— que, en el juego de miradas del amor, al ser suya la decisión de la despedida, no será él quien mire a Odiseo por última vez. Como si ya se hubiera marchado antes de marcharse, como si ya hubiera sufrido antes de irse y no quisiera reproducir el drama. Su voluntad se revela firme y a la vez vacilante. Quiere despedirse, pero quiere evitar que le digan adiós, porque puede que, en el momento final, sea incapaz de alejarse de un perro que debió de observarlo atónito, desde su sillón en la academia del sedentarismo.

El final de Odiseo

Si la perfección de una obra implica la de su cierre, *Odiseo* no lo es: Leonardo la escribió como proemio de otra que nunca vio la luz pese a que, lleno de buena voluntad, cargara con la máquina de escribir hasta la residencia. El posfacio de su hijo no zanja el nudo narrativo, pues su escritura hace énfasis, por un lado, en el arreglo de su autor con sus padres y, por otro, en su relación con Ángela.

Si la muerte es una herramienta literaria de cierre, *Odiseo* es una obra sin cerrar, porque la muerte de Odiseo sucede fuera de la misma. Con el permiso de Bernardo, reproduzco una conversación electrónica con los detalles sobre ella; en qué instante se rompió el hilo que juntó a su padre con su madre, a sus padres con él, a él con Mateo y, por último, a él con Ángela. La conversación tuvo lugar el 3 de septiembre de 2023, un día después de la muerte de Odiseo. Se utilizan las iniciales B. A. como Bernardo Agualusa y E. N. como Elena Nevisca.

B. A.: Muchas tardes subía con Odiseo hasta la residencia. A última hora, algo antes de las siete. Apenas quedaban familiares en el edificio...

E. N.: Me lo puedo imaginar, sí...

B. A.: Todos se excusaban (y yo también) diciendo que era mejor marcharse, que así no estorbaban a los enfermeros con sus carritos y bandejas. Creo más bien que lo que pasaba...

E. N.: Y pasa, porque ya sé lo que vas a decir [emoticonos de risas].

B. A.: Pasaba y pasa, sí, que los familiares querían volver a sus casas y el momento de la cena, ese subidón de actividad repentino, era idóneo para salir pitando [emoticonos de risas].

E. N.: Lo sabía [emoticonos de risas].

B. A.: A veces, al llegar la hora de la cena, íbamos Odiseo y yo hasta el despacho de Ángela, aunque a Ángela esto no le gustaba porque los animales están prohibidos dentro del edificio.

Así que normalmente Odiseo y yo nos quedábamos en el aparcamiento de la parte de atrás y lo soltaba allí o por la zona de alrededor, que ya sabes que es feísima.

E. N.: *¿Pero en cuanto a su muerte?*

B. A.: *Sí, sí, perdona. Cuando fallecieron mis padres dejé de subir con Odiseo, porque tenía la costumbre de buscar en la ventana a mi padre y a los dos, a mi padre y a mi madre, en el balcón y, si no los encontraba, se ponía triste. Ayer mismo...*

E. N.: *Vaya, que el recuerdo de Odiseo servía como excusa a tus intereses; una excusa cuadrúpeda, para ser exactos.*

B. A.: *¡Me has descubierto! [emoticonos de risas]. Pues sí, sin mis padres, no me apetecía subir. No me apetecía subir a mí. Punto. Fin del autoengaño.*

E. N.: *Decías que ayer mismo...*

B. A.: *Ayer mismo, sí,...*

E. N.: *Perdona que te interrumpa: ayer, 2 de septiembre, ¿verdad? Es por tener la fecha precisa.*

B. A.: *Exacto, ayer, 2 de septiembre, Ángela tenía que acabar el presupuesto del 2024; ahora la residencia depende de un grupo de inversión norteamericano que nos tiene presionadísimos a todos, al personal de la residencia, a los familiares, amigos y parejas del personal de la residencia (te lo puedo asegurar), y me temo que también a los residentes. Ángela me llamó para decirme que llegaría tarde a casa, que no la esperara siquiera a cenar, así que me eché pronto la siesta, saqué un instante a Odiseo por el barrio, después me fui a hacer unas compras sin él y volví a casa hacia las cuatro y media, cinco. Abrí y nadie vino a recibirme. Dejé las bolsas en el suelo y corrí por el pasillo hasta el dormitorio. Allí me recibió el bostezo largo de Odiseo sobre la cama: debía de estar completamente dormido cuando llegué de la calle. Me recuperé del susto, coloqué las compras, cogí una cerveza y encendí la tele.*

E.N.: *A las cinco de la tarde.*

B.A.: *La sed es impredecible. Odiseo se enroscó en el sofá junto a mí. Al tocarlo noté que estaba muy frío. Tenía el pelo de punta, como si también él se hubiera llevado un susto. Me miraba con ojos tristes, con sus ojos a fin de cuentas, pero no lo sé, daba la impresión de que me quería transmitir algo, de que presentía su final y me pedía ayuda. O tal vez es algo que imagino ahora. Estaba jugando el Real Madrid.*

E. N.: *Tú y el fútbol.*

B. A.: *Yo y el fútbol. Después de una vida en Japón, me he hecho del Madrid. Lamentable.*

E. N.: *Jajaja.*

B. A.: *Hubo un momento en que me pareció que no respiraba y pensé: es así, es así de simple y ya ha ocurrido. Dejé en la mesita la cerveza y volví a tocar a Odiseo. Tenía el corazón acelerado.*

E. N.: *¿Odiseo?*

B. A.: *No, era yo quien tenía el corazón acelerado. Cogí el teléfono para llamar a Ángela. Después supuse que estaría atareada con el presupuesto y esos yanquis que quieren que vivamos poco y paguemos mucho, así que al final no lo hice. En fin. Odiseo abrió entonces los ojos, bostezó y yo me volví a serenar. Miré la televisión en el instante en que Bellingham celebraba un gol. Bellingham es un delantero del Real Madrid.*

E. N.: *Lo sé hasta yo, porque está buenísimo, pero gracias de todas formas.*

B. A.: *Le di un trago a la cerveza y me giré hacia Odiseo, que también estaba mirando hacia la televisión, pero ya sin vida. Lo supe al instante. Su ciclo natural había terminado. Lo que no supe es qué hacer. Acaricié su cuerpo, por si eso aún sirviera de algo, y lo tapé con una manta, por si seguía teniendo frío, por si la manta aún sirviera para algo. Luego pensé que lo último que Odiseo vio en su vida fue, posiblemente, un gol de Bellingham.*

AGRADECIMIENTOS

A mi amiga y editora Alba Carballal, por devolverme la fe en los Reyes Magos. A Alicia, de lunes a domingo. A Esperanza, que dibujó estas páginas. A mis lectores pasados, presentes y futuros. También a mi familia, y a mi familia que además son mis amigos y a mis amigos que ya son familia (un desorden que incluye a Faba, Ignacio, Cristina, David, Esther, Eneritz, Javi, Ángel, Joana, Pat, Iosune, Isa, duplas de Manus y de Pablos, otra Esther, Cristina y Ernesto, Iñaki, Germán, Macario, Jesús, Pierre, Lidia y Miguel, Milena, Nieves, Jorge, Paloma, Celita, Montse, Rubén, Julián por dos, Juan Antonio, Baldo, Ainhoa, Aitana, Alberto y Andrés, Carmen y Bruno, Borja, Francisco, Celma, Lucía y Dani París, Rodrigo, Sergio, Lote, Louise, Mika, Camino, Arantxa, Ana Belén, Sophie, Corie y Corrie y muchos Smeaton, Flavia y Natalia, Osmani, Diogo, Fabián, Fidel, Juan Borrás, Sara, Clara e Isa, Javier López, Jesús, Bea Alfarera, Virginie y Alfonso, Santi Ron, Fernando, Benja, las valencianas locas, Guille, José Manuel, Bea, Hendrik, Danny, SAP, Susana, Yael, Elaine y Héctor, Pedro, Tada, Eva y Franz). También a los niños, a Uxue, a Mikel, a Gaël, a Yann, a Maya y a otros tantos, tantos, tantos niños sin paréntesis y que sin paréntesis quitan a los adultos su importancia. A Magda, por regalarme la historia que lleva su nombre. A las personas que han leído y mejorado el texto, en especial a Angelina, Elena, Estela, Daniela y Alba: feliz mano femenina. A los voluntarios del Teatro Real de Madrid. A Marta Sanz, enciclopedia secreta y descifrada. A Guillermo Alfaro, por la imagen de cubierta. A Andrés Neuman, por el tesoro de su talento y el cofre de nuestra amistad. A mis abuelos, a La y a Pepe, a Óscar, Rafa y Jean Paul, porque continúan.

CURIOSIDADES

El 16 de diciembre de 2014, cerca de Regent´s Park (Londres), una mujer confía su mascota a un transeúnte mientras compra macarrones. Así lo narra el transeúnte, Alan Bennet, en la *London Review of Books*, donde sugiere que, de no haber vuelto la mujer, habría nacido una historia. Diez años más tarde, esa historia entra en una imprenta y la mujer de nuevo en un supermercado, será sólo un instante, tenemos invitados para cenar, etcétera.

*

La ruta de Odiseo descrita en el prólogo arranca de Caumont (Ariège, Francia), bordea un criadero de caballos, después un desguace de vehículos, sube hacia los Pirineos y se detiene súbita cuando, en la cumbre, al extremo de un trigal, se asoma un enorme edificio de piedra, y en su balcón Jacobo en persona frente a una hilera de bragas sin personas.

*

El cuadro que cuelga en el despacho de la notaría está inspirado en *La alegría de patinar*, de Leonora Carrington, donde dos patinadores se deslizan alrededor de un agujero que amenaza con tragárselos.

*

Kitakyūshū (北九州) significa norte de Kyūshū. Su etimología se desglosa en Kita (北), kanji que significa norte en relación a otro punto, y Kyūshū (九州), que es ese punto, una isla al sur. De ahí el embrollo cardinal de Bernardo, que sueña hacia el oeste desde el este y en un lugar que es el norte del sur. Como ocurre en toda ciudad donde empieza un viaje heroico, Kitakyūshū está bañada por el mar.

*

En su libro *Musicofilia*, Oliver Sacks explora el poder de la música para memorizar información. Nuestra memoria guarda las estrofas de canciones que hace mucho que no escuchamos. La musicalización ha sido clave en la historia oral de la poesía. Gracias al ritmo musical y también lingüístico, se ha logrado recitar de memoria libros enteros como la *Odisea*.

Odiseo se terminó de imprimir y encuadernar el 9 de diciembre de 2024, veintidós años después de la muerte de Canelo, el perro que aguardó a su dueño doce años en la puerta de un hospital gaditano. El hombre, a diferencia de Odiseo, jamás volvió. Canelo fue adoptado en dos ocasiones, pero, a diferencia de Odiseo, nunca quiso otro hogar: cada uno entiende la lealtad como buenamente puede.